词语差错考辨

王鸿善　编著

中国编辑学会图书编辑学专业委员会　审定

中国铁道出版社

2010·北京

内 容 简 介

本书收录了书刊报纸及各种媒体中易被误用的常见词语1 000余条，按照用词错误的原因分为六大部分进行分析讲解。作者在讲解每个词条时，对词语的含义追根溯源，从构成词语的单字本意出发，沿着字词含义的发展脉络讲述，比较词汇用法的古今不同，并针对单字、词汇的重点含义举例说明，旁征博引，以求使读者能够真正理解词汇的正确写法、用法。本书除了能作为编辑日常相伴的案头工具书外，还可以作为广大教师和作者随时查阅的手边书，亦可作为学生学习汉语词汇的参考书。

图书在版编目（CIP）数据

词语差错考辨/王鸿善编著. —北京：中国铁道出版社，2010.6
ISBN 978-7-113-11347-6

Ⅰ.①词…　Ⅱ.①王…　Ⅲ.①汉语—词语—辨别　Ⅳ.①H136

中国版本图书馆CIP数据核字（2010）第098849号

书　　名：词语差错考辨
作　　者：王鸿善

责任编辑：丁　洁　赵　静　　**电话：**010-51873316　　**电子信箱：**djtdpress@126.com
编辑助理：余佳玲
封面设计：郑春鹏
责任校对：张玉华
责任印制：郭向伟

出版发行：中国铁道出版社（100054，北京市宣武区右安门西街8号）
网　　址：http://www.tdpress.com
印　　刷：北京市兴顺印刷厂
版　　次：2010年6月第1版　　2010年6月第1次印刷
开　　本：787 mm×960 mm　1/16　印张：19.5　字数：392千
印　　数：1～5 000册
书　　号：ISBN 978-7-113-11347-6
定　　价：50.00元

《词语差错考辨》审定委员会

增强规范意识，强化规范工作（代序）

中国编辑学会会长　桂晓风

编辑工作是出版工作的中心环节，提高出版物质量从编辑工作抓起完全合乎逻辑。确保编辑质量有多项工作要做，其中一件非常重要的事情是强化编辑工作规范。36家单位的倡议书提出，要全面、严格执行编辑工作的各项规范；中国编辑学会筹备成立编辑规范专业委员会，这些都是非常有见地的做法。

任何重要产品的生产都有其严格的规范。出版物等文化产品的编辑也不例外。而且，编辑产品是一种特殊产品，作用于人的精神世界，对民族精神的培育、国民素质的提高、科学技术的进步和国家整体实力的提高有着重大影响，其生产更应有严格的规范。

要强化编辑工作规范，要做好四件事。

一、在全行业普遍增强规范意识。编辑规范不是可以遵守也可以不遵守，而是必须严格遵守。编辑是人类灵魂的工程师，遵守编辑规范应该比工程师遵循工程技术规范更加自觉和严格。这方面，要特别提倡继承和弘扬我国古代和近现代编辑工作的优良传统。遵守规范同创新、发展并不矛盾，相反，对现有规范的熟练掌握和正确运用是编辑工作创新和创造新的规范的必要前提。在创造中华文化新辉煌的进程中，编辑规范意识更应增强。

二、要强调全面执行规范。编辑工作是通过编辑人员的策划、选择、加工使作品达到出版水平、从而适宜于传播的工作，为此，编辑工作有多项规范，至少有五个方面：1.法律规范。2.知识规范（或者说科学文化规范）。3.语言规范。（这就是《中共中央关于加强精神文明建设若干重要问题的决议》中所要求的，“新闻媒体和出版物要为全社会正确使用祖国语言文字做出榜样”。)其中包括修辞规范。4. 逻辑规范。出版物要有利于提高全民族的科学思维能力而不是相反。5.出版专业规范。为了适合在大众中传播，出版物不仅要符合法律，内容正确，文字规范，表达准确，还必须符合出版的特定标准。例如，百科全书条目的编写就有特殊的专业要求。出版物全面符合上述五项规范，编辑人员才算是尽到了责任。

三、加强对编辑规范的梳理、研究、发展和宣传。规范要发挥作用，必须科学、清晰、简明、可操作性强且具有权威性，在这方面有许多事情要做。其中，根据形势和实践的发展，对现有各类编辑规范进行必要的梳理、修订和补充，以及根据规范加强对各类编辑人员的针对性培训，是两项带有紧迫性的工作。

四、加强对规范实施情况的检查。要强化对执行规范的硬约束；要把是否重视和认真实施编辑工作规范，作为对出版单位进行监督、检查的重要内容；要把编辑人员的规范意识和执行规范的能力，作为评价其是否合格的重要依据之一；要有重点地定期和不定期开展检查，并实行相应的奖惩措施；在检查和评估时，要充分发挥编辑学会和编辑专家的作用。

规范工作是一项系统工程。具体工作需要横向分类，竖向分级。不仅出版管理机关要大力推进，各类出版单位和全体编辑人员也要摆在重要位置自觉去做。在这方面，重视和不重视，深入和不深入，结果是大不一样的。

（本文节选自桂晓风发表于《中国编辑》2007 年第三期的卷首语）

前　言

正确使用文字与我们的工作和生活密切相关。正确地遣词是造句、作文的前提，是学好语文的基础；正确运用词语，同样也是办好办报纸、出好图书、办好影视媒体的前提和基础。能否规范使用语言文字首先是正确使用词语，这体现了一个记者、编辑、语文教师等语言工作者的工作能力，也体现了与运用文字关系密切的各行各业工作者包括各级领导干部的文字修养水平。

当前，书报杂志、机关文件以及电视节目、影视剧中频频出现错词、别字，鲁鱼亥豕之谬已经不足为奇了。有些错词、别字，读者、观众或许会凭“前言后语”自行“纠正”并“理解”，但是还有大量的错用词语，是读者仅凭猜测不能明白的，这些混淆的字词不仅使句子意思含混，而且往往把意思弄反了。书报杂志、电影、电视等媒体以其昏昏，岂能使读者、观众昭昭？记得过去，书报杂志等偶尔出了差错，会在书后或下一期报纸杂志补缀个“更正”、“勘误表”之类的东西，并向读者致歉，然而于今，书报杂志中出了差错哪怕是特号字的大标题出了差错，也不见得有更正或向读者道歉，倒是中央电视台原“新闻社区”节目的主持人有一次将“一石(dàn)米”读成了“一 shí 米”，第二天那位女主持人在节目开始前，首先向全国电视观众道歉并予以更正，着实值得敬佩。

作者在阅读书报和工作中，将发现的被错用乱用的词语记录了下来，几年来竟然达几千条，痛感错用字、词的状况已经到了惊人的地步，便尝试着写一些词语辨析短文在报刊上发表，有些被一些网站转发；同时对从媒体上摘录下的词语差错，尝试着系统地写一些“差错辨析”，五六年之中竟也积累了几十万字。朋友、同事们认为这些文字还有些参考价值，建议作者梳理一下，编纂成书，给文字工作者提供个参考。这些文字，本来只是作者出于兴趣和乐趣写来与三五好友交流的，并不曾想过出书，现在翻看这些“辨析”，自己倒也觉得，目前关于语言文字“订正”、“纠误”方面的书籍并不多，作者的这些文字充个“补白”，或许会有一些参考的用场，遂将这些“辨析”及短文重新分类、整理，并在辨析、例证方面作了补充、修改，七易其稿，辑成了此书。

我国古代存在过“字无定形”的情况，由字(词素)无定形又导致“词无定形”，同时又有较多的“通假字”，这是导致异形词、歧义词不分和错用的重要原因。误用别字、异形词并导致逻辑错误，是文字运用中常见的遣词错误。

现在，在普遍运用电脑写作的情况下，书报杂志上一般不再会出现写“错”笔画、字形结构错讹的字了，大量的字词差错都与字词的读音和字(词)形的错误“鉴别”有密不可分的关系。如“探赜索隐”是个不常用的词，有的书报就曾以“探颐索引”的错误形式出现了，将“不耻下问”错为“不齿下问”，“趋之若鹜”错为“趋之若鹜”，“心无旁骛”错为“心无旁骛”，“装潢”错为“装璜”，“沟通”错为“勾通”则是屡见不鲜的。

如何正确地运用字、词，尤其是避免同义异形字、词的误用，虽然情形较为复杂，但还是有规律可循的。字、词语的读音、字形、词形的结构与字义、词义是密切相关的，错用字词，一般有两类情形，即由同(近)音而讹和由近形而讹，或两者兼而有之。作者以为，可以下这么一个论断，只要语词形态不同，即使其读音相同，其字义、词义也就必定会存在差异。在日常使用语词的实践中，凡发生了别字和词语差错，就与词语的读音和书写形式(即字形、词形)有密切的关系。

本书将词语常见使用差错分为六类，其中对常见的近音近形意异字、词的错用作为一个类型，从词义、词语的语法功能等方面的差异进行考辨，是本书的尝试和重要部分，也是区别于其他“字词辨析”类书籍的明显特点。考辨从词性、词义区别开始，从构成词的词素的差异入手，并将构成多音节词的同音异形字即“词素”(实为独体词)列为词条，着重辨析字义、词义，对词义追根溯源，并援引经籍例句为佐证。掌握或区分这些区别，就可以在很大程度上避免用错近音近形意异字、词。本书还对在词语搭配、成语典故知识等方面错用的词语作了辨析，使本书知识性和趣味性融为一体，增加了可读性，这是本书区别于他书的又一个特点。

一字之正造福子孙，一字之误贻害千古。语言文字的规范化，是一个民族、国家文化素质的体现，也是一个国家和人民文明程度的标志，同时对一个国家的经济社会发展也起着重要的作用。国家对规范汉语言文字工作一直十分重视，2000 年全国人民代表大会常务委员会还通过了《中华人民共和国国家通用语言文字法》，并由国家主席签发施行，把正确使用语言文字、维护汉语言的纯洁性提到了“法”的高度。全体国民尤其是报纸、书刊、影视及网络等媒体工作者，对规范我国通用语言文字、正确使用汉语语言负有不可推卸的责任，应当成为规范和正确使用文字的楷模，但愿本书能在消除文字词语使用混乱方面发挥些许作用。

本书的文字，确实算不得本人“独创”的学问，在编写过程中，作者参考了《辞海》、《现代汉语词典》、《现代汉语规范词典》、《汉语大字典》、《古代汉语词典》、《现代汉语八百词》等辞书，并学习参考和吸收了一些专家学者的研究成果和观点，在此表示谢意。本书是在挑他人之错，作者自己难免同样出错、出同样的错，竭诚欢迎专家学者和读者批评指正。

王鸿善

2010 年 6 月

凡　例

1. 本书按错误类型分为六大部分，每部分词条按照词语首字的汉语拼音顺序排序。

2. 根据错误类型的不同，用不同符号表示进行比较辨析的两个（或多个）词语之间的关系，表示方法在目录和内文中大类标题下注明。

3. 所选例句大部分引自国内公开出版的报刊、书籍、影视剧和电视节目，还有一部分出自作者曾供职报社的检校大样，这些例句仅作引出对字词正确用法的说明之用，因此不标明出处。

4. 每一词条引一个例句，在有不同错误用法时，则对每种错误用法各引一个例句。

5. 错词和例句在说明文字前以黑体字列出，例句中错词以着重号标明。

6. 每个词条除辨析需要外均不标汉语拼音。

7. 对词语的考辨，不“以词论词”，对词义所涉及的日常使用中不易辨清或容易出错的其他义项且，择要辨析和比较，但不涵盖本词的所有义项。

8. 为辨明错词之所错，了解词语的渊源，考辨文字中多引证例。所引作品（含古文典籍）仅在全书第一次出现时指出作者及朝代（当代、现代作者不注明朝代），不说明出版信息，后文仅标明作品名称。

9. 所引古文例句仅围绕中心词对相关语句的大意进行白话翻译。

目　录

第一部分　近音近形意异字、词考辨

（易混淆词 A—易混淆词 B）

第二部分　别字错词勘误

（正确—错误）

P

Q

R

S

T

W

X

Y

第三部分　用词不妥辨析

（不妥用词→正确用词）

D

E

F

G

H

J

第四部分　词语不搭配比较

（×号两边的词搭配不当）

第五部分 成语、熟语错用指误

第六部分　数量词表达纠枉

第一部分　近音近形意异字、词考辨

(易混淆词A—易混淆词B)

A

按—安

例句:①农产品经纪人与种植户农民在春天签订了购销合同,收获后,当市场价低于合同价时,安合同价收购;而当市场价高于合同价时,则随行就市,安市场价收购。②冬暖泉乡有400多户农民按上了电话。

安,是个会意字,金文的"安"字是室(宀)中有一女子,表示室中有女则稳。安字具有明显的母系社会的文化色彩。《尔雅》释"安"为"定也",即稳定、安稳之义。《荀子·王霸》:"国危则无乐君,国安则无忧民。"意思是,国家衰危就不会有安乐的君主,国家安宁就不会有忧愁的百姓。物品放好了,也就是无忧,由此"安"又引申出安放、安置之义,把物品如机器、设备等固定在一定的位置即安装。三国时期诸葛亮《与兄瑾言赵云烧赤崖阁书》:"今水大而激,不得安柱。"意思是,如今河水汹涌,不能在水中安放柱子。

按,本义是用手往下摁住、止住,如按辔而行、按兵不动。"按"由往下按、压又引申出弹奏之义,如按鼓、按琴。清代纪晓岚《阅微草堂笔记》:"倪余疆感旧诗曰:'落拓江湖鬌("鬓"的异体字)欲丝,红牙按曲记当时。'"诗中"按曲"的意思就是弹奏。前蜀花蕊夫人《宫词》之三:"夜夜明月花底树,傍池长有按歌声。""按歌声"就是按着伴奏的节拍歌唱。按鼓、按琴、按曲、按歌是有一定的规律的,因而"按"又有了遵照之义,如按照、按部就班、按图索骥。

例句①中经纪人与农户签订了合同,就应当遵照合同规定,即"按"合同办事,所以用"安"就错了;例句②中"装电话"就是把电话机安置在一定的位置,所以应当用"安装"。

呑—坳

例句:①这动人的景象,发生在远离城市、地处安吉县深山呑的高家塘村。②温岭三和连锁超市的两辆流动放心车满载食品和日常生活用品,开进了城东街道西坳嘴村。③暑假中,一批大学实习生走进了浙江的偏远山坳,给农民送去了科技文化资料。

呑,也作嶴,是由"山的深奥之处"所引申出的一个字,指山间的平地。这个字是在福建、浙江一带指称山间平地的专用字，其他省份很少用，如松岙（在浙江奉化）、霓岙（在浙江永嘉）、珠岙和薛岙（浙江、福建多处有此地名）。

坳，古音发 āo 音，原指凹下的地方，现指山间的平地，其用法在地域上没有限制。江西、湖南等省份，将山间平地称为“坳”，如“江西省修水县西港镇佛坳村”。坳，也指山水弯曲的地方，引申为转角之处。如清代王士祯《见梅寄萧亭山中二首》：“老人峰下北山坳，几点梅花映断桥。”诗句中的“坳”即指山水弯曲之处。

因为三个例句的事情都发生在浙江，所以例句①中的“山岙”用得是对的，而例句②“西坳嘴村”和例句③“山坳”中的“坳”均应改为“岙”。

B

跋—拔—拨

例句：①墙上挂着待售的鞋垫、鞋跋子。②资产负债科拥有内部资金调拔大权。③村里街道整齐划一，一排排新房拨地而起。

跋，原义是踩、踏，引申为在山上行走、翻山越岭，如跋涉、跋山涉水。春秋时期左丘明《左传·成公十三年》：“（晋）文公躬擐甲胄，跋履山川，逾越险阻，征东之诸侯。”“跋履山川”就是翻越山岭、渡涉河流的意思。跋，也是文体的名称，即写在书、文后或字、画等边上说明写作经过、予以评价的一种短文，如题跋、序跋。

拔，是向上提升的动作，如拔出、拔高、拔苗助长。鞋拔子，就是将鞋跟顺着脚后跟往上提的一种穿鞋用具。拔，还引申为攻取、攻克、去除，如拔除敌人的据点。拔葵去织，说的是春秋时期公子仪为了不与民争利而拔去家中园中种的茹葵、阻止妻子纺纱织布的故事。拔，也引申为选择、录取，如选拔人才、提拔干部、拔擢新人等。

拨，则是用手脚或棍棒横向用力，使人或物体移动或把物体分开；还有弹奏的意思，如弹拨、拨动琴弦等。

所以，例句①中的“鞋跋子”应改为“鞋拔子”；例句②中的“调拔”应改为“调拨”；例句③中的“拨地而起”应当改为“拔地而起”。

斑—瘢—癍

例句：①用药3个月之后，儿子身上的白斑就没有了。②抹了陈大夫配制的药后，他身上生疮疖留下的斑痕神奇般地不见了。③那个小伙子非常爱清洁，他穿的工作服不见一丁点儿油渍瘢痕。④水稻结实率低，后期倒伏，纹枯病和褐班病加重。

斑，原指杂色的花纹或斑点。汉代许慎《说文解字》：斑，驳文也。斑驳，即表示不同的颜色夹杂在一起（“班驳”和“斑驳”曾通用，已规范为“斑驳”）；斑斓，表示颜色很多；斑剑，是古代用虎皮或花纹装饰的宝剑。汉代王充《论衡·书解》：“大人德扩，其文炳；小人德炽，其文斑。”意思是说，君子的道德扩展了，他的表现会非常显著；而小人的道德势盛了，他的表现会斑驳杂乱。斑，也形容有斑点、斑纹的东西。毛泽东诗句：“斑竹一枝千滴泪，红霞万朵百重衣”，诗中的“斑竹”就是有斑点、花纹的湘竹。斑痕，是斑点消除后留下的痕迹，意思是沾上某种有颜色的东西而去不掉，如油渍斑痕。

瘢，是皮肤上生斑点的病症，如白癜风会在皮肤上出现白瘢。后引申为缺点、过失，如疵瘢。杨浪《在人生的另一端》：“面上的瘢痕绝不妨碍诗歌的绚丽，却妨碍绚丽的爱情。”

瘢，是指创伤愈合以后留下的疤痕，如南朝范晔《后汉书·马援传》：“吴王好剑客，百姓多创瘢。”意思是，吴王喜欢招揽剑客，很多人都舞枪弄剑，以致老百姓身上留下了剑伤的瘢痕。

瘢与斑、瘢最主要的区别是，“瘢”与伤相联系，而“斑”是沾上的东西的残留，“瘢”与病症有关。

所以，例句①和②中的“斑”应当改为“瘢”；例句③中的“油迹瘢痕”应当改为“油迹斑痕”；例句④中的“褐班病”应当改为“褐斑病”。

版—板

例句：木桶盛水的多少取决于最短的那块木版的高度。

版，在古汉语中曾经通“板”，指板状之物。汉代刘向《战国策·齐策三》：“（孟尝君）因书门版曰：‘有能扬文之名，止文之过，私得宝于外者，疾入谏。’”这里的“门版”就是安放在门口的木板。在现代汉语中版、板已经不通假。版，指印刷用的底版，如木版、胶版等；并引申为印刷的次数，书籍排印一次叫一版；报纸的一面也叫一版。

板，就是片状的木头，也泛指一些片状或扁平的东西，如钢板、纤维板、纸板、板刷、板斧等；还形容不灵活，如呆板、死板；有些物质凝结成板状的硬块也可以用“板”来形容，如“板结”。“板”由“板结”又引申出表情严肃的意思，如“板着脸”。

所以，这个例句中的“木版”应当改为“木板”。

帮—邦

例句：我国素称“礼仪之帮”，各种事务多喜讲究礼。

帮，有多义，作动词时，指帮助；作名词时，指物体的两边或四周的构成部分，如船帮，也指群体（贬义），如拉帮结伙；作量词，用于成群成伙的人，如一帮人。

邦，为名词，专指国家。我国商、周时期实行分封制，天子拥有“天下”，诸侯的封地，较大的称为“邦”，稍小的称为“国”即“诸侯国”，大夫的封地称为“家”。后来“邦”与“国”同义，如治国安邦、邦交、友邦、流落他邦等。几个独立主权国家组成共同体，在经济、外交和军事方面采取某些联合行动，但又保持各自的独立性，这种共同体就叫“邦联”即国家的联合。“礼仪之邦”就是讲究礼节和仪式的国家。

所以“礼仪之帮”中的“帮”，应当改为“邦”。

保证—保障

例句：①党和政府保证农民工的合法权益不受侵害。②应当不折不扣地贯彻落实党和政府解决‘三农’问题的各项政策，保障农业增效、农民增收。③构建社会保障网，是保障公民基本权利实现的重要手段。

保证、保障这两个词都是作为动词用的，都有“认真做到、切实可靠”的意思，但是也有差别：保证，是担保要做到、为被担保事物提供实现条件的意思，其对象是尚未实现的事物，保障，是对已有的事物加以保护，不让其受到损害或受到影响的意思；“保证”的使用范围大，使用的对象多，可用于负责完成任务、工作、计划等，“保障”的使用范围较小，常用于生命、财产、权利、利益等方面；“保证”有名词性构词能力，如保证书，而“保障”则没有这种构词能力。

例句①中的“农民工的权益”是客观存在的、已有的事物，不使它受到侵害，就应当用“保障”一词，而不宜用“保证”；例句②中“不折不扣地贯彻落实党和政府解决‘三农’问题的各项政策”是“农业增效、农民增收”的条件，只能用“保证”而不能换成“保障”；例句③中公民基本权利是确定的，应得到保障，而不是实现，可删去“实现”一词。如果强调“实现”，则应将保障改为保证。

爆发—暴发

例句：2003 年，在我国部分省市区爆发了较为严重的“非典”疫情。

爆发和暴发均指突然而猛烈地发生，但这两个词在用法上有明显的区别：

暴发，使用的范围较小，侧重于迅疾、突发性，多用于洪水、传染病等的发生；还指突然发财、得势。《后汉书·耿纯传》：“宠禄暴兴，此智者所忌也。”这里的“暴兴”，是指突然地发生。暴发户，就是突然发迹的人。爆发，侧重于猛烈性和出人意料地发生，多用于人的力量、人的情绪、火山、重大事件如革命和战争等的发生。如：“哇……她突然放声大哭，积压在她心中多年的怨恨一下子全爆发出来了。”又如姚雪垠《李自成》：“农民军……爆发了一片雄壮的欢呼和喊杀声，震慑敌胆。”

另外，“暴发”还具有感情色彩，可充当贬义词，而“爆发”不具有感情色彩。

例句说的是“非典”发生的突然性及其传播的迅猛情况，就应当用“暴发”。

备受—倍受

例句：①农业科技人员到田头直接指导农民种植绿色蔬菜的做法，备受农民的欢迎。②与一般食品相比，绿色食品备受人们欢迎。

倍，有更加之义。唐代李百药《北齐书·神武帝纪上》：“士众感慨，倍愿附从。”意即众人受到了鼓舞，非常喜悦，更加愿意随从（他）了。倍受，有格外、特别、更加受到之义，侧重在更深的程度上受到，有比较之义。

备，本义是齐备、具备，如宋代司马光《资治通鉴·唐纪十四》："人不可以求备。必舍其所短，取其所長。"又引申出副词的性质，即完全、尽等义。唐代韩愈《顺宗实录》："上常亲执弓矢……备尝辛苦。"意思是，皇帝经常亲自手执弓箭（率军征战）……经受了所有的辛苦。备受，《现代汉语规范词典》释为："受尽"、"尝尽"，词义的重点在"尽"，也就是完全受到、在很大范围内受到。

例句①中的"农业科技人员到田头直接指导农民"的方式，要比其他形式更加受到欢迎，就应该用"倍受"，即特别受到欢迎；例句②表达了绿色食品比一般食品更加受欢迎，也应当用"倍受"。

比邻—毗邻

例句：垦区104个农牧场分布在全省12个市、106个县境内，相互比邻，土地接壤。

比，原义是亲近，《史记·司马穰苴列传》："悉取将军之资粮享士卒，身与士卒平分粮食，最比其羸弱者。"句子中的"比其羸弱者"就是亲近、关照身体羸弱的人。"比"由亲近引申为接近、靠着、并列等义。比肩，就是肩挨着肩并排着。比邻，是名词，就是紧挨着的邻居，如唐代诗人王勃名句"海内存知己，天涯若比邻"。

毗，原义为辅佐。《尚书·周书·微子之命》："弘乃烈祖，律乃有民，永绥厥位，毗予一人。""毗予一人"就是辅佐我一人。辅佐就要形影相随，因此，"毗"又引申为依附、附和之义，又由依附引申为互相连接。毗邻，是个动词，指地方毗连，可以直接充当谓语。

例句强调地方连接，"比邻"应当改为"毗邻"。

璧—壁

例句：进了村子，十来栋中西合壁的新楼就展现在你的面前。

壁，本义是墙，引申为像墙一样的东西，宋代张载《剑阁铭》："剑阁，壁立千仞，穷地之险，极路之峻。""壁立千仞"就是山像墙壁一样直立，有千仞之高的意思。

璧，原指一种圆形、中间有孔的玉片，是一种礼器，后来泛指美玉。《史记·廉颇蔺相如传》："赵惠文王时，得楚和氏璧。"和氏璧即品位很高的美玉，战国时，很多国家都想得到，"完璧归赵"的典故即出于此，后来引申为退还别人贵重的礼物，或完好无损地归还借用的东西，以"璧"表示对别人的东西和主人的尊重，如"璧还"。

璧合或合璧，就是美玉结合在一起，比喻两个（或两个以上）美好的东西或各有所长的事物组合在一起，互相参照或配置得宜，如"珠联璧合"。"合璧"还比喻太阳与月亮升落，梁简文帝萧纲《与刘孝绰书》："执别灞浐，嗣音阻阔；合璧不停，旋灰屡徙。""合璧不停"就是以日升月落比喻时间飞快地消逝。

例句中的"中西合璧"就是把中国和西方的特色完美地结合在一起，不能用"壁"，而要“璧”。

必须—必需

例句:①院夼村的渔民为子弟兵送来了充足的生活必须品。②春播之前,供销部门必需将化肥、农药等生产资料送到农民的手中。

必须,副词,是一定得、不能不这样的意思,表示情理上、事实上必要,有“希望”的意思,其语法功能在句子中只能在动词、形容词前面充当状语。秦牧《蜜蜂的赞美》:“一只蜜蜂要酿造一公斤蜂蜜,必须在一百万朵花上采集原料。”“必须”有否定式(即反义词),如“不必”、“无须”等,而“必需”则没有否定式。

必需,是一定得有、不可缺少,是动词,充当谓语。毛泽东《论持久战》:“阵地战虽然也必需,但是属于辅助性的第二种方针。”“必需”可带宾语:“实现农业产业化必需相适应的组织形式。”“必需”可与其他词构成名词,如“必需品”,充当主语或宾语,“必须”没有这个语法功能。

例句①中的“bìxūpǐn”处于宾语位置,应当为“必需品”;例句②中的“bìxū”处于状语位子应当用“必须”。

鞭策—鞭笞—鞭挞

例句:一定要加强农资市场的管理和监督力度,同时加强法规建设,以鞭策伪劣农药化肥的制售者。

策,是一个形声字,从竹,朿(cì)表声,原为名词,义为竹制的马鞭。战国时期吕不韦《吕氏春秋·执一》:“今御骊马者,使四人,人操一策,则不可以出于门闾者,不一也。”意思是让四个人驾驭马车,每个人手中拿一根竹鞭(马鞭),连宫门都出不了,是因为指挥不同一的缘故。后引申为鞭打、用鞭子赶马前进的意思。“鞭”的本义即为马鞭,与“策”合为鞭策,词义为用马鞭子赶马,后来又引申为驱使、激励、督促使进步之义。

鞭笞,原义是用鞭子或竹板抽打,也是古代的一种刑罚,即用竹板或荆条抽打违法或犯罪较轻者的脊背和臀部。战国时期韩非《韩非子·外储说右下》:“王良、造父,天下之善御者也,然而使王良操左革而叱咤之,使造父操右革而鞭笞之,马不能行十里,共故也。”意思是,王良、造父是天下善于驭使马匹的人,但是如果让王良抓住左面的马的笼头并大声吆喝,又让造父抓住右面的马的笼头,还鞭打马匹,那么马就走不了十里路,这是因为两个御马的人采取不同方法又共同赶马的缘故。在现代汉语中,“鞭笞”既保留了古汉语“用鞭子或竹板抽打”的意思,也比喻生活的煎熬折磨,还比喻严厉的抨击、谴责。例如:“坑农害农行为应当受到全社会的鞭笞,并且还应当受到法律的严厉的制裁。”

鞭挞,即鞭打,如鲁迅《书信集·致杨霁云》:“我想,这就是非洲(即非洲)黑奴虽日受鞭挞,还能活下去的原因。”鞭挞,还比喻抨击、责罚、折磨,如郁达夫《薄奠》:“我被众人的目光鞭挞不过，心里起了一种不可抑遏的反抗和诅咒的念头。”

鞭笞、鞭挞和鞭策，都含有鞭打的意思，区别在于：“鞭策”侧重于严格要求催促进步，“鞭笞、鞭挞”侧重于批判、揭露、谴责的意思；“鞭策”的对象是人或单位团体，“鞭笞、鞭挞”的对象则既可以是具体的人，也可以是抽象的事物，如制度、社会、思想、行为、作风等。

对例句中的“伪劣农药化肥的制售者”就不是对其“激励、鼓励进步”即“鞭策”的问题了，而是要对其予以打击、惩治的问题，所以“鞭策”应该改为“鞭笞”或“鞭挞”。

一

辨一辩

例句：①这弄得参观考察面目全非，真假难辩。②在工商人员问及商标钢模是哪里刻制的，法人代表辨称是自己刻的。

辨，义符是“刀”(“刀”字心)，本义是用刀将物体剖分开来，引申为经过观察、分析把性质不同的事物区分开来。《说文解字》：“辨，判也。”辨，就是区别、识别、判别的意思。《左传·成公十八年》：“周子有兄而无慧，不能辨菽麦，故不可立。”是说周子有一个哥哥，是个白痴，不能分辨大豆和小麦，所以不能立为国君。

辩，是“讠”字心，就是与说话有关的一个字词，其原义是言辞漂亮、巧言，如春秋时期李耳《老子·八十一章》：“善者不辩，辩者不善。”意思是，行为善良的人不会巧辩，善于巧辩的人不会善良。“辩”字古文中可引申为治理之义，如《左传·昭公元年》：“主齐盟者，谁能辩焉?”意思是，主持结盟的，谁有能力治理它呢？因争当盟主、治理天下，需要口才，辩又引申为辩解、辩论，如辩驳、答辩以及狡辩、强辩等。提出某种理由或根据来说明、解释真伪或是非，就是辩白、辩解；强有力的辩白叫雄辩；把没有理的事硬说成有就叫强辩；狡猾的强辩就叫狡辩。

区别“辨”和“辩”这两个字，主要的就是掌握两字的语义差别。辩解、辩驳、辩论、答辩词语中的“辩”要用语言加以说明和解释，所以要用“讠”字心的“辩”；辨别、辨认、辨析、辨明是非、菽麦不辨等词语中的“辨”，是要根据事物的特点加以区别的，就像用刀分开一样，所以要用“刀”字心的“辨”。

所以，例句①中的“真假难辩”应当改为“真假难辨”；例句②中的“辨称”应当改为“辩称”。

辨证一辩证一辨正(参见“辨一辩”词条)

例句：①正是辨证地处理好了“疏”与“堵”的关系，才实现了社会稳定、经济发展。②中医主要用望闻问切的方法对疾病进行辩证治疗。

辨证，是辨析考证的意思，北宋洪适释《隶释·汉繇竹令王君神道碑》：“德父治郡之余专意金石刻，辨证亦甚精确。”“辨证甚精确”就是辨析考证很精确的意思。中医治病过程中，在施治前首先要用多种方法全面分析病症的性质、原因、症状、脉象等，作出正确的判断，然后给予相应的治疗，这就是辨证施治、辨证论治，这里的“辨证”又称“辨症”。

辩证，则是指合乎辩证法的，即用发展的、变化的、运动的和对立统一的观点去处理事物和矛盾。例句是说处理“堵”与“疏”的问题，就是如何用对立统一的方法处理矛盾，所以应当用“讠”字部的辩证。

还有一个与辨证、辩证同音的近形词——辨正，是辨明是非、改正错误的意思，如《文心雕龙·论说》：“原夫论之为体，所以辨正然否。”“辨正然否”就是辨明是不是这样；又如胡适《〈红楼梦〉考证》：“《红楼梦索引》一书，有了《董小宛考》的辨正，我本可以不再批评他了。”这里的“辨正”就是改正的意思。

例句①中的“辨证”应当改为“辩证”；例句②中的“辩证”应当改为“辨证”。

濒—频—滨

例句：①当时，这个企业频临破产。②捕捞业投资较大、海难事故濒发。③山东省惠民县滨临黄河，水丰地肥。

“频”与“濒”虽然字形相近，但是读音、字义均不同。频，音 pín，是屡次、连续的意思，如频传、频繁等，不能构词成“频临”；濒，音 bīn，是紧靠、临近、接近的意思，如濒临、濒危等，而不能构成“濒发”。

滨，原义是水边。《孟子·万章下》：“伯夷……当纣之时，居北海之滨，以待天下之清也。”意思是，伯夷在殷纣的时候，住在北海边上，等待天下的清平。滨，还当沿海边境讲。《诗经·小雅·北山》：“率土之滨，莫非王臣。”意思就是，循着国土一直到海的边境，天下没有一个人不是君王的臣子。滨，虽然也有靠近水边的意思，但是不能如同“濒”一样与“临”组成合成词“滨临”，只能作为单音节词的动词使用，如滨海、滨江等；而濒则既可以与“临”构成合成词双音节动词“濒临”，也可以作单音节动词使用，如濒危、濒死、濒绝等。

所以，例句①中的“频临”应改为“濒临”；例句②中的“濒发”应改为“频发”；例句③中的“滨临”应改为“濒临”。

不消—不屑—不肖

例句：①原来被人们不消一顾的秸秆现在也成了宝贝了。②张二柱原来很懒，什么也不愿意干，被当村长的父亲骂为不屑子孙。

《说文解字》：“消。尽也。从水，肖声。”消，本义是消失、消灭，表示完全不存在。宋代李清照《如梦令》：“昨夜雨疏风骤，浓睡不消残酒。”“不消残酒”就是未能把残有的酒意消除掉。消，又有“融解”的意思，冰消瓦解，比喻事情的难题已经解决了；烟消云散，是说就像烟云一样散去，比喻事情和愁苦都没有了。消，还有“值得”的意思，宋代柳永《凤栖梧》词：“衣带渐宽终不悔，为伊消得人憔悴。”“为伊消得人憔悴”，意思就是为了她，憔悴不堪也是值得的。消，还有“需要”之义。唐代吕岩（吕洞宾）《绝句》：“来往八千消半月，依前归路不曾迷。”“消半月”就是需要半个月。“不消”就是“不需要”、“不必”的意思。

肖，音 xiào，原义是把大块肉切成小块肉。大块肉、小块肉都是肉，是相像和类似的，《说文解字》就把“肖”字解释为“骨肉相似也”，“肖”也就引申为相像、类似，如成语“惟妙惟肖”。战国时期孟轲《孟子·万章上》：“丹朱之不肖，舜之子也不肖。”意思是尧的儿子丹朱的品行不像尧，舜的儿子的品行也不像舜。不肖，还指才德不如父祖。《战国策·赵策》：“老臣贱息舒祺，最少，不肖。”是说舒祺的才德不像父亲。因为“肖”即相像，所以人的画像也称肖像；因为“不肖”指不像前辈，所以也指品行不好的子孙为“不肖子孙”。

屑，音 xiè，本义为碎末，《说文解字》：“屑，动作切切也。”“切切”即细微之义。屑，又有认为值得和重视之义。不屑，就是认为不值得和不重视、不顾及、轻蔑、不放在心上，如“不屑一顾”。《后汉书·马廖传》：“廖性质诚畏慎，不爱权埶（音 yì）声名，尽心纳忠，不屑毁誉。”意思是，马廖性情质朴诚实而谨慎，不关心权势和名声，只是竭尽全力效忠于皇上，而顾不得别人的诽谤和赞许。

例句①中的“不消一顾”应改为“不屑一顾”；例句②中的“不屑子孙”应当改为“不肖子孙”。

C

查看—察看

例句：他一有时间就往附近县城里跑，查看市场。

查，即用一定的标准对某事、某项工作的过程、结果进行查看、检查及评定。查看，侧重于检查、查询。

察，是细看、仔细地了解的意思。三国时期曹植《洛神赋》：“远而望之，皎若太阳升朝霞；迫而察之，灼若芙蕖出渌波。”句子中的“迫而察之”就是走近了仔细地看的意思。察看，是指为了了解实际情况而仔细地看的意思，事先并没有既定的标准。察，还有进行秘密地观察、暗中了解的意思。如“察举”一词表示的就是事先对人选并没有具体的意见，而是在通过明察暗访的考察后才决定选拔与否的意思；而“查”则一定是公开的了解、检查情况。

例句说的只是“他”去了解市场的行情，而不是要对市场进行考核、评比，所以应当用“察看”而不应用“查看”。

刹—霎

例句：①他一刹时明白了，他中了那个“古董商”的圈套。②如果没有登高，陈子昂

不会在幽州台那样一个小土坡上将小我与大志、霎那与永恒、古与今、崇高与渺小置于无限广阔的宇宙背景下……吟出"前不见古人，后不见来者，念天地之悠悠，独怆然而涕下"的绝唱。

刹，是梵语刹多罗(Ksetra)的简称，是土地或国土、世界的意思，也指佛塔；而刹那，是梵语 Ksana 的音译，指极短的时间，一瞬间，一念之间，如刹那间、一刹那。有资料说，"一刹那"约相当于 1/75 秒。唐代白居易《和梦游春》："愁恨僧祇长，欢荣刹那促。"意思是，忧愁和怨恨就像僧侣坐禅诵经的日子绵延无期，而欢愉荣耀短促得如同刹那间。"一刹那"不能写成"一刹时"，也不能写成"一霎那"。

霎，原义是小雨，因为小雨下的时间很短，霎便引申为时间极短。霎时，就是时间很短，片刻。在古诗词里，经常把"霎"同小雨相联系，如宋代欧阳修《渔家傲》："六月炎天时霎雨，行云涌出奇峰露"，唐代孟郊《春后雨》："昨夜一霎雨，天意苏群物。"

所以，例句①中的"一刹时"应当改为"一刹那"或"刹那间"；例句②中的"霎那"应当改为"霎时"。

长一常

例句：①官兵们长年驻守在海岛。②公司注重品牌战略，决心打造一个常盛不衰的品牌。③"社会存在决定人们的社会意识"这个道理，虽然人们谈得少了，但它还是万古长新的道理。

长，侧重于时间跨度大，《说文解字》："长，久远也。"长年，即整年，一年到头，强调的是时间跨度大、整年连续不断。如"这个工程队长年在艰苦环境中施工"，侧重于不间断，可以是一年，也可以是多年。

常，古籍《玉篇·巾部》："常，恒也"，是经常的意思，侧重于所做的事恒常不变，而不是说时间不变。常年，除了指"一般的年份"(往常的年份)的意义外，也有一年到头的意思，但侧重强调"经常"，多年所做的事性质不变，在时间上可以有间断。如"这个乡的农民大部分常年在沿海地区打工"，强调的是基本谋生方式多年不变，但打工中间有间断，如农忙时回乡种地、收获等，并不是"永远"不变，用"常年"而不能用"长年"。

所以，例句①中的"长年"应当改为"常年"；例句②中的"常盛不衰"应当改为"长盛不衰"；例句③中的"万古长新"应当改为"万古常新"。

常常一通常

例句：①县委形成了艰苦奋斗、密切联系群众的工作作风，通常下乡进村了解农民的实际困难和迫切需要解决的问题。②村委会已经形成了一套工作制度，村里有关经济发展和精神文明建设等重大事项，常常是召开村民代表会议研究解决。

常常，表示经常性、动作行为发生的次数多，而不表示规律性。通常，是一般、平常的意思，强调动作行为的一般性即规律性、规定性。

例句①中的“通常”，应当改为“常常”或“经常”，表示县委干部下乡了解民情的经常性和次数较多；而例句②中召开村民代表大会讨论重大事项是制度，是一般性、规范的做法，应当用“通常”，不应用“常常”，如果用“常常”，就表示虽经常召开村民代表会议，但也表示了有时不开会。

弛—驰

例句：①目前，该县正积极申报“中国弛名商标”，进一步提高南丰蜜橘在国内外的知名度。②他从中受到启发，悟出书法要注意向背揖让进退驰张等笔情墨趣的道理。

弛，本义是卸下或放松弓弦，如《吕氏春秋·原乱》：“武王以武得之，以文持之，倒戈弛弓，示天下不用兵。”意思是，周武王用武力得到了天下，而用文治巩固政权，放倒兵戈，放松弓弦，告诉天下不再打仗了。成语“一张一弛”，是说弓弦不能总是拉紧，有时也要放松，比喻治理国家要像弓弦又张又弛一样，宽严相济，交替使用。弛，引申为放松、松懈，如《韩非子·饬令》：“物多末众，农弛奸胜，则国必削。”意思是，供人奢侈的物品多了，经商的人多了，而放松了农业，则国家必然会被削弱。弛，由放松、松懈又引申为解除、废除、败坏。废弛，就是松弛、败坏的意思，多用于法令、制度等因长期不执行而失去约束力。

驰，原义为赶着马快跑、驱马追逐。《诗经·鄘风·载驰》：“载驰载驱，归唁卫侯。”意思是，赶着马车疾驰，回国慰问卫侯（古汉语对遭受非常变故者的慰问称“唁”，不是指遭遇丧事的“吊唁”）。“驰”引申为就像马一样快跑，如奔驰；也引申为（心神）向往，如“神驰”；还引申为传播，如《论衡》：“故（田）婴名暗而不明，文声驰而不灭。”意思是，田婴的名字并不著名，而他的文章的名声却传播得恒久。“驰名”就是声名远扬、远播的意思。

所以，例句①中的“弛名商标”应改为“驰名商标”；例句②说的是书法运笔就像弓弦一样有弛有张，句中的“驰张”应改为“弛张”。

酬—筹

例句：为了给村子修路酬钱，村委会通过捐资、出义工及出租村有房屋等形式，酬集资金近400万元。

酬，本义是向客人敬酒，后引申为回报、报偿、报答，如酬报、酬谢。酬钱也即酬金，是酬报劳务或表示感谢的钱。酬，还有实现的意思，如唐代李频诗《春日思归》：“壮志未酬三尺剑，故乡空隔万重山。”

筹，本义是用竹、木制成的用来计数用的小棍儿，如算筹、略胜一筹等。汉代班固《汉书·五行志下》：“筹，所以纪数。”（“纪”同记、计）后来也成为对劳动者的工作量进行统计的用品，即做完一件活儿，发一根“筹”。劳动者把“筹”集中起来领取工钱，“筹”也就有了将分散的集中起来、想方设法聚集，以及计算、谋划、筹划、筹办等意思。筹钱就是筹集、筹措钱款。

所以例句中的“酬”，应当改为“筹”。

出身—出生

例句：①今年49岁的刘金福，出身在云南建水县南庄镇大寨村。②演讲活动开始以前，出生于岳麓书院的湖南省社科院文学所所长陈书良曾经动情地指出：“那里永远是我们心中的圣地。”

出身，指一个人早期的经历或家庭的经济、政治状况而赋予（决定）该人的某种身份。如一个革命军人在投军前是一个学生或工人，那么他的出身就是学生或工人；一个人的父祖辈是官僚或农民，那么该人就获得了“出身于官僚家庭”或“出身于农民家庭”的身份。“出身”也指重要的资历或学历，如，他是博士出身，他是黄埔四期出身等。

出生，即诞生，是指人从母体中的娩出，包括时间、地点。如，他出生于上海，这一群孩子都是出生于20世纪80年代末的骄子。

这两个词的区别很明显：出生，标志着一个生命的形成；出身，表明一个人的经历和社会背景。

例句①说的刘金福出生的地点，而不是说他的出身背景，所以应当用“出生”；例句②中的陈书良不是在岳麓书院“出生”，而是曾经在那里供过职，所以应当说“出身”于岳麓书院。

雏型—雏形

例句：这就是农机作业互助组的雏型。

雏形，就是事物刚形成但还没有完全达到完善的状态和面貌，如“董《西厢记》是脱胎于元稹《莺莺传》，可以说，《莺莺传》就是《西厢记》的雏形。”又如鲁迅《且介亭杂文·答曹聚仁先生信》：“至于已有大众语雏形的地方，我以为大可以依此为根据加以改进。”鲁迅说的“大众语雏形”是说群众的语言对于文学语言来说还是不成熟的“雏形”语言。

雏型，则是指按照一定的比例将原物缩小了的模型，并不是事物本身，正如“大楼雏型”不是大楼本身一样。叶圣陶《倪焕之》：“照他那样做，学校简直是一个世界的雏型。”这里的“雏型”把学校比喻为一个缩小了的世界，但学校本身并不等于“世界”。

例句说的是“农机作业互助组”刚组建成立，还未达到完善的地步，是“雏形”，而不是“雏型”。

串—蹿—窜—撺

例句：①产品有了商标，价格也向上窜。②市场上窜货严重，价格混乱。③全镇地方性收入，在全省乡镇排名中撺升到地75位。

串，音 chuàn，是个象形词，在金文中的字形像一条线穿起了两颗珠子，它的本义是贯穿、串联，就是把若干个东西逐一地连接、连贯起来。“串”由贯穿的词义，又引申出联系的意思，如：我串了几个朋友一起到西安去旅游；还引申为互相调换，如串货，就是把一种货物调换成另一种货物；“串”还有配合、勾结、混合等意思，如《红楼梦》：“鸳鸯红了脸说：‘怪道你们串通一气来算计我！’”

窜，音 cuàn，繁体字为“竄”，是个会意字，“穴”字头下面加一个“鼠”字，原义为洞中的老鼠乱钻乱窜，后来泛指其他动物或人的行为，引申为隐藏、逃匿之义，如抱头鼠窜、流窜、窜逐等。“窜”是横向的动作。《后汉书 · 西域传》：“是以单于孤特，鼠窜远藏。”意思是单于被打败以后，由于孤独无援，只得远远地逃窜隐藏起来。

蹿，音 cuān，本义即快速向上、跳起，纵向的动作。蹿房越脊，就是指跳上房顶在上面快速行走，形容盗贼在屋顶上跳跃奔走的技能。

撺，音 cuān，是鼓动、怂恿的意思，组成的词有撺掇、撺弄、撺嗾，这几个词是同义词，都是从旁鼓动、怂恿、唆使的意思。如明代张居正《乞鉴别忠邪以定国是疏》：“又从而鼓煽其间，相与怂恿撺嗾。”

例句①说产品的价格向上“窜”就说不通了，应当用“蹿”；例句②中的“窜货”应当为“串货”；例句③指的是排名次序快速地、跳跃式地上涨，“撺升”应当改为“蹿升”。

槌—锤

例句：“一会两节”，重槌打造新如皋

槌，原义为搁架蚕箔的木柱，也指敲打用的棒子，如棒槌、鼓槌、衣槌、钟槌等，后用作捶击、敲打，如“响鼓不用重槌”。唐代杜牧《大雨行》：“奔觥槌鼓助声势，眼底不顾纤腰娘”中的“槌鼓”就是用木槌敲鼓。

锤，原指重量单位，古代六两为锱，两锱为锤。“锤”是金属制的圆球状的物体，便用作为秤砣。将“锤”放大，还可用作兵器，古代有一种兵器就叫锤，如流星锤。“锤”也是一种工具，如铁锤、汽锤、电锤等。

例句中，“打造”的词义原为制造金属制品，就是锤打、锤炼的意思，既然是锤打、锤炼金属，自然也应用金属的“锤”，不能用“木槌”的“槌”。

淳朴—纯朴

例句：虽然这些农村小学生的衣服有些脏，皮肤黝黑还有点儿粗糙，头发被风吹得凌乱，但是我在他们脸上看到了淳朴。

淳，本义为水清澈，引申为朴实、朴素的意思。淳朴，形容性格和风俗的敦厚、诚实、朴实，侧重于厚道。如清代沈复《浮生六记 · 浪游快记》：“绩溪城处於万山之中，弹丸小邑，民情淳朴。”又如，魏巍《谁是最可爱的人》：“他们的气质是那样的淳朴和谦逊。”

纯，原指素丝，引申为纯正。纯朴，就是纯正朴实的意思，形容人的思想单纯质朴、生活朴素，侧重于原始。纯朴还指未经斫雕的原木，如战国时期庄周《庄子·马蹄》："故纯朴不残，孰为牺尊？"成玄英疏："纯朴，全木也。"意思是，天然的木料还未曾破开，谁能制作成祭祀用的酒器？

例句中"农村小学生"正如"未经斫雕的原木"，其特点主要是思想单纯而质朴，所以用"纯朴"来表示其稚嫩的特点更准确一些。如果形容老农，则应当用"淳朴"，以突出其厚道。

磁—瓷

例句：房子的外墙镶嵌着白色的磁砖。

磁，专指能吸引铁、镍、钴等金属的某种物质的性能，如磁石、磁铁、磁力、磁卡等。磁石，即天然吸铁石。古代有"磁石引针"的说法，比喻事物互相感应，如《论衡·乱龙》："顿牟掇芥，磁石引针。"引申为吸引、吸引力，如郭沫若《反正前后》："这些地方发散着强有力的磁性，把我全身血液里面的铁质都吸引了去。"

瓷，专指用高岭土等纯净的黏土为材料烧成的器皿或艺术品等器物，如瓷器、瓷砖、瓷瓶、瓷人等。汉代邹阳《酒赋》："醪醴既成，绿瓷既启。"意思是，好酒已经酿成，绿色的瓷酒瓶也已经启开。

例句中，装饰、镶嵌房子应当用"瓷砖"，"磁"应当改为"瓷"。

摧—催

例句：办不到的事不吹，办得到的事不推，承诺了人的事不用人摧。

摧，是折断、毁坏、挫折的意思。如《楚辞·九叹·离世》："执组者不能制兮，必折轭而摧辕。"意思是，抓住缰绳的人不能控制住车，轭木必然要折断，车辕就会损毁。摧，有崩塌意思，如唐代李贺《雁门太守行》："黑云压城城欲摧，甲光向日金鳞开。""城欲摧"就是城池要崩塌了；还有使受挫的意思，如宋代欧阳修《送徐无党南归序》："吾欲摧其盛气而勉其思，故于其归，告以是言。"意思是，我将挫抑他的盛气而勉励他多思考，所以在他回来的时候，将这些意思告诉他。

催，是督促、促进的意思，如催办、催促、催讨等，如东晋陶渊明《杂诗》（七）："日月不肯迟，四时相催迫。"意思是，太阳月亮运行的速度不会放慢，四季在催促着。

例句中的"不用人摧"应当改为"不用人催"。

磋—蹉

例句：经过 40 多次登门蹉商，我们与×集团签订了投资开发矿泉水的协议。

蹉，原义是跌、倒，如蹉跌，就是失足跌到、失坠；蹉跎就是失足、失意、失时、光阴虚度。《世说新语·自新》："（周处曰：）欲自修改，而年已蹉跎，终无所成。"意思是，周处想自己改正，但是已经虚度了这么多年，恐怕最后也不会有成果。

磋，原义是磨制，引申为商量、研讨。春秋时期管仲《管子·弟子职》："先生既息，各就其友，相切相磋。"意思是，老师已经歇息了，学生可以自己找同学就学问进行相互研讨、商量。磋商，就是反复商议。

所以，例句中的"蹉商"应当改为"磋商"。

D

大器—大气

例句：城市建设所体现出来的一流的设计，大器的手笔不同凡响。

大气，即地球的大气层；也指粗重的气息，如粗声大气；还指大方、不俗气、气度不凡、不落俗套。

大器，原指天，《易·乾》："时乘六龙以御天。"王弼注："乘变化而御大器。"孔颖达疏为："大器，谓天也"。大器，由指天引申为比喻重要的事物，如《后汉书·公孙述传》："兵者，帝王之大器，古今所不能废也。"意思是，军队是帝王控制天下的重要手段，自古至今都是不能忽视和废弃的。又引申为气势恢宏，如"屹立在天安门广场上的人民大会堂显得非常大器。"大器，古代还指圭、璋、钟、鼎等贵重的器物，由于贵重的东西非常稀少，而引申指大才、能担当重任的人才，如《管子·小匡》："管仲者，天下之贤人也，大器也。"

例句所说的城市建设设计的手笔与众不同，即不落俗套，所以不应该用"大器"，而应当用"大气"。

淡泊—淡薄

例句：①他对一切事物的兴趣都很淡泊，连青年人很喜爱的郊游，他也不感兴趣。②有一些档案工作人员的岗位意识比较淡泊。

淡泊，是动词，表示清静寡欲，不追求名利，东晋葛洪《抱朴子·广譬》："短唱不足以致弘丽之和，势力不足以移淡泊之心。"意思是，简短的诗作吟唱不足以达到宏伟华丽的境界，权势不足以改变向往清静寡欲的情操。

淡薄，是形容词，意即不浓密、不浓厚，如云层淡薄、淡薄的晨雾；还引申为冷淡、不亲密，如："这夫妻俩感情很淡薄，相互之间也"；还形容不强烈，如："这坛酒的味道太淡薄了，不是加水了吧？"引申为清贫，如《红楼梦》："代儒家道虽然淡薄，倒也丰丰富富完了此事。"

所以，两个例句中的"淡泊"都应当改为"淡薄"。

点金—点睛

例句：用好科技"点睛术"、"点金石"，才是农民致富的"锦囊妙计"、"灵丹妙计"。

点金或点金术原指古代方士所谓的点铁石成金的“法术”。外国有点金石一词，也叫哲人之石，原为中世纪欧洲炼金术士幻想通过炼制得到一种奇石，来制作长生不老之药，医疾延年，提精养神，并用来触发各种物质的变化，点石成金。后来以“点金”比喻修改文字、化腐朽为神奇，也比喻为能迅速增大事物价值的非凡的技术。如宋代黄庭坚《答洪驹父书》：“古之能为文章者，真能陶冶万物，虽取古人之陈言入于翰墨，如灵丹一粒，点铁成金也。”

点睛，出自《晋书·顾恺之传》：“恺之每画人成，或数年不点目睛。人问其故，答曰：‘四体妍蚩，本无阙少于妙处，传神写照，正在阿堵中’。”“阿堵”，是两晋南北朝时的口语，即“这个”，此处指眼睛，后来把文章的传神之处称为“点睛之笔”。“画龙点睛”说的是：南北朝时崇佛的梁武帝装修佛寺，让画僧张繇作画，张繇在金陵安乐寺画了四条白龙，但是没有画眼睛，说点上眼睛龙就会飞去。别人以为张繇的话是妄诞之言，坚持让他画上眼睛。张繇一给两条龙画上眼睛，顷刻之间，雷电大作，两条被画上眼睛的龙破壁腾空而起，跃上了空中，而没有被画上眼睛的龙，仍然留在墙壁上。后来“点睛”和“画龙点睛”就比喻为艺术创作在紧要之处着上关键的一笔。

例句中的“点睛术”应改为“点金术”，即能迅速增大事物价值的非凡的技术或办法。

叠—迭

例句：单位职能还存在交叉重迭、政事不分的现象。

叠，是一层加一层、重复的意思，如叠床架屋，就是床上架床、屋上建屋；重峦叠嶂，就是重叠的山峰。《现代汉语规范词典》提示：“重重叠叠”不要写作“重重迭迭”。

迭，作为动词，是轮流、替换的意思，如更迭，就是更换；高潮迭起，就是高潮一次又一次地兴起；迭现，就是一又一次地出现。迭，作为副词，是屡次的意思。迭次，就是一次又一次地、不止一次地。

所以，例句中的“重迭”应该为“重叠”。

鼎力—鼎立

例句：①我今天富裕了，离不开党的好政策，也离不开众乡邻的鼎立相助。②在牛奶行业，××奶业集团、××奶业集团和××集团已成鼎力之势。

鼎，是一个象形字，多系青铜浇铸而成，有三足圆形鼎和四足方形鼎，最初作烹饪用的食器，后用为礼器。古代贵族家庭筵宴祭祀时，鸣钟列鼎，排场豪奢。后来“鸣钟列鼎”就代指贵族豪门。青铜鼎均为贵族所有，是身份地位的象征，如天子用九鼎，诸侯用七鼎，地位越低的用鼎数则等而下之，“九鼎”就成了最高地位和国家权力的象征。谋求国家政权叫“问鼎”，夺得政权、定都、建都叫“定鼎”，改朝换代叫“鼎革”。

因“鼎”的分量很重，举起来要用尽全身的力气，所以全力给予的帮助，就叫鼎力相助；而鼎还引申为说话的分量很重，一言九鼎，就表示说的每一句话，都很有分量，一句话起到了很大的作用。

因为鼎多为三足，能立得很稳，所以三方较长时间的并峙，就称之为“鼎立”或“鼎峙”，如三国鼎立、鼎足三分。

因此，例句①中的“鼎立相助”，应当写作“鼎力相助”；例句②中的“鼎力之势”应当写作“鼎立之势”。

定一订

例句：务工人员进入用工单位前，一定要与用工单位签定劳动合同，明确双方的权利和义务。

定，原义为安定、评定，引申为确定、决定，其语义重点在“安、确定不移”。如《后汉书·西域传》：“大事已定，何为复疑？”意思是，大事已经确定，为什么又要疑虑呢？

订，其本义为商议、议定，体现了双方之间的平等关系，《说文解字》：“订，平议也。”订，又引申为约定。签订，就是双方或多方在商议、平议后，订立某种文书，如合同、条约、协议等，有关方均得在文书上签字。

例句中，务工者和用工方、合作者双方是平等的关系，双方的权利和义务应当在平等的协商后加以确定，所以用工合同、合作协议应当是由双方“签订”，而非“签定”。

度过一渡过

例句：刚刚度过了 1960 年前后的饥荒，冀中平原上的人们勉强地吃饱了肚子。

度，原指计量长短的标准，引申为经历、经过（指时间、日子），“度”的对象是时间。如度假、度日如年、欢度佳节、虚度光阴。宋代贺铸《青玉案》词：“锦色华年谁与度”，意即她美好的青春年华和谁一起度过。

“渡”字的产生晚于度，古汉语中“度”、“渡”可以通假。但辨别现代汉语的词义，应以字义、词义的历史变化为依据，而不应以古代通假为依据。渡，本义是过水面，如渡江、远渡重洋，是指空间上的“过”。由空间上的“过”，引申为通过（阶段、时期），如：渡过难关、渡过困难时期等。

度、渡的用法有一简便的判别方法：不受主观意志支配，努不努力，都会过去的，用“度”，如假期、日子、时光；而必须花力气、作出努力、想办法或必须具备一定条件才能过的，就应当用“渡”，如渡河、渡过难关。

例句中“饥荒”对人们来说是必须经过艰辛努力才能过的“难关”，所以要用“渡过”。

E

遏制一扼制

例句：①要采取必要的措施，遏制物价过快的上涨速度。②县委当下决定，采取必

要手段，扼制农村中日益蔓延的豪赌之风。

扼，意思是用力抓住、掐住、把守，如：扼腕长叹、扼杀、扼守等。《汉书·李陵传》："臣所将屯边者，皆荆楚勇士奇才剑客也。力扼虎，射命中。""力扼虎"就是力气能掐死老虎。这就是"掐虎"典故出处。《宋史·冯拯传》："备边之要，不扼险以制敌之冲，未易胜也。"意思是，守卫边疆的主要之点是，如果不据守能控制敌人必经的要道，是不容易取得战争的胜利的。扼制，即为抑制、控制、据守之义。

遏，为阻止、阻拦、禁止的意思。晋代陈寿《三国志·吴书·吴主传》："法令之设，欲以遏恶防邪，儆戒未然也。"意思是制定法律法令，是要用来阻止恶行、防范犯罪行为、预先告诫还未实施犯罪者。遏制、遏止就是阻拦的意思。

例句①说的是控制住物价上涨，应当用"扼制"；例句②说的是要阻止农村中的赌博行为，应当用"遏制"。

F

罚金—罚款

例句：①县建设部门曾三次对其下达停工令，并处罚金 1 万元。②重庆涉黑案首犯一审被判处无期徒刑、罚款 5 021 万。

"罚金"与"罚款"是两个不同的概念，不能混淆。罚金，在古代是一种赎罪的制度，现在是我国刑法规定的一种附加刑（也可以独立使用），即审判机关强制被判刑人在一定期限内向国家缴纳一定数额金钱的刑罚。处以"罚金"，是一种属刑事范畴的司法行为。罚款，则是一种行政执法行为，是国家行政机关依法强制违反行政管理秩序的公民、法人或组织在规定期限内，缴纳的一定数量的款项。

所以，例句①中的"罚金"应当改为"罚款"；例句②中的"罚款"应当改为"罚金"。

砝码—筹码

例句：标准化的实施也为金乡大蒜顺利踏入国际市场增加了不少砝码。

砝码，原义是指具有精确规定重量的一块金属或其他材料，用以在天平上称量其他物体质量的衡具，借指做某些事的有利条件，如"出国留学的经历，增加了他选择职业的砝码"。筹码，原义是计数的用具，也常用于赌博，代表赌资（为骨质圆形钱币状）。筹码常被比作对抗或竞争中可以影响胜负的条件、因素。

砝码的"条件"引申义只对条件的拥有者具有意义，成功与否，不对任何方构成影响；筹码的"条件"引申义对对抗或竞争的双方都具有意义，拥有筹码的一方具有优势，意味着对另一方的威胁。

例句中，踏入国际市场是一种竞争，应当拥有更多的战胜竞争对手的"筹码"，而不是“砝码”。

反应—反映

例句：①近来，一些农民读者常向报社反应，他们那里的购机补贴一直没有按照中央的规定补给农民。②农民关于保护基本农田的呼声，在镇政府那里一直没见有什么反映。

反映，本义指反照（如同照镜子）物体（包括人体）的形象，引申义为向某对象报告、告诉情况。如：“玉渊潭公园的湖面反映出中央电视塔的倒影”（光的反射）、“记者把了解到的农民的意愿反映给了县委有关部门”（告诉）。

反应，一是指有机生命物体对刺激的回应或发生的相应活动，如“针尖在他的小腿上刺了一下，腿没有什么反应。看来，他的腿真的失去了知觉。”二是指物质发生化学变化或物理变化的过程；三是指事情发生后引起的人们相应的意见或行动，如“这次关于调整税率的政策公布后，在企业中引起了很大的反应。”

例句①说的是农民把对“购机补贴”的意见告诉报社，应该为“反映”，而不是“反应”；例句②说的是农民“保护基本农田的呼声”没有引起镇政府的关注和相关行动，应当用“反应”。

封山—封禅

例句：古代的“封山”是个专用词，专指在泰山上筑土为坛，报天之功，是祭天地的大典。

“封山”的“封”是关闭、隔绝、堵塞，是不能通过的意思，封山就是封闭进山的道路，隔绝山里山外的来往。在林业管理中，有“封山育林”的举措，就是在一定的时间内，对林区实行划界封禁，为保证林木的繁殖生长而不准开垦、砍伐、放牧。

“封禅”的“封”，是在泰山顶上筑土为坛祭天，表示受命于天，这是因为泰山是东岳，东方主生，是万物之始，阴阳交替，且泰山上有金箧玉策，能知人寿命长短。禅，音shàn，是在泰山下面的梁父（甫）山等小山辟基举行祭地的仪式。“封禅”的起源很早，《五经通义》：“易姓而王，致太平，必封泰山，禅梁父。”意思是换了朝代，为了太平，就要举行“封禅”的仪式。从秦始皇、汉武帝到宋真宗等多位皇帝都率众臣子到泰山举行过封禅仪式，还有一些帝王如梁武帝萧衍坚、唐太宗李世民等曾打算到泰山封禅，但未能成行，南宋以后历代帝王不再亲自到泰山举行封禅仪式，而转换成其他形式的祭祀。

例句在“泰山上筑土为坛，报天之功的祭天地大典”应当是“封禅”。

抚—扶

例句：①群众需要办理宅基证、准生证、扶恤金等日常琐事，往往多次向乡镇和县直

部门跑。②他手扶砚台，感到细腻温润，且呵气成珠。

扶，是用手支撑的力量而不使物体、人或自己倒下，或抓住某物体使身体不倒下的意思，如搀扶；也指用手将倒下的物体立起、帮助躺着的人坐或立起来，如扶起。抚，一是爱护、安慰、慰问；二是指用手轻轻地触摸，如抚摸。

例句①中“抚恤金”就是政府发给因工受伤人员、牺牲者家属的慰问金，不可写作“扶恤金”；例句②说的人用手摸着砚台的感觉（手感），是“抚”的动作，不能用“扶”字。

抚养—扶养

例句：当年爷爷一岁就死了爹，是全靠老太一人抚养大的。我的父亲和两个叔叔靠了爷爷的扶养，都成了国家有用的人才。

扶养，即扶助供养，提供物质帮助以维持生活，侧重于养活、维持生命或使长大，无长幼之分，长辈可以扶养晚辈，晚辈也可扶养长辈（扶养长辈又称赡养）。南朝沈约《宋书·武帝纪中》：“荆雍二州，西局、蛮府吏及军人年十二以还，六十以上，及扶养孤幼，单丁大艰，悉仰遣之。”大意是，荆州和雍州规定，军人的十二岁以下、六十岁以上的孤幼鳏寡都要予以扶养。平辈之间也可互相扶养，我国《婚姻法》规定，夫妻间有互相扶养的义务。

抚养，为抚育教养，专指长辈养育晚辈，但其重点在于爱护和教养，而不是一般的为了维持生命或长大。如《三国志·魏志·王基传》：“（王基）少孤，与叔父翁居。翁抚养甚笃，基亦以孝称。”意思是，王基少年时就是孤儿，与叔父住在一起，叔父对他的养育和教导非常尽心，王基成人后也以孝敬叔父著称。

所以，从例句的本意看，“扶养”、“抚养”应当交换一下位置。

伏法—服法

例句：安徽阜阳中院前后三任院长尚军、刘家宜、张自民腐败案，以罪犯被分别判处有期徒刑、认罪伏法告一段落。

伏法，是指因犯法而被依法判处死刑并已经执行，是受刑者被迫接受的行为。汉代司马迁《报任少卿书》：“假令仆伏法受诛，若九牛亡一毛，与蝼蚁何以异？”意思是，如果我受到法律的判决被杀，就像在九头牛身上拔去一根毛，与杀死一只蝼蚁有什么区别呢？“伏”的本义是俯伏、脸朝下。古代罪犯被判处死刑并执行砍头时，脸朝下俯伏受刑，故称之为“伏法”，而不是“服法”。

服法，则是服从法庭判决的意思，对法庭的指控的所犯罪行和处罚判决认可而没有异议，具有一定的主观意愿。

例句中说的尚军、刘家宜、张自民三人并没有被判处死刑而只是被判处有期徒刑，所以不能称其为“伏法”，应当改为“服法”。

富裕—富余

例句:城镇化的发展,有助于农村富裕劳动力的转移。

富余,足够而有剩余;富裕,在物质财富上充裕。

例句中转移的劳动力就是农业生产中"多余出来"的劳动力,而不是"生活丰富、充裕"的劳动力,所以应当将"富裕"改为"富余"。

赋税—税负

例句:封建统治者强征暴敛,农民的赋税越来越沉重。

赋,从"贝"从"武","贝"的原义流通的货币,"武"为战争之义。"赋"就是朝廷向老百姓征收费用,充实军费。后"赋"引申为征收,征取。如唐代柳宗元《捕蛇者说》:"其始,太医以王命聚之,岁赋其二。"赋,又与税同义。赋税,是田赋和捐税的统称,使用这个词时,一般指称税的种类,而不是说纳税人承担纳税量的轻重。

税,是指国家按税率向纳税人征收的货币或实物,如汉代桓宽《盐铁论·非鞅》:"商君相秦……收山泽之税。"意思是,商鞅当了秦国的丞相,对矿业和渔业等都要收税。税负,也就是指纳税人所承担纳税的负担和实际缴纳的税款或实物的数额。

所以,例句中的"赋税"应当改为"税负"即纳税的负担。

付与—赋予

例句:郡国守相拥有中央所付与的专断一方的诸侯权力。

付,原义为给予、交付、托付。付与,就是交给、付给、交付的意思,一般用于物品、钱币等实物交付;也可用于抽象事物的抛掷,如"青春年华,付与东流水。"

赋,征收、征取(钱粮),朝廷一方面向老百姓征收钱粮,另一方面给予有战功或其他贡献的官员一定的奖励,这些作为奖励的财物,是从赋中划拨出来的,所以,赋也就有了授予、给予的意思。《国语·晋语》:"公属百官,赋职任功。"句子中的"赋职",就是授予官职。赋予,就是交给、给予的意思,侧重于重大任务或使命的委托、托付,不能写作"付与",也不可写作"赋与"。

所以,例句中的"付与"应当改为"赋予"。

付诸—付之于

例句:①他满怀希望地将方案交到了村里,没想到自己的心血却付诸于东流。②集团公司提出了"公司的事业有员工来创造,员工的需要由公司来满足"的理念,并脚踏实地付之实施。

诸,是合音合义词,即代词"之"和介词"于"的合音,词义等同"之于",即"付诸"本身已经包含了“于”，后面就不能再加于了。如战国时期列寇《列子·汤问》：“杂曰：投诸渤海之尾，隐土之北。”“投诸”即“投之于”。这句话的意思是，大家七嘴八舌地说，把那些（土石）扔到渤海边上，隐土的北边去。付诸东流，即把东西扔在东流的水里冲走，比喻希望落空，前功尽弃。

之，在这里为物指代词，即他、她、它，指代前面已经出现的人或事物；于，为介词，相当于“到”，起引起行为发生、出现的处所的作用。“付之于”即“把它放到”。“付之”不是一个独立词，后面为动词性语素时，在“付之”与动词性语素之间必须加上“于”，如付之于规划、付之于企盼；后面为名词性语素时，“于”可省略，如付之一炬、付之东流、付之一哂等。

所以，例句①中的“付诸于东流”应当改为“付诸东流”；例句②中的“付之实施”中少了一个“于”。

G

干枯—干涸

例句：①上游的村庄都在截水，加剧了水库干枯的速度。②特别是冬、春、夏三季，河道通常是干枯的。

干枯，指的是草木的衰老或缺乏营养、水分而失去生机，如“由于多日没有下过一滴雨，在烈日下的烘烤下，地里的禾苗都干枯了”；也借指人由于缺乏营养或生病而显现出来的瘦弱的样子，如“由于连年的饥荒和战乱，在非洲的一些地区，那些正处于生长阶段的孩子，四肢干枯得就像干树枝，而脑袋则出奇的大。”

干涸（涸，音 hé），则是指河道、池塘、水库等枯竭、没有水了，如成语“涸辙之鲋”。宋代苏轼《乞开西湖状》：“若（西湖）湮塞，使蛟龙鱼鳖同为涸辙之鲋，臣子坐观亦何心哉。”涸辙，就是没有水的车辙。又有成语“涸泽而渔”，指的是戽（音 hù）干鱼塘的水捉鱼。

所以，例句中的“干枯”应当改为“干涸”。

工夫—功夫

例句：①毕业临近了，农业大学的应届学生们大都忙于考试或联系接收单位，已经没有功夫参加各类文娱活动了。②旅游者们在陕西户县参观时，盛赞农家妇女那精湛和娴熟的剪纸工夫。

工，本义为工具，引申为使用工具工作、劳动，由劳作又引申出役徒、劳力、工力等义，劳作的人即为“工夫”，这里的“夫”指的是人，即“力夫”。由于劳作需要时间，工夫一词便逐渐引申为表示时间的概念，如唐代元稹《琵琶诗》：“使君自恨常多事，不得工夫夜夜听。”曹禺《雷雨》:“三十年的工夫你还是找到这儿来了。”

功,从“工”从“力”,表示用力从事工作、劳作,原义为功劳、功绩,与“过”、“罪”相对,如功名盖世、不世之功;引申为功效、成效、收获等义,如功败垂成、前功尽弃、事倍功半等;又引申为技术修养、技能技巧,即精于某项技能、善于运用某种器械的本领,如功底、唱功、练功、武功等。

工夫,《现代汉语词典》第5版列了三个义项,均是指的时间,并在最后指明“也作功夫”。对功夫,也列了三个义项,前两个为本领、造诣和武术,第三义项为“同工夫”。可见,在指“时间”时,两词是通用的。但遣词中有一个“潜规则”,即使用一个词首先采用前面的义项,指“时间”时应当优先使用“工夫”;表示本领、造诣和武术时,只能用“功夫”。

在造诣、武功义项上使用的“功夫”,可以后缀词素构成新词,如功夫茶、功夫片,也可以后缀形容词,如功夫了得、功夫不凡等,而“工夫”则不具备构词和后缀语素的功能。

所以,例句①中的“功夫”宜改为“工夫”;而例句②中的“工夫”则应当改为“功夫”。

公关—攻关

例句:①为了解决机器的一些核心环节的技术问题,几个企业进行了联合公关。②国际市场上铁矿石的谈判也要启动,国外多家铁矿石供应商已到中国公关。

攻关,动词,原义为攻夺城池要塞,如,元末明初罗贯中《三国演义》第六十五回:“却说张飞闻马超攻关,大叫而入曰:‘辞了哥哥,便去战马超也。’”引申为攻克难关,如叶剑英《攻关》:“攻城不怕坚,攻书莫畏难;科学有险阻,苦战能过关。”

公关,则是公共关系的简称,名词,是处理团体、企事业单位和个人在社会活动中与外界相关的各方面关系的工作。公共关系学,也是一门学科。近一二十年来,公关在一些团体、企事业单位还成了一种专门职业,如公关小姐、公关先生、公关部等。

例句①所说的是要解决机器的技术问题,显然是把技术难题当作“一道难关”,解决技术难题就像攻克关隘一样,所以应当用“攻关”,而不能用“公关”;例句②是说外商到我国来谈判,是为了叩开中国铁矿石市场大门(关),是一种商业进攻战,而不是搞一般的公共关系,所以也应当用“攻关”一词,而不能用“公关”。

勾通—沟通

例句:县乡领导干部通过开展对话活动、质询议事会等办法,使群众有了“说话”的地方,加强了与村民和村干部的勾通。

勾,音gōu,原作“句”,本义为弯曲。《说文解字》:“句(勾),曲也。”由“勾”组成的词,一般都与不正当的事情、行为有关,如勾当,现代汉语中专指坏事情或秘密而不可告人的事,其他的如勾引、勾结、勾连、勾搭成奸等。勾通,原为联通、联系,为中性词,在现代汉语中已经衍化成贬义词,即勾结串通做坏事的意思。

沟，原为田间的水道，即指田间宽四尺、深四尺的渠道。后泛指一切通水道，既指小水道，也指人工开挖的运河，如“邗沟”（为吴王夫差为打败黄河下游的齐国而所开凿的、从江苏扬州连通长江和淮河的一段运河）、“鸿沟”（为战国时期魏惠王所开凿、连通淮河与黄河的一条运河，故道在河南荥阳）。沟通，原指开沟使两水相通，《左传·哀公九年》：“秋，吴成邗，沟通江淮。”后引申为两个以上的方面彼此相通和了解，如沟通思想、沟通中西文化等。

例句中，县乡干部与村民之间开展对话，是一项加强相互了解的事情，不是坏事，所以不能用“勾通”，而应当用“沟通”。

垢—诟

例句：①《“县乡困境”与历史积诟》②农民工子弟学校的教育水平也会参差不齐，成为社会的垢病。

垢，从“土”，是污垢、垃圾的意思。《论衡·无形》：“人少则肤白，老则肤黑，黑久则黯，若有垢矣。”意思是，人年少时皮肤白，老了皮肤会发黑，就像有污垢在上面一样。积垢，即较长时间积存的污垢。

诟，是耻辱、辱骂、指责的意思，如诟厉、诟病、诟骂。如，《史记·李斯列传》：“故诟莫大于卑贱，而悲莫甚于穷困。”意思是，地位卑贱是最耻辱的事，穷困是最悲伤的事。

例句①中的“积诟”为“积垢”之误，但“积垢”用在这个标题中并不妥当，文章说的是县乡财政存在历史上遗留下来的许多问题，所以用“积垢”不妥，宜改为“积弊”；例句②中的“垢”应改为“诟”，但“诟病”是动词，作名词用充当宾语不妥，可将“成为社会的诟病”改为“遭社会诟病”。

公寓—寓公

例句：南宋王应辰被贬，后辞官寓居常山，但是他不是消极避世，关起门来当公寓，依旧与权臣们进行斗争。

寓，义为寄居。《宋史·苏舜钦传》：“舜钦既放废，寓于吴中。”这是说，苏舜钦被罢免流放，寄住在吴中。“寓公”的原义为失去领土、封地而寄居在他国的诸侯。《礼记·郊特牲》：“诸侯不臣寓公，故古者寓公不继世。”这里的寓公就是指失去封地的君王，流亡、寄住在他国，诸侯也不再以臣子的身份对待他。后来“寓公”引申为凡流亡寄居他乡或别国的官僚、士绅的称谓。宋代范成大《东山渡湖》诗：“吾生盖头乏片瓦，到处飘摇称寓公。”诗句是说，我这一生连一片盖住头的瓦都没有，只得到处流亡当起了寓公。电影《西安事变》中杨虎城说：“弄个委员，解甲归田，当个寓公算了。”

公寓，是近现代关于住宅的一个名词。《现代汉语词典》：公寓，一是旧时租期较长、房租论月计收的旅馆；二是能容纳许多人家居住的房屋，多为楼房，房间成套，设备较好。

所以，例句中“公寓”应改为“寓公”。

国事—国是

例句：农民工走进人民大会堂，与党和国家领导人共商国事。

是，即法则的意思，《尔雅·释言》：“是，则也”。引申为政策、法规等。国是，即国家大计、方针政策、国家的施政纲领。西汉刘向《新序·杂事》：“愿相国与诸大夫共定国是。”意思是，希望相国与众大臣们一起商定国家的大政方针。共商国是，就是研究国家大政方针、制定国策。

事，即指具体的事务。国事，就是指具体的国家行政事务、国家大事。国事访问，即有关于国家大事(双边事务)的访问。《史记·秦始皇本纪》：“王年少，初即位，委国事大臣。”意思是，秦始皇刚即皇帝位时，由于年纪很轻，就把国家大事委托给大臣们办理。

例句中，人大代表讨论的是国家的大政方针而不是具体的国家行政事务，因而应当用“国是”，而不是“国事”。

过度—过渡(参见“度过—渡过”词条)

例句：建设新农村要严禁大幅举债和过渡超前建设。

过渡，动词，是从一个阶段逐步发展转变到另一个阶段的意思，如“从新民主主义阶段过渡到社会主义初级阶段。”过度，形容词和副词，是超过一定限度的意思，“度”在这里就是限度的意思。

例句中说的是要防止不顾实际可能和需要，做将来才能做的事，即“超越限度地”搞建设，不应该用动词“过渡”，而应当用副词“过度”。

H

撼—憾

例句：①图片展示给观众强烈的震憾。②“流感”让青少年撼别暑期集体活动。

憾，是不满意和失望、遗憾的意思，如千古憾事、死而无憾。《孟子·梁惠王上》：“谷与鱼鳖不可胜食，材木不可胜用，是使民养生丧死无憾也”中的“无憾”就是没有不满意的意思。

撼，是摇动的意思，如唐代韩愈《调张籍》：“蚍蜉撼大树，可笑不自量”。震撼，即震荡摇动。撼天动地，就是震动天与地，形容声势巨大；震撼人心，是指语言或事实打动、感动人的意思。《宋史·徐勣传》：“蔡京自钱塘召还，过宋见勣，微言撼之。”这里的“微言撼之”就是用含蓄而精微的言辞去打动的意思。

例句①中的“震憾”应改为“震撼”；例句②说的是青少年失望、无奈地告别集体活动，应用“憾别”。

恒量—衡量

例句：乡镇机构改革不能单纯地以眼前减人来恒量改革的成效。

在“恒量”中，恒即永久、持久，如恒常、恒心、恒星、恒姿。唐代刘禹锡《天论上》：“天恒高而不卑，恒动而不已。”意思是，天永远是那么的高，而不会下降，永远在运动而不会停止；量，是名词，数目。恒量，是个名词，即常量、不变的量。

在“衡量”中，衡指秤杆、衡器，引申为称量；量，即用量器来度量衡量。衡量，是个动词，是比较、评判和斟酌的意思。

例句意在表达评判改革的成效，应用“衡量”而非“恒量”。

侯—候

例句：①崔池村农资销售部经理高兴地说：“这种机制，我们等侯已久，我们从中可以有更多的收入。”②加强侯鸟栖息地的管理。③健全区行政服务中心，实行全天侯服务。

候，音 hòu，作为名词时，用于表示时间、气象、征候的词中，如时候、气候、候温等；也用作姓氏；作为动词时，是守望、等候、问候等意思。

侯，发 hóu 音时，表示爵位的等级和姓氏，如“将相王侯”、“侯门公府”等；发 hòu 音时，专指福建省的一处地名即“闽侯县”(隶属福州市)。

例句①表示的是“等候”的意思；例句②表示的是时节，即随季节变更而迁徙的鸟；例句③则是表示“全天等候”的意思，都应当用“候”。

J

即—既

例句：①既使生产同样的产品，其产品定位也不完全相同。②今年该县坚持即定的工作思路。③市委书记把出租车司机代表提出的六点诉求，概括为“一难二少三多”，既加气难、厕所少、停车位少、黑车多、罚款多、收费多。

即，音 jí，是一个会意字，在甲骨文中左半边是把食物盛在一种叫做“豆”的容器的形象，右半边是一个跪坐或席地而坐的人的侧面形象，面对食物准备吃的样子，“即”最初的意思是就食，就是“去吃”；后来，字义有了变化，表示就、靠近、到……去等意思，如帝王加冕也叫“即位”，入席就座叫“即席”，又像接近又像疏远叫“若即若离”，望得见而靠不上叫“可望而不可即”；还有当下、目前的意思，如即日、即景生情等；还表示就是，作书面语用，如冕即冠。“即”与“使”组成“即使”，表示假设，为“就算是”的意思，同“也”、

"还"等副词搭配使用，不能写成"既"。

既，音 jì，在甲骨文中左边与即相同，右边也是跪坐的人，但"人"头向后，不看"豆"中食物，表示已经吃完。"既"最初之义就是食完，后引申为完了、尽了、已经等义，如既成事实（已经成了事实）、既往不咎（已经过去的就不再追究）等。

所以，例句①中的"既使"应当改为"即使"；例句②指的是"已经确定的"，所以应当用"既定"；例句③中的"既"应当改为"即"，是"就是"的意思。

即时—及时

例句：在庄稼生长的不同阶段，应根据生长需要即时追施氮肥、磷肥或钾肥。

即时，是立刻、当即的意思。即时启程，就是马上、立刻启程；即日完工，就是当天完工。《史记·廉颇蔺相如列传》："赵奢许诺，即发万人趋之。"这里的"即"就是立刻、当时的意思。

及，本义为赶上、追及，《汉书·高帝纪上》："高祖问，曰：'未远。'乃追及，问老父。""乃追及"的意思就是"于是就追赶上了"。后引申为得时、合时。及时就是赶上时间，意即按时、不拖延、时间合适、需要的时候，如及时雨、来得及时等。《左传·僖公二十二年》："彼众我寡，及其未既济也，请击之。"意思是，敌军众多而我军少，应当趁敌军还未全部渡过河的时候对其发动攻击。

例句中，给农作物施撒化肥，关键是要把握作物生长需要的时机，应当用"及时"。

籍—藉

例句：①由此可见，在封建社会政府籍提高家长权威进而促进社会的稳定。②当时雨雪交加，工地十分泥泞，加之又是殡仪馆拆迁，一片狼籍。③尤太忠、万海峰、钱均等数十位光山藉将军从这里走向全国。

籍，音 jí，"竹"部，我国古代周朝以后文章典籍等写在竹片上，连起来就称为"籍"，后引申为写在各种材料（竹、帛、纸）上的文章，即典籍、文献，书册也称为"书籍"、"经籍"。籍，引申为登记，如户籍、名籍；又作名册、隶属关系解，如党籍、团籍。在古代，"籍"还有没收的意思，如籍没入官。

藉，"艹"部，发 jí 音时，原义是乱草（没有经过编织的草）、铺垫用以祭天的草垫之类的东西。狼群常藉草而卧，将草踩踏得很乱，故用"狼藉"形容凌乱。藉，还有践踏、欺凌、凌辱之义，如《汉书·灌夫传》："太后怒，不食，曰：'我在也，而人皆藉吾弟，令我百岁后，皆鱼肉之乎！'"这里的"藉"即"欺凌"之义。

又因"藉"为铺垫、衬垫之物，就有了承藉、假借、凭借等义。宋代苏轼《前赤壁赋》："肴核既尽，杯盘狼藉；相与枕藉乎舟中，不知东方之既白。"这个句子中的前一个"藉"说的是凌乱，后一个"藉"发 jiè 音，就是垫着、靠着的意思。"藉"也有抚慰之义，如"慰藉（jiè）"。

例句①就是“假借”、“借助”的意思，例句②说的是拆迁后的工地比较凌乱，所以“籍”都应当改为“藉”；例句③中的“光山藉”应当改为“光山籍”。

捡一拣

例句：①那些农村孩子穿得都很破旧，大部分是拣来的。②他教训挑捡饮食的弟子，方法平常而又叫人称奇。

捡，《说文·首部》：拱手。拱手，是上举的动作，捡，是把物体从低处拿起来，即拾取、捡拾的意思，如捡破烂儿、捡麦穗儿等。捡便宜、捡落儿、捡洋落儿都是说拾取别人不要了的东西。

拣，是挑选、选择的意思，如挑肥拣瘦、挑挑拣拣；挑拣就是在较多的事物中选出所需要的或不需要的。过分的“拣”就是“挑剔”。由此，拣又有了挑剔的意思，如挑三拣四。

例句①中农村的孩子穿的陈旧的衣服，是拾回来的，而不是“挑挑拣拣”来的，所以不能用“拣”，应当改为“捡”；例句②说的是“他”教训弟子不应“挑剔”食物，就应当用“挑拣”。

箭步一健步

例句：①数名农民运动员肩挑 60 kg 的‘粮食’在跑道上箭步如飞。②84 岁的鲁峰异常兴奋，她箭步走上主席台。

健指强壮有力，动作敏捷轻快。健步，即步伐轻快有力。“健步如飞”(不是“箭步如飞”)，形容走路脚步轻快有力，如飞一般的快捷。古代常称善于行走的人为“健步”，《三国志·魏志·邓艾传》：“毋丘俭作乱，遣健步赍书，欲疑惑大众，艾斩之。”意思是，毋丘俭作乱，派善于行走的人到处送信以迷惑众人，被邓艾斩了。这里的“健步”就是指的人。

箭步，形容像箭离弦时的急速一样，一下子跃出、蹿出很远的步子。箭步，一般指起始的那一步、跳跃动作的急速，如：他一个箭步跳到我的面前。

一个 84 岁的老人走上主席台，不会“像箭一样”迈出很远的一步；“箭步”不指行走中的步子的速度，负重 60 kg，一直“在跑道上箭步如飞”也是不可能的。所以，两个例句中“箭步”都应当“健步”。

谏言一建言

例句：我给“建设新农村”谏言。

建，本义是竖起、树立、分封，如“建立”；引申为确立地位、建立制度和(分封)国家等。把确立的策略、言论称作“立言”、“建言”、“立论”，这里的“立”和“建”意思相同。后来“建”也指建议、献策、建策。《后汉书·霍光传》:“将军为国柱石,审此人不可,何不建白太后,更选贤而立之?”这个句子中的“建白”就是建议述说的意思。又《后汉书·顺帝纪》:“近臣建策,左右扶翼。”这里的“建策”是献计献策的意思。现代汉语中,建言就是提建议。

谏,本义是直言规劝,是地位低的人向有错且地位高的人“直言劝告”,如谏争(诤)、兵谏、进谏、谏书、谏草等。谏言就是直言劝告的话,为名词。纳谏,就是吸收和采纳谏言。

例句中“谏言”用的显然不妥,应当用“建言”。

箭一剑

例句:十年磨一箭,野鳖变家鳖。

“剑”与“箭”是不同的词和事物。

剑,金属制品,古代的兵器之一,直身,尖锋,双刃,后接短柄,配有剑鞘,单手握持,进行直刺或砍劈,是男子防身的冷兵器,古称“直兵”,出现要比其他兵器如戈、斧、钺等要晚一些。剑铸成后,需要“开刃”即磨制,所以就叫“磨剑”。剑一般长三尺左右,如宋代张元干《贺新郎》:“要斩楼兰三尺剑,遗恨琵琶旧语。”

箭,是搭在弓上发射的兵器,如成语“箭在弦上,不得不发”、“开弓没有回头箭”。在产生的早期,箭身、箭头和箭尾为一体,材质多为“竹”,所以是“竹”字头,也有用木制的(称“矢”)。为使箭头尖锐易于射人,需要“削”,而不是“磨”。箭在古代战争中曾经发挥了重要作用,如诸葛亮“草船借箭”、薛仁贵“一箭定天山”。

十年磨一剑,出自唐代贾岛的诗《剑客》:“十年磨一剑,霜刃未曾试;今日把示君,谁有不平事?”“十年磨一剑”比喻干成一件事一定要有坚强的意志和恒心。

所以,例句中的“箭”应当改为“剑”。

娇纵一骄纵

例句:即使自己的身份地位很高,也不得恃贵而娇纵。

娇,原义是美好可爱,唐代李贺《唐儿歌·杜豳公子》:“东家娇娘求对值,浓笑书空作唐字。”“娇娘”就是美丽可爱的年轻女子,“对值”指配偶;也引申为宠爱、溺爱而放纵。娇纵就是指娇惯、放纵子女或所溺爱之人。

骄,原义是马高大而健壮(古语“马高六尺为骄”),也指马性暴烈,引申为人的骄傲放纵。骄纵,指自恃某方面的特殊条件而骄傲放纵、傲慢骄矜。“骄纵不轨”就是傲慢放纵而不守规矩。《史记·五帝本纪》:“富而不骄,贵而不舒。”这里的“骄”和“舒”都是“傲慢”的意思。“骄纵”也称“骄恣”,如《三国志·蜀书·刘璋传》:“璋,字季玉,既袭焉位,而张鲁稍骄恣,不承顺璋。”意思是,刘璋继位后,张鲁有些骄横傲慢,不顺从刘璋。

“骄纵”与“娇纵”词义不同,“骄纵”是人自身的性格,是一种“自动行为”。“娇纵”则是“使动行为”即施予他人或被施予的行为。

所以，这个例句中的“娇纵”应改为“骄纵”。

结合部—接合部

例句：在一些大城市的城乡结合部，常年居住着一批流动人口，给治安管理和环境管理带来了新问题。

接合，指两样以上物体相接、挨近，是把有形物连接在一起、合起来。接合部，就是指不同物体、部件相连接的部位，也指地区相连接的部分、衔接之处等，如城乡接合部、两军防地接合部。又如《江泽民文选》(第二卷)：“二十世纪三十年代到六十年代，美国又致力于南部和中西部接合部的开发，掀起了美国历史上对落后地区的第二次开发高潮。”

结合，是指形成某种关系，是抽象意义的融合，并不意味着“连接在一起、合起来”，而是一种关系的融合，如“结合成为夫妻关系”、“新一届县委是老、中、青三结合的领导班子”、“用中西医相结合的办法预防流行性疾病”等。结合部，是指事物之间形成的某种关系的载体，这个载体所载之物之间形成一种存在、一种融合。如：“豫南地区是楚文化和中原文化的结合部”、“西海固是北方游牧文化与中原农耕文化的结合部。”这里的“结合”指的是不同文化形成了融汇关系，而“豫南地区”和“西海固”是不同文化的形成融汇关系的载体，即“结合部”。载体是有形的，而被载体“文化”是抽象、无形的。

例句中“城”与“乡”是紧相连的两片有形区域，所以应当改为“接合部”。

截止—截至

例句：①征文大赛投稿日期于 2005 年 6 月 7 日截至。②征文大赛投稿截止 2005 年 6 月 7 日。

截止和截至是近义词，都是动词，都有“停止”的意思。但是二者在程度和用法上存在差别。

截止，表示到最后的期限停止，不再往前延伸。“截止”只可以用在具体日期的后面，并且不能带宾语，即位于句尾。如果“截止”要放在时间前面，则必须在“截止”后面加上“到”，如：“截止到 6 月底……”。截止也可充作形容词，作定语修饰日期。如“截止日期为 6 月 7 日”。“截止”是“日期”的定语。

截至，截到某个时限为止，即“截止到”。“截至”既可以表示一定时限的结束，也可表示事情的过程“还没有结束”，只表示事物发展阶段性的结束。如“某报发行量截至 6 月底为 10 万份”，表示的是报纸发行在某时间点上的统计量，并不是说发行量的变化停止了，变化(发行量)还在延续。“截至”只能用在具体时间的前面，可以带时间宾语。

所以，例句①中的“截至”应当改为“截止”；例句②中的“截止”应当改为“截至”。

截流—截留

例句：扶贫资金被层层截流，总有一部分被消耗在扶贫工作的诸多"环节"中。

截，的原义是断开，引申为拦截，如李华《吊古战场》："径截辎重，横攻士卒"。"径截辎重"就是直接去拦截辎重武器。截流、截留都有"拦截"的意思，但这两个词由于构词方式不同，词义有明显的差异：

截流，是动宾结构，"流"是名词，"截流"是不及物动词，不能带宾语，意思就是堵截水流、使水流改变方向或者提升水位。如"经过30个小时的艰苦搏击，中国第二大水电站——溪洛渡水电站工程顺利实现大江截流。"

截留，是并列结构，"留"是动词，"截留"是及物动词，可以带宾语，意思就是留下应解往他处的款项、物资或人员等。宋代叶梦得《奏截留福建枪杖手第二状》："曾权截留邵武军枪杖手八百二十五人，相兼使用。""截留资金"是财经工作中一种不正当的、违纪违法行为。

例句所说的就是一种扣留扶贫资金的行为，所以应当改用"截留"一词。

届—界

例句：①他的建议得到了政协各届别的广泛的关注和支持。②第七界中国农药发展年会在成都召开。

界，名词，为职业、工作或性别等相同的一些社会成员的总体，如科学界、艺术界、新闻界、妇女界等。"各界别"就是指各个范围、层次。界，也指分界、界限、范围，如"界定"、"国界"、"疆界"即"界域(范围)"。

届，原义是"到(时候)"，如"届时"、"届期"；引申为"次"，量词，用于定期的会议或毕业的班级等，如"1999届毕业生"、"十届全国人大会议"。

所以，例句①中的"届"应当改为"界"；例句②中的"界"应当改为"届"。

界线—界限

例句：①村里成立了合作经济组织以后，没有了一家一户的小地块的界限，为机械化的大地块作业创造了条件。②现在我们已经突破了所有制的界线，加快发展农村多种形式的民营经济，发展经济的手段，资本主义能用，社会主义照样可以用。

限，是个会意词，金文中，"限"的"左耳"旁，为山丘的台阶，右边的"艮"是由一只眼睛和人形组成的字符，表示人在张目远视而被山丘挡住视线，"限"即表示阻挡、阻隔的意思。三国时期曹丕《燕歌行》："星汉西流夜未央，牵牛织女遥相望，尔独何辜限河梁。""限河梁"就是把牵牛织女阻隔在天河之堤两边之义("梁"在古文中为"小堤"，农村有的地区至今还将捕鱼的小堤称作"鱼梁")。《战国策·秦策》："南有巫山，黔中之限。"意思是南边有巫山，是去贵州的阻隔。“限”由阻隔之义引申出“限制、限定”和“期限、界限”之义。界限用于抽象名词的分界，表示无形、抽象事物的性质、特征的区别，是不可测量的，如：是非界限、唯物主义与唯心主义的界限、思想界限等。

界线，是指两个紧挨着的地域及其他实物分界的临界接合部，以及某些事物的边缘。“界线”是可以被勘测的范围的划分，如国与国之间、省与省之间的分界（国界线、省际线），地域的分界，是具象的、可以测量的。

例句①说的是取消了小地块的分割状态而连成了大地块，原先的分界是有形且可测量的，所以应当用“界线”，不能写成“界限”；例句②“所有制”的区分是抽象的、看不见的，就应当用“界限”，不能写成“界线”。

接受—接收

例句：在企业改革和重组的过程中，该公司还接受了一批即将破产的乡镇企业，公司不仅盘活了资产，又扩大了资产规模，还避免了一批乡镇企业员工的失业下岗。

接收，所指的动作、行为多带主动性，对象一般是具体的事物，是接纳、吸收新成员、新事物，从行动上将其纳入行为者自己的范围，如接收信号、接收为协会会员；还表示依法接管，如毛泽东《把军队变成工作队》：“并须着重学习政策，准备接收并管理大城市。”

接受，主体的行为多为被动性即受动性，其词义重点在于思想上的活动，其对象可以是具体的，如接受礼物；也可以是抽象的，如接受意见、接受道歉，而不能说成接收批评、接收意见。

例句是指对“一批即将破产的乡镇企业”依照国家有关法规主动的重组资产的行为，应将“接受”改为“接收”。

尽然—竟然

例句：华北地区化肥价格大幅上涨，尽然影响到销区进货转移到其他地区。

尽然，意思是“全都这样”，一般用在否定副词的后面。其中“尽”是竭尽、穷尽、全部的意思；“然”是代词，如此、这样的意思。如“他所反映的问题也不尽然”，“不尽然”即不全是这样。

竟然，表示出乎意料的意思，即“没想到”。“竟然”的同义词是“居然”。如“中央早就下发了一号文件，这里的农民竟然不知道有种粮补贴一事。”

从例句的意思看，“尽然”应该改为“竟然”。

经济人—经纪人

例句：枣阳市80万农民中，约有四成以上的人成为牧民、果农、经济人。

经济人，是古典经济学中的一个概念，它假设人的行为动机就是为了满足自己的私利，工作是为了得到经济报酬，即以追求经济利益为一切活动目的的人。它还认为，多数人天生是懒惰的，他们尽可能逃避工作；多数人都没有雄心大志，不愿负责任，而心甘情愿受别人指使；多数人的个人目标都是与组织的目标相矛盾的，必须用强制、惩罚的办法，才能迫使他们为达到组织目的而工作。

经纪人，则是指向买卖双方提供产品、价格、交易条件等信息、介绍交易、为交易双方起联系作用的代理商或中间人。经纪人没有商品权，也不负责商品的直接交换，只是在成交后，向委托方收取佣金。经纪人自古以来就是活动经济、促进商品流通中的重要角色，明代冯梦龙《古今小说·史弘肇龙虎君臣会》："夫人放买市，这经纪人都来赶趁，街上便热闹。"

例句说的并不是经济学上的概念，而是指的商业活动的中间人，"经济人"应当改为"经纪人"。

竟—竞

例句：①知识经济时代一切都在竟争，而且最终都反映在人才的竟争上。②勇斗洪魔竟风流

竟，终了、完结，《说文解字》："乐曲尽为竟，从音从儿。"段玉裁注《说文》："竟，曲之所止也。引申之，凡事之所止，土地之所止，皆曰竟。"毛泽东《贺新郎·读史》有"歌未竟，东方白"的诗句，是说诗还未写完，天就亮了。"竟"由本义"完了、完结"引申出从始至终的意思，如竟日、竟夕、竟体等。作副词使用时，有终于、终究的意思，表示时间的最后。《史记·屈原贾生列传》："其后楚日益削，数十年竟为秦所灭。"《后汉书·耿弇传》："有志者事竟成也。"这里的"竟"都是"终于"的意思；还有出乎意料的意思，相当于"竟然"、"居然"，如《红楼梦》六十二回："今日又是平姑娘的千秋，我们竟不知道。"；还有径直、直接的意思，如《三国演义》四十二回："孔明曰……我竟往夏口，尽起军前来相助。"

竞，是"競"的简化字，本义为"逐"，即比赛、角逐。《诗经·大雅·桑柔》："君子实维，秉心无竞"，毛泽东有"万类霜天竞自由"、"引无数英雄竞折腰"诗句，其中的"竞"均为角逐、比赛、争相、争着的意思。

两个例句表示的都是"角逐"意思，所以应当将"竟"改为"竞"。

狙击—阻击

例句：中央财政狙击农作物病虫害。

狙击，是埋伏起来、乘敌不备加以袭击的意思。狙，古汉语中是"猴"的意思，如"狙公"，即养猴的老翁。《庄子·齐物论》："狙公赋芧，曰：'朝三而暮四'，众狙皆怒；曰：'然则朝四而暮三'，众狙皆悦。"（芧，音 xù，即橡树实）因为猴有狡猾、灵活、惯于突然行动的习性，"狙"就有了暗中、偷偷的意思，如狙伺、狙窥等词。

阻击，是用防御手段阻止敌人前进的意思。

例句说的是中央财政拨款用于防治植物病虫害，并没有“狙击”的意思，应当改为“阻击”，来比喻防治农作物病虫害。

具备—俱备

例句：①由于实施了城乡统筹战略，全部取消农业税的条件已经俱备。②双孢菇很有销路，就是缺少资金，可说是万事具备，只欠东风。

具，原义为名词，指器具。《说文解字》：具，共(供)置也。“供置”就是供放置东西的器具；作动词，为准备、备办、有，如具有、具备。《古文观止新编·核舟记》：“宫室、器皿、人物，以至鸟兽、木石，罔不因势象形，各具形态。”“各具形态”即各自具有各自的形态。宋代《太平广记·李苌》：“及明，酒具而狐至。”句中的“酒具”不是指喝酒的器具，而是说“酒备办好了”。具备，就是已经具有所必需的东西、条件。

俱，是副词，都、完全的意思，《说文解字》：皆也。如“万事俱备，只欠东风”。俱还有共同、在一起的意思，如《战国策·齐策三》：“夫鸟同翼者而聚居，兽同足者而俱行。”意思是翅膀相同的鸟类而聚居在一起，足爪相同的兽类在一起共同行走。俱备，是都有、全有的意思。

例句①说的是取消农业税的条件已经有了，应当用“具备”；例句②说各方面的条件都有了，就应当用“俱备”。

巨变—剧变

例句：改革开放以来，我国农村发生了剧变，农民的收入有了大幅度的增长。

剧，其古字为“劇”，左边一半即“豦”，上为虎、下为猪，猪虎相斗不解；右边加上了“刂”旁，表示猛烈、厉害和严重之义。如《世说新语·自新》：“义兴人谓为三横，而(周)处尤剧。”这是说(晋朝)义兴地方的人称山中的虎、水中的蛟龙和村中的周处为三害，而其中又以周处为最厉害。剧变，就是剧烈、迅猛、突然的变化，如：“苏联和东欧发生了令人深思的剧变。”

巨变中的“巨”，义为“大”，与“小”相对。巨变，就是特别大的、深刻的和多方面的变化。

剧变，表示的是变化的烈度和速度，即强弱、快慢；巨变，表示的是变化的程度和维度，即大小、深浅、范围。我国农村的变化很大，但不是突然间发生的，而是一个在较长时间内不断变化的结果。

所以，例句中的“剧变”应当改为“巨变”。

卷曲—蜷曲

例句：他卷曲在火车站候车室的长椅上一躺眯呼着了。

蜷，原义是虫形屈曲。蜷曲，音 quánqū，就是弯曲的意思，多形容人或动物的肢体，如魏巍《东方》："陆希荣长长的身子蜷曲在地上，正在大声小声地呻吟。""拳曲"与"蜷曲"同义，《庄子·人间世》："仰而视其细枝，则拳曲而不可以为栋梁。"意思是弯曲的树木不可以作栋梁之材。

卷，是把东西弯成筒状，也指筒状的东西，如"卷帘门"、"卷烟"、"卷轴"、"铺盖卷儿"等。卷曲，音 juǎnqū，是个动词，义即把物体弯转、弯折。

例句说的是"他"弯曲着身子在椅子上睡着了，应当用"蜷曲"。

决不—绝不

例句：①我们绝不让经济体制改革的价值取向逆转。②你不用带雨具，这两天决不会下雨。

绝，绝对、完全的意思，是用在否定词前的一个副词。绝不，表示对后缀的事物的否定，"绝不"强调的是客观事物的结果"必定不如何"，排除了其他可能性。如："绝无此事"、"山绝不会倒下来"。

决，一定、必定的意思，也是用在否定词前的一个副词。决不，即"一定不"、"必定不"，强调的是行为者的主观心态，如，"我们决不相信这件事是班长干的"，"我们决不会想到，导游会把团员甩下不管。"

"绝不"和"决不"，并没有强烈程度的差别，只有主客观区别。例句①说的是"我们"的主观态度，所以不应用"绝不"，而应当用"决不"；例句②说的是对客观外界的事物的判断，所以不应用"决不"，而应当用"绝不"。

K

坎—槛

例句：①缺乏较为完备的流通市场，成为中国农药工业发展的又一道槛儿。②全国的农民在取消延续了 2 600 年的"农业税"的喜悦中跨过了 2006 年的门坎。

坎，原指地面低陷的地方，《说文》："坎，陷也"，指人工挖出的坑，《汉书》就有"凿地为坎"之语。因为"坎"是人工所掘，挖出的土就要堆积在一边，所以"坎"又指田间地头的楞坎，即台阶状的地形，后引申为"障碍物"，如土坎儿、田坎、坎坷。坎坷、坎儿用来比喻不容易越过的关键地方或关键时刻，也比喻为道路不顺利、不平坦。

槛，指门下的横木，即"门槛"，也称为"门限"，如《明史·太祖纪一》："拔潼关而守之，扼其门槛。"《鲁迅全集·祝福》："你到土地庙里去捐一条门槛，当作你的替身。"槛发"jiàn"音时是栅栏、栏杆及木笼、囚车等意思。

例句①说的是我国农药工业发展道路上有需要迈过的关键的地方，所以是"坎儿"而不是"槛"；例句②中的"门坎"应改为"门槛"。

抗诉—上诉—申诉

例句:①这个农民对法院一审判决不服,向上级法院提出了抗诉。②因不服北京市高院关于京津两地"泥人张"可以共存的终审判决,泥人张传人已经向北京市人民检察院抗诉。

抗诉,是检察院对法院的判决或裁定提出重新审理的诉讼要求的行为。《现代汉语规范词典》、《法学词典》指出:人民检察院发现人民法院的判决或裁定有错误时,向上级人民法院提出重新审理的申诉。这是检察院对法院审判活动实行监督的一种重要形式。这两个例句中的法律行为主体是公民而不是"检察院",均不适用"抗诉"这一法律行为。

上诉,是诉讼当事人不服第一审(原审法院)的判决结果或裁定,按照法律规定的程序和期限(即未生效期限内),向上一级法院请求重新审理和改判的行为。例句①说的是诉讼当事人某农民对法庭一审判决不服,提出重新审理的要求,适用"上诉"。但终审判决后,诉讼当事人不得再行使"上诉"权,而是用"申诉"。

申诉,指诉讼当事人或一般公民对法庭已经生效的判决或裁定不服,提出重新审理的要求。因为"泥人张"传人是诉讼当事人,而又是应对"终审判决",所以应当适用"申诉"而不能用"抗诉",也不适用"上诉"。

所以,例句①中的"抗诉"应当改为"上诉";例句②中的"抗诉"应当改为"申诉"。

考察—考查(参见"察看—查看"词条)

例句:①县委组织部对她进行了全面的考察,认为她是一个德才兼备的后备干部。②勘探队对村后山中的铁矿储藏量进行了考查,认为铁石储藏量不大,没有开采的经济价值。③协会还邀请中国驻俄罗斯蔬菜销售总代理到蔬菜村棚室基地考查。

查,检查、查询之义。考查,是有标准、有范围、有目的的、带有审核性的调查活动,一般用于工作检查、评比、对人事及某项工作的过程、结果进行查看、调查等。

察,即细看,仔细地了解。考察,即进行仔细的观察了解,深入推求研究,如"考察土地沙化的原因"、"考察长江源头水质的变化"等。考察,重在对客观事物的观察、调查、推究、分析辨别,以得出相应的结论。考察一般用于科研、勘察、事故分析,对考察对象并无"标准",只是了解考察对象"是什么"、"为什么"等。

例句①组织部对干部的审核,是有目的且用一定的标准对审核对象进行调查及评定,所以应当用"考查";例句②、③表述的是对客观对象的观察、调研,并没有明确的标准,只在最后得出观察对象是什么的结论,所以应改为"考察"。

拷问—考问

例句:新科改,拷问农村教育体制

考问不同于拷问。拷，词义为拷打。拷问，即拷讯、拷打审问、刑讯。中央电视台《百家讲坛·品读三国人物系列之拷问易中天》在播出的开头，主持人说："今天我们拷问易中天老师，但是'并没有带老虎凳和辣椒水'。"由于"拷问"是与"拷打"、"刑讯"相联系的，主持人用了"拷问"，是一种轻松的"戏谑"。

考问，是考察询问的意思。考，个会意词，《说文解字》："考，老也。"甲骨文中的"考"，字形像老年男人住着拐棍敲地（发问），所以"考"又引申为敲击之义，吴方言中"敲"与"考"同音。《庄子·天地》："金石有声，不考不鸣。"意思是，金与石是有声音的，但是不敲击就不会响。考，由询问之义引申为"考试"之义。考试中的问答形式就是"考问"。在现代汉语中，"考问"有几层意思，一是当面向应考对象（考生）提出问题让其回答；二是就有关问题向有关方面进行咨询；三是为难倒论辩对方而提出难解的问题让对方回答。

例句想说是当前农村教育存在一些问题，要向教育体制发问、咨询，寻找体制上的原因，而不是用"板子、棍子"来"拷问"教育体制，所以句子应该用"考问"。

扣—叩

例句：澄泥砚抚若童肌，扣如钟磬。

扣，原义是拉住、牵住、拴住，引申为联结（如"纽扣"）、除去（如"克扣"、"扣除"）、向下击打（如"扣球"）、请教（如"扣问"）和扣留等义。"扣"还指用手指弹弦、打拍子，如宋代苏轼《前赤壁赋》："于是饮酒乐甚，扣舷而歌之"；唐代段安节《乐府杂录·琵琶》："曹纲善运拨，声若风雨，而不事扣弦。"

叩，原义是叩击、击打、敲打的意思，如《楚辞·大招》："叩钟调磬"。"叩"还有磕头（如"叩额"、"三叩九拜"、"叩拜"）、请教咨询（如"叩咨"）等意思。

例句说的是敲击澄泥砚其声如钟磬，所以应当写作"叩如钟磬"。

L

利害—厉害

例句：①该县广大农民知道了新型农村合作医疗制度与自己的厉害关系。②新来的县委书记给干部们留下了一个特别利害的印象，但是，广大群众却说他是个亲民书记。

利，本义为锋利。《老子·五十三章》："服文采，带利剑。"后引申为顺利、利益。利害（音 lìhài），是利益和患害组成的正反义并列结构的合成词。《国语·周语上》："明利害之乡，以文修之，使务利而避害，怀德而畏威，故能保世以滋大。"意思是，懂得利在那里，害在何处，用礼法来管理并教育他们，使他们追求利益，回避祸害，怀念君王的恩德，畏惧国家的威严，所以能永久地保持（国家政权）并逐渐强大。"利害"后泛指有密切的利益和害处关系。另,“害”轻读时,“利害”(lìhai)同“厉害”,建议使用“厉害”。

厉害,音 lìhai,厉,原是“砺”字的古字,金文中“厉”字原像一只藏在石缝中的蝎子。因为蝎子毒性很大,人被咬能致命,因而又引申出新义:凶狠、剧烈、锐利等,常见的词有厉害、严厉、雷厉等;“厉害”还有严重之义,如“焦裕禄的病情越来越厉害了。”

例句①说的事是与农民切身利益攸关的农村医疗制度,应当用“利害”;例句②说的是新县委书记“严厉”,推荐使用“厉害”。

连接—联结

例句:①农村经济合作组织是连接农户和市场的纽带。②今年宽 10 米、联接新村和老村的大桥出了正月就开工。③自汉以来,政府推行儒家思想,并将孝亲与忠君思想连结起来。④凡由生育和婚姻所连结的人,都算是亲戚。

“连结”与“联接”为不规范词,已经分别规范为“联结”和“连接”。

“连接”和“联结”都有“连”的意思,但是在用法上是有区别的:

连,表示的是连贯、连续,即“使不断”的意思。唐代骆宾王《为徐敬业讨武曌书》:“南连百越,北尽三河。”意思是,南面与越地相连接,北面到达中原的三河。连接用于有形事物的相互衔接。

联,是会意词,是左右的、横向的联系,如“珠联璧合”,是用有形的珠玉结合比喻事物联结成为一个整体。联结,就是联系结合,其词义侧重于抽象事物的融合即联合、结合成一定的关系。

例句①的“结合”是把有关各方融合为一种利益关系,例句④说的与婚姻相关的各方有了“亲戚”(姻亲)的关系也是一种融合,所以这两个例句应当用“联结”;例句②大桥两端地域的相连是实体相连,不是融合,不能写成“联结”,应当用“连接”;例句③孝亲与忠君合为一种“思想”也是融合,但不是产生一种新的“关系”,既不能用“连接”也不宜用“联结”,而应当用“结合”。

两—俩—二

例句:①在村里,他们夫妻二个种的西瓜深受水果经销商的青睐。②丈夫受了风寒,俩口子到附近的医院就诊。③井窠村两村民只因一个叫“猪厨窠”的小林班发生纠纷。

作为数词的“两”、“俩”和“二”的用法有区别。

两,作表示数目的基数词时,为“1+1”的和,它可以加在(除作为量词的“两”自身)任何量词的前面,如“两个”、“两斤”、“两天”、“两篇”等;作量词时表示“斤”的十分之一,即“斤两”的“两”;“两”同时作基数词和量词时,不能连用,即不能写成“两两”,而应该写成“二两”。“两”可以用以表示双方,如“两方”、“两相情愿”,而不能写成“二方”、“二相情愿”。“两”还可表示概数,如“过两天再讨论”、“你就那么两下子”。俩和二都没有这个功能。

俩，发音 liǎ 时，为“两个”的意思，后面不能带量词，不能写成“兄弟俩个”、“夫妻俩个”。如果写成“兄弟俩个”、“夫妻俩个”，就成了“兄弟两个个”、“夫妻两个个”了。也可表示概数，如“仨瓜俩枣的，还不够塞牙缝的”，表示数量不多。发 liǎng 音时，专用于“伎俩”一词。

二，为基数词，有几种用法：第一，只可以用在传统的度量衡单位之前，如二尺、二亩、二两、二升等；而不能用在一般的量词或新的度量衡单位之前，如二匹、二句、二厘米、二顿等，这些量词前，应该用两。第二，用于读数目字，如“一二三四”不能说“一两三四”。第三，用于小数和分数，如“五分之二”不能说成“五分之两”。第四，用于以中文书写的多位数的百、十、个位，如“二百二十二”，其中的三个“二”都不能写成“两”。“二”还可以作为序数词，“两”和“俩”都不能作序数词。

所以，例句中的“夫妻二个”应当改为“夫妻俩”或“夫妻两个”；例句②中的“俩口”应当改为“两口子”；例句③中的“两村民”应当改为“两个村民”或“俩村民”。

靓丽—亮丽

例句：军民共建也是海南省建设文明生态村的靓丽风景。

靓，古音 jìng，原义为女子用脂粉妆饰打扮、妆饰使艳丽，西晋左思《蜀都赋》：“都人士女，袨服靓妆”，即城市中的美人士女穿着艳服、装扮得十分漂亮。引申为“淑静”，形容女子艳丽美好，如宋代辞书《集韵 · 劲韵》：“靓，女容徐靓”。“靓”在粤语方言地区发 liàng 音，用于形容美丽、漂亮，如靓女、靓仔。靓丽，音 liànglì，一般只用来形容人的漂亮美丽而不用来形容风景。如“她的穿着虽不华丽但很得体，反而使她更加靓丽”。宋代苏洵《苏氏族谱亭记》：“其舆马赫奕，婢妾靓丽，足以荡惑里巷之小人。”意思是，他车马装饰辉煌，婢女漂亮，足以迷惑街坊中普通百姓。

亮丽，是明亮而美丽的意思，多用于形容环境，三国时期嵇康《杂诗》：“皎皎亮月，丽于高隅。”“亮”和“丽”共同形容夜景的漂亮：皎洁的月亮高悬在城楼上。“亮丽”既可形容风景，如“县城修建了文化广场，给这里平添了一道亮丽的风景”；也可优美的诗文和嗓音，如“《三门峡 · 梳妆台》是一首亮丽的诗篇”，“她从小就有一副靓丽甜美的好嗓子”。“亮丽”还可以形容漂亮的打扮，《现代汉语规范词典》：“一身合体的打扮，使她更加亮丽。”

例句说的是风景，应当用“亮丽”来形容。

了了—寥寥

例句：①目前，农村中坚持务农的青壮年，尤其是男性青壮年已经了了无几。②质疑者认为，在城市有购房计划的农民廖廖无几。

了了，表示对事理和情况很清楚、明白，如“了了分明”、“勾画了了”。成语“小时了了”中的“了了”(古音 línglì,参见钱文忠《解读三字经》),是聪明、伶俐的意思,典出《世说新语》:“韪曰:‘小时了了,大未必佳。’文举(即孔融)曰:‘想君小时,必当了了。’”“小时了了,大未必佳”的意思是,小的时候很聪明伶俐,大了未必还很聪明。(《后汉书·孔融传》作“小而聪了,大未必奇。”)

寥,原为空阔、空旷、空虚及寂静之义,如寂寥、寥廓、寥若晨星、寥落等词。《老子》二十五章:“寂兮寥兮,独立而不改。”意思是,空旷而没有声音,没有形体,但它独立长存,永不衰竭。东汉曹操《善哉行》其三:“寥寥高堂上,凉风入我室。”诗中的“寥寥”就是宽敞、空旷的意思。寥寥由空旷、空虚引申为稀少、冷落,表示非常少的意思。唐代刘长卿《过郑山人所居》用“寂寂”、“寥寥”描写了杏园的冷落:“寂寂孤莺啼杏园,寥寥一犬吠桃源。”寥寥无几、寥寥可数都表示稀少,不可写为“廖廖”、“了了”。

廖,音 liào,在汉语中只用作姓氏,三国时期有著名人物“廖化”:“蜀中无大将,廖化当先锋。”“廖廖无几”是个生造词。

所以,两个例句中的“了了无几”、“廖廖无几”均应改为“寥寥无几”。

临近—邻近

例句:①清江村的面貌却与临近的幸福村的面貌大不一样。②与王双柱一样受益于康洁公司的还有临近村庄的其他 300 多村民。

临,其本义是从高处往低处看、面对着。居高临下,就是往下看;背山临海、临深履薄、临大难而不惧(《庄子·秋水》)、临财毋苟得(《礼记·曲礼上》)中的“临”都是“面对”、“面临”之义。临近,表示接近发生某事、靠近某地方、接近某时刻等意思:“这座城市临近大海”就是指地理位置上靠着、挨着大海;“春节临近了”,表示时间上接近某时刻。

邻,古代这个词的原义为居民组织的“单位”,“五家为邻,五邻为里。”后引申为“互相挨着的”,如邻居、邻国。邻近,即近旁、紧挨着。它与“临近”主要的不同之处:“临近”在地理位置及时间上是快要到、接近和面对着(某地);“邻近”指两地所处的空间相邻、相挨。

两个例句说的是“邻村”,应当改为“邻近”。

笼头—龙头

例句:现在,全区市级以上笼头企业达 12 户。

笼,原义是竹编的盛物器具和罩具,如箱笼、笼柜,引申义之一就是控制:关押和控制犯人的称“囚笼”或“牢笼”,关养鸟儿的称“鸟笼”。为控制、役使骡马等牲口,在牲口头部勒一些用皮条或麻绳编制、以系缰绳、挂嚼子,这个物品就称为笼头,如《南史·隐逸传下·陶弘景》:“唯画作两牛,一牛散放水草之间,一牛着金笼头,有人执绳,以杖驱之。”旧时,套在犯人头上的刑具也称笼头,《资治通鉴·齐高帝建元三年》:“有司囚法秀，加以笼头，铁锁无故自解。”意思是，囚犯法秀戴着刑拘笼头，但是铁锁却无缘无故地解开了。

龙，原是传说中的一种马面、鹿角、鱼鳞、鳄爪、蛇形的神兽。端午节，民间有舞龙的习俗，龙身跟着“龙头”舞动翻腾。后“龙头”就比喻为起带头、支配作用的人或事物。旧时江湖帮会的头领也称龙头。另外，自来是防水的阀门、自行车的把手也称“龙头”。

例句中说的是能带动、支配或影响其他企业或产业的核心企业，“笼头”应改为“龙头”。

M

蔓延—曼延—漫延

例句：在克拉玛依郊外蔓延起伏的原野上，布满了小型柴油机。

曼，为绵长、不断之义。《楚辞·九章·哀郢》：“曼余目以流观兮，冀壹反之何时。”意思是，延长了我的视线，四下观望，希望何时回去一趟。因曼的词义为绵长、不断，所以，曼延，多指山脉、道路等的连绵不断，向远处延展。如“井冈山位于曼延千里的罗霄山脉的中部。”

漫，水浩淼茫茫、溢出的样子。唐代严维《酬柳员外见寄》诗句：“柳塘春水漫，花坞夕阳迟。”诗句中的“漫”就是浩淼无际的意思。漫延，是水的溢出流淌扩散，也指沙漠像水一样连绵不断。

蔓，原指柔软的草本植物的蔓枝和蔓草。因“蔓”生长极快，引申为滋生、蔓延，《诗经·郑风》：“野有蔓草，零露溥兮。”意思是野外有蔓延的野草，占满了圆润的露珠。《左传·隐公元年》：“无使滋蔓，蔓难图也。”意思是，不要让它滋长蔓延，蔓延了就不好解决了。蔓延，就是蔓草一类植物向四周延伸、扩展，火向四周延是因为草木燃烧而致，所以也称“蔓延”，如火势“蔓延”。

例句中说的原野连绵不断，就应当将“蔓延”改为“曼延”。

朦胧—蒙眬—曚昽

例句：①王某在酒力的作用下，朦胧着眼睛，驾驶着灯如萤光的车往家赶。②透过稀疏的雪帘望去，远处的高楼大厦隐隐约约，宛如在云里，显得格外曚昽。

朦，原义为迷离、迷糊，遮盖、覆盖；胧，原义是月光明亮。朦胧，指月光昏淡、模糊不清的样子。五代十国冯延巳《采桑子》：“洞房深夜笙歌散，帘幕重重，斜月朦胧。”“斜月朦胧”就是西下的月亮光朦朦胧胧。朦胧，也泛指事物模糊、不清楚，如唐代王昌龄《西宫春怨》：“斜抱云和深见月，朦胧树色隐昭阳。”这里的“朦胧”指物体形状模糊不明。又杨沫《青春之歌》第一部：“她疲惫的朦胧的意识已经分辨不清”。这里的“朦胧”指意识模糊不清。

蒙，原义为迷茫、迷蒙、模糊不清、昏暗不明。《国语·晋语四》："蒙瞍不可使视。"意思是，瞎子不可能使他看见。蒙眬，现用于形容昏昏欲睡或刚刚睡醒，两眼半睁半闭看东西模糊的样子，也形容眼前景象模糊不清，如清代李汝珍《镜花缘》第四回："武曌醉眼蒙眬，又吩咐宫人。"

曚昽，形容日光不明，是书面语言，《集韵》："曚昽，日未明。"唐代李咸用《陇头行》："薄日曚昽秋，怨气阴云结。"意思是，秋天的太阳不明亮，怨气就像阴云聚集在一起。

例句①说的是眼睛的状态，应当将"朦胧"改为"蒙眬"；例句②说的是高楼大厦隐隐约约，应当将"曚昽"改为"朦胧"。

迷糊—眯呼

例句：他白天跑累了，晚上蜷曲在火车站候车室的长椅上一躺迷糊着了。

迷糊，音 míhu，模糊不清，特指神智或视觉模糊不清，可以写成叠词形式即"迷迷糊糊"。朱自清《荷塘月色》："妻子在屋里拍着闰儿迷迷糊糊地哼着眠歌。"

眯，从"目"，原义为眼睛微闭。眯呼，音 mīhu，为方言，也称"眯盹儿"、"眯瞪"，是小睡、打盹的意思，没有叠词形态，不能写作"眯眯呼呼"。

例句说的是"他"躺在火车站的长椅上打盹、睡着了，应当用"眯呼"一词。

名誉—名义

例句：王正东以老促会的名誉给县委县政府写了专题报告。

誉，原为称颂、赞美之义。"毁誉不一"的意思就是对同一件事诋毁和称誉不一，如《汉书·冯衍传下》："陈平之谋，毁之则疏，誉之则亲。"句子中的"誉"是作为赞美来用的。"誉"由赞美引申为声誉、美名。《诗经·周风·振鹭》："庶几夙夜，以永终誉。"诗句的意思是，早早晚晚都一样，以永远保持美好的声誉。名誉，是名声的意思，还指"名义上的"，如"名誉主席"、"名誉会长"等。

义，繁体字"義"，从羊从我，原指头羊，象征威仪，引申为合乎情理、道理，如"正义之师"。"名"和"义"相合，即为名分的意思。发号召是要有名分和资格的，"以……名义"就是凭借"什么"作为资格，是可以做某事的前提条件。如上世纪 50 年代描写列宁革命活动的电影《以革命的名义》。

例句中的"名誉"应当改为"名义"。

牟—谋

例句：①私改考生成绩谋利，河北两教师被判刑。②村委会把发展村级经济、让村民收入再上一个台阶作为任期目标，为村民牟取更大的利益。

牟，原义是抢夺、侵夺。《战国策·楚策四》："今夫横人嚂口利机，上干主心，下牟百姓，公举而私取利。”意思是，如今主张连横的人巧言利舌，向上博主子的欢心，对下则抢夺百姓的利益，表面为公家谋划，暗中则牟取私利。牟取、牟利，就是通过不正当手段获取私利，是贬义词。

谋，本义为图谋、营求，如《论语·卫灵公》：“君子谋道不谋食。”“谋道”就是谋取正义和高尚。谋取，多指用正当的办法获取，获取的对象也为正义的。

例句①所述用私改考生成绩获取利益属于不正当的行为，应当用“牟利”，而不宜用“谋利”；例句②表述的是为村民获取更大的利益，是正当的行为，所以不能用“牟取”、“牟福利”，而应当用“谋取”、“谋福利”。

N

内涵—内含

例句：①现在，农机的内含已经突破了种植、收获的范畴，还包括加工、运输、包装、保鲜和植保等与农业生产各环节有关的各类机械设备。②这乡长十分注重人文知识的学习，有很深的人文内含。③县社保局和县总工会，开设了农民外出务工免费培训班，课程内涵缝纫、建筑、家政和电器维修等。

含，本义为把东西放在嘴里，不咽下也不吐出，引申为忍受，如“含垢忍辱”、“含辛茹苦”等。含，还引申为存有、隐藏、隐忍和包括的意思，如“含情脉脉”、“含悲”、“含愤”等。内含，不是一个固定的词，是其中含有的意思，动词性，不能充当主语或宾语。

涵，从“氵”，原指沉浸、潜入水中。西晋左思《吴都赋》：“鲫龟鳝鹊，乌贼拥剑……涵泳乎其中。”“涵泳乎其中”就是徜徉在大海之中，被水包围了。内涵，一是逻辑学的概念，即反映概念所指对象的本质属性的总和，也即概念所包含的全部内容；二是指语言所包含的内容，如“文章不长，内涵却十分丰富”；三是指人的内在修养，如“他这个人平时不怎么张扬，却有很深的内涵”。

例句①、②中的“内含”应改为“内涵”；例句③中的“内涵”应当改为“内含”。

P

派遣—排遣

例句：那里没有石头森林、钢筋铁塔，没有无休止的工作和无法派遣的压力。

派，即差遣的意思，遣，为差使、调派、使离去的意思。派遣，是政府、组织、团体或单位的领导者派人员外出执行任务的意思，所执行的任务一般为公事。如杨得志《大渡河畔英雄多》：“军委为了加强领导，充实力量，派遣刘伯承、聂荣臻两同志分别担任先遣司令和政委。”

排，原义是挤、推，引申为排除。遣，义为使离去、差使、调派，引申为排除，与“排”组成同义合成词“排遣”，词义仍为“消除、排除”，是借某事消除(寂寞和烦闷)的意思。“排遣”的对象是抽象的、不好的情绪和心情等，如《红楼梦》第四十五回：“(黛玉)有时闷了，又盼个姐妹来说些闲话排遣。及至宝钗等来望候他，说不得三五句话，又厌烦了。”

例句中指的是消除压力这种负面情绪，“派遣”应当改为“排遣”。

蓬—篷

例句：①君若浮萍我断蓬，同是天涯漂泊人。②不一会儿，一堆乱篷篷的竹苗在他们手里变成了一把把笔直美观的扫帚。

蓬，属“艹”部，原为一种多年生草本植物，开白花，叶似柳叶，籽实有绒毛，生命力极旺，“蓬蓬”一词就是形容生机盎然的样子。《诗经·小雅·采菽》：“维柞之枝，其叶蓬蓬。”意思是柞树的枝叶非常茂盛。由于草木茂盛，因而显得杂乱，“蓬”又引申为松、乱，“乱蓬蓬”就是形容须发和草木散乱的样子。由于蓬草的秆心狭窄而弯曲，“蓬”还引申为“肤浅”的意思，“蓬心”就是“见识肤浅”的意思，常用作谦辞。

篷，属“竹”部，原为用竹编的遮蔽风雨日光等的顶盖，后泛指作遮蔽用的设备、物品，如篷布、毡篷、帐篷、船篷、乌篷船、敞篷车等。“篷”也指船帆，《三国演义》第四十九回：“箭到处，射断徐盛船上篷索。”“篷索”就是连接船帆和桅杆的绳子。

例句①中的“君若浮萍我断 péng”是个比喻句，意思应当是：你就像无根的浮萍，我是断了篷帆的小船，随风飘荡，“蓬”应当改为“篷”；例句②说的是堆在地上杂乱的竹枝，应当用“乱蓬蓬”。

飘—漂

例句：①豆浆碗里飘着死苍蝇。②他们村的竹编产品已经飘洋过海，卖到了大洋彼岸的美国和加拿大。

飘，从风，“票”兼表声表义，其本义为旋风、暴风，《老子·二十三章》：“故飘风不终朝，骤雨不终日。”意思是，暴风不会一天刮到晚，大雨也不会一天到晚下个不停。“飘”由旋风、暴风的意思引申为被吹动、飞扬。如，三国时期曹植《侍太子坐》：“寒冰辟炎景，凉风飘我身。”意思是说，(陪着太子)就像寒冷的冰块可以避开炎热的景象，像习习的凉风吹着我的身子。唐代白居易《长恨歌》：“骊宫高处入青云，仙乐风飘处处闻。”意思是，骊山高处的宫殿已经进了云端，宫中神仙般的乐曲，随风飞扬处处都能听到。飘，也就引申为随风摆动、移动或飞舞的意思，如“五星国旗高高飘扬在天安门广场上空”。

漂，原义是浮着，如血流漂杵。后引申为物体浮在液体的表面，还有渡过的意思。“飘”的空间是在空中，“漂”的空间是水面。如“飘荡”是在空中随风飘动或飞扬；“漂荡”，是在水面随波浮动。

例句①是在水面上浮着，例句②渡过海洋到达遥远的异邦，因此“飘”均应当改为“漂”。

品味—品位

例句:①这个省的不少县市,小城镇建设的品味提高了。②沛县县委、县政府把提升城市化品味作为发展县域经济的重要战略。

品,本义是众多。《吴都赋》:"混品物而同廛(chán)。"意思是把众多的货物放在同一座仓房里。后来,"品"又引申出"种类"之义,如"盐之品至多"(盐的品种特别多)。品种多,就分出了物的不同物性,分出了上品、中品和下品,进而分为等级,出现了品级、品位、品格、品质等词。

品味,动词性,尝试滋味的意思,还引申为体会、体味、玩味、欣赏。周立波《卜春秀》:"这是卜春秀生平碰到的头一桩奇事,但细细品味,也蛮有意思。"这个句子中的"品味"就是体会、体味的意思。徐迟《哥德巴赫猜想》:"闵嗣鹤老师却能够品味它,欣赏它,观察它的崇高瑰丽。"这个句子中的"品味"是欣赏的意思。"品味"也有名词性,指风味、物品的品质,如"品味儿独特"、"普洱茶存放的年头越长,品味越醇香";还指格调和情趣,如"这个人真没品味",就是说"缺乏情趣"。

品位,名词,等级的意思。唐代贾岛《吊孟协》:"才行古人齐,生前品位低。"是说孟协的才学品行与古代贤人一样完美,但是他活着的时候,官职的品级很低。在近现代的地矿学中,矿石中的元素或化合物含量的百分比也称为"品位",百分比的含量越高,也即品位越高。

两个例句中的"品味"都应当改为"品位"。城镇建设包括文化要素、经济要素、人文要素,含量越高(百分比越大)也就是"品位"越高了。这里的"品位"是借用了矿石品位一词。

Q

岐—歧

例句:①歧山县五管齐下促进农民转移就业。②全面建设小康社会,就要消除一切限制农民进城的岐视性的政策。

歧,原义是岔路。如《列子·说符》有"歧路亡羊"的典故:"杨子之邻人亡羊,既率其党,又请杨子之竖追之。杨子曰:'亡一羊何追之者众?'邻人曰:'多歧路。'既反,问:'获羊乎?'曰:'亡之矣。'曰:'奚亡之?'曰:'歧路之中又有歧焉,吾不知所之,故反也。'"歧,后引申为不一样、不一致、有差异,如歧义、歧见。歧视,是一种不平等的看待,不能写作"岐视"。

岐,是山名,即"岐山",在陕西省,山形如柱,又名"天柱山";也指岐山西南附近的"岐山县",历史上,这里称为"岐周"(也称"西岐"),这里的部族就叫"周族"。部族首领姬昌即周文王曾经被商纣囚于羑里,后逃回岐周,兴兵讨伐商纣王。姬昌死后,他的儿子姬发(周武王)、姬旦(周公)、姬奭(召公)打败商纣王,建立了周朝。岐,也指我国古代与黄帝齐名的中医之祖岐伯,如“岐黄之术”,就是指以岐伯与黄帝为代表的中医的医术。

例句①中的“歧山县”应当改为“岐山县”;例句②中的“岐视”应当改为“歧视”。

启示—启事

例句:关于征集农机企业的企业报的启示。

启事,是支配式的合成词,是公开发布的意思,即为公开声明某事而发表的文字。“启事”只能作名词,是应用文的一种文体。

启示,则是并列式的合成词,即启发、启迪、使人有所领悟的意思。“启示”既有名词性,也有动词性。

例句指的是一种文体,“启示”应当改为“启事”。

祈求—乞求—企求

例句:建设社会主义新农村,不能祈求别人的施舍,只能靠自己的力量。

祈(音 qí),原义是向上天或神求福。祈求,就是十分诚恳和殷切地希望或请求,同宗教或祭祀仪式相关,“祈求”的“目标”是一种希望和氛围,如健康、平安、有利于好收成的天气等。

乞(音 qǐ),是请求对方给予、施舍。乞求,即讨要的意思,“乞求”的“目标”多为希望当即得到、能够用以生活的实物;还有恳切乞免的意思,即请求他人原谅宽宥自己。

另有一词“企求”与上述两个词是近义词,但用法有明显的区别。企,原义是踮着脚的意思,企求,表示急切地盼望得到,义同“渴求”。

例句表示的是不要请求施舍的意思,应当用“乞求”。

千金—千斤

例句:医生只开一种常用药给病人,患者服用三五天后,所有的感冒症状全都消失了,这就叫做“四两能拨千金”。

千金,本义为钱财多,成为富贵的代名词。《韩非子·难四》:“千金之家,其子不仁,人之急利甚也。”意思是富贵人家的人不仁义,急于获利之心严重。由于金子的贵重,“千金”还引申为信守诺言,如“一诺千金”;还指事物的难得、价值高。“千金买马”和“千金市骨”,说的是人才难得:战国时郭隗以马作喻劝说燕昭王招揽贤士,说古代君王悬赏千金买千里马,三年后得一死马,便用五百金买下马骨,此后不到一年,得到了三匹千里马。“千金一笑”是说美人一笑难得,用重金赢得美人一笑,东汉崔骃《七依》:“回顾百万,一笑千金”说的就是这件事。由此,“千金”也喻借指年轻美貌女子,后成为敬辞,用于称别人女儿。

千斤，数量词，指的则是重物，如项羽能“力抗千斤”（抗：举）。“四两能拨千斤重”是说只要用巧劲，用较轻的力气也能拨动重物，比喻制胜的关键在于把握要领，而不在于数量的众寡。千斤还比喻重大责任，如“千斤重担”，指重要的工作或任务。

所以，例句中的“千金”应当改为“千斤”。

切忌—切记

例句：张立勇说：“一个人切忌不能忘本，当初15食堂招收了我，知道我学习英语的时候，专门为我调班，我不能说走就走。”

切，在这里是切实、务必的意思；忌，在这里是避免、戒除的意思。那么，“切忌不能忘本”的意思就是“务必避免或戒除‘不能忘本’”。“忘本”之前加上了“不能”，是单重否定，即否定了“忘本”，而在“不能忘本”之前又加上了“切忌”，成了否定之否定，其意思就成了“应当忘本”，就使要表达的意思相反了。

切记，就是一定要记住，不能遗忘。“切记不能忘本”就是一定不能忘本。

例句有两种修改办法：一是将“不能”删去，使句子成为简单否定句“切忌忘本”；二是将“切忌”改为“切记”或“千万”，句子也成为简单否定句。

清闲—轻闲

例句：可是到元旦前的这几天，厂里的工人们到反而比较清闲。

清闲，意思是没有事干而清净悠闲，或摆脱工作、摆脱精神紧张状态后的闲适，侧重于无事可做而悠闲。《汉书·龚遂传》：“遂曰：‘臣痛社稷危也！愿赐清闲竭愚。’”句中的“清闲”是请求辞官、过清净悠闲的日子的意思。“清闲”还指环境清静。唐代赵元一《奉天录》卷三：“循此而行，过数百步，忽见僧房严肃，廊宇清闲。”句子说的是寺庙清静。

轻闲，则是指轻松安闲，负担不重，不费力，侧重于做事的轻松或无负担，如清代《白雪遗音·马头调·望江楼儿》之二：“满山坡，樵子打柴同歇坐，轻闲胜侯伯。”

例句说的是工人们到了年底，工作量轻了，感到了轻松闲适，所以宜用“轻闲”。

情节—情结

例句：①恋土情节浓郁的农民，除了迫不得已，是绝不会离开亲人、离开故土的。②一位新农村建设指导员的“三农”情节。

情节，一是指事情发展的具体经过，如“事情发生的具体情节尚未调查清楚，不能匆忙下结论”；二是指所犯罪行为或所犯错误的具体情况，如“他不仅玩忽职守造成国家财产重大损失，而且大量收受贿赂，犯罪情节特别严重”；三是叙事性的文艺作品中的矛盾冲突的发展过程，如“阿庆嫂智斗胡传魁、刁德一的情节十分脍炙人口”。

情结，是心理学术语，即经常凝聚在心中的感情纠葛，表现为无意识而强烈的冲动。如恋母情结、恋父情结、故乡情结、土地情结等。

例句①中农民留恋乡土，正是故乡情结、土地情结的表现，所以应当写作“恋土情结”；例句②中指的是“新农村建设指导员”对“三农”的深厚感情，因此也应当用“情结”。

情境—情景

例句：记者日前在××县职业中专看到了一些农民报名“上学”的情境。

情境，是情景、境地的意思，即对某一时间和空间许多具体情形的概括；情景，则是指某一特定的时间和特定的空间的具体情形。“情景”中的“景”是指具体的景物、景象、景致，所以“情景”要比“情境”的情况要具体；“情境”中的“境”是指较大的时间和空间范围，是一个“境域”，所以“情境”的时间和空间要比“情景”更宽泛而抽象。

例句说的是记者看到了农民报名上学的具体的情形，所以不能用表示相对抽象的“情境”，而应当用表示具体的“情景”。

权力—权利

例句：①机构和职能整合的过程是一个涉及部门之间职能再调整、权利再分配的过程。②农民工与其他劳动者一样，享有入会进“家”的权力。

权力，是特定机构拥有的政治上的控制力，也指职责范围内的管理和指挥的支配力量。“权力”一是由法律和规章制度授予的，在国家范围内，即由政权机构统一掌握行使、对社会具有普遍约束和强制的影响力和支配力；二是由上级机关(组织)授予的，即由地位和职位带来的控制和支配力量。

权利，是公民和组织依法行使的权力和享受的利益，这里的“权”可以理解为是私权，私权的核心在利益。公民的“权利”，主要是法律规定的政治利益、财产利益、人身利益和精神利益。“权力”与“行使”、“运用”搭配；“权利”与“享有”、“维护”搭配。

例句①说的是机构职能的整合，涉及的是管理和指挥力的调整，应当为“权力”的调整；例句②中的“入会进家的权力”应当改为“入会进家的权利”。

群集—麇集

例句：稻螟虫的卵群集在水稻叶的背面。

麇，本义为一种兽名；集，本义为鸟聚在树上。麇集，义为密集、集中、汇集、聚集，主要指成群聚集。如：“这些人像苍蝇麇集在腐肉上，赶都赶不走。”“他的话单调地连成一长条，一会儿又飞起来，好像麇集在砂糖上面的一群苍蝇盘旋飞舞。”“麇集一处的黄羊惶恐地拥挤着。”从这几个例句可以看出，“麇集”主要用于动物的聚集。“麇集”也用于人群，是贬义的，如肖复兴《铺陈市》：“这里就更乱，一些下等的妓女，那时叫做的老妈堂、暗门子，也在这里麇集。”

群集，中性词，一般用于人群的集中，成群地集中在一起，与“群聚”同义。如“人们群集在码头上，等候着开往重庆的轮船。”

例句中是说虫卵的聚集，用“麇集”更恰当。

R

人身—人生

例句：领导干部要严格自律，追求高尚的人身境界。

人身，有三层含义：第一，指人的身体，如“人身伤害”，就是指身体受到伤害；第二，指健康，如“人身安全”；第三，指声誉等，如“人身攻击”中的“人身”就是指“声誉”。与之相联系的词还有“人身自由”、“人身权”等。

人生，则是指人的生命、生活及人的一生（从出生到死亡的生命过程）。三国时期曹丕《善哉行》：“人生如寄，多忧何谓？”这是说，人的生命很短促，如同暂时寄居于人世间，为什么还要有那么多忧伤呢？

例句中讲的是对人生的目的、态度、价值、理想以及自己与社会的关系的认识、看法，是属于人生观、价值观的问题，应当用“人生境界”，把它说成“人身境界”就说不通了。

熔化—溶化—融化

例句：①一捆拇指粗细的柴苗在屋前哗啦一声落在地上，它将溶化冰冻手脚的冬天。②那时农民总是用一杯糖水招待客人，看着那一勺糖慢慢地熔化在水里，还未曾喝，你的心里就已经很甜很甜。

溶化，是指固体溶解在液体里，是两种物质（固体和液体）之间发生的物理变化。如“糖块（固体）溶化在白开水（液体）中了”。“溶化”的程度取决于这两种物质各自的分子间隙和液体的饱和度。

融化，是指冰、雪等固状物体受热而变为液体，是同一物质在不同气温的条件作用下发生的物理形态的变化。“融化”的程度取决于气温的高低。

熔化，则是指金属、石蜡等固体受高温而成为液体状或胶质状。“熔化”也叫熔解、熔融。

所以，例句①中的“溶化”应改为“融化”；例句②中的“熔化”应当改为“溶化”。

入闱—入围

例句：他以面试第二名的成绩入闱。

闱，原指皇宫中的小门及后妃居住之地，《后汉书·环后纪序》："后正位宫闱，同体天王。"宫闱，就是帝王后妃居住之地。闱，也指宗庙之门，后引申为科举时代的考场，会试称为"春闱"，乡试称为"秋闱"。入闱，即应考人员和监考人员进入考场。清代蒲松龄《聊斋志异·于去恶》："陶两入闱，皆不第。"意思是，（陶圣俞）两次参加科考都没有考中。在现代汉语中也借用科举时代"入闱"一词，指考试命题人员和相关人员进入命题场所，不得擅自与外界联系。

围，作为动词时，是把四周拦起来不使与外界相通，也指包围，如围魏救赵、围困等；作为名词，指有屏障物的场地、区域、防御工事，也指"范围"。入围，就是指的通过考试等竞争途径进入某特定范围。

例句说的是"他"通过了考试，获得了第二名而进入选拔范围，不是去考试，应当用"入围"，而不是"入闱"。

S

撤—洒

例句：①随即僧众把自己手中的青稞抛洒向空中，以示五谷丰登，六畜圆满。②在战争年代，他不怕抛头颅，撤热血，为人民立下了赫赫战功。

撤，读 sā 音时，义为张开、散开，如《红楼梦》第四十七回："说着就撤马前去。"撤，还指使出某种手段，如撤泼、撤野、撤娇等。撤，还引申为"布置"、"部署"之义，如，"公安干警们撤下了天罗地网，只等罪犯自投罗网。"撤，读 sǎ 音时，义为散布，把颗粒状或片状的东西分散着扔出去，如撤种、撤传单、撤落、撤施粒肥。

洒，把水（液体）淋在、分散在地上或散出去，如洒泪、洒热血；还有散开、弥漫的意思，毛泽东《清平乐·蒋桂战争》："洒向人间都是怨"，诗句中的"洒"就是弥漫、充满的意思。

所以，例句①中的"抛洒"应当改为"抛撤"；例句②中的"撤热血"应当改为"洒热血"。

生产力—生产率

例句：①采用机械采棉，既可以降低采棉的劳动强度，又可以降低种棉的成本，并达到提高劳动生产力的目的。②一系列新技术成果的推广运用，有效地促进了农业科研成果向现实生产率转化

生产力，又称社会生产力，指劳动者在生产劳动过程中，使用劳动工具等生产资料作用于劳动对象所产生的创造物质资料的能力，也即人们改变、改造自然并在有用的形式上占有自然的能力。科学技术是通过生产工具和劳动者转化为"生产力"、从而提高劳动"生产率"的，而不是直接转化为"生产率"。

劳动生产率，也称生产率，指劳动者生产产品的能力和效率，用劳动者在单位时间内生产的劳动产品的数量计算，或者用生产单位产品所耗用的劳动时间来计算。劳动生产率可分为个人劳动生产率、企业劳动生产率、地区劳动生产率和社会劳动生产率。劳动生产率的高低取决于社会生产力水平的高低。

例句①说的是采棉方面的生产能力和效率的问题，不是说人们改造或改变自然的问题，应该用"生产率"这一概念；例句②说的是农业新科技的推广运用，直接转化为新"生产力"，就不能用"生产率"了。

圣地—胜地

例句：庐山是我国乃至全世界的旅游圣地，已经列入世界自然文化遗产。

圣，原义为通情达理、才智超群。《尚书·虞夏书·大禹谟》："帝德光运，乃圣乃神。""乃圣乃神"就是既通情达理又神机妙算。后引申指具有极高智慧和崇高道德的人，如"孔圣"即指孔子。"圣"作为形容词，是最崇高、最庄严的意思，宗教信徒就是在这个意义上称所崇拜景仰的人或事物、地方为"圣"，如圣父、圣僧、圣坛、圣地等。圣地，有两个含义：一是指宗教徒称与宗教创始人的生平有重大关系的地方，如基督教、犹太教以耶路撒冷为圣地，伊斯兰教以麦加为圣地；二是指人们所尊崇的有重大历史意义的地方，如人们称井冈山、延安、西柏坡为"革命圣地"。

胜利的"胜"古代写作"勝"，现简化为"胜"。《说文解字》："勝，任也"，原义是经得住、能承担，如"胜任"；由"胜任"义引申出超过、胜过的意思，如"日出江花红胜火"；因为"胜"是超过、胜过，就有了制服、战胜的意思，《孟子·告子上》："仁之胜不仁也，犹水之胜火。"因为"胜"是超过、战胜，便有了"美好"、"美佳"的意思，古代就已称景色秀美、风景优美的地方为"胜地"、"胜境"。唐代王勃《滕王阁序》："胜地不常，盛筵难再。""胜地"也称"胜概"、"胜境"，宋代王禹偁《黄冈竹楼记》："送夕阳，迎素月，亦谪居之胜概也。"唐代元结《右溪记》："此溪若在山野，则宜逸民退士之所游处；在人间可为都邑之胜境，静者之亭林。"

例句说的风景名胜，应当为"胜地"而不能写成"圣地"。

实足—十足

例句：孟子的母亲原是一个实足的村妇。

实足，表示确实的、足数的、不缺少，主要用于形容数量，多跟年龄、数量搭配，如实足年龄、分量实足；也形容行为，表示确实、完全可以的意思，如鲁迅《论"费厄泼赖"应该缓行》："听说刚勇的拳师，决不打已经倒地的敌手，这实足使我们奉为楷模。"

十足，是完满具足、完全具备条件、条件十分充足的意思，强调的是条件"充分"、"充足"，表示完备或达到极点的意思，如成色十足、十足的把握、十全十美等。

例句中的"实足"应改为"十足"，言外之意就是，各种条件充分表明孟母是个村妇。

一

实行—施行

例句:实行了这些新的耕种措施,农作物的长势确实发生了很大的变化,产量超过去年是不成问题了。

实行,是指用行动去实现,客体一般比较宏观,指纲领、政策、计划等,不强调具体动手去做,而只是"贯彻",如"实行计划生育政策"、"实行市场经济改革"等。欧阳山《柳暗花明》:"两个办法当中,只要实行一个,他的失业问题就消失了。"

施行,一般指法令、规章制度等公布后从某日起生效、被执行等,客体往往比较具体,可以动手具体地去做。如:"新的道路交通安全法自2004年5月1日起施行"。"施行"多与"措施"、"手术"搭配,即按照某种方式或办法去做。

所以,例句中的"实行"宜改为"施行"。

实用—适用—使用

例句:手扶拖拉机在农村实用范围很广。

实用,是实际应用的意思,可以充当定语,是"有实际应用价值的"意思,修饰的对象应当是具体的物品,意在说明物品在功用性质。比如在例句中,修饰的应该是"手扶拖拉机",即"在农村,拖拉机很实用",而不应该修饰"范围"。

适用,意思是适合于使用、运用,如"民营企业这种管理人才的方法在国有大型企业也是适用的。""适用"表示的是运用的范围。

使用,则是运用物品实现某种目的,指以具体行为办理操作。

"适用"是有"范围"的,"使用"是具体操作的、"实用"是针对实际物品的。所以例句应当将"实用"改为"适用"或"使用"。

时事—时势

例句:南宋初年的历史环境决定了直言无隐、铮铮铁骨的汪应辰不为当权者所重,不为时事所容。

时事,旧指在各个季节里应当做的事情,如《荀子·王制》:"轮百工,审时事,辨功苦,上完利";又指诸侯、大夫对帝王的四时供职、问候,如《左传·襄公二十八年》:"邾悼公来朝,时事也。"意思是,邾悼公来鲁国朝见,这是按时令来朝聘、问候致意。"时事"一词现在则指当前国内外大事,如时事讲座、《时事手册》等。

时势,是指某一时期的客观形势,时事发展的趋势、发展方向。《庄子·秋水》:"当尧舜而天下,无穷人,非知得也;当桀纣而天下,无通人,非知失也,时势适然。"意思是,在尧舜时代,天下没有穷困之人,不是因为他们有智慧;处于桀纣时代,天下没有通达之人,不是因为他们没有智慧,而是一切都是客观形势造成的呀。时势,也指大的背景。

例句中汪应辰是因为耿直却处于时政腐败的背景下，而不为当权者所容，所以应当为“不为时势所容”。

矢志—失志

例句：姑娘听了赵旭巍自强不息、下岗不矢志、勇敢再创业的经历，被深深地感动了。

矢，原义是“箭”，古代“以竹为箭，以木为矢”，后统称“箭”为“矢”。宋代《太平御览（卷三四九）》：陈琳谢曰：“矢在弦上，不得不发。”“矢”也指发誓。《史记·孔子世家》：“孔子矢之曰：‘予所不者，天厌之，天厌之。’”这里的“矢”就是发誓。“矢(箭)”射出后，就不可“回头”，“开弓没有回头箭”就是比喻说过的话、发过的誓言不可收回，已经干的事一定要干到底。

矢志，就是发誓立志，成语“矢志不渝”即发誓立下的志，决不改变，就像射出的箭不能收回一样。而“不矢志”就成了“没有发誓立志”，把例句要表达的意思弄反了。

例句应把“不矢志”改为“不失志”。古语“失意不失志”，即指在不利条件下或不利环境中决不改变和丧失了志气。

试验—实验

例句：老师像平时一样，带着 31 名同学做工业乙醇蒸馏试验。

试验，是指为了察看某事物的结果或某物的性能而从事的一种活动，即先在较小的范围里使用或试做，重于检验，如：“新研制的化肥要经过反复的试验才能在大田里使用”。试验，还有尝试、探索的意思，如“良种试验田”、“改革开放的试验区”；往往还用于带有抽象性的活动，如“改革试验”。

实验，是为了检验某种科学理论或假设而进行的某种操作或某种活动，也指理化学科中的具体操作。实验，侧重于具体的、有形的操作。

例句中“工业乙醇蒸馏”是具体的化学操作课程，“试验”应改为“实验”。

收益—受益

例句：国家加大了对“三农”的投入使广大农民收益匪浅。

收益，名词，指所取得的具体的好处和利益，其语法功能是在句子中充当主语或宾语中心词。如：“这个企业遵循市场经济的规律、按照消费者的需求调整产品结构，经济收益日增。”

受益，不及物动词，泛指得到利益和好处，其语法功能是在句子中充当谓语，如在例句中充当兼语主语(农民)的谓语，“匪浅”在句子中充当“受益”的补语。“受益匪浅”作为结构短语，可充当宾语，如“得到先生教诲的同志谈起来总是感到受益匪浅，终身难忘。”

所以，例句中的“收益”应改为“受益”。

树立—竖立

例句：①他在艰难困苦中用自己的行动高高地竖立了道德标杆。②广西在建立测土配方施肥示范样板上坚持树立标牌明示监督服务到位。

“竖立”和“树立”同音，但是词义不同。

竖立，即把长形物体垂直地立在地面上，或把其中一段埋在土中，如“把旗杆竖立起来”，“山上竖立着一座解放纪念碑”。“竖立”是把有形的实物立起来。

树立，用于抽象的事物（好的事物）的形象或某种思想、意识的确立，如“树立改革开放典型”、“树立为人民服务的思想”、“树立企业形象”、“树立新观点”等。

例句①说的是确定道德方面的“标杆”，是抽象的，应当用“树立”；例句②说的是有形的“标牌”，应当用“竖立”。

水力—水利

例句：为了提高农业经济的整体发展水平，国家加大了对农林水力的投入力度。

水力，是指（包括江、河、湖、海）水流动所产生的动力即水能，水能可以转化为机械能、电能等能量，如水力发电、水力输送等。

水利，则是指对水力资源的利用和对水害的防治，如水利工程、水利设施、兴修水利等。

国家投入资金是为了兴办“水利”设施，加强水利方面的建设，或者说是利用“水力”的工程，所以这个例句应当用“水利”一词。

T

胎儿—婴儿

例句：从事直接接触有毒有害气体的作业，致使一些孕妇产下畸形胎儿。

胎儿，是仍在母体中孕育的幼体。如茅盾《春蚕》：“她第一次怀孕时胎儿在肚子里动，她也是那样半惊半喜的！”娩出母体后称为婴儿，即初生的幼儿、不满一岁的小孩。如周而复《上海的早晨》第三部：“一边是刚刚出生的婴儿，独自在家里，也需要慈母的抚养。”

例句中的“胎儿”应当改为“婴儿”（是已经产出的），或删去“胎”字。

薹—苔

例句：在抽苔初期或初花期分别追施20%的氮肥，在抽苔期一次追施40%的钾肥。

苔，不是"薹"的简化字。苔，发 tái 音时，是一种生长在阴暗潮湿地方的隐花植物即"苔藓"，根、茎、叶的区分不明显。唐代刘禹锡《再游玄都观绝句》："百亩庭中半是苔，桃花净尽菜花开"，毛泽东词《如梦令·元旦》："宁化、清流、归化，路隘林深苔滑"，诗句中的"苔"指的就是"苔藓"类植物。苔，发 tāi 音时，指舌苔。

薹，音 tái，一是指薹草，属莎草科，过去农村用其茎和叶编制蓑、笠；二是指蒜、韭菜、油菜等蔬菜从中央部分长出的长茎，顶端开花结籽。《现代汉语规范词典》："薹"不能简化成"苔"。

所以，例句中的"抽苔"应当改为"抽薹"。

炭—碳

例句：①在平县炭素生产能力22万吨，培植起了氧化铝、电解铝、炭素等企业群体。②焦化厂加大焦碳生产量，焦碳产量增长54%。

"炭"和"碳"是音同形近但词义不同的两个词，不能通假混用。

炭，为燃料，一是指煤，也称煤炭，煤是由埋在地下的古代植物主要是木材，在与空气隔绝的状况下，在一定的压力和温度的作用下，经过复杂的生物化学作用变化而形成的；二是指木炭，《说文解字》："炭，烧木未灰也"，指由木材烧制而成的一种燃料。《礼记·月令》："是月也，草木黄落，乃伐薪为炭。"唐代白居易诗《卖炭翁》："卖炭翁，伐薪烧炭南山中。"

碳，是一种非金属元素，元素符号为"C"，即英语"carbonium"的词头，可与其他化学元素组成化合物而存在，如碳水化合物、碳酸、碳素钢、二氧化碳等。

例句①中的"炭素"应改为"碳素"；例句②中的两个"焦碳"应改为"焦炭"。

特征—特点

例句：新形势下科研档案有了与传统档案不同的复杂性、动态性、发散性特征。

表示一事物与他事物区别的词就有"特征"、"特性"、"特点"、"特质"、"特色"等，但这些名词有抽象名词与实体(具象)名词之分。"特征"一词主要表示事物具体的、外显的同他事物在迹象、征象、标志等方面的区别，如形象特征、相貌特征等。例句不是说"新形势下科技档案"同以往"科技档案"相比在外形上的特殊性，而是指如今档案和档案工作发生的内在的本质的变化，因而具有抽象性。"特点"一词正是表示抽象事物内在的、无形的性质的用词。

例句中的"特征"一词宜改为"特点"。"复杂性、动态性、发散性"，正是"新形势下科研档案”经过抽象和概括的特点。

提名—题名

例句：2005 年中国名牌产品出台，9 个柴油机品牌“金榜提名”。

金榜题名，即在封建社会科举考试（殿试）揭晓后，朝廷所张贴的名单文告（即用金粉写的“榜”）中被录用考生的姓名。明代高明《琵琶记·强就鸾凤》：“这姻缘不俗，金榜题名，洞房花烛。”为留作纪念，在物品上签上姓名也称“题名”。

提名，是在选举或评选前，提出有可能当选的人或事物名称，引申为“推荐”，即向有关部门或领导建议某人担任某职务、承担某任务、从事某活动或授予何等奖励等。

例句中的“金榜 tí 名”是个比喻，说的是 9 个柴油机产品，在中国名牌产品的评比奖励（表彰）名单上有其产品的名称，不能写为“提名”，应当改为“题名”。

调节—调解

例句：后来经过镇村调节部门多次走访，两家的争执才逐渐平息下来。

调节，指调整、节制，即从数量、程度、规模等方面进行调整，使被调节对象符合标准、适合要求，如调节市场供应、调节分配机制等。

调解，即调和、协调，是通过劝说使矛盾双方消除矛盾的一种方式。其中“解”是会意字，从刀从牛从角，表示用刀把牛角剖开，本义就是剖开，引申为排解纠纷。

例句说的是解决两家的“争执”及消除矛盾，所以应当用“调解”。

庭—厅

例句：①法院当厅作出了判决。②这个房子居住面积达 500 多平方米，光客庭就有 80 多平方米。

庭，原指居住的房屋的正房的空间和正房前的平地、院子，如庭宇、庭院、大庭广众等。《论语·季氏》：“他日，又独立，鲤趋而过庭。”意思是过了几天，（孔子）又一个人站着，见孔鲤恭敬地走过庭院。庭，也指审理案件的处所，即“法庭”。“庭审”就是当庭审里。

厅，指的是聚会、招待客人用的比较大的房间，如客厅、餐厅、会议厅等。厅，也指旧时官府办公的地方，如官厅、厅事。现在省和部一级机关的办事机构也称“厅”（办公厅、公安厅等）。

例句①中“当 tíng 作出判决”应当为“当庭作出判决”；例句②应当写作“客厅”。

凸显—突显

例句：400 多台机器一夜之间出不了村，进不了地，缺少新型机具，农民收种难的问

题凸显出来。

凸，高出来，鼓起来，使能看清楚。凸显，即清楚地显现出来。如："凸显人民战士的英雄本色"、"凸显商品的特点和用途"。"凸显"的语法重点是"清楚"地显现。

突，本义为狗从洞穴中卒然冲出，引申为急速往外冲、卒然、突然之义。如突围、突破。"狼奔豕突"中的"突"，意为仓促而张皇逃跑之义，含有突然的意思。突显，即在很短的时间内出人意料地发生、出现。例如："不知为什么，最近这个企业突显管理混乱。"

例句说的是"一夜之间"出现的问题，即突然出现的问题，所以应当用"突显"。

W

惘然—茫然

例句：个别大学生"村官"在农村干了几年之后，认为并没有得到"提拔重用"，就觉得前途惘然，一点点地消沉了下来。

茫，原义为水或其他事物十分广阔、看不到边际，引申为不清晰、渺茫、模糊不清。宋代苏轼《前赤壁赋》："纵一苇之所如，凌万顷之茫然"，意思是任由小船漂荡在茫茫无际的水面上。茫然，是客观世界的状态及其给人的视觉和心理的感受，表示的是心理活动对客观环境判断后产生的不清晰、不了解、不知道的印象，并且由此产生神情迷惘、好像失去了什么的感觉。"而形容主观精神状态则用"惘然"。

惘，从"忄"，"罔"音，原义是神情恍惚。惘然，即表示怅然失意、失落的样子。《世说新语》叙述石崇与王恺斗富，王恺拿一株高二尺的珊瑚树给石崇看，石崇用铁如意将珊瑚树击碎，命左右拿出六七株高三四尺、光彩溢目的珊瑚树还给王恺，"（王）恺惘然自失。"这里的"惘然"，表示王恺内心即主观上的不平衡和不快活、不自在，如果用"茫然"就不能表达准确的意思了。惘然，也表示迷惑不解，还指神情迷糊不清，宋代苏轼《与谢民师推官书》："自还海北，见平生亲旧，惘然如隔世人。""惘然如隔世人"表示的就是神情迷糊不清的状态而像隔世之人。总之，"惘然"表示的是精神状态，不用于形容客观世界。

例句说的是大学生认为"前途"的不清晰、不知前途如何，所以应当用"茫然"一词。

薇—微

例句：每天，王玉荣和丈夫都会骑 50 分钟车到海淀区翠薇路上班。

微，原义为隐匿、隐藏、隐行，微服私访，就是隐藏了原来的官服、改着平民服装暗访。"微"引申为幽深、微弱、微小、衰微、贫贱等义。翠微路，是北京市海淀区的一条街道，其中"翠微"是文言词语，指山的青翠隐约的颜色，也泛指青山。如唐代陈子昂《薛大夫山亭宴序》："披翠微而列坐，左对青山；俯盘石而开襟，右临澄水。"其中的"翠微"就是指青山。毛泽东《七律·答友人》："九嶷山上白云飞，帝子乘风下翠微"，意思是九嶷山上白云飞舞，尧帝的两个女儿从青翠掩映的山上乘着和风降落人间。

薇，则是一种野菜(巢菜)，俗称野豌豆，《诗经》中就有著名的《采薇》篇；也指蔷薇花，南宋周密有《天香》词云："碧脑浮水，红薇染露。"红薇就是蔷薇花。

所以，例句中的"翠薇"应改为"翠微"。

违犯—违反

例句：他对本村出现的违犯政治纪律行为失察。

违反和违犯是近义词，但适用的范围不同。

违犯，是指违背和冒犯、触犯法律等，如违犯宪法。违犯的性质可能构成犯罪，要承担相应的法律责任。违反，则是指不遵守纪律、不符合法规、规程、政策及规律等，没有触犯的意思，如违反法则、违反科学发展规律等。违反的性质是一种错误。

例句说的是关于政治纪律方面的问题，应该说是"违反"。

文明—闻名

例句：文明全国的"将军县"——湖北红安被确定为革命老区建设的示范试点县。

闻名，动词。闻，本义是听到、听见。如《老子·八十章》："邻国相望，鸡犬之声相闻。"又《孟子·梁惠王上》："闻其声，不忍食其肉。"闻，由听到、听见引申为知道、传说、传播。《诗经·小雅·鹤鸣》："鹤鸣于九皋，声闻于野。""声闻于野"就是鹤鸣的声音传播于广阔的田野。闻名，就是名声得到传播，如"遐迩闻名"。

文明，名词，一是泛指文化；二是指社会发展到较高阶段的状态，即"文明社会"，一般指有文字记载的历史阶段，与没有文字的"野蛮阶段"相对应；三是指有教养的言行，如"举止文明"、"谈吐文明"。

例句中的"文明"应当改为"闻名"。"闻名全国"就是名声传播到全国，全国都听到、知道的意思。

无疑—无异

例句：这些政策的实施，无疑给外出打工的农民吃了一颗定心丸。

无疑，形容词，表示某事确定而没有疑问，不能充当状语，一般用在陈述判断句中，充当表语谓语。如"今年下半年经济走势将会有一个反弹是确定无疑的了"。而例句中的"无疑"处于状语的位置，就不确当了。

无异，不及物动词，是"同……没有什么不一样"的意思，在句中充当带有宾语的谓语时，后面应当有介词"于"。《现代汉语词典》："夫妻吵架翻老账，无异于火上浇油。"

所以，应当将例句中的"无疑"改为"无异于"，使句子成为比喻句，也可改为"这些政策的实施，给外出打工的农民吃了一颗定心丸，是确定无疑的了。"

鹜—骛

例句：①县科技推广站介绍了邻县农民学科技用科技的经验以后，各乡(镇)、村的干部带着本乡本村的种植、养殖大户趋之若鹜地到邻县去学习取经。②集中精力，心无旁鹜地深入发展。③脱离实际，好高鹜远，是不现实的。

鹜，字形结构从鸟，即野鸭子。如《滕王阁序》："落霞与孤鹜齐飞，秋水共长天一色。"成语"趋之若鹜"的意思是"像野鸭子一样成群地跑过去"，贬义词，比喻许多人争着去追逐不好的事物。如清代曾朴《孽海花》："白云观就是他的纳贿的机关……京外的官员那个不趋之若鹜呢？"

骛，在字形结构上从马，是纵横奔驰、乱跑、急速行进的意思，如：驰骛、好高骛远。《战国策·齐策五》："魏王身披甲底(砥)剑，挑赵索战，邯郸之中骛，河、山之间乱。"意思是，魏王(魏武侯)身披铠甲，磨快了宝剑，向赵国挑战，邯郸城中战马狂奔，黄河、太行山之间一片混乱。心无旁骛，就是指做事要专心致志，心思不能像无缰之马乱跑；好高骛远，是不切实际、急切地追求过高的目标的意思。

所以，例句①中"趋之若骛"规范词形应当为"趋之若鹜"；例句②中"心无旁鹜"规范词形应当为"心无旁骛"；例句③中"好高鹜远"规范词形应当为"好高骛远"。

X

嬉笑—嘻笑

例句：张老汉在城里住着新买的楼房，心里没着没落，不由得回想起在乡下老家时，每日和几个老哥儿坐在大杨树下嬉笑不停的日子。

嬉，原义是游戏、玩乐。《说文解字》："娭(古嬉字)，戏也。"南朝《昭明文选·张衡〈归田赋〉》："谅天道之微昧，追渔夫以同嬉。"其意思是，天道实在是幽隐难料，还是追随渔夫，同他们一起游乐吧。唐代韩愈《进学解》："国子先生晨入太学，招诸生立馆下，诲之曰：'业精于勤荒于嬉，行成于思毁于随。'""业精于勤荒于嬉"是说，学业的精进在于勤奋，荒废于游戏玩乐。现代汉语中有"嬉戏"、"嬉闹"等词，都是说的玩耍、游戏即打闹的意思。"嬉笑"即闹着、笑着。

嘻，原是叹词，表示赞美、赞叹、惊叹。《诗经·周颂·噫嘻》："噫嘻成王，既昭假尔。""噫嘻"在这里就是表示赞叹。表示赞叹的时候，会流露出欢乐的样子，"嘻"又引申为喜笑的样子，如"嘻嘻哈哈"。《汉书·灌夫传》：(灌夫行酒至田蚡，田蚡不喝)"夫怒，因嘻笑曰：'将军贵人也，毕之。'"灌夫怒了，强笑着说，将军是贵人啊，喝了吧。嘻笑，形容欢笑的样子。

例句中的"几个老哥儿"自然不会像小孩或年轻人那样嬉戏打闹，何况是"坐在大杨树下"，也嬉戏打闹不起来，当用"嘻笑"一词为妥。

霄—宵

例句：①还未过正月十五元霄节，不少农民就结伙到上海、南京等大城市去打工了。②“酱缸”文化熏陶出了众多的霄小、势利之徒。

宵，原义是家中有月光，所以“宵”也指夜晚。宵衣旰食，是说天不亮（宵）就起床穿衣去工作，天黑了（旰）才吃饭。《明史·王直传》：“陛下宵衣旰食，征天下兵，与群臣兆姓同心戮力，期灭此朝食，以雪不共戴天之耻。”这是赞扬明朝崇祯皇帝殚心积虑治理天下的一段语言。毛泽东《西江月·井冈山》：“黄洋界上炮声隆，报道敌军宵遁。”宵遁，指敌人趁夜逃遁了。传统节日“元宵节”即“上元之夜”，是一年中第一个月圆之夜，所以不是“元霄节”。

宵，在古代还与小相通。段玉裁注《说文解字》：“有假‘宵’为‘小’者。”《庄子·列御寇》：“宵人之离（罹）外刑者，金木讯之。”“宵人”即小人，这句话的意思是，小人遭到体外的刑罚，用金木刑拘拷问他。《史记·三王世家》：“毋迩宵人”，是说不要接近小人。“宵小”是叠义词，表示坏人，不能写作“霄小”。

霄，原义为小雪粒，也指高空浓密的云气、霞云。汉代刘安《淮南子·人间训》：“凌乎浮云，背负青天，膺摩赤霄，翱翔乎忽荒之上”，后两句的意思即胸膛擦着红霞，翱翔在万里云天之上。毛泽东词句“天兵怒气冲霄汉”中的“霄汉”指云霄、银河。“霄”不能与“小”搭配。

所以，例句①中的“元霄节”应改为“元宵节”；例句②中的“霄小”应改为“宵小”。

偕—携

例句：××公司总经理偕全体同仁向社会各界祝贺春节。

偕，是文言副词，其词义为一起、共同，不能充当句子的谓语，而只能放在动词前充当谓语的状语，表示共同做某事。“偕行”即共同前进，“偕老”即共同生活到老，“偕”在这两个词中都充当状语成分。“偕同”为“跟别人一起（行动、到某处去或做某事）”，即“一同”的意思，依然是副词而不是动词，“同”只有在表示“跟……相同”义（如“同去年”、“同前”）才有动词性，而“同”的其他义项为介词、副词、连词、形容词，如果“偕”为“动词”，用来修饰动词、形容词等，显然不符合汉语构词的规则。

携，是动词，词义为带着、带领，在句子中可以充当谓语，“扶老携幼”、“携家带口”等词中的“携”就是谓词。

例句中的“偕”可以改为“偕同”，“偕同全体同仁”即“和全体同仁一起”，在句子中充当谓语“祝贺”的状语；或将“偕”改为“携”，让“携……祝贺”作联动谓语。

心里—心理

例句：近期化肥的价格一直不是太高，买涨不买跌的心里也支配农民不急于备肥。

心里，即心中，是方位结构词，可充当状语、定语，如“心里有话也不敢讲”（方位结构主语）、“心里的话向谁说呢？”（定语）、“那句伤人的话在她的心里留下了难以磨灭的阴影”（状语）。心理，是单纯名词，指人的内心活动，即一种精神状态。

例句说的是农民应对化肥价格变化的精神状态和心理活动，所以“心里”应当改为“心理”。

型—形

例句：在所有形状的木桶中，储水量最大的是圆型木桶。

《说文解字》：“型，铸器之法也”，即制造器物的方法，也指制造器物所用的模子，即模具。由于是用定制的模具制造的，铸造出的器物的外形与“型”即模子的内壁一样，“型”也因既定样式、规格，经过抽象，指许多事物共同的样子，引申为种类、类型。型，也常指榜样，如宋代文天祥《正气歌》：“哲人日已远，典型在夙昔。”意思是，贤哲虽然随着日子而远去了，但是榜样却令我心志更加坚强。

形，原义是形体，引申指人或物的形状、形象和面貌。《老子》四十一章：“大象无形。”就是说，最大的物象是没有形状、没有实体的。又如春秋时期孙武《孙子·虚实》：“故兵无常势，水无常形。”意思是，兵法是变化无穷的，没有一定的模式；水是没有固定形态的。

例句中说的是木桶的样子即形状，而不是说木桶的类型、种类，所以应当用“圆形”。

形式—形势

例句：畜禽水产品质量安全形式日益严峻。

形式，是指事物的外形、结构、式样、形态、形体，如“新建小区的房屋的建筑形式各具特色”；也指表现事物内容的方式方法，如“歌颂长征精神的文艺表演形式多种多样”。

形势，一是指地势、地形、地貌即地理状况，如《汉书·张汤传》：“谒大将军光，问千秋战斗方略，山川形势。”意思是，拜见大将军霍光，询问长远的作战方略和战场的地形地貌；二是指情势、局势、情况，如“当前世界总的形势依然是和平发展的因素高于战争”，“国际金融危机的阴影尚未散去，国际经济形势依然严峻”。

例句说的是当前“畜禽水产品质量安全”的“情况”，“形式”应当改为“形势”。

Y

淹没—湮没

例句：①长期以来，南阳府衙淹没在老城区杂乱的住宅之中。②仲夏时节，这里的

室宇、村社淹没在漫天的黄花中。③唐支书家4亩多稻田被砂石淹没,至今没有清理。

淹没,指物体浸渍、浸泡在液体之中,后引申为沉没的意思。如:“台风过后,农田里的庄稼几乎被大水淹没了。”“淹没”也可以形容声音的被掩盖,如:“他的呼救声被风声、涛声淹没了。”

湮没,多指物体被固体的东西如砂土、瓦砾埋住、遮挡住不能显现。如“西夏王朝的遗迹已经很难寻觅了,绝大多数已经被黄沙所湮没了。”湮没,也指抽象的事物被埋没。南朝江淹《恨赋》:“亦复含酸茹叹,销落湮没。”句中的“销落湮没”是使自己消沉而埋没的意思。唐代殷尧藩《端午日》诗:“千载贤愚同瞬息,几人湮没几垂名。”这个句子中的“湮没”是指名声消失而无闻之义。“湮没”,也指印象的被淡忘、呼声的不被重视,如“灾难一再印证湮没那些智识的声音,这难道不是一种更大的灾难吗?”

例句①说的是“南阳府衙”被“老城区杂乱的住宅”遮掩,例句②说的是室宇、村社被漫天的黄花笼罩,例句③说的是“稻田”被“砂石”覆盖,都是被固态的物体遮挡住、覆盖了,都应当用“湮没”。

掩埋—淹埋

例句:①那里原是一片良田,多少年来由于气候的变化,雨水少风沙大,几年前就被黄沙掩埋了。②这个村庄的近百人被泥石流掩埋。

掩,原义是遮蔽,如:掩人耳目、掩耳盗铃、掩口而笑等。掩,后引申为盖住、埋到土里、用土覆盖,即掩埋。如毛泽东《论联合政府》:“他们从地下爬起来,揩干净身上的血迹,掩埋好同伴的尸首,他们又继续战斗了。”

淹埋,也是覆盖、埋没之义,但是与“掩埋”不同:“掩埋”是人的主动的、在意识支配下的活动行为;“淹埋”指被液体或流体吞没,是自然力造成的被动的结果,是不受人的意识支配的。

例句中的“粮田”被黄沙覆盖,村里的数百人被泥石流吞没,是自然灾害,不是人的有意识的行为,所以不应该用“掩埋”,而应该用“淹埋”。

衍化—演化

例句:天地一体化,推演出未来战争的走向;社会文明的衍化,刻录了现代科技日新月异的变迁。

衍化,多指外部形势的变化,一般用来表示事物的形态、位置即空间的变化。衍,本指事物形态丰饶、品种盛多,作为词素,在“衍化”这个词中的意思是“蔓延、扩大”。汉代张衡《东京赋》:“仁风衍而外流,谊方激而遐骛”,这里的“衍”就是蔓延扩大的意思。

演化,原为推广教化的意思,现多指内在性质的变化。《现代汉语词典》:演化即演变,多指自然界的变化。《现代汉语规范词典》例句:“天体也在不断演化”、“高等动物是由低等动物演化来的”,即进化。这就是说,“演化”指的都是事物内部的质的变化。

例句说的是社会文明和科技的发展，是社会内部的质的变化，所以应当用“演化”一词。如果句子说古代社会的文学艺术创作形式经过了几个阶段，则可以用衍化：“我国古代文学创作经过了古诗——乐府诗——近体诗(律诗)——长短句(词)——话本——小说几个表现形式的衍化。”

艳妆—艳装

例句：农民们身穿着各色艳妆，尽情地载歌载舞。

艳妆，原指女子浓艳的打扮、修饰，后引申指女子身上艳丽的妆饰，既指梳妆打扮行为，还包括用漂亮服饰打扮出来的模样儿，如许地山《危巢坠简·人非人》：“有一晚上偶然看见一个艳妆女子，看来很像她。”“农民们的穿着”就不能用艳妆了，一是因为艳妆不是指穿着，二是农民有男有女，男人不会有“浓艳的打扮”。

例句中的“艳妆”可改为“艳装”或“盛装艳服”。艳装、盛装艳服，表示衣着艳丽、色彩丰富。

遗留—残留

例句：树枝上、电线杆上还挂着丝丝缕缕的洪水遗留的残留杂物。

“残留”就是少量的“遗留”，为近义词，但这两个词也有区别。“残留”是说原有的某种事物或现象自身继续保留着或仍然存在，但这是有缺损、不完整的存在，即某种事物部分或少量地存在于、遗留在客体上。如挂在电线杆上的“丝丝缕缕的杂物”是洪水中全部杂物的部分残存。“遗留”仅指以前事物或现象的继续存在，没有“残存”的意思。

例句可删去“残留”，改为“树枝上、电线杆上还挂着洪水遗留的丝丝缕缕的杂物”；也可以删去“遗留”，改为“树枝上、电线杆上还挂着洪水带来的丝丝缕缕杂物的残留”。改后的这两个句子表达的意思接近而又有区别：行为主体不同。

倚重—畸重

例句：要逐步改变经济发展倚重工业和城市的倾向。

畸，音 jī，古代原指划分出正方形的土地后余下的不规则的小田块，这些小田块都是偏斜和不规则的。《说文解字》：“畸，残田也。”段玉裁注：“残田者，余田之不整齐者也。”由“不规则”引申为“不正常”，如畸形、畸变。“畸形”(不是“奇形”)还指生物体部分发育不正常，如畸形儿；也用来指事物发展的不正常，如畸形社会、畸形人格；还有偏斜的意思。畸重，就是偏重而不合常规。如：“试验的时候，必须注意根据不同的土质和条件，分别进行试验，才能避免畸重畸轻的毛病。”

倚，音 yǐ，是靠着、仗恃等意思，如倚马千言、倚门而望、倚傍、不偏不倚。毛泽东《念奴娇·昆仑》：“安得倚天抽宝剑，把汝裁为三截？”“倚天”就是背靠着长天。倚重，义为依靠、器重。宋代《新唐书·杜让能传》:"让能思精敏……帝倚重之。"这是说,杜让能非常精明,很受熹宗皇帝的依靠和器重。

例句的意思是,要改变偏重工业和城市建设而忽视其他方面发展的倾向,用"倚重"就不妥了,而应改为"畸重"一词。

姻缘—因缘

例句:海南农机出口马来西亚,源于它与该国出口商林乔治先生的一段"姻缘"。

姻缘,指"结成婚姻的缘分",其中的"姻"就是指男婚女嫁的事。如《后汉书·郭太传》:"后司徒袁隗欲为从女求姻。"意思是司徒袁隗要为侄女选择丈夫。《红楼梦》第五十七回:"自古道:'千里姻缘一线牵。'"这里的姻缘指婚姻。

因缘,有两层意思,其一,指佛教事物的产生、变化和毁灭的根据和条件,"因"是直接的原因,"缘"为间接原因,"因"、"缘"合在一起,生起万物,称作"因缘和合"。如唐代白居易《宿诚禅师山房题赠》:"法为因缘立,心从次第修。"其二,是缘分、机缘、机会、可能性的意思。《后汉书·窦融传》:"复令谗邪得有因缘,臣窃忧之。"其中的"得有因缘"就是有了机会的意思。

例句显然不是说海南农机企业与林乔治先生有"婚姻关系",所表示的意思应当是有某种机缘、缘分,所以应当用"因缘",不必标有引号。

营利—赢利—盈利

例句:①××协会是一个非赢利性团体。②今年上半年央企营利比上年同期有所增长。

营利,动词,主观上谋求利润、获得利润的愿望,并不是客观上有了利润。"营利"可在句子中充当宾语和定语,如:"我们既要营利,又要提高产品的质量。""企业不能只图营利,不顾产品质量。"这两个句子中的"营利"表达了主观上获利的愿望。"这个团体是个非营利性的机构"。这里的"营利"不能用"赢利"、"盈利"代替。

赢利,是动宾结构的合成词,作谓语用,表示的是经营行为的客观结果,不表示具体的数字。如:"我们顺应市场要求组织生产,今年赢利了。"这个句子是对经营结果作了判断。

盈利,本义为增长,既可作动词,也可作名词。"盈利"作动词性用,可以带宾语及具体的数字,具有统计意义,如"今年盈利 300 万元";作名词使用,即表示实际获得的利润,如:"今年扣除了生产经营成本,盈利比去年增加了三成。"

例句①中的"赢利"应当改为"营利";例句②说的是利润情况的比较,具有统计意义,应当用"盈利"表示,不能用"营利"、"赢利"。

赢—嬴—蠃—羸

例句：丰县实现了农民增收与企业增效“双羸”。

赢、嬴、羸、蠃这四个字（词）因为字形相近而常常被混淆。

赢，音 yíng，从“贝”，“贝”在古代为货币，表示财物，《说文解字·贝部》：“赢，贾有余利也。”赢，原指做生意有了结余，引申为战争获胜，《说文解字·贝部》又说：“凡战攻博赛胜曰赢，负曰输”。“赢”跟“输”相对，如赢利、赢家。

嬴，音 yíng，从“女”，《正字通·女部》：“嬴，女好也”，意思是说女子美貌。《说文解字·女部》：“少昊氏之姓。”上古崇尚女性，多有以女字部的字为姓氏，“嬴”为其中之一。《史记·秦本纪》：“故嬴姓多显，遂为诸侯。”意思是，秦国“嬴”姓多为贵族，能封为诸侯。秦始皇即姓嬴名政，古代也称秦国、秦朝为“嬴”或“嬴秦”。东晋陶渊明《咏荆轲》：“燕丹善养士，志在报强嬴。”“强嬴”就是指凶暴的秦国。

蠃，音 luǒ，“虫”部，是没有鳞甲羽毛的“裸”虫，《汉书·五行志》：“时则有草妖，时则有蠃虫之孽。”“蠃”也指一种寄生峰及蚌类，如“蜾蠃”（guǒluǒ），一种细腰蜂；《韩非子·外储说右上第三十四》：“泽之鱼盐龟鳖蠃蚌，不加贵于海。”意思是，湖里的鱼、盐、龟鳖、螺蚌，价格不比海边的昂贵。

羸，音 léi，《说文解字·羊部》：“羸，瘦也，从羊”，北宋徐铉注：“羊主给膳，以瘦为病，故从羊。”意思是，羊是主要的膳食原料，而瘦羊是不好的，所以表示瘦的“羸”字从羊。“羸”就是瘦弱或疲劳的意思，相关的词如，羸瘠、羸弱、羸顿、羸惫、痿痿羸羸。《孟子·公孙丑（下）》：“凶年饥岁，子之民，老羸转于沟壑，壮者散而之四方者，几千人矣。”“老羸”就是年老体弱的意思。

例句中的“双羸”应当改为“双赢”。

颖—颍

例句：①河南省临颖县南街村是建设新农村的榜样和典范。②晁错：颖川（治今河南禹县）**人，汉文帝时任太常掌故。**

颍，是河南省一条河的名称——颍水，发源于河南，流经安徽入淮河。《史记·魏其武安侯列传》：“颍水清，灌氏宁；颍水浊，灌氏族。”意思是，颍水河清澈，灌氏家族就安宁；颍水河浑浊了，灌氏家族就会被族灭。“临颍县”位于颍水河畔，故而得名。河南许昌因坐落在颍水河的南边，古代称为“颍阴”。“颍川”是古郡名，置于战国秦王政十七年（前 230 年），也以颍水而得名，现为河南省禹州市，属许昌市管辖。安徽省有“颍上县”，也不能错为“颖上县”，“颍上”的意思即在颍水边上。

颖，原指禾穗的末端，现指某些植物籽实带芒的外壳，也指某些细小的物体的尖端，引申为才能出众，如聪颖、颖慧、脱颖而出。有“临颖”一词，是“提笔写信之时”的意思，《红楼梦》第九十九回：“临颖不胜待命之至。”意思是，在提笔写信的时候，非常盼望得到您的回复。

例句①“临颖县”应改为“临颍县”；例句②中的“颖川”应改为“颍川”。

映象—印象

例句：在大寨短短的两天，改革后的大寨给我留下了深深的难忘的映象。

印，原指留下痕迹，如南宋叶绍翁《游园不值》：“应怜屐痕印苍苔，小叩柴扉久不开。”“屐痕印苍苔”的意思就是青绿色的苔藓地上留下了鞋的痕迹。“印”引申为图章、官印，现泛指各类印章。《战国策·秦策三》：“君何不以此时归相印，让贤者授之。”意思是，你为什么不乘这个时候归还丞相之印，让位给贤能的人，把相印授给他？“印”由印章引申为印象，即客观事物在人脑中留下的迹象。印象，是被动的，也是直观的。

映，原义是照耀的意思，唐代李白《古风(一)》：“我志在删述，垂辉映千古。”映，又有映衬的意思，即映照衬托，如“红花绿叶互相映”、“云日相辉映，空水共澄鲜”，其中的“映”都是映衬之义。映，还指光的反射，唐代杜甫《壮游》：“嵯峨阊门北，青庙映回塘。”意思是，池塘的水把绿色的庙倒映了出来。《辞海》收有“映象”一词，从哲学概念角度作了解释：在人脑中以感觉、观念和思想的再现。

例句是说大寨给“我”留下的记忆，即直观的迹象，而不是哲学意义上的，应当写作“印象”。

有利—有力

例句：清河县大搞基础建设工程，改变了县域环境面貌，有利地提高了开放的水平。

有利，是指有好处、有帮助，可充当定语，如“有利的形势”；构成“有利于”作动词，如“有利于人民”等。有力，指有力量、有强度或较高的程度、分量重等，一般作状语修饰动词。

例句中修饰谓语“提升”的状语显然不是说“有好处”、“有帮助”地提升，而是“有力量”、“有较高程度”地提升，当然应当是“有力”，而不是“有利”。

与—于

例句：经过郑和的努力，西洋各国于明朝建立了良好的关系。

于，介词，起引进处所、范围或时间的作用，用在动词前后，相当于“在”、“对”、“向”，如“致力于改革事业”、“国际形势有利于我国发展经济”、“于无声之处听惊雷”等；“于”前缀形容词、动词，后缀动词也表示原因、目的，如“敢于承担责任”；“于”还表示比较，如“霜叶红于二月花”、“苛政猛于虎”等。“于”跟名词组合表示对象，相当于“对”、“向”，如“于公于私你都不能这么做”。

与，作连词用时，其语法功能是连接词性相同的词或结构相近的词组，相当于“和”、

“同”、“或”，表示并列或选择关系，如“人民解放军、人民武装警察与民兵都是我国的武装力量”。作动词时，是“给”（如“与人方便”）、“交往”（如“彼此相与”）的意思。作介词时是“跟”、“同”的意思，表示引进动作行为有关的对象，如“与人为善”、“与虎谋皮”、“与众不同”等。

例句说的是西洋各国同明朝建立了良好的关系，应当用介词意义的“与”，即“跟”、“同”的意思。

鱼—渔

例句：一定要坚持休渔制度，保护和扩大鱼源，不能做竭泽而鱼、只图眼前发财而自断今后生路的愚蠢事。

鱼，名词，即生活在水中的鱼类动物的总称，也可以作定语用，修饰与鱼相关或鱼形的词，如：鱼头、鱼雷、鱼尾纹、鱼水情等。“鱼水情”是一种比喻，指共处的双方就像鱼离不开水一样互相不能离开或分开。

渔，动词，指捕鱼的行为如渔猎。“竭泽而渔”也作“涸泽而渔”，意思是，放干池水捉鱼，《吕氏春秋·义赏》：“竭泽而渔，岂不获得？而明年无鱼。”比喻只图眼前利益，不作长远打算。“渔”也可作动名词用，指打鱼的人或用具及与打鱼有关的事物，如渔民、渔夫、渔村及渔火、渔网、渔歌等。

“授之以鱼，不如授之以渔”就区别了这两个字不同意义，正确地使用了“鱼”和“渔”。

所以，例句中的“竭泽而鱼”应当改为“竭泽而渔”。

预定—预订（参见“定—订”词条）

例句：今年杨凌高科技博览会的 1 000 多个展位已经被预定一空。

预订，就是经过协商预约购买、预约订租，在商业行为中，预订表示一种意向，含有双方协商的意思；预定，是预先确定而没有变化的意思，军事行为、外交行为多用预定。

例句指的是现代商业行为，应用“预订”，而不用“预定”。

源—缘—原

例句：①他的这种行为，一定是原于这样一个根本的信念：这个家一定不能散。②如果步子再大一些，户籍制度改革就应该在统筹兼顾城乡发展中成为源动力之一。③这个村的面貌有了较大的转变，缘于村里建起了警务室。

原，名词，其义之一是事物的开端，如“本原”、“原味”等；又有最初、开始之义，如原人、原生动物；也指事物的出来、没有改变的，如原籍、原义、“原作者”。“原动力”即产生动力的动力。

源，原义为水流开始流出的地方，如源远流长、饮水思源、寻找水源，《国语·晋语一》：“塞水不自其源，必复流。”意思是，堵水不从源头上开始堵，水还会再流。源，又指来源、根源，也是名词，如推本溯源、财源等。

缘，动词，为顺着、沿着的意思，如缘河而上、缘木求鱼。东晋陶渊明《桃花源记》：“缘溪行，忘路之远近。”缘，也作介词，表示原因或目的，是“因为”和“为了”的意思，如“你缘何出此下策？”缘还可作名词指缘分，如姻缘；指原因，如缘故。

例句①说的是产生行为的来源，应当改为“源于”；例句②不能用“源动力”而应当是“原动力”；例句③中的“缘于”是个生造词，改用“源于”也不妥，村子“转变”与“警务室”没有共同点，不是源与流，而是因果关系，可改为“转变的缘起是村里建起了警务室”，“缘起”即起因。

原形—原型

例句：著名导演吴天明把拐儿镇石玉峧村作为拍摄电影《老井》的背景原形。

原形，就是指原来的形状、本来的面目，如“原形毕露”、“他终于露出了原形”，就是指去掉了伪装的、现出原来的面目。

原型，指某事物的来源、原来的类型和模型，引申为文学创作中塑造人物或场景所依据的现实生活中真实的人或物。如志愿军烈士杨根思是电影《英雄儿女》中战斗英雄王成的原型之一。

例句中的“石玉峧村”的环境是电影《老井》场景的现实生活场景的依据，“原形”一词应当改为“原型”。

Z

遭—招

例句：把新农村建设搞成“新农村，农民建”，让农民有钱出钱，没钱出力，结果遭致农民的反感。

遭，即遭受、遇到，多指不幸和不利的事。唐代杜甫《佳人》：“关中昔丧败，兄弟遭杀戮。”诗中的“遭”即遭受。现代汉语词汇中，没有“遭致”一词，只有“遭到”。因为“遭”的对象多指不幸、不利之事，而农民的“反感”并不是“不幸”，不宜用“遭”。

招，即打手势叫人来。《荀子·劝学》：“登高而招，臂非加长也，而见者远……善假物也。”这里登高而招的“招”就是招手的意思。“招”由打手势又引申为招来、招延，指招收、搜罗人才。招致，原义为引起、引来、产生，也指引起不好的后果。魏巍《东方》第三部：“他一面埋怨自己没有拦住他，一面又痛恨陆希荣由于动摇招致的严重后果。”

例句说的是“建设新农村”的方式农民，引起农民不满意和反感，应该用“招致”。

咋舌—咂舌

例句：到了小李庄，看到庄子的变化和农民生活的大变样，记者不禁为之咋舌。

咋，发 zé 音，动词，原义为“大声叫”的意思，汉代马融《长笛赋》：“啾咋嘈啐似华羽兮”，意思是，（笛声就像）长着华丽羽毛的众鸟大叫小鸣声音相交错。现代汉语中作“咋呼”，发 zhā · hu 音，即大声吆喝、吹嘘、张扬的意思。咋还有咬的意思，“咋笔”就是古人形容写文章时咬住笔勾思的样子。成语“咋指吐舌”就是咬住手指吐着舌头的情状，形容极为惊异。宋代孙因《蝗虫辞》：“常有数十百万飞蝗在天，咋人骨髓，岂特食稻黍而已？”是说蝗虫还咬人。咋舌，音 zéshé，即咬着舌头，形容吃惊、害怕而说不出话来。宋代苏舜钦《乞纳柬书》：“使上臣夺气，鲠士咋舌，目睹时弊，口不敢论。”“鲠士咋舌”，意思是，在时弊丛生的时局下，连正直的官员也因害怕而不敢说话了。“咋”也发 zǎ 音，是疑问代词“怎么”的意思，如“这路咋就这么难走啊”。

咂，音 zā，原义是吮、吸及品味的意思，引申为体会。元代《陈州粜米》：“都是些……咂浓血的苍蝇。”这里的“咂”就是吮吸的意思。元末明初施耐庵《水浒传》第二十八回：“武松提起来，咂一咂，叫道：‘这酒也不好。快换来便饶你！’”这里的“咂”就是品尝的意思，即尝了一下酒。咂舌，即咂嘴，用嘴发出吸气的声音，或表示为难和惋惜，或表示称赞、羡慕之义。

例句所要表达的意思，是记者对小李庄的变化表示赞叹、羡慕之义，应当“咂舌”，而不应用表示惊讶、害怕而说不出话来的“咋舌”。

沾—蘸

例句：张老汉每天的下饭菜，就是大葱沾大酱，省下的钱全部用在供儿子上大学上了。

沾，音 zhān，原义为浸湿。《战国策 · 齐策六》：“天雨血沾衣者，天以告也。”意即：上天降下了血雨，浸湿沾污了衣裳，那是上天在警告你。后引申为因接触而被东西“附着”，如沾濡、沾泥、沾水等。由“附着”义又引申出“得到”的意思，如利益均沾、沾光等。

蘸，音 zhàn，是将物体浸入水中或其他液体之中濡湿。宋代辛弃疾《菩萨蛮 · 赠周国辅侍人》：“画楼影蘸清溪水，歌声响彻行云里。”前半句就是画楼的影子浸在清溪水里。明代画家徐文长诗《葡萄》：“尚有旧时书秃笔，偶将蘸墨点葡萄。”这里的“蘸墨”就是用画笔濡墨的意思。蘸，具有主动性；沾，具有被动性。

所以，例句中“沾”应改为“蘸”。

挣—争

例句：现在，遂川县林农人人挣当护林员。

挣，音 zhèng 时，是用力支撑、用力摆脱束缚、努力获取的意思，如挣断锁链、挣钱养家糊口。明代吴承恩《西游记》："那呆子左挣右挣，挣不得脱手。"句子中的"挣"就是用力摆脱的意思。鲁迅《且介亭杂文末编·登错的文章》："这两位是给中国人挣面子的。""挣面子"就是努力得到面子的意思。

争，音 zhēng，原义是抢夺、争夺、较量，如争霸、争锋、争权夺利、鹬蚌相争，渔翁得利。《孟子·离娄上》："争地以战，杀人盈野；争城以战，杀人盈城。"这里的"争地以战"、"争城以战"就是用战争的方式抢夺土地和城池的意思。"争"由"抢夺、争夺、较量"等义引申为力求获得、力求实现，也即"争取"。争当，就是力求和争取当上的意思。

例句中的"挣"应当改为"争"。

至极—极致—之极

例句：①今年遭到了特大的雹灾，正在灌浆的小麦地一片狼藉，绝收已成定局。望着农田，农民绝望之极。②《三国演义》在人物刻画上，可以说，其艺术创造水平已臻至极。

至，是到的意思。如《论语·述而》："不知老之将至"。极，原指房屋的脊檩，引申为最高点、顶端、尽头。如登峰造极、南极、北极。"至"和"极"组成了合成词"至极"，是副词，用在动词后面。如用在例句①中，可表示农民绝望的程度。"绝望"是动名词，后面可以跟"至极"作补语，表示失望的情绪达到了顶点。

致，有送达、传达、表达、到达、招引、取得及情趣等义。极致，指学问、艺术、情趣、造诣等的最高境界、极限，是名词，一般用作宾语，如"艺术家的共同目标，是在情趣和造诣上追求极致"；也可用作定语，鲁迅《野草·复仇》："而其自身，则永远沉浸于生命的飞扬的极致的境界。""极致的境界"就是最高的境界。例句②是说《三国演义》对人物的刻画水平极高，所以不应当用副词"至极"，而应当用"极致"一词，表示极高的造诣。

"之极"，是名词，表示某种状况的最高程度。需要注意的是，"之极"常用在双音节的形容词之后，如"可恶之极"，而"绝望"是动名词，不能后缀"之极"。

质疑—置疑

例句：无论是官员或是"网络红人"还是民意的"借网出海"，都见证明了一个不容质疑的事实，即民主政治的发展。

"质"的本义就是质问、质疑、质证、对证，"疑"在这里是名词，表示问题、疑问。战国时期墨翟《墨子·名鬼下》："今执无鬼者曰：'夫众人耳目之请，岂足以断疑哉？'"意思是，持无鬼论者说，据众人耳目所闻见的实情，怎么能够断定问题和疑难呢？"质疑"是一个动宾合成词，表示对问题、疑点等提出解答的要求，据埋追问是非曲直，如"质疑问难"。

置疑，动词，是对事物表示怀疑的意思，且多表示怀疑而否定。这里的"置"和"疑"

都是动词，表示怀疑（对象的真实性）且持否定的态度。

例句说的是我国民主政治得到发展是一个不容怀疑和否定的事实，所以应当用“不容置疑”，即用否定之否定的语言形式肯定“民主政治的发展”。

制定—制订（参见“定—订”词条）

例句：村委会制订了村务公开的监督制度，并建立了村民监督小组，村里的民主建设走上了法制的轨道。

制定，就是将创制和拟议的东西加以确定和定出，强调动作已经完成。“制定”的对象多指纲领、法令、决议、政策、方针、路线、规程和章程等，使之确定，成为定案。

“制订”中“订”是一个商量、商议的过程。《现代汉语规范词典》“制订”条解释为“创制”、“拟订”，并举例：制订计划、制订方案。这个词与“制定”不同，它只是说动作的本身，是拟议、创制的过程，并未指动作已经完成。

所以，例句中的“制订”应当改为“制定”。

衷情—钟情

例句：①他们情之所衷、情之所由动的，是社会政治生活中的是非曲直、成败得失及对自身的波及和影响。②颜庄农民衷情家庭沼气。

“钟情”的“钟”，原义为酒器，汉代班固《东都赋》：“于是庭实千品，旨酒万钟”。意思是，庭院中摆放了上千种物品、万钟美酒。由于“钟”可以有集聚（酒）的作用，引申为“专注”、“集中”的意思，如《左传·召公二十八年》：“天钟美于是”，就是老天把美都集中在这儿了。钟情，指感情专注、倾心于某人或某事物，如宋代陆游《暮春》：“啼莺妒梦频催晓，飞絮钟情独殿春。”情有独钟，就是情感集中，表示对某一个人或事物的感情特别专注。

衷，原义为贴身内衣，《说文解字·衣部》：“衷，里亵衣”。“亵衣”即贴身穿的内衣。汉代司马相如《美人赋》：“女乃弛其上服，表其亵衣。”意思是女子松开她的上衣，露出了内衣。衷，由内里引申为内心。衷心，即内心、心中的意思。《三国志·蜀书·法正传》：“先主每入，衷心常凛凛。”意思是，刘备每当进来，心中总是战战兢兢的。“内心的感情”即为“衷情”。与“衷情”同义的词有“衷曲”、“衷肠”。

所以，例句①不能把“情之所钟”写成“情之所衷”；“衷情”是名词，例句②用“衷情”作谓语就错了，应当改为“钟情”。

终生—终身

例句：①法庭判处其死刑，剥夺政治权利终生。②孩子们吃惊的模样，让笔者终身难忘。

终生，指自然的有生之年（自然生命过程），即人从出生直至去世的时间段。如“终生吃素”、“终生住在深山里”。汉代王褒《九怀·昭世》：“历九州兮索合，谁可与兮终生。”这个句子中的“终生”指的是自然生命的一辈子。

终身，也指人的一生、一辈子，但与“终生”不尽相同：其一，终生，多就事业而言；终身，多与个人切身的事儿相关，如终身的婚姻大事。其二，终生，指有生命的时间段；而终身，还指生命结束后的一段时间，如人的生命结束后的若干年依然享受某些权利，如著作权。其三，“终生”不反映人的身份；“身”的义项之一指人的社会地位和身份（见《现代汉语规范词典》），因而“终身”还指有了某种身份以后直至去世的时间段，如“职务终身制”中的“终身”是指从有了某职务时算起直至去世为止的时间段，“为共产主义奋斗终身”中的“终身”是指从确定了这一信念开始算起都不从出生之时开始。其四，“终生”指有生命的时间段，“终身”的起始时间晚于“终生”起始点，如作为“终身大事”的“终身”，是从法定年龄开始的，而不从出生开始，《汉书·司马迁传》：“伯牙终身不复鼓琴。”句中的“终身”，是指自钟子期死时直到伯牙去世的时间。

所以，例句①中的“终生”应当改为“终身”；例句②中的“终身”应当改为“终生”。

洲—州

例句：①株州现在已经成为中南部地区一个重要的区域经济中心。②据满州里检验检疫局统计，1～6月份满州里进口俄罗斯化肥呈增长势头。

州，初义为较近的两条河之间可以居住的陆地，后来成为行政区划的单位，如九州、州县。古代中国分为九州，即九个行政大区域：冀州、兖州、青州、徐州、扬州、荆州、豫州、幽州、雍州。古代实行了户口编制以后，“州”的规模缩小：五党为州，计二千五百家，“州”的行政中心城市也称为“州”。这也是后来众多城市称“州”的原因。

株洲、满洲里作为城市名，却是用的“洲”。洲，是为了区别作为行政区的“州”与“水中陆地”的不同而后制的一个字，专指水中可以居住的陆地，《说文解字》：“水中可居曰洲”。《诗经》：“关关雎鸠，在河之洲”，也指水中沙地。洲，也是大陆及其所属岛屿的总称，如全球的“七大洲”。

株洲，古称建宁，公元214年，东吴在此设立建宁郡。贞观元年，建宁并入湘潭府。古时，湘江流过建宁地区形成许多沙洲，洲上多种槠树，故这些沙洲又称“槠洲”，建宁也因此被称为“槠洲”。南宋绍熙元年（公元1190年）正式在建宁设立不再隶属于湘潭而独立的“府”级行政单位，因“槠”与“株”同音，遂将建宁定名为“株洲”。

满洲里，其地名与我国少数民族“满族”相联系。满族在西周时期称为“肃慎”，居住在东北地区。据《清史稿》，满族“始祖”布库里雍顺“定三姓之乱……号其部为满洲。满洲自此始。”时在元末明初，明朝初年，置建州卫。努尔哈赤统一了女真族各部落，称其族为“满洲族”，建立了大金国（史称“后金”），其子皇太极即位后，遂改“金”为“清”。“清”和“洲”皆取以水克火之义，这就是“满洲”的“洲”带“氵”的由来。1644年，清军入关后，把满洲族聚居的东北地区称为“满洲”，满洲遂成为地名。

“满洲里”原是一个聚居点，蒙古语称“霍勒津布拉格”，称“满洲里”始于1901年，俄国人在东北修建了“东清铁路”，在“霍勒津布拉格”设了车站，俄语音译为“满洲里”，指车站以里都是“满洲”。民国初年，该地设“胪滨县”，1934年改设“满洲里市”，1946年成立满洲里市人民政府。

我国大陆地区县市名中带“洲”字的有三个：湖南株洲市、内蒙古满洲里市、陕西子洲县——为纪念牺牲的红军烈士李子洲而于1944年命名。另外，我国台湾有芦洲市。

例句①中的“株州”应当为“株洲”；例句②“满州里”应当为“满洲里”。

逐渐—逐步

例句：①使乡镇机构的职能逐渐转向为农民、为群众提供更快更好的服务上来。②一些乡镇医院，逐步丧失了为乡村农民提供基本的医疗服务的功能。

逐渐，用于客观事物的自然而然的变化，表示程度、数量的变化缓慢。如“河水在逐渐上涨”。

逐步，表示行为或变化有阶段性并且持续不断，且是人为地、主动地使客观事物和行为主体发生变化。如“只有不断地提高劳动生产率，才能逐步地提高人民生活水平。”

例句①中的“使乡镇机构职能”发生转变，是人为的主观行为，用“逐步”一词较为准确；例句②中“乡镇医院”功能的丧失，并不是人的主观作为，而是客观因素导致的自然而然的变化，所以将“逐步”改为“逐渐”较准确。

孳生—滋生

例句：他刚当上县长的时候，还能做到自律，但是过了几年之后，便孳生了贪图享受的欲念，逐渐走向了犯罪。

滋，原为汁液、润泽之义。晋代左思《魏都赋》：“墨井盐池，玄滋素液。”“玄滋素液”即黑液白浆。滋，后引申为滋味。《礼记·檀弓上》：“食肉饮酒，必有草木之滋焉。”“滋”在这里就是滋味的意思。滋，又指繁殖、培植和增多的意思。如滋长、滋生、滋蔓等。《左传·桓公六年》：“谓其畜之硕大蕃滋也。”“蕃滋”即繁殖之义。在现代汉语中，“滋生”原有两个义项，其一是繁殖，但《现代汉语词典》指出，“滋生”一词的“繁殖”之义已经规范写作“孳生”。“滋生”只保留了一个义项，即产生、引起等义，用于抽象事物的产生。

孳，就是孳生，即繁殖、生长的意思，用于昆虫、细菌等的繁殖、生长。唐代柳宗元《种树郭橐驼传》：“橐驼非能使木寿且孳也，能顺木之天以致其性焉尔。”意思是说，郭橐驼并不能使树木活得长久和生长得快，只不过是顺应树木自然生长的规律罢了。“孳生”原有产生、引起之义，但《现代汉语规范词典》指出，这个义项现在一般写作“滋生”。

所以，例句中的他（县长）“zī生”了贪图享受的欲念，应当用表示抽象事物产生的“滋生”，即产生的意思。

纵观—综观

例句:纵观这二十位“三农人物”候选者,他们有一个共同的特点。

纵,本义为松缓,《说文解字》:“纵,缓也,一曰舍也。”引申为释放,如放纵。“纵”又有向上、直、竖等义项,与“横”相对。在地理学上,南北向也叫纵向;从前面(过去)向后面(现在、以后)看或从后向前看叫纵看、纵观。纵看(纵观),看的就是一个过程,而过程就是一个“历史”。

综,是总合、聚合的意思。综观,就是综合起来考察,需要有一个经过分析,把事物各部分概括为统一的整体、得出一个抽象结论的过程。“综观”与“纵观”的不同点就在于:“综观”用于横向的综合的观察;“纵观”用来指纵向历史地考察。从思维的角度看,“综观”的过程比“纵观”的过程更为复杂。

例句中了解归纳二十位“三农人物”的“共同特点”,显然不是要“纵向地看”他们,而是要对他们进行总体地概括、综合地看,这就要用“综观”这个词了。

作(出)—做(出)

例句:针对这一问题,吕梁市做出了有益的尝试。

做,有干、制造、写、用作、充当、举办等义项,后缀的一般是具体的行为、动作及具体制作东西,如做体操、做饭、做文章、做夫妻、做事情、做寿、做礼拜等。做不能后缀抽象、概括意义的动词如“贡献”、“尝试”、“表演”、“调查”等,也不能后面缀“出”。

作,一般后缀抽象词语或书面色彩较浓的词语(名词、形容词),如作战、作乱、作废、作对等。成语里的“zuò”一般也写成“作”,如装腔作势、惺惺作态、兴风作浪等;后缀双音节的动词及名词性动词,也用“作”,如作调查、作(出)分析、作(出)决定、作(出)处理、作(出)贡献等。

例句中的“做出尝试”可改为“作了尝试”。也可改为“进行尝试”,“进行”可以带抽象性的、表示从事持续性活动的词语作宾语,如“进行运动”、“进行教育”等,但充当“进行”宾语的动词不能再带宾语,如不能说“进行研究防腐问题”,如果在语义上确实要求受事,可以用介词“对”引进并前缀:“对防腐问题进行研究”。

第二部分　别字错词勘误

（正确—错误）

A

腌臜—淹渣

例句：这种淹渣事，在家里少说。

例句中的“淹渣”是生造词，应当改为“腌臜”。

“腌臜”是形容词，发 āzā 音，即肮脏、不干净的意思，如：“这个菜市场腌臜得没法落脚。”《红楼梦》第四十一回多处用了“腌臜”一词：“宝玉会意，知为刘姥姥吃了，他嫌腌臜，不要了。”“宝玉和妙玉赔笑说道：‘那只茶杯虽然腌臜了，白撩了岂不可惜？’”“宝玉道：‘自然如此。你那里和他说话去？越发连你都腌臜了。’”“腌臜”也指不顺心、不舒畅，《水浒传》第七回：“屈沉在小人之下，受这般腌臜的气。”“腌臜”还指使人难堪，如：“他经常腌臜我，使我收不了场。”

氨水—铵水

例句：查获一批过期失效的农药，其中有 45％的代森铵水剂 8 瓶。

例句中的“铵水”应改为“氨水”。

銨、氨、胺三个概念之间有联系，但是有明显的区别：氨，音 ān，是氮和氢两种元素的化合物，可以做冷冻剂，也可做硝酸和氮肥，氨的水溶液即氨水，是一种化肥；铵，音 ǎn，是从氨衍生所得的带正电荷的根，也即铵离子（铵根）；而胺，音 àn，是氨的氢原子被烃（音 tīng）基代替后的有机化合物。

B

白内障—白内瘴

例句：胡开运患了先天性白内瘴，双眼视力一直很差。

例句中的“白内瘴”应当改为“白内障”。

瘴，即瘴气，是南方山林中的湿热空气，空气中弥漫着大量的病毒、病菌，极容易引起疾病，由瘴气引起的疾病就叫做瘴疠。《后汉书·马援传》："军吏经瘴疫死去者十四五。"《三国志·公孙瓒传》："日南瘴气，或恐不还，与先人辞于此。"这两个句子都是说被"瘴气"感染或得了"瘴疫"，士兵和官吏死去很多而回不来了。

障，原义是阻隔、遮挡。如《韩非子·难三》："哀公有臣外障距、内比周，以愚其君。"意思是，鲁哀公有臣子对外阻挡和拒绝贤人到鲁国来，在内部互相勾结，愚弄自己的君主。"障"在这里就是阻挡、拒绝的意思。"白内障"的"障"意思是，得了白内障，眼睛就像蒙上一层雾障，遮障、影响了视力。所以，"白内障"虽然是"病"，但"障"不能写为"瘴"。瘴气的"瘴"是"病"字部，例句或许是以为眼睛有疾，就误写为"白内瘴"了。

百岁—百旬

例句：一位年近百旬的老妪因签证过期被羁押。

例句中的"百旬"应改为"百岁"。

旬，通常为十天的意思。《庄子·逍遥游》："夫列子御风而行，泠然善也，旬有五日而反。"意思是说，列御寇能够驾驭着风行走，样子轻妙极了，走了十五天后回来了。旬，在指人的年龄的时候，与"秩"同义，"一旬"、"一秩"就是十岁。唐代白居易《如新年自用》："白发如雪五朝臣，又值新正第七旬。"诗句是说，我白发苍苍已经当了五位皇帝的臣子了，今又值新年，我已过第七个"十岁"了。唐代白居易《思旧》："已开第七秩，饱食仍安眠"，也是说年龄已经进入第七个十年了。

例句说一老妪年近"百旬"，岂不是说该老太已将近一千岁了？这显然是不可能的。这是作者把"一旬"当作"一岁"来理解了。

斑斓—斑澜、斑谰

例句：①所有这一切，构成了色彩斑澜的社会风情长卷。②和谐是五彩斑谰、活力四射的群体。

例句中"斑澜"、"斑谰"均为"斑斓"之误。

澜，本义为大波浪，如力挽狂澜、波澜壮阔。《孟子·尽心上》："故观于海者难为水，游于圣人之门者难为言。观水有术，必观其澜。"意思是，看过大海的人别的水就难以吸引他了；对于在圣人（孔子）门下学习过的人，别的理论也就难于吸引他了。看水要讲究方法，一定要看它的壮阔的波澜。

斓，"文"旁表义（即"彩"），"阑"表音，义为色彩鲜明而杂错、灿烂鲜明。斓与斑组成合成词"斑斓"，是色彩错杂灿烂的意思。古汉语写作斓斑，与斑斓同，如宋代范成大《峨嵋山行记》："余来以夏季，数日前雪大降，木叶犹有雪渍斓斑之迹。"现已规范为"斑斓"。

谰，为动词，是抵赖、诬赖的意思。汉代董仲舒《春秋繁露·深察名号》："诘其名实，观其离合，则是非之情不可以相谰已。""相谰"就是相互诬妄的意思。"谰言"就是没有根据的话、诬陷的话，如鲁迅《中国小说史略》："由此复生谰言，谓世贞造作此书，乃置毒于纸，以杀其仇严世蕃。或云唐顺之者。"

蚌壳—蚌彀

例句：资料记载，新石器时期生产工具有木、石、骨，后来还有蚌彀。

例句中的"蚌彀"应当为"蚌壳"。

彀，不是壳的繁体字，彀，音 gòu，作动词时，是使劲拉满弓。《史记·绛侯周勃世家》："（汉文帝）之细柳军，军士吏被甲，锐兵刃，彀弓弩，持满。"意思是，汉文帝到了周亚夫的细柳军营，见到官兵都披戴盔甲，兵器锐利，弓都拉得像满月一样。"彀"作为名词，是射出的箭所能达到的范围，比喻圈套、牢笼，如五代王定保《唐摭言·述进士》："天下英雄皆入吾彀中"，意思是，天下的英雄都在我的掌握之中（即都在我的射程之内）。

壳，繁体字是"殼"。读 ké 音时，即外壳的意思，指某些物体外面较硬的保护层，如花生壳、果壳、蛋壳、塑壳手表等；读 qiào 音时，原义为"坚硬的外皮"，主要指甲皮，明代类书《篇海类编》："殼，皮甲也。""龟甲"即"乌龟壳（qiào）"。现代汉语中，这两个读音上的义项似已趋同，如《现代汉语词典》：壳，义同"壳"（qiào）。"蚌壳"即一种有两片椭圆形介壳水生软体动物，有的壳内可以产生珍珠。

饱览—饱揽

例句：饱揽庐山美景；饱揽祖山胜景

例句中的"饱揽"应改为"饱览"。

览，即观看、观赏、阅读、观测等意思。如唐代杜甫《望岳》诗："会当凌绝顶，一览众山小。"《史记·秦始皇本纪》："登兹泰山，周览东极。"又如："长城览古"、"黄山览胜"等词，这里的"览"均为观赏、观看、远眺之义。再如："古来圣贤，无一不是饱览经史子集，学富五车。"这个"览"是阅读、学习的意思。赏名山美景，应当用"观赏"义的"览"。

揽，从手，览音。原指使聚集、使集中、把持，如"大包大揽"、"揽（把持）镜自照"、"延揽（吸引）人才"等。"揽"又有收取、采摘之义，毛泽东诗："可上九天揽月，可下五洋捉鳖"中的"揽"就是摘取的意思。"揽"还有围抱的意思，如："奶奶把小孙子揽在自己的怀里。""揽"还有执掌、掌握之义。如"大权独揽"。《后汉书·范滂传》："滂登车揽辔，慨然有澄清天下之志。"这里的"揽"即掌握，意思是，范滂欲掌握天下发展大势，治理天下，以使政事清平。成语"揽辔澄清"即典出于此。

暴露—曝露

例句：江堤乡民主意识赶集会在客观上将大量的公共事务和群众关心的热点、难点问题直接曝露在阳光下。

"曝露"是个生造词，应当改为"暴露"。

曝，音 pù，原义是"晒"，如"一曝十寒"。《战国策·燕策二》："今者臣来，过易水，蚌方出曝，而鹬啄其肉，蚌合拑其喙。"这个句子中的"出曝"就是"浮出水面晒太阳"的意思。"曝"发 bào 音时，义与发 pù 音时相同。

暴，在古汉语中是多音词。发 bào 音时，原义为急骤、猛烈、残暴（如暴行、暴虐、暴戾）及轻慢、傲慢（如"暴慢"），也为"暴露"、"显露"的意思，"暴露"是将隐蔽的东西公开、显现。"暴"发 pù 音时，与曝的意思相同。

崩—绷

例句：岁末年初，各部门崩紧了安全这根线，确保各方面不出问题。

例句中的"崩紧"应当为"绷紧"。

"崩"和"绷"是词义不同的两个词，不可混淆。

崩，是个形声字，由"山"和"朋"构成，本义是山倒塌。《说文解字》对"崩"的解释是："山坏也。从山，朋声。"《诗经·小雅·天保》中有"如南山之寿，不骞不崩。"意思是，好比南山一样长寿，不会亏蚀不会崩塌。我国古代称天子、皇帝死去，是天大的事，就像山倒塌了一样。所以就称天子、皇帝以及皇（王）后的死为崩、驾崩。《礼记·曲礼》："天子死曰崩，诸侯曰薨，大夫曰卒，士曰不禄，庶人曰死。"

崩，也指崩溃、溃散、败坏、毁坏。《论语·阳货》："君子三年不为礼，礼必坏；三年不为乐，乐必崩。""乐必崩"的"崩"就是毁坏的意思。在现代汉语中，"崩"是倒塌、爆裂、毁坏等义。"崩"不能与"紧"合成"崩紧"一词。

绷，原义为束缚、捆绑的意思。因捆绑、束缚要把绳索拉紧，后来"绷"就引申为拉紧。如："把那根铁丝绷直了！""时刻要绷紧安全生产这根弦。"例句说的就是要人们时刻不能忽视安全这件事，把安全比作一根"弦（线）"，要时时刻刻拉紧它，所以应当用"绷紧"。

编纂—编篡

例句：在科技档案编篡工作中，选题是第一步，如果没有题目，编篡工作就无法进行。

例句中的两处"编篡"应当为"编纂"。

篡，夺权之义。《说文解字》："逆而夺取曰篡。"《孟子·万章》："居尧之宫，逼尧之子，是篡也，非天与也。"这句话是说，舜得到王位，是天授予的。如果舜自己去住进尧的宫殿，逼尧的儿子让位于自己，这就是夺权，而不是天授予的了。现代汉语中的"篡"一般指用阴谋取得或强力夺权。

纂，本义指赤色的丝带。《说文解字》："纂，似组而赤。""编纂"一词原指编织赤色的丝带，后引申为继承，义同"缵"，（《说文解字》："'缵'，继也。"）如汉代张衡《东京赋》："况纂帝业而轻天位。”这个句子中的“纂帝业”不是“篡帝业”，句子的意思是说，何况关系到继承帝王的大业，不能轻易让别人知道底细。纂，由编织引申为编撰、编辑之义。如《晋书·刑法志》：“时虽有蠲革，而旧律繁芜，未经纂集（辑）。”现代汉语中的“纂”即是编辑之义。纂，还有修治、汇集等义。

标志—标识

例句：这支医疗队，没有具体单位，身穿的白大褂上也没有标识。

例句中“标识”应当改为“标志”。这两个词现在媒体上使用非常混乱。

识，繁体字为“識”，原义为知道、懂得，引申为记住。要记住就要有记号，一是以旗帜为记号，二是写成文字、画成图案为记号，三是刻在器物上，便于认识、辨认和记忆。后来，“识”就有了记号、标志的意义，发“zhì”音（而作为“认识”、“识别”中的词素，则发“shí”音）。“标识”即显示事物特征、便于识别的记号。《第一批异形词整理表》、《现代汉语规范词典》、《现代汉语词典》（第5版）：标识，现在规范词形为“标志”。

志，繁体字为“誌”（古汉语中，“志”、“誌”是两个不同的字，“志向”的“志”则无繁体字），原义为记住、记述、记事，与“识”的上述义项相同。《南齐书·韩系伯传》：“襄阳土俗，邻居种桑树于界上为志。”又《桃花源记》：“（渔人）得其船，便扶向路，处处志之。”“志之”就是记下来、画上记号。“志”还指记事的书或文章，如《东周列国志》、《三国志》、《华阳国志》、《聊斋志异》以及“府志”、“县志”等。

不屈不挠—不屈不饶

例句：朱兴宣以顽强的生命力和不屈不饶的斗志默默地履行自己的责任和义务。

例句中的“不屈不饶”的“饶”为“挠”的别字。

饶，音 ráo，本义为吃饱《说文解字》：“饶，饱也。”引申为物产丰富，《管子·五辅》：“于是财用足而饮食薪柴饶。”意思是这里钱财充足，粮食柴草富足。“富庶”、“富足”、“富饶”等词都表示物产丰富的意思。徐迟《生命之树常绿》：“这里是富饶美丽之乡。如果破坏了森林，将来也会变成沙漠。”还引申为宽松、宽容，如“饶恕”、“求饶”。

挠，音 náo，在“不屈不挠”中，其词义为“弯曲”，比喻为“屈服”。《荀子·法行》：“折而不挠，勇也。”意思是，宁愿折断，也不弯曲，这就是勇敢。与“不屈不挠”近义的词还有“百折不挠”。

《豳风》—《幽风》

例句：《幽风·七月》：“三之日于耜，四之日举趾。”

例句中的《幽风》应当为《豳风》。

豳（音 bīn）风，是《诗经》中的十五国风中的一种。《左传·襄公二十九年》：“吴公子札来聘……为之歌《豳》。曰:‘美哉,荡乎！乐而不淫,其周公之东乎！’”意思是,吴国公子季札到鲁国访问,鲁国为其演唱豳风,季札说:“美好啊！坦荡无邪啊！欢乐而不过度。这大概是周公东征时的诗吧。”(豳,古时也作“邠”,是周朝时的小国名,在今陕西旬邑县西。)

幽,是僻静、昏暗、深沉、隐蔽等义,如“幽暗”、“幽谷”、“幽美”、“幽思”、“幽雅”等。

兵燹—兵焚

例句:由于河湖阻隔,使它避开了历代兵焚战乱,至今仍完整地保存了水乡原有风貌。

例句中的“兵焚”为“兵燹”之误,这或许是由于“燹”、“焚”字形相近,误以为“焚”为“燹”的简化字。

燹,音 xiǎn,名词,原义为“火”、“野火”,也引申为焚烧,“兵燹”特指兵火、战祸、战乱。《汉语大字典》引《正字通 · 火部》:“燹,兵火曰燹。”兵燹,即因战乱而造成的焚烧破坏等灾害。郁达夫《给一位文学青年的公开状》:“你的故乡连年兵燹,房屋田产都已毁尽。”“燹”并没有简化字,也不与“焚”同。

焚,音 fén,动词。《说文解字》:“焚,烧田也”,义即用火烧山林宿草以作农田。引申为用火烧,如“玉石俱焚”、“焚膏继晷”、“焚琴煮鹤”、“焚书坑儒”等词中的“焚”均为火烧的意思。

部署—布署

例句:县委、县政府对防治“非典”的工作作了周密的布署。

例句中的“布署”为“部署”之误。“布署”是生造词。

部署,是安排、布置(人力、人物)的意思。部、布当动词时,都有准备、安排之义。但是,“部署”原是军事用语,意即“分部而署置”,指军队的首领按作战意图对兵力进行区分和配置,现在也常用于体育赛事和生产活动的指挥。如清代戴名世《孑遗录》:“可法部署既定,因遂亲巡所属之州郡,问民间疾苦,抚循军士。”这个句子说的是明末清军攻打扬州时,史可法对守城进行兵力安排后,安抚百姓、慰问兵士的事。“布”虽也有安排之义,但是只能用在“布置”、“布局”、“布设”、“布防”等词中,不能组成“布署”一词。

C

仓廪—仓禀

例句:与管仲“仓禀实则知礼节,衣食足则知荣辱”的物质论相比,孔子更重视社会教化。

例句中“仓禀”应当为“仓廪”。

廪，即粮仓的意思，《孟子·滕文公上》：“今也，滕有仓廪府库，则是厉民而以自养也。”意思是，滕国拥有了国家的大粮仓和钱库，这是损害了老百姓的利益而供养了宫廷和官吏。“廪”也指官府发放的口粮，即“廪食”。

禀，在古代汉语中曾与“廪”通假，同音同义。五代以后不再通假，只发 bǐng 音，一是赐予、赋予的意思，如“禀赋”；二是指下级向上级汇报、递交，即“禀报”、“禀告”、“禀呈”；三是承受的意思，如“禀受”、“禀命”、“禀气”等。

藏掖—*藏腋*

例句：荣府为接皇妃归省，要派人“下姑苏聘请教习，采买女孩子，置办乐器行头”，这显然是个大有“藏腋”的肥差。

例句中的“藏腋”应当改为“藏掖”。

腋，音 yè，指人的上肢和肩膀连接处内侧的部位，呈窝状，俗称胳肢窝；也特指狐狸腋下的小块毛皮，如“集腋成裘”。《史记·商君列传》：“千羊之皮，不如一狐之腋。”腋，也引申指称其他生物体上跟腋类似的部分，如“腋芽”，即植物的侧芽。

掖，发 yē 音时，为动词“塞”、“裹紧”、“藏”的意思，如《红楼梦》第五十一回：“你来把我这边的被掖掖罢。”意即把被子压在身子下面，好更加保暖。“有话就快说，别藏着掖着的！”“藏着掖着”就是吞吞吐吐、有话不直说的意思。“掖”发 yè 音时，原义是搀扶的意思，引申为扶助、奖励和提拔的意思，如“扶掖”、“奖掖”、“提掖”等。

藏掖，作动词用时，就是竭力掩藏、遮盖，如“藏藏掖掖”。“藏掖”作名词时，指藏着、不欲为人知道的事情。例句用就是在名词意义上用的“藏掖”一词，含贬义。

噌噌地—*蹭蹭地*

例句：山上的树苗蹭蹭地长，一天一个样。

例句中“蹭蹭地”是个错词，应当改为“噌噌地”。

蹭，音 cèng，是动词，磨或擦的意思，如：“他把鞋底在门槛上蹭了几下。”“把刀在石头上蹭了几下就锋利了一些。”“蹭”也指不花成本而得到好处，如：“今天他又在别处蹭了一顿饭。”“蹭”还指用脚擦着地而走得很慢，如：“他的腿有伤，艰难地蹭到了家。”“蹭”由走得慢又引申出“拖延”的意思，如：“他不干活儿，尽在那儿蹭时间。”例句说小树苗长得快，而用“蹭蹭”意思就相反了。

噌，音 cēng，是模拟快速行动或摩擦声音的象声词，如“他噌地从墙角蹿了出来。”汉代司马相如《长门赋》：“挤玉户以撼金铺兮，声噌吰而似钟音。”“噌吰”就是指钟鼓声。“噌”在有的方言中还有“叱责”义，如张天翼《宝葫芦的秘密》：“我嘴里虽然噌他，我心里可觉着他的话对。”

茶乡—荼乡

例句：赤壁市素有"荼乡"、"麻乡"、"竹乡"的美誉。

例句中的"荼乡"为"茶乡"之误。

荼，是一种野生的菜，即苦菜，《诗经·邶风·谷风》："谁谓荼苦，其甘如荠。"意思是：谁说苦菜味苦，比起我的痛苦，它比荠菜还甜。荼，还指茅草、芦苇一类的野生植物开的白花，《国语·吴语》："万人以为方阵，皆白裳、白旗、素甲、白羽之矰，望之如荼；……左军亦如之，皆赤裳、赤旗、丹甲、朱羽之矰，望之如火。"形容气氛热烈、气势旺盛，比喻军容之盛。其中的"荼"就是茅草开的白花。这就是成语"如火如荼"的出典。一个地区应不会专门去生产"荼"，而应当是"茶"。赤壁市原名为蒲圻市，农业自古盛产稻、麻、茶、竹、木、莲、藕等。

二

掺杂—搀杂

例句："谢师宴"的本质就是一股浪费风，已失去了"尊师"的意义，搀杂了很多庸俗的东西。

例句中的"搀杂"应改为"掺杂"。

"搀"是扶、搀挽的意思，即用手轻轻架着别人的手或胳膊，如元代方夔《后梁父吟》："片言误相酬，搀我手不释。"

掺，发 chān 音时，原义为细小，纤细，《诗经·魏风·葛屦》："掺掺女手，可以缝裳。"诗中的"掺掺"就是纤细的意思。掺，还指涂抹。金元时期的博物学著作《格物粗谈》说："墨污白衣，大蒜敲碎摩掺，用水洗即白。""摩掺"就是涂抹的意思，"掺"由涂抹引申为混合的意思，如掺兑、掺和、掺假、掺杂等，《现代汉语规范词典》提示：不要写成搀兑、搀和、搀假、搀杂。掺也发 càn、shǎn 音，为另义。

掺—渗（参见"掺—搀"条）

例句：混合制剂中是否渗有高度农药成分

例句中的"渗有"应当改为"掺有"。

渗，音 shèn，意思是液体慢慢地透入、沁出或漏出，如"渗漏"（气体或液体慢慢地渗出）、"渗入"（液体慢慢地渗透到里面；比喻为某种力量、势力慢慢地进入）、"渗沥"（向下滴流）、"渗漉"（水向下渗透、渗透到各个方面）。

"掺"是混合的意思。

铲（划）地—划地

例句：①给玉米苗施完尿素之后，由于尿素易挥发，要进行划地，用土盖住尿素，以

利于庄稼吸收。②帮助农民开展浇水、追肥、锄刬等工作。

这两个例句中的"刬地"应当为"刬地"，现代汉语中为"铲地"。

在古代，"刬"（音 chǎn）与"铲"相同，但"刬"是动词，即用铲子铲地除草。"铲"是名词，即农具铲子，（动词为"剷"，现代汉语已规范为"铲"）如北魏贾思勰《齐民要术·耕田》："铲……以刬地除草。"后来"刬"引申为名词，即"铲子"，如《齐民要术·耕田》："刬，柄长三尺"。"刬"还作斩、砍用，如刬刈，就是"斩断"，引申为果断的意思。《战国策·燕策二》："吾必不听众口与谗言，吾信汝也，犹刬刈者也。"这句话的意思是，我肯定不会听信众人的非议和谗言，我相信你，就像铲除杂草那样铲除谗言。

刬，是多音字，发 chǎn 音时，现代汉语已经规范为"铲"，"刬地"即"铲地"。"刬地"则是由于误"刬"为"划"而生造出来的词。"刬"发 chàn 音时，是一概、全部和一味、总是的意思，如"一刬"。

二

倡导—创导

例句：梁漱溟创导的乡村建设运动有他自成体系的理论。

例句中的"创导"是个生造词，应当改为"倡导"。

创，义为创造、创建、创办等，它的宾语可以是已经完成、实现了的事物，或计划即将做的事。倡，原义是领唱，后引申为率先、首倡、倡导，即带头和发起的意思。"倡导"即率先提倡做某事，"倡导"的对象还不是已实现了的事物，要得到人们的响应并付诸实践后才有可能成为事实。

车毂—车箍

例句：喂，你把汽车的灯罩擦擦，把车箍也擦干净。

例句中的"车箍"应改为"车毂"（毂，音 gǔ）。

箍，作动词时是用竹篾、金属条、带子等勒紧或套紧，如箍桶；勒在或套在外面的圈状物就作为名词了，如"这只水桶是用铜箍箍的"，前一个箍是名词，后一个箍是动词；又如"唐僧又对孙悟空念上了'紧箍咒'"，这个"箍"也是名词，即唐僧一念经咒，孙悟空的头上就像勒上了很紧的"箍"。

车毂，是车轮的中心部位，为金属制品；汽车的"车毂"是一个金属盘，用以连接车轴、辐条、胶轮胎之用，擦洗干净有美化汽车之效。汽车上并没有需要上"箍"的零部件。

崇山峻岭—重山峻岭

例句：白沙镇东北 9 公里的重山峻岭

例句中的"重山峻岭"应改为"崇山峻岭"。

崇，《说文解字》："巍高也"，即山高而大且险峻。这是"崇"的本义。后来，"崇"也表示一般的高山。晋代王羲之《兰亭序》:“此地有崇山峻岭,茂林修竹。”意思是这里有高大陡峭、山势壮美的山岭,茂密而挺拔的树林和竹林。“崇山”与“峻岭”形成对仗。“崇”由山的高峰引申指高尚的、被尊敬的和推崇的。崇本抑末,就是推崇最根本的,而抑制不重要的。

重,音 zhòng,又音 chóng,发 chóng 音时表示重新、重复、层叠的意思。西晋陆机《短歌行》:“时无重至,华不再阳。”意思是已经过去了的时间不会重来,像花谢了一样,年轻的时代过去了也不会再有。又如唐代杜甫《茅屋为秋风所破歌》:“八月秋高风怒吼,卷我屋上三重茅。”陆机的诗句中的“重”是“重新”的意思,杜甫诗句中的“重”是“层叠”的意思。但是,“重”没有高大险峻的意思,不能组词为“重山峻岭”。

船缘—船椽

例句:李铨铨在船尾,紧紧抓住船椽,靠双腿来把舵。

例句中的“船椽”应改为“船缘”。

椽,在现代汉语中不单独作为一个词用,椽,即枸椽,其果实叫“香椽”,可入药,治胃病。

缘,旧读 yuàn,原义是衣服边、边饰、镶边,后引申为“沿着”、“顺着”之义,如毛泽东诗句:“蚂蚁缘槐夸大国”,东晋陶渊明《桃花源记》:“缘溪行,忘路之远近”。这两个句子中的“缘”都是“沿着”、“顺着”的意思。

“缘”在例句中是“边缘”之义,李铨铨抓住的应是船的“边缘”即船帮。

床笫—床第

例句:刘豹耽于征战,于床第之事不十分热衷,所以五六年竟未使呼延氏有孕。

例句中的“床第之事”中的“床第”应当为“床笫”。

第,音 dì,原义是次序的意思,如“次第”,唐代杜牧《过华清宫绝句》:“长安回望绣成堆,山顶千门次第开。”也引申指贵族的住宅(因为贵族是分为等级的),如“第室”、“门第”,《汉书·高帝纪下》:“为列侯食邑者,皆佩之印,赐大第室”。第,还指科举考试,被录取为“及第”,未被录取为“落第”、“下第”。

笫,音 zǐ,原是竹篾编成的席子,“床笫”就是“床和垫在床上的竹席”,泛指床铺。《后汉书·安帝纪》:“帝自在邸第,数有神光照室,又有赤蛇盘于床笫之间。”意思是,安帝自己在宫室(邸第即王侯贵族的住宅)内,神光数次照在室内,又见有赤色的蛇盘在床上。“床笫”引申为闺房之内、枕席之间或夫妇之间的私生活,如“床笫之欢”、“辗转床笫”等词。《左传·襄公二十七年》:“赵孟曰:‘床笫之言不逾阈,况在野乎?非使人之所得闻也。’”意思是,夫妻间床上的话是不出门槛的,何况在户外呢,这不是我应该听到的。

挫伤—搓伤

例句：农用物资的涨价，搓伤了一部分农民购机的积极性。

例句中的“搓伤”应当“挫伤”。

搓，是两手相对摩擦或用手反复揉别的东西，如搓捏、搓揉、搓洗、搓麻绳、搓手顿脚等词。南宋乐雷发诗中有“稚子搓泥作药丸”句子，就是说小孩反复搓揉泥丸当作药丸。

挫，是折损、受伤的意思，“挫伤”就是身体某部位与其他物体相撞摩擦而受了伤。“挫伤”也引申为受挫折、失败。《后汉书·皇甫规传》：“故每有征战，鲜不挫伤，官民并竭，上下穷虚。”意思是，每次征战，很少有不失败的，弄得官方和民间精疲力竭，朝廷和地方财力空虚。

二

错落有致—错落有至

例句：把整个村落“串”起来，变零乱为错落有至。

例句中的“错落有至”为“错落有致”之误。

错落，是不规则、参差交错之义；有致，是有韵味、有情趣的意思。“错落有致”的意思就是由于交错参差而形成的不规则的美和韵味。叶圣陶《游了三个湖》：“外湖跟里湖从错落有致的枝叶间望去，似乎时刻在变换模样儿。”

至，作为动词是到达、到来之意，如“人迹罕至”；作为形容词是达到极点的意思，如“至理名言”、“如获至宝”、“至尊”等；作为名词则是极点的意思，如“不胜荣幸之至”；作为副词，表示达到最高程度，修饰形容词，如“至高无上”。

“错落有至”就没有明确的词义了，是个生造词。

D

殆尽—贻尽

例句：目前东北中西部地区有10%或者更多的黑土层已经流失贻尽。

例句中“贻尽”应当改为“殆尽”。

贻，音 yí，是赠送、遗留的意思，如“贻赠”、“馈贻”、“贻笑大方”、“贻人口舌”等。

殆，音 dài，其词义一是“危险”，如“危殆”、“知己知彼，百战不殆”；二是几乎、差不多的意思，如“丧失殆尽”、“消耗殆尽”等。这两个字的字形相近，但表意的部首和读音不同，注意了这两点就不会用错了。

代购—待购

例句：持币代购的用户都在等待这一政策到位。

例句中的“代购”应当改为“待购”。

代购，是代替购买、替他人购买的意思，买的结果不属于自己，如“这批农副产品是社区为居民代购的，货款尚未支付。”

待购，是等待、等候购买的意思。例句已经说了用户在等待政策，显然应当是“持币待购”。

耽搁—担搁

例句：农村金融改革、粮食流通体制改革、征地制度改革等也不容再有丝毫的担搁。

例句中的“担搁”应改为“耽搁”。

耽，就是拖延、延误、延迟的意思；搁，是放置的意思，组成的合成词“耽搁”就是拖延、停止、搁置的意思。

担，作为动词时，义为“挑”、“担负”（担，音 dān），不能和“搁”组成“担搁”一词。《现代汉语规范词典》：耽搁，不要写作“担搁”、“担阁”。担，可作名词，如“担子”、“扁担”（这里的“担”音 dàn）；还可作量词，如“一担水”。

挡位—档位

例句：1604 型拖拉机比其他型号的档位多。

例句中的“档位”应当改为“挡位”。

档，从“木”，音 dàng，原义为放置器物的木架子、橱柜上分格或支撑用的横木条，引申为“等级”。“档位”，是摊位、级别（档次）的意思。如“要拉开奖励的档次”。

挡，从“扌”，音 dǎng，原义是用手阻拦、抵抗，如“挡驾”、“兵来将挡”、“恶虎挡道”等。“挡”也指空隙、间隙，如清代小说《文明小史》：“依我说，还是趁这个挡里，弄他两个。”这里的挡就是“空隙”、“间隙”。后“挡”由“空隙”、“间隙”义引申出“位置”的意思，“挡（dǎng）位”即汽车、拖拉机等的排挡（速度）操纵杆所处的位置。

得兼—兼得

例句：发展经济必定会付出道德的代价，“鱼和熊掌不可兼得”；但是我们可以通过具体工作，使“鱼和熊掌兼得”。

例句中的“兼得”应当是“得兼”。引用的句子出自《孟子·告子上》：“孟子曰：‘鱼我所欲也，熊掌亦我所欲也；二者不可得兼，舍鱼而取熊掌者也。’”

“得兼”和“兼得”是两个不同结构和不同词性的词。“得兼”中的“得”是副词，“可能”的意思。《孟子·滕文公上》：“当是时也，禹八年于外，三过其门而不入，虽欲耕，得否？”杨伯峻《孟子译注》：“得否：可能吗”。《史记·孔子世家》：“孔子使从者为宁武子臣于卫，然后得去。”“得去”，意思是“有可能去”。孔子想到卫国去，先派他的随从到卫国，之后，孔子自己就有可能到卫国去了。“得兼”中的“兼”则是动词，是“同时具有”或“同时得到”的意思。如《吕氏春秋·权勋》：“利不可两，忠不可兼。”这里的“兼”就是“同时具有”的意思。“得兼”就是可能都得到。

而“兼得”中的“得”是动词“得到”的意思，“兼”是副词“都”的意思。“兼得”就是“都得到”的意思。“得兼”不宜改为“兼得”。

踮—掂

例句：他来晚了，掂着脚走进会场，在边上找了个座坐了下来。

例句中的“掂着脚”应当改为“踮着脚”。

掂，音 diān，从“手”，“店”音。是用手托着东西上下晃动估量物体的轻重。如“掂斤播两”、“掂量”等词。《红楼梦》：“麝月听了，便放下戥子，拣了一块，掂了一掂。”

踮，音 diǎn，从“足”，是抬起脚后跟，用脚尖站着，义为“增长”高度。如“踮起脚来就看得清了。”踮，又指用足尖轻轻地走路，不发出声音。元代刘时中《新水气·代马诉冤》：“一地里快蹿轻踮，乱走胡奔。”这里的轻踮就是用足尖轻轻地走。例句中的“他”来晚了，怕影响他人，所以走路非常的轻，应当是“踮着脚”，而不是“掂”着脚。用了“掂”字，就成了用手托着脚了！

二

巅—颠

例句：推进自主品牌创新与国际化、实现品牌的“荣耀之颠”。

例句中的“荣耀之颠”应当改为“荣耀之巅”。“巅”与“颠”不通假。

颠，原义是头额，《诗经·秦风·车邻》：“有车邻邻，有马白颠。”“白颠”就是白色的额头。因为“颠（额头）”是人的最高处，也引申为顶部、最高处，《论衡·累害》：“处颠者危，势丰者亏。”“处颠者危”的意思就是位于高处就有危险。“颠”还引申为从高处跌落、翻倒、上下倒置、错乱、颠覆的意思，《诗经·大雅·抑》：“颠覆厥德，荒湛于酒。”意即颠覆了周室功德而沉湎于酒色之中。

巅，是由“颠”衍化而来，即在“颠”的上面加了个“山”，引申为顶峰、最高峰，《诗经·唐风·采苓》：“采苓采苓，首阳之巅。”诗句的意思就是到首阳山的最高峰去采药。而“荣耀之巅”就是最高的荣誉。

跌宕起伏—跌荡起伏

例句：国产尿素在市场的表现可谓是风风雨雨、跌荡起伏。

例句中的“跌荡起伏”应改为“跌宕起伏”。

宕，原义是放纵、不受拘束及拖延，《后汉书·孔融传》：“故发辞偏宕，多致乖忤。”这是说孔融说话、写文章用词偏于放纵而不受约束，往往导致与（曹操）的意图相抵触、违逆。"跌宕"原指富于变化的意思，也用来形容人的性格不受拘束，音调抑扬顿挫、富于变化，文笔豪放、文章有起伏变化而不是平铺直叙等。"跌宕起伏"就是变化很大的意思。

荡，则是摇动、漂流、不检点及清除、冲洗等意思，如"摇荡"、"颠荡"、"淫荡"、"飘荡"、"荡子"、"荡涤"等。"荡"与"跌"不能组词。《现代汉语规范词典》：跌宕，不要写作"跌荡"。

凋零—凋凌

例句：花期也由原来的几天时间增长到到现在的一个月而不凋凌。

例句中的"凋凌"应改为"凋零"。

零，原义是雨慢慢地降落，引申为降落、落下，如三国时期诸葛亮《出师表》："临表涕零，不知所言。"意思是面对着(写给后主刘禅的)表，眼泪就流下了，不知道说什么好。"零"也由落下引申为凋谢、零落，也即"凋零"，指花草的衰落、枯败。花儿凋谢、凋零完了，就是没有了，"零"也就有了"无"的词义，如"零的突破"、"一切归零"。而说成"凋凌"就不通了。

凌，原义是"冰"，寒气逼人就叫"凌厉"、"凌逼"，形容气势凶猛，由此又引申出"欺凌"、"凌辱"、"凌虐"等词义，"盛气凌人"就是以骄横傲慢的气势压人；《楚辞·国殇》："凌余阵兮躐余行"，意思就是侵犯我们的军阵，践踏我们的行列。"冰"寒于水，"凌"便引申为"超过"、"超越"、"升高"，如"凌驾"、"凌风"、"凌空"等，三国时期曹植《洛神赋》有"凌波微步，罗袜生尘"的句子，"凌波微步"就是形容洛神在水面上慢慢地行走。

敦实—墩实

例句：科学运用"促控"措施，使作物基部节间墩实粗壮。

例句中的"墩实"应当改为"敦实"。"墩实"则是个生造词。

墩，是名词，本义为小土堆。唐代崔国辅《漂母岸》："茫茫水中渚，上有一孤墩。"意思是，在茫茫的淮河水中的沙渚上，有一个孤零零的小土堆。引申为墩状物，如"桥墩"、"树墩子"、"门墩儿"、"菜墩儿"(即砧板)；也引申指圆柱形的坐具，如"锦墩"、"坐墩"等。还可作动词，如"墩地"即擦洗地面。

敦，是个形容词，是淳厚、忠厚、诚恳的意思。《孟子·万章下》："故闻柳下惠之风者，鄙夫宽，薄夫敦。"意思是，听到柳下惠高风亮节的，鄙陋浅薄的人心胸也会宽大，刻薄的人也会厚道、朴实。在这个句子中"敦"就是"厚道、朴实"的意思。"敦实"是"敦"的引申义，即矮壮、粗壮而结实的意思，"身材敦实"就是矮壮而结实。例句说的就是要让作物的基部矮壮而结实，所以应当用"敦实"一词。

兑水—对水

例句：每亩用58%甲霜灵锰锌可湿性粉剂100克对水50公斤喷雾防治。

例句中的“对水”应当改为“兑水”。

兑，是动词，即“掺和”、“掺兑”之义，是往一种液体中加入其他液体，“兑水”就是往浓度较高的药液中加水，使液体稀释。

对，作为动词用时，没有“掺和”的词义，是“对待”（如“对事不对人”）、“朝着”（如“对着镜子”）、“相向”（如“对立”、“对抗”）、“接触”、“配合”（“对接”、“对对子”）、“投合”（如“对心思”）等。

F

发祥地—发详地

例句：人称此地为吴文化的发详地之一。

例句中的“发详地”应当改为“发祥地”。

详，是详细的意思，与“简略”相对，如“详略得当”，“详谈”就是详细交谈，“详述”就是详细叙述。

祥，原义为吉凶的征兆，后单指吉利，即“福”的意思。如《尚书·商书·伊训》：“惟上帝不常，作善，降之百祥；作不善，降之百殃。”意即，上帝赐福降祸没有一成不变的常规，对行善的就赐予许多吉祥，而对作恶的就降给各种灾祸。“发祥”原来指帝王降生、创业，也指发生吉祥的事，显示吉利的征象。“发”即兴起的意思，《孟子·告子下》：“舜发于畎亩之中。”舜是从田野之中兴起来的。现在，“发祥”指发生、兴起。“发祥地”就是（好事）起源的地方，如徐迟《火中的凤凰·凤翔》：“这是五四运动发祥地。这是人民中国诞生的摇篮。”

番—翻

例句：①雀巢为双城带来的效益将成翻论倍地增长。②中央财政补贴在2005年的基础上，2006年可能翻一翻。

例句①中“成翻论倍”应改为“成番论倍”；例句②中的“翻一翻”应改为“翻一番”。

番，作量词用时，相当于回、次、倍，如“三番五次”、“翻一番”等，“翻番”就是增加一倍。“成番论倍”的结构形式是词内“自对偶”，“成番”对“论倍”，所以“番”不能错为“翻”。“番”还有轮流更替之义，如“轮番”、“分番”，“分番宿值”就是轮流值夜班的意思。

翻，原义为鸟在空中飞翔，如唐代王维《辋川闲居》：“青菰临水映，白鸟向山翻。”“向山翻”就是向着山岭飞翔。后由鸟的上下翻飞引申为翻倒、颠倒；由于翻倒、颠倒会使物体变了样,“翻”又引申为改变、越过等意思,如翻地、花样翻新、翻山越岭等。“翻”还有演唱、弹奏之义。唐代白居易《代琵琶弟子谢女师曹供奉寄新调弄谱》:“一纸展开非旧谱,四弦翻出是新声。”诗中的“翻”就是演奏或演唱的意思。

汜—氾

例句:①《汜胜之书》说:“获豆之法,荚黑而茎苍,辄收无疑。”②如汉代赵过的代田法,汜胜之的区种法,因为长期耕作而形成了肥沃的耕作土壤。

例句①中“《汜胜之书》”应改为“《氾胜之书》”;例句②中“汜胜之”应改为“氾胜之”。

汜,音 sì,原义是从河道的主流分出的而又汇入主流的支流。如《诗经·召南·江有汜》:“江有汜,之子归。”意思是,大江流出的支流,还要回归大江;姑娘出嫁,也要归宁回娘家。汜,也指不通的小沟渠,即“死水”,《尔雅·释丘》:“穷渎,汜。”“汜”也是河水名,即“汜水”河,在河南省的汜水县的西面,县因水而得名。

氾,音 fàn,原义是漂浮,通“泛”。氾,在古汉语中也指水向四处溢淌,即“泛滥”。《汉书·武帝纪》:“河水决濮阳,氾郡十六。”意思是,濮水河从濮阳决堤,十六个州郡泛滥。氾,也是一条河水名,即“氾水”,在河南省襄城县南。《左传·僖公二十四年》:“王出适郑,处于氾。”意思是,周襄王离开了都城到郑国,住在氾水边上。据《辞海》:山东曹县北边,也有一条古河水称“氾水”,由古济水流出,在定陶县注入古菏泽。

氾,还是古代的一个姓氏,据《汉书·艺文志》,西汉末期有一位著名农学家氾胜之(约公元前 1 世纪),撰写了一部《氾胜之十八篇》,后世简称为《氾胜之书》,原书已经佚失,后人从《齐民要术》中重新辑录。此书叙述了关中农业生产技术。

淝水—肥水

例句:肥水一战,晋人却在宰相谢安的运筹帷幄之下,获致大胜。

例句中的“肥水一战”应当为“淝水一战”。

淝水战役,是我国古代有名的以少胜多的战例。公元 383 年,前秦皇帝苻坚率八十七万大军南进,希图一举消灭东晋。苻坚称其军队投鞭即可止流,此战志在必得,并先后攻下颍口和寿阳城。东晋丞相谢安派大将谢石统帅军队抗击前秦。先锋谢玄八万精兵,节节胜利。东晋军队进至淝水之滨,要求前秦军队后撤腾出一片空地以便晋军渡河与秦军决战。苻坚想把晋军消灭在渡河水之际,就同意撤退。但在撤退时,在襄阳被俘的晋将朱序大呼“秦军已败”,秦军士兵大乱,像洪水般地溃逃。谢玄带领晋军八千骑兵冒严寒乘机渡河攻击,苻坚只得骑上马撤逃,一路上听见随风而来的八公山上的鹤鸣声,以为是晋军追兵的喊杀声(这便是成语“八公山上草木皆兵”、“风声鹤唳”的来源),便一口气逃到了淮北。

“肥水”在现代汉语中,指的是含有肥料或养分的液体,也指“油水”,即不正当的额外收入,引申为“好处”、“利益”,“肥水不流外人田”,就是好处不能让给外人的意思。如方志敏《可爱的中国·狱中纪实》:“现在看守所内囚人们之死,‘外花钱’虽不多,却也惹起看守们的眼红,他们曾向所长提议,要自己来办理这件事,以免肥水落到外人田。”

蜂拥—蜂涌

例句:产品生产乱,即销路好的产品众多企业蜂涌而上,无序生产。

例句中的“蜂涌”应当为“蜂拥”。

涌,从“氵”,音 yǒng,一是指水向上冒,泛指液体或气体向上升腾。《论衡·状留》:“泉暴出者曰涌。”意思是,泉水旺盛就称为“涌”。西晋张协《杂诗(三)》:“腾云似涌烟,密雨如散丝。”又如“泪如泉涌”、“风起云涌”。二是指物体像水升腾那样冒出或升起,东晋王嘉《拾遗记》:“金鸣于山,银涌于地。”“银涌于地”的意思就是银子从地底下冒出来。又如“一轮明月从薄薄的云层中涌出”。

拥,从“扌”,音 yōng,原义为“抱”,如“拥抱”,引申为“围裹”、“堵塞”等义。由上述等义又引申为“聚集到一起”,如“拥挤”、“拥塞”、“一拥而入”、“蜂拥而上”。“蜂拥而上”、“蜂拥而至”就是像蜂群似地一拥而来,形容很多人乱哄哄地朝一个地方聚拢干某事。

例句说的是有了畅销的好产品,众多的企业就会“蜂拥而至”去生产,所以不应当用“涌”,而应当用“拥”。

辐射—幅射、辅射

例句:①贺州市已经兴办了各类农业企业 1 300 多家,幅射带动农户三成以上。②城镇化的过程是城市文明向农村辅射的过程。

这两个例句中的“幅射”、“辅射”应改为“辐射”。

辐,原义为车轮的辐条,是连接车毂(车轮的中心部分)和轮圈的条状物,呈放射状态,后引申称凡从中心点向四周发散的状态为“辐射”,如电磁波辐射、核辐射、热辐射、高能辐射等。城市处于一个地区的中心,城市文明向四周传播;先富裕起来的农民影响和带动周围的人共同富裕,就是“辐射”作用,但是不能将“辐”错为“幅”或“辅”。

幅,作为名词时是宽度、面积的意思,如“幅度”、“幅面”、“幅员”等;作为量词时用于计数布帛、字画,如“一幅字画”等。

辅,原是加在车轮外的两根直木,以加强车辐的承受力。《诗经·小雅·正月》:“其车既载,乃弃尔辅。”后引申为从旁帮助、辅助的意思,如“辅佐”、“辅助”、“辅导”等。

复辙—覆辙

例句:新农村建设不要重蹈大跃进式的复辙。

例句中“复辙”应当改为“覆辙”。

复，为重复、反复、回转、又、再之义，如复习、循环往复。《易·泰》："无平不陂，无往不复。"意思是，不见平地也难以见高山，没有去，就不会有回来。孔颖达疏："初始往者必将有反复也。"意思是，开始是"往"而必有回转。汉语中有"复道"一词，意思是楼阁或悬崖间有上下两重通道，也指水陆两路。

覆，为底朝上、颠覆、翻转、盖住等义。《荀子·王制》："水则载舟，水则覆舟"，是说水可以载着船，也可以把船翻过去。覆辙，即覆车之辙，是翻过车的道路，比喻失败的做法。蹈，是踩、走的意思。重蹈覆辙，就是不吸取教训，重走翻过车的道路。

副—付

例句：平乐县就向农民发放计划生育扑克牌1.5万付。

例句中的"付"应当改为"副"。

付，为交给和支付、偿付及托付、交付的意思。三国时期诸葛亮《出师表》："若有作奸犯科及为忠善者，宜付有司论其刑赏。"意即如果有做坏事触犯律令或做了忠善之事，应当交给有关部门酌情予以处罚或奖赏。又如三国时期曹冏《六代论》："至身死之日，无所寄付。"意思是，到了身死之日，也没有什么可托付的。再如清代袁枚《祭妹文》："汝之诗，吾已付梓。""已付梓"就是已经交付印刷。

副，本义是用刀将物体剖为两半。我国上古时期，有一种年终祭祀百神的典礼叫"蜡（音 zhà）祭"，要把杀好了的牲畜当胸一劈两爿用于祭奠，副就表示剖开的动作。副为"剖"义时原发"pì"音。《诗经·大雅·生民》："诞弥厥月……不坼不副，无菑无害。"意思是怀孕足月了，不用破开胎衣也不会难产，母子没有灾害。因为被剖开的两半是成对儿的，副也就引申为表示"成对"、"成套"的物品，所以成双成对的东西就称为一副，后凡是配套的东西就都称为一副，如"一副手套"、"一副对联"、"一副手镯"、"一副面孔"，扑克牌是成套的，所以应该用"副"。"副"不能"简化"为"付"。

因为一个剖成了两半，这两半合在一起就"相称"、"符合"，副也就有了符合、相称的意思，如"名副其实"。事物或人物的名称、名胜与其实际情况也是"成对"的，如果相称、相合，就叫"名实相副"；如果实际情况不如名称，就叫"名不副实"。"盛名之下，其实难副"说的就是这个意思。"副"在这里是相称、适宜的意思。

"副"还指次要的、居第二位的，如"副手"、"副标题"；次等的，如"副品"；附带的，如"副业"、"副产品"。

幅—副（参见"副—付"词条）

例句：各村一副副精美的画面构成了鲁北农村的一道亮丽的风景线。

例句中的"一副副精美的画面"应当改为"一幅幅精美的画面"。

"幅"和"副"都可以作为量词，但是"幅"用于布帛、字画等，且是单数计量词；"副"用于成双成对的或配套的东西，如"一副手套"、"一副对联"、"一副象棋"等；"副"用于单数的有“一副嘴脸”（“嘴脸”实际上是个“复合”概念，包含了脸上的五官，还是个复数词）。

副—个（参见“副—付”词条）

例句：“夏遇洪水毁旧舍，秋沐党恩进新家”，一户人家门上的这个对联生动地表达了受灾群众的心声。

例句中的“这个对联”应改为“这副对联”。

个，用于表示单个的人或没有专用量词的事物，如“一个人”、“一个地区”，也可用于一些有专用量词的事物，如“一个月”、“一个念头”等；但不能用于成对或成套的事物，“对联”是成对的，不可说成“一个对联”或“这个对联”，计数成对成套的事物用“副”。

副—剂（参见“副—付”词条）

例句：陈秋生一步步实施着自己的理财方略，一剂良方、一道关卡，他生怕把公家的钱从自己的指缝间漏掉。

例句中的“一剂良方”的“剂”应改为“副”。

剂，有多义，其一为若干味药配制好的药物，如“制剂”、“麻醉剂”、“杀虫剂”、“针剂”、“片剂”、“汤剂”等。“剂”由药物引申为专用于计量中药的量词，用于对药量的限制，中药的一服称为“一剂”（一种药称为“一味”药）。如“一剂药”、“剂量”等。所以就不能用“一剂”这个数量词来修饰、限定“药方”、“方案”。

良方，则是指好的药方，“药方”本身并不是“药”，“药方”就是针对疾病设计的一套治病的用药方案，“副”的词义有配套的意思，所以宜用“一副”来修饰限定“良方”。

G

概率—几率、机率

例句：①一旦他们走上社会，找到工作的几率更大。②留守农民文化素质偏低，受骗的机率明显加大。

这两个例句中的“几率”、“机率”均应改为“概率”。

例句②中的“机率”是个生造词，这个差错可能是由于与“几率”声同而造成的错讹；也可能是混淆了“机会”和“几率”这两个词，或者就是将“机率”错解为“机会”了。例句①中的“几率”（以前也称“或然率”）现在已经规范为“概率”，即某类事件在相同的条件下发生的可能性大小的量。

感慨—感概

例句：唐家盛在和笔者谈起桂东的过去时，言语间有着颇多的感概。

例句中的“感概”为“感慨”之误。

概，音 gài，“木”旁，原义是用木头制作的量谷物时刮平斗斛的用具，《韩非子·外储说左下》：“概者，平量者也。”引申为刮平、削平。“概”又有气度之义，如“气概”、“英雄之概”；“概”较多地在“大略”之义上使用，如“大概”、“概况”、“概论”、“概述”、“概说”、“概略”、“概要”等；概作为副词，表示没有例外，即“一律”的意思，如“概莫能外”。

慨，音 kǎi，为形容词，“忄”旁，表示心理活动，为感叹、激愤的意思，如“慨叹”、“慨然”、“愤慨”。“感慨”就是内心受到触动而慨叹，这个词多用于感新怀旧；“感叹”则用于触景伤情而叹息。“慨”还有慷慨之义，如“慨然相赠”、“慷慨解囊”等。

刚性—钢性

例句：五征公司创下了诸多全行业第一，第一家变发动机钢性固定为弹性固定。

例句中的“钢性”应当改为“刚性”。

钢，名词，即铁和碳的合金；用于修饰其他词语时，表示“钢”的制成品的分类或品种及炼钢用的器物，如“钢板”、“钢轨”、“钢筋”、“钢钉”、“钢锭”及“钢包”等。“钢”也可用于表示人的性格，但，是在“比喻”义上用的，如“他有钢铁般的意志”。

刚，作为形容词时，是坚硬、不易变形的意思，如刚度，就是指机械、构件在外力作用下抵抗形变的能力，刚度越大，形变就越小。“刚性”就是指物体受到外力的作用不易变形的坚硬的性质。“刚性”与“弹性”、“柔性”相对。

刚，也用来形容人的性格，是“坚强”的意思，如“刚强”、“刚毅”、“刚烈”、“刚正”等词。“刚”作为副词，表示程度上的“恰好”、“正好”、“仅仅”及表示时间上的“不久前”、“刚才”等意思。

高粱—高梁　高梁河—高粱河　黄粱—黄梁

例句：①前不久，笔者下乡看到大堆大堆压麦子、豆子、高梁的碌碡。②宋辽高粱河之战以后，宋朝军心涣散、士气不振，国力也开始衰落。③诗人深通佛理，自然不必等到“黄梁熟”，才知是梦。

例句①中的“高梁”应当改为“高粱”；例句②中的“高粱河”应当改为“高梁河”；例句③中的“黄梁”应当改为“黄粱”。

粱，从“米”，是一种粮食作物的名称，即“粟”，在古代也指“精粮”。“膏粱”、“粱肉”，就是指肥肉和精美的食物。《国语·齐语》：“九妃、六嫔，陈妾数百，食必粱肉。”作为粮食作物的“高粱”不能写作“高梁”。“黄粱”指“黄粱梦”、“一枕黄粱”。

梁，原是“桥”的意思，引申为屋梁、横梁、脊梁等。梁，还指山梁即山脊。“高梁河”是木字底的梁，跟农作物“高粱”并没有关系，而跟“山梁”有关。“高梁河”原名“长水”，从北京西直门外的紫竹院平地泉流出，经西直门从德胜门水关入城，又经东南城外流入永定河。三国时期，魏国开挖了一条人工渠即“开箱渠”，从石景山引漯水（即古永定河）

入“长水”。北魏郦道元《水经注》:“漯水又东南,高梁之水注焉北魏郦道元。”这实际说“长水”之水是从高梁(山)上流下的,故而称“长水”为高梁河。公元10世纪末,宋辽两军曾在西直门外“高梁河”开战。

拱璧—供璧

例句:黄庭坚看到铜雀台瓦后,视若供璧,把此瓦制成了砚台。

例句把“供璧”应改为“拱璧”。

璧为圆形、扁平、中间有孔之美玉,为贵族祭祀或朝会之礼器。“拱璧”是大璧,喻指珍贵的东西。“拱璧”语出《左传·襄公二十八年》:“(齐人)求崔杼之尸,将戮之,不得……既,崔氏之臣曰:‘与我其拱璧,吾献其柩。’于是得之。”(《疏》:“拱,为合两手也。此璧两手拱抱之,故为大璧。”)说的是鲁襄公二十八年,崔杼在齐国发动了内乱,动乱平息后,崔杼已死。齐国人要寻找崔杼的尸体,准备戮尸,但是没有找到。后来,崔杼的家臣说,将崔杼的“拱璧”给我,我就将崔杼的棺材献出来。齐国人这才得到了崔杼的尸体。又《老子》六十二章:“故立天子,置三公,虽有拱璧以先驷马,不如坐进此道。”这个句子是说,天子立位,设置三公,虽然有进奉“拱璧”在先、驷马在后的礼仪,还不如用“道”来进献。这里都是“拱璧”,即用在礼仪上的非常大的璧。

雇—顾

例句:他自己又养了骡马,还顾了个长工。

例句中的“顾”应改为“雇”。

顾,是回头看、看、照应、照顾、顾念等意思。如“曲有误,周郎顾”,这里的“顾”是回头看的意思;《战国策·齐策四》:“愿君顾先王之宗庙……”《论衡·启示》:“上世之人重义轻身,遭忠义之事……则必赴汤趋锋,死不顾恨。”这两个句子中的“顾”分别是“顾念”和“考虑”的意思。

雇,是雇佣、租用的意思,即出钱请人帮忙做事、为了挣钱给别人帮工或出钱临时使用别人的车、船等意思,如“雇保姆”、“雇保镖”、“雇一艘船”。“顾”和“雇”不能互代。

磙田—滚田

例句:该机滚田的宽度为1米。

例句中的“滚田”应该改为“磙田”。

滚,原义为大水奔流的样子,“氵”表义,“衮”表音。《集韵·混韵》:“滚,大水流皃。”(“皃”即“貌”)如唐代杜甫《登高》:“无边落木萧萧下,不尽长江滚滚来。”又南宋辛弃疾《南乡子·登京口北固亭》:“千古兴亡多少事,悠悠,不尽长江滚滚流。”由于水是翻滚着流动的,“滚”又引申为使滚动、翻滚、离开,如“滚雪球”、“利滚利”;作圆筒状运动的物体也用“滚”修饰，如“滚轮”、“滚梯”、“滚筒”。

磙，也称“场磙”，是一种圆柱形的碾压器具，即打谷场上脱粒用的碌碡（音liùzhou）。赵树理《三里湾》：“玉梅问：‘又做什么木匠活？’王申老汉说：‘做场磙！’”“石”表义，“衮”表音，因为最初的“磙”是石制的，后来才有了铁磙。“磙”作动词用就是镇压、压实的意思，用“磙”来压场、镇田就称为“磙场”、“磙田”。

衮冕—衰冕

例句：道武帝拓跋珪灭慕容燕，改国号为魏，置五经博士，协音律，服衰冕。

例句中的“衰冕”应改为“衮冕”。

衮，是古代帝王或公侯穿的绣龙的礼服。“服衮冕”即帝王、公侯穿礼服和戴礼帽；“衮衮”是众多、连续不断的样子，“衮衮诸公”，就是众多的诸侯公卿（曾经有一部电视剧，演员将“衮衮诸公”读成了“哀哀诸公”）。《国语·周语》：“陈，我大姬之后也，弃衮冕而南冠以出，不亦简彝乎！是又犯先王之令也。”意思是，陈国国君是太姬（周武王之女，陈国开国君主的夫人）的后代，他脱下衮冕而戴楚冠出来，不就是简略了常规礼乐、违反先王的法规吗？（彝，即常道、常礼）“衮冕”还引申为入朝为官，《后汉书·孔僖传》：“吾有布衣之心，子有衮冕之志。”“衮冕之志”就是入朝为官从政的志向。

衰，形容词，与盛相对，如衰弱、衰老、衰败等。《论语·季氏》：“及其老也，血气既衰。”又《述而》：“子曰：‘甚矣，吾衰也！’”前一个“衰”，义为衰微；后一个“衰”，义为衰老。宋代李恪非《书洛阳名园记后》：“洛阳之盛衰，天下治乱之候也。”这里“衰”就是衰败的意思。“衰”还引申为凋谢、凋零，如唐代李商隐《赠荷花》：“此叶此花长相映，翠减红衰愁煞人。”

H

涵盖—函概

例句：建设社会主义新农村，绝不仅仅是项目和钱所能函概的。

例句中的“函概”应当改为“涵盖”。“函概”是个生造词。

函，原义是匣子、套子。唐代许浑《题灵山寺行坚师院》：“经函露湿文多暗，香印风吹字半销”，诗句中的“经函”就是封装经文的封套。古代送信、寄信就用小木匣即“函”装着“信”，后来就用“函”来指称信封、指代信件。“函使”（不同于“信使”）即古代“邮递员”“函”还作量词，线装书是装在函套内的，一个函套装的书，就成为“一函”。如“线装版的《毛泽东选集》分装四函。”

涵，原义是涵洞，因为涵洞上面是封闭的，将地下部分都包住了，就引申为“包容”、“覆盖”，“涵容”、“涵盖”就是包含、覆盖、蕴藏的意思。“涵泳”即在水中潜行，也即“潜泳”。因为“涵”是封闭的，“涵肆”就指不受干扰地潜心致力于做某事。“涵盖”就是包括、包容。

寒暄—寒喧

例句：说来也怪，老邢和我们寒喧时结结巴巴，可一走进他的蔬菜基地，他说起话来分外流利。

例句中的“寒喧”应改为“寒暄”。

喧，形容词，“口”部，“宣”音；声音大而嘈杂，如“笑语喧哗”、“喧腾”、“喧嚷”、“喧扰”、“喧宾夺主”等。东晋陶渊明《饮酒（之五）》：“结庐在人境，而无车马喧。”“无车马喧”即听不到车马的腾喧。喧，常与哗、闹、腾等同义词组成同义合成词，表示不安静。喧，还有显赫的意思，唐代寒山和尚《余昔曾睹聪明士》：“一选嘉名喧宇宙”，意思是，一旦中举，他的美名就显赫于天下。

暄，古体字原为“煊”，异体字为“煖”，为温暖、暖和之意。唐代杜甫《后游》诗：“野润烟光薄，沙暄日色迟。”意即清早薄如轻纱的晨曦滋润着大地，傍晚的太阳照得沙地暖融融的。唐代杨万里《诗论》：“暄则倦，凛则力。”意思是，人一暖和就会倦怠；而一冷，就会有精气神。寒和暄都是形容词，组成了一个正反关系并列的词语“寒暄”，成为动词，表示见面时问候起居、冷暖等。“暄”是“日”字部，而不是“口”字部，也不是大声说话的意思。

菏泽—荷泽

例句：每年4月，山东荷泽市的牡丹节，是该市吸引客商、招商引资的重要途径。

例句中的“荷泽市”应当改为“菏泽市”。

菏泽，地名，在山东省西南部，在古代为曹州的治所。“菏泽”由菏水而得名。菏水原为古济水的支流，分为两段，东段自山东省定陶县的北面分出，为古济水向东蓄积成“菏泽”（湖），再向东流，称为“菏水”；西段自定陶县的西面积水的南岸分出，向东北流至该县的北面又流入济水。后来所说的“菏水”都是说的东段，是连接济、泗二水，沟通中原和东南地区的重要的水道。“菏泽”作为一个城市的名字，也因“菏泽”（湖）而得名。在历史上，“菏泽”曾经多次易名，新中国成立后，菏泽先后为菏泽县、菏泽地区行署驻地、菏泽市。菏泽市为牡丹之乡，每年举办菏泽市牡丹节。

荷，则是指“莲”这种水生植物，相关的词有荷花、荷叶、荷塘等。唐代孟浩然《夏日南亭怀辛大》：“荷风送香气，竹露滴清响。”

“菏”与“荷”两个字在结构上，都是“艹”头，发“hé”的音，但是两个字的表义部分则完全不同。“菏”字的下部为“河”，是既表音又表义，即“菏”与水有关，是一条河；而“荷”的下部“何”只起表音的作用，其“艹”头才是表义的部分。弄清了字的结构，明白了菏泽城市的来历，“菏”与“荷”就不会搞错了。

二

哄笑—轰笑

例句：柱子嘴里念道："咋买俩西红柿？够吃半辈子了！"乘客轰笑。

例句中的"轰笑"应当改为"哄笑"。《现代汉语规范词典》：哄笑，不宜写作"轰笑"。

"轰"、"哄"均为拟声词，但是两词有不同的用法。

轰，原义是指巨大的声音，用以形容打雷、放炮、爆炸发出的声音，如"轰鸣"、"轰隆"、"轰然"、"轰响"等均是形容巨响的词。

哄，指许多人的大笑声或喧哗声，形容人声嘈杂。如"哄堂大笑"，就是满屋的人同时大笑。《红楼梦》第四十一回："刘姥姥两只手比着说道：'花儿落了，结个大倭瓜。'众人听了，哄堂大笑起来。"

弘扬—宏扬

例句：讲故事宏扬民族优秀文化传统。

例句中的"宏扬"应该改为"弘扬"。《现代汉语词典》："宏扬，见弘扬"；《现代汉语规范词典》：弘扬，不要写成"宏扬"。

宏，本义为声音洪亮，《说文解字》："宏，屋深响也。"唐代柳宗元《三戒·黔之驴》："声之宏也，类有能。"意思是，驴的声音很响，好像很有能耐。引申为大、博大，如宏大，即巨大、宏伟的意思，"宏图"就是远大的设想、宏伟的计划，"宏愿"就是远大的志向、理想，"宏赡"就是学识丰富，"宏观"就是大的、涉及整体的范围。

弘，原是个会意指事字，构成"弘"的"弓"和"厶"都是指射箭用的"弓"，为"复合弓"的意思，张弦后，比一般的单弓射得高、射得远，"弘"即有了"高"、"远"之义；引申作动词，是扩充、光大的意思，"弘扬"即发扬光大的意思。《论语·卫灵公》："子曰：'人能弘道，非道弘人。'"意思是，人可以弘扬扩大"道"，而不是用"道"去弘扬人的声名。又《后汉书·黄琼传》："愿先生弘此远谟，令众人叹服。"意思是，希望先生弘扬广大这个远大的谋划，让众人信服。（"谟"为谋划、谋略的意思。）《现代汉语规范词典》：宏，动词，使发扬、光大，现在一般写作"弘"。就是说，"宏"已经没有动词义项，"发扬、光大"只由"弘"、"弘扬"承担。

糊弄—唬弄、胡弄

例句：①修这样的豆腐渣路，这不是唬弄群众吗？②他们不搞花架子、不胡弄人。

例句中的"唬弄"、"胡弄"应改为"糊（音 hù）弄"。

糊弄，就是"欺骗、蒙混"，"将就、凑合"的意思。如毕方、锺涛《千重浪》："种庄稼是实打实凿的事，掺不得半点虚假，你要糊弄它一下，它就能糊弄你一年。"

两个例句说的是"欺骗、蒙混"的意思。查《现代汉语词典》、《现代汉语规范词典》和

《辞海》均无"唬弄"一词。唬（音 hu，又读 hǔ）有蒙混人的意思，但不能构成"唬弄"。"唬"前缀或后缀其他字构成的词有：吓唬（hu）、唬（hǔ）人、唬（hǔ）住等。

画上—划上

例句：不管这一年里成功也好失败也罢，赚钱也好亏本也罢，不管你愿意不愿意，都得划上一个句号。

例句中的"划上一个句号"应当改为"画上一个句号"。

画，其义之一就是用笔之类的东西制作线条、符号、标记等，《现代汉语词典》："画等号：比喻把两者等同地看待。""画句号：表示事情做完或结束。"《现代汉语规范词典》："画句号：画上句号表示一句话的完了，比喻事情有了了结或结果"。表示事情的了结或结果，不宜写作"'划'上句号"。

划，音 huà，"刂"部，原义是用刀将物体割开、分开。如"划分边界"、"划割势力范围"。唐代孟浩然《行出东山望汉川》"万壑归于汉，千峰划彼苍"，意思是，千万条溪水都流入汉水，千座山峰划破了苍穹。"划"发 huá 音时，则是拨水，如"划桨"。

欢欣雀跃—欢喜雀跃

例句：大兴村村民无不欢喜雀跃。

例句中的"欢喜雀跃"是个杂糅词，应当改为"欢欣雀跃"。

"欢喜"和"欢欣"都可以形容快乐、喜悦的心情。

欢喜，有动词性，为喜爱、喜欢的意思，可以作谓语中心语，并且可以带补语，如"人们欢喜极了"；也可作宾语中心语，如"人们按捺不住心中的欢喜"；也可以作定语，如"新农村建设带来了新变化，欢喜的事儿三天三夜也说不完"；"欢喜"可以有叠词形式："欢欢喜喜"，可以作状语，如"欢欢喜喜过春节"。但"欢喜"不能与"雀跃"组成联合短语。

欢欣，只可作为形容词使用。侧重于"兴奋"之情。可以与"雀跃"构成短语充当谓语，《现代汉语规范词典》有"欢欣雀跃"一词，意即喜悦而兴奋得像鸟儿那样蹦蹦跳跳。

黄金满籝—黄金满赢（参见"赢—羸—嬴—瀛"词条）

例句：在西汉时，邹鲁一带流行一句谚语说：黄金满赢不如遗子一经。

例句中的"黄金满赢"应该改为"黄金满籝"。

籝，也可写为籯，是竹筐的意思，也指箱子。"黄金满籝不如遗子一经"最早见于《汉书·韦贤传》："遗子黄金满籝，不如一经。"宋代王应麟编辑的《三字经》一书中也有"人遗子，金满籝；我教子，惟一经"的句子。

赢，为获胜、赢利等义，为动词，不能装金子。

黄沙—黄砂

例句：武家嘴的船运业以运输黄砂等建筑材料为主。

例句中的"黄砂"应当改为"黄沙"。

沙，是细小的石粒，黄沙一般是由流水冲击携带并大量沉积于水底，且颜色呈黄色，因而为"氵"旁。《现代汉语规范词典》有"黄沙"条，并举例"狂风大作，黄沙滚滚"、"茫茫黄沙，寸草不长"。

砂，则是被打击、撞击破碎的小石块，如"砂砾"即碎石块，"砂样"即供分析用的岩石样品。"砂砾"的颜色是杂色的；沙的颜色多为黄色，故称"黄沙"。"沙"和"砂"都可用作建筑材料，"沙"的颗粒比"砂"小。

二

祸兮福所倚—祸兮福所依

例句：我们还要认识到"福兮祸所伏，祸兮福所依"的道理。

例句中的引文出自《老子》第五十八章，引文中的前后两个分句的顺序颠倒了，并且引错了一个字，将"倚"错为了"依"。老子的原话是："祸兮，福之所倚；福兮，祸之所伏。"意思是，祸是造成福的前提，而福又含有祸的因素。

"依"和"倚"是词义相近、而又有区别的两个词。

倚，音 yǐ，本义是斜着倚靠在物体或人的身上，也即"靠着"的意思。如"倚马千言"、"倚马可待"，说的是靠着即将出征的马的身体起草文件、战表，比喻文思敏捷。毛泽东词《念奴娇·昆仑》："安得倚天抽宝剑。"倚天，就是倚靠着天穹的意思。"倚靠"的对象都是具体的事物。由"倚靠"、"靠着"的本义，"倚"又引申出"依附"、"依凭"、"依仗"等抽象义的"倚官仗势"、"倚老卖老"、"倚力欺人"等。"祸兮，福之所倚"中的"倚"，即"倚傍"的意思。

依，音 yī，义为挨着、依傍、依赖着，如"唇齿相依"就是嘴唇和牙齿相互依存，相互不能离开。唐代王之涣《登鹳雀楼》："白日依山尽……"就是说太阳挨着（不是紧紧靠着）西山落下去了。"依"引申为依靠、依仗、指望的意思，如"相依为命"中的"依"就是依赖、依靠的意思。"依"还有"遵循、按照"的意思，如"依法治国""依法办事"等。"依"由"按照"之义又引申出顺着、顺从，如"百依百顺"、"不依不饶"。

依靠，多没有具体的形体动作，"依"的对象既可以是抽象事物，也可以是具象事物。"倚"的对象则是具象事物。"依"只是挨着（接近）、贴近，不一定紧紧地靠着；而"倚"一定是紧紧地靠着。

J

羁縻—羁靡（参见"糜烂—靡烂"词条）

例句：汉初正值丧乱之余，国力不足，只好用和亲政策来羁靡西域匈奴。

例句中的“羁靡”应当为“羁縻”。

靡，在古汉语中有多义，其义之一就是由“多”引申为浪费、奢侈，如“靡费”。《荀子·君道》：“故天子诸侯无靡费之用，士大夫无流淫之行……其能以称义遍矣。”意思就是，天子与诸侯没有浪费的用度，士大夫没有放纵淫逸的行为，那就能够称得上仁义遍天下了。

縻，音 mí，原义是牵牛的绳子（“糸”字底表其义）。唐代刘禹锡《因论·叹牛》：“有叟牵跛牛于蹊。偶问焉，……叟揽縻而对。”意思是，有一个老汉牵了一头跛牛在小路边，当问他话时，老汉就拉紧了牵牛的绳子回答。《后汉书·南蛮传》：“……知其兽心贪婪，难率以礼，是故羁縻而绥抚之，附则受而不逆，叛则弃而不追。”这是东汉时期武陵太守提出的对待于西南民族（通称“南蛮”）的“政策”，说其心如同兽类一样贪婪，难以用“礼”统治他们，因为这个原因，宜采取牵制和笼络、安抚的办法对待他们，他们归顺就接受，他们反叛就放弃他们而不去追击。这里的“羁縻”就是牵制、束缚、笼络、利用的意思。“縻”由牵牛的绳子引申为羁绊、羁留、束缚。唐代韩愈《送温处士赴河阳军序》：“愈縻于兹，不能自引去，资二生以待老。”意思是，我羁绊、羁留在这儿，不能亲自去送行，特让两个后生去伺候您。《红楼梦》诗《五美吟·红拂》：“尸居余气杨公幕，岂得羁縻女丈夫”，诗句是说，杨素已经是苟延残喘的活尸，怎么能够束缚得住红拂这样的女中丈夫呢？

籍田—藉田（参见“籍—藉”词条）

例句：在立春那天，天子亲行藉田之礼，鼓励农民耕作。

例句中的“藉田”一般写作“籍田”。

籍，音 jí，义为名籍、登记等义，如籍没，即登记没收；也指记载赋税、户口等的档案；后也泛指写有文字的簿册，即书。在古代，王室要为帝王保留一块记在其名下的小块田地，就叫“籍田”。“籍田”有两层意思，一是在京城附近为帝王保留的田地，二是帝王举行亲自耕作的仪式。我国古籍中多有记载帝王亲耕的事迹，如《史记·孝文本纪》：“正月，上曰：‘农，天下之本，其开籍田，朕亲率耕，以给宗庙粢盛。”又如《国语·周语上》：“于是乎，又审之以事，王治农于籍（田）。”

在现代汉语中，“藉”与“籍”不通假。

跻身—挤身

例句：①改革开放以来，一大群知识分子跻身于农商行列。②把“火把液”打造成知名的民族酒业品牌，挤身四川名酒行列。

例句①中的“跻身”用得不妥，宜改为“加入”或“置身”；例句②中的“挤身”应改为“跻身”。

跻：上升、高登之义。《诗经·豳风·七月》：“跻彼公堂，称彼兕觥，万寿无疆。”意思是大家一起登上高高的殿堂，双手高高地举起牛角杯，同声祝贺君王万寿无疆。《后汉书·张衡传》："今乘云高跻，盘桓天位。""乘云高跻"就是乘着彩云高升。"跻"在古汉语中又有坠落之义，今已不用。

跻身，就是使上升到某种地位较高的行列、位置，如：跻身于士林、跻身于文坛、跻身前三名，而进入到社会较低的阶层则不可用跻身。在古代，农商是社会底层，知识分子即士大夫阶层进入"农商"行列，对知识分子来说，是一种"失落"，而不是"高登"。在新社会，职业没有高低之分，农商行列也并不表示为较高的行列、位置，因此不能说知识分子"跻身"于农商行列。某报有"跻身于乞讨之列"的句子，其中的"跻身"一词也用得不妥。

因为"跻身"为上升之义，可用来指进入先进行列，如"我国经济发展速度已经跻身于世界先进国家行列"。例句②说要使"火把液"进入名酒行列，用"跻身"是恰当的，因为"名酒"相对于普通酒类是较高档的商品，但"跻身"不可写成为"挤身"。挤，一是拥挤义；二是排斥义；三是用力从孔隙中出来进去，在拥挤的环境（状态）中，用身体排开人或物出来（进去）。

二

偈语—谒语

例句：贫尼送你一谒语："天堂地域在人间，全在人心善与恶。"

"谒语"是生造词，应改为偈语，音 jìyǔ。

谒，音 yè，进见、拜见的意思，如"晋谒"、"拜谒"、"参谒"、"谒见"，这几个词都是表示进见尊长，即身份低的、辈分低的进见身份高的、辈分高的。

偈，音 jì，为梵语音译词"偈陀"（Gatha）的简称，原是佛经中的唱词即"偈语"，泛指与佛经有关的或带有佛教色彩的、有警示意义诗作。如《六祖坛经》中惠能的偈语诗为："菩提本无树，明镜亦非台，本来无一物，何须惹尘埃。"

偈，还发 jié 的音，形容词，是奔跑迅速、勇武、强壮的意思。"谒"与"偈"字形相似，容易搞错，在使用的时候应当注意。

夹菜—挟菜

例句：用餐时，主人不得用自己的筷子给外宾挟菜。

例句中的"挟菜"应当改为"夹菜"。

挟，音 xié，原义是夹在腋下，如《孟子·梁惠王上》："挟泰山以超北海。"句子的意思是，把泰山夹在胳膊底下跳过北海，比喻根本做不到的事。引申为挟制、胁持、凭借、依仗、心怀（怨恨）等义，如"挟天子以令诸侯"、"挟嫌报复"等。

夹，充当形容词时，发 jiá 音，为"双层"的意思，如"夹被"、"夹袄"；作动词时，音 jiā，即从两旁同时向同一对象用力或采取行动，如"两面夹攻"。

家具—家俱

例句：张某承接了一批红木家俱生意。

例句中的“家俱”应当改为“家具”。

俱，是副词，“共同”的意思，相当于“都”，如“万事俱备”、“面面俱到”等。

具，作动词用时为“备办”、“具有”的意思；而作名词用时，则是日常生活或生产中使用的东西，如“工具”、“炊具”、“农具”、“文具”、“家具”等。《现代汉语规范词典》：“家具”不能写作“家俱”。“具”还作量词用，不赘叙。

嫁接—架接

例句：要通过人才培训、市场架接、人员交流等途径引导更多的科研人员投身农业。

例句中的“架接”是个生造词，应当改为“嫁接”。

架，的原义是支撑物体的棚架或放置物品的器具，引申动词义为架设、搭起，横跨等，如“筑土为城、架木为屋”、“长桥架水”等。

嫁，即女子出嫁。“嫁”也引申为转移，如“嫁祸于人”、“嫁怨”等。“嫁接”一词是由“嫁”的转移义引申出来的，即把一种植物的枝芽移接到另外一株植物上，使两者长成为一种新的植株，是植物无性繁殖方法之一。“嫁接”一词常用来比喻继承发展，如《人民日报》：“目前‘嫁接’传统文化的行为中，商业性行为如仿古食品、仿古建筑、利用古代名人效应等最为发达。”

肩舆—肩与

例句：请琅玡王亲出观禊，乘肩与，具威仪。

例句中的“肩与”应当改为“肩舆”。

“与”不是“舆”的简化字。“肩与”是把“舆”错当成“舆”，并简化为“与”了。舆，从车，yú 音，原义为车、车厢，“肩舆”即由四人抬着的车厢，即后来的轿子。这句话见于《晋书·王导传》，原文是：“会三月上祀，帝亲观禊，乘肩舆，具威仪。”“舆”又为众多、公众之义，“舆论”就是公众的言论。

与，原义为“赐予、给予”。《说文解字》：“与，赐也，许也”。“与”、“舆”原本是两个字，《说文解字·舁部》：“舆，党舆也。”即“舆”的原义为朋党，引申为同类、随从等，作动词用为“参与”、“干预”的意思。“舆”发 yǔ 音时，作连词用表示并列关系，同“与”。后来，“与”作为“舆”的简化字。

“肩舆”既不能写作“肩与”，也不能写作“肩舆”。

检点—捡点（参见“捡—拣”词条）

例句：两个村的人在相互交往中就都得捡点一些。

例句中的“捡点”应当改为“检点”。

检，本义为古代封书的标签，《后汉书·公孙瓒传》：“（袁绍）私刻金玉，以为印玺，每有所下，辄皁囊施检，文称诏书”，袁绍私刻玉玺，下的“诏书”都要加上标签封号即“检”。诏书是加封的，一般官员不得拆封，就得约束自己，“检”便引申为约束、限制。《尚书》中就有“与人不求备，检己若不及”之语，意思是，对他人不要求全责备，而约束自己要有唯恐不及的态度。“检点”即查验，检查、约束自己（的言行）的意思，胡适《古史讨论的读后感》：“行文时说话偶有不检点之处，我也希望他不至于见怪。”

捡，则是拾取的意思，不能组成“捡点”一词。

姜嫄—姜原

例句：周的先祖后稷乃姜原踩了大人的脚印而生。

例句中的“姜原”应当为“姜嫄”。

姜嫄，周朝的先祖后稷的母亲，《诗经》、《吴越春秋》等古籍中说，姜嫄出游于野，见“大人（上帝、神）迹”，“喜其形象，履而践之”后而妊娠生后稷。即姜嫄是踩了“大人”即上帝、神的脚印而怀孕生了后稷的。把“姜嫄”错为“姜原”就不符合典籍记载了。

秸秆—秸杆

例句：我们生产的多功能秸杆粉碎还田机非常畅销。

例句中的“秸杆”应改为“秸秆”。

秸秆，原指某些粮食类作物去穗、去实后的茎秆，后也指某些非粮食类作物收获后剩下的茎秆，如“棉花秸秆”。粮食类作物属禾谷类，所以其茎秆即秸秆的“秆”应当用“禾木旁”，“禾木旁”表义、表类，“干”表音兼表义。

杆，发 gān 音时，即杆子，如“旗杆”、“标杆”等；发 gǎn 音时指的是某些物体上细长的棍状的部分，如“笔杆”、“秤杆”、“箭杆”；还表示“杆”状的东西，如“杆菌”等。“旗杆”、“标杆”的“杆”一般是用木头做的，所以就用木来表义。秆、杆不应混用。

揭秘—揭密

例句：农村骗术种种揭密

例句中的“揭密”应当改为“揭秘”。

密，作为一个单词，是稠密、细密的意思，“密”常与“疏”相对，既指物体间隔小，空间的距离近，如炮火密集、崇山密林、亲密无间等；也指时间的间歇短暂，如紧锣密鼓；形容文章详略得当可以说“疏可走马、密不透风”。“密”还构成了一个封闭、与外界隔绝的环境，引申指隐蔽而不公开、不让他人知道、故意遮掩、需要严加控制的事物，如密件、密谋、保密、绝密。“密”也引申为坚实，如《吕氏春秋·孟冬》：“懵懂形春令，则冻闭不密，地气发泄，民多流亡。""密"又指办事、计划的周密、严密。"密"还可以指关系较近、感情深，如密切、亲密、密友等词。

秘，本字原为"祕"，从"示"，表示与祭祀鬼神有关。《说文解字》对"祕"的解释是"神也"。鬼神之事变幻莫测，即"神秘"，由此引申出"奥秘"、"奥妙"的意思。所以"秘"的主要义项就是深奥难辨。秘，又引申为封闭的意思，而由于封闭，又有了秘密、隐秘之义，如秘方、秘籍、秘史。《史记·陈丞相世家》："其计秘，世莫得闻。"意思是，他的计谋很隐秘，外界都不能知道。"揭秘"就是揭示奥秘。对于"其计秘"的"骗术"，当然是揭露其秘密和隐秘的手段，把骗人的"招数"公之于众。所以，例句中的"揭密"就应当改为"揭秘"。

"秘"和"密"都有"隐蔽性"的词义，但"秘"侧重于不可知和神秘性，"秘"的内容是客观的隐蔽；"密"则是强调"不让知"，是人为的、有意隐瞒，即主观上隐蔽的内容。

二

洁白无瑕—洁白无暇

例句：下雪时，洁白无暇的雪花纷纷扬扬。

例句中的"洁白无暇"应改为"洁白无瑕"。

暇，旧读 xià，现规范读为 xiá，"日"部表义，即时间。"暇"就是空闲、闲暇的意思，如"目不暇给（接）"。《孟子·梁惠王上》："孟子对曰……壮者以暇日修其孝悌忠信……"孟子说，年轻人在闲暇时要修养孝悌忠信的道德。"暇"还有闲散、悠闲的意思，如《尚书·周书·酒诰》："不敢自暇自逸。矧曰其敢崇饮。"这是周公让康叔宣布戒酒诰令中的一句话，意思是，不敢使自己安闲逸乐，何况敢聚众饮酒呢？（矧，音 shěn，何况；崇，聚众）《世说新语·任诞》："长史云：'谢掾能作异舞'。谢便起舞，神意甚暇。""神意甚暇"即神情非常悠闲。

瑕，"王"表义，即同"玉"有关。"瑕"是玉上的赤色的斑痕（也指赤色的玉），如"瑕玷"、"瑕疵"等词。如《礼记·聘义》："瑕不掩瑜，玉不掩瑕，忠也"，这句话比喻事物的缺点毛病无损其整体的完美，事物虽以优点为主，但是也不能否定其缺点，如《茅盾选集·自序》："选在这本集子里的八九篇小说都是'瑕瑜互见'乃至'瑜不掩瑕'的东西。"由"瑕"组成的词都与缺点、过失、裂隙等有关。"瑕秽"、"瑕颣"比喻过失、缺点；"瑕隙"指可乘之机；"瑕衅"既指可乘之间隙，也指犯有过失；"瑕殄"则指因过错而被弃绝。例句将雪花喻作玉，自然是"洁白无瑕"。

诫勉—诫免

例句：40 多人被调离工作岗位、黄牌警告、通报批评及诫免谈话。

例句中的"诫免"应当改为"诫勉"。

免，是免除、避免的意思，与"诫"不能组词。"勉"的原义是尽力、努力、尽最大的力量，如"勉力"，引申为力量不足或不情愿，如"勉强"、"勉为其难"。"勉"还引申为鼓励，即“勉励”,《荀子·王制》:“勉之以庆赏,惩之以刑罚”,意思是用庆贺与奖赏的方法予以鼓励,用刑罚来予以惩戒。“诫勉”即警告和劝告;“诫勉谈话”是就谈话对象在思想、工作、作风等方面存在的问题进行谈话教育,予以告诫、警告、规诫的意思。

金瓯—金欧

例句:长篇历史小说《金欧缺》获第三届茅盾文学奖荣誉奖。

例句中的“《金欧缺》”应当为“《金瓯缺》”。

瓯,原指盆、盂一类的瓦器。《说文解字》:“小盆也。”“金瓯”是指用黄金制作的盆、盂等器皿。晋代干宝《搜神记》:“妇以金甌、麝香囊与婿别,涕泣而分。”意思是,妻子拿着金的器皿和麝香囊袋给丈夫,流着泪与丈夫道别。金瓯,也用以指国土,比喻疆土的完固。如《南史·朱异传》:“(梁武帝)尝夙兴至武德阁口,独言:‘我国家犹若金甌,无一伤缺。’”意思是,梁武帝天不亮就到武德门,自言自言地说,我的国家就如同金瓯一样坚固无缺。后以“金瓯无缺”指国家疆土完固无缺。国土残缺了,就称为“金瓯缺”、“金瓯已缺”。清代秋瑾《鹧鸪天》词:“金瓯已缺总须补,为国牺牲敢惜身。”表示了秋瑾为国土的完整敢于牺牲的豪情。《金瓯缺》是一部描写12世纪中叶我国内部宋、辽、金之间的民族战争的长篇历史小说,以宋廷收复失土为主题,揭示了各阶层在国难面前的心态和生活。

欧,是“欧罗巴洲”的简称,也是中国的一个姓氏,如春秋有一铸剑名师“欧冶子”。

浸—侵

例句:靠近山墙的部位的粮食,要防止雨侵的现象。

例句中的“侵”应改为“浸”。

侵,原义为渐渐接近,如“侵晨”、“侵晓”,引申为越境、进入内部并造成危害,如“侵略”、“入侵”、“侵犯”、“侵蚀”等。《孟子·梁惠王下》:“昔者大王居邠,狄人侵之,去之岐山之下居焉。”侵,还指欺凌、迫害,《庄子·渔父》:“专知擅事,侵人自用,谓之贪。”意思是,独断专行,欺凌他人,这就叫做贪夺。“侵”的主体不能是液体。

浸,即将物体浸泡、淹没在液体里,液体渗入物体。如“浸泡”、“浸没”、“浸渍”、“浸染”、“浸润”、“浸种”等,均与液体进入有关。《诗经·曹风·下泉》:“洌彼下泉,浸彼苞稂。”诗句的意思是,寒冷的泉水浸透了丛生的稂草根。

例句说的是要防止粮食被雨水泡坏,就不能用侵略的“侵”,而应当用浸泡的“浸”。

晋级—进级

例句:对没有完成任务的干部,县里实行“三停五不”措施,即“停职……不进级……”

例句中的“进级”应当改为“晋级”。

晋，作为动词，是向前或向上移动的意思，特指提升，“晋级”、“晋职”、“晋阶”就是提升级别和职务的意思。作为提升意义的“晋”，其对象是抽象的事物，如级别、职务等。“晋”还有拜见（用于下见上）的意思，如“晋见”、“晋谒”。

进，也是向上或向前移动的意思，但是与“晋”不同，“进”指的是与“退”、“出”相对的动作，如“进军”、“进击”、“进退自如”、“得寸进尺”等。“进”还有接纳、收入的意思，如进货、进账、进人等，“晋”没有这些义项。“进”的对象是具象的事物。“进级”则是个生造词。

酒过三巡—酒过三旬（参见“百岁—百旬”词条）

例句：酒过三旬，那位来自台湾的老板放下酒杯，豪爽地说，这个项目我们签了。

例句中的“酒过三旬”应改为“酒过三巡”。

巡，原义是来回察看的意思，一个往来就是一巡。“巡”有挨着的意思，“巡门”，就是沿门、挨门挨户的意思，《佛说阿弥陀经》：“掌钵巡门化一餐”，意思是僧人拿着钵盂挨家挨户地化缘求食。“巡”还引申为“遍”、“次”。“巡杯”就是主人在宴席上依次向客人劝酒；“酒过三巡”，就是主人在酒席上给全座依次斟酒三遍，例句写成“酒过三旬”就不解其意了。

久拖不决—久拖不绝

例句：久拖不绝的伊拉克战争，不仅使伊拉克人民陷入无休止的动荡之中，也使美国自己陷入了进退两难的境地。

例句中的“久拖不绝”应改为“久拖不决”。

绝，指断绝（如“绝交”）、完全没有（如“绝迹”、“绝产”）、穷尽（如“绝目”）、极远极高（如“绝顶”）、险恶（如“绝地”）、截取（如“绝长补短”）、独一无二（如“绝技”、“绝唱”）等意思。“绝”，没有“解决”的义项。

决，本义是缺口、断裂、挖开、挖决，如《孟子·滕文公上》：“禹疏九河……决汝汉，排淮泗，而注之江。”大禹疏浚了九条河，挖决了汝水和汉水，疏通了淮水和泗水，引导流入了长江。唐代李白诗《古风（三）》：“挥剑决浮云，诸侯尽西来。”诗句的意思是挥动手中的宝剑斩断了浮云，诸侯都从西面来了（或“到西面来了”）。“决”引申为了断，表示结果。在这个例句中就是决定、决断、了断、了决的意思。“久拖不决”就是拖了许久还没有结果，也称“久悬不决”。

鞠—掬

例句：当我们为农民工生存状况而深鞠热泪时，却忽视了他们子女的孤苦伶仃。

例句中的“鞠”应改为“掬”。

鞠，词义之一是弯曲，表示身躯下弯行礼。如《论语·乡党》：“入公门，鞠躬如也，如不容。”意思是孔子进国君宫门的时候，低头弯腰以示恭敬，好像直起身子就过不去似的。

掬，原本写作“匊”，这是一个会意词，外部是一个手掌形，内部是“米”，表示将米握在手中。“一匊米”即是一把米。“匊”的字形后来演变成“掬”，表示用双手捧住。《礼记·曲礼上》：“受珠玉者以掬。”意思是接受珠玉的时候要用双手捧住。成语“笑容可掬”及“憨态可掬”等词，都是用手掌的弯曲形状来比喻脸上因为笑而收拢为一团。

例句说的是农民的生存状况使我们流下的眼泪都能用手捧，说成“深鞠热泪”意思就不明白了。

二

K

勘界—戡界

例句：从军退安置到双拥工作，从戡界区划到村民自治……都属民政部门管理的范围。

例句中的“戡界”应当改为“勘界”。

戡，是用武力平定的意思，如“戡乱”。《尚书·商书·西伯戡黎》：“西伯既戡黎，祖伊恐，奔告于王。”意思是，周文王攻克了黎国后，祖伊十分恐慌，急忙跑着告诉纣王。

勘，原义是校对、核定，如“勘误”、“勘校”、“勘正”。唐代白居易《题诗屏风绝句》：“相忆采君诗作鄣，自作自勘不辞劳。”诗句中的“自作自勘”就是自己写作自己校对的意思。“勘”由校对、核查引申为查看、察看、探测。如：“勘验”、“勘查”、“勘探”、“勘测”等词，“勘界”就是通过勘测确定疆界、边界，不能写作“戡界”。

炕头—坑头

例句：营销员应当多深入田间地头，村边坑头。

例句中的“坑头”应该为“炕头”。

坑，本义是地面凹陷下去的地方，是地面上不深的“洞”。“坑”还有陷害、活埋的意思，如“坑杀”、“坑害”、“坑人”、“坑蒙拐骗”等，“焚书坑儒”就是秦始皇下令焚烧儒家著作并挖坑把反对他的读书人活埋的事件。

炕，原义是用火把东西烤干，引申为烧火取暖，如“炕白薯”即烤白薯；我国北方用土坯砌成、有火道、供睡觉用的土台，因有烧火取暖的作用，也叫“炕”、“火炕”。“炕头”就是炕面离炉灶近的一头。“炕头”在这个例句中是借代的修辞方法，指代农民家庭。

坷垃—珂拉

例句:①双方各用一种随手小东西,或草棍或珂拉作棋子。②压麦可破碎坷拉,弥实裂缝。

这两个例句中的"珂拉"、"坷拉"应当改为"坷垃"。

珂,是一种像美玉的石头,唐代白居易《新春江次》:"莫怪珂声碎,春来五马骄",这里的"珂"是指马笼头上的用玉石做的装饰物。而"珂拉"是个生造词。

坷,指地面不平,即坎坷。"坎"作动词为"掘"的意思,"坎坷"就是指掘出的小坑、地面凹陷的地方,引申为道路不平坦、坑坑洼洼,比喻人生不得志、办事不顺利。"坷垃",是掘坑挖出的碎土,后泛指小土块。《现代汉语规范词典》:坷垃,不要写作"坷拉"。垃,是废弃物"垃圾","拉"则是牵挽、摧折的意思。"坷拉"也是个生造词。

二

课—科

例句:在历史上,唐太宗、朱元璋、康熙、乾隆等封建帝王都曾经把反贪作为吏治的重要内容,对官员贪赃枉法课以严刑。

例句中"课"应当改为"科"。

科,义项之一指法令法律的条文,《后汉书·章帝纪》:"章帝素知人,厌明帝苛切,事从宽厚。感陈宠之义,除惨狱之科。""除惨狱之科"就是废除残酷的法律条文。作为文言名词,"科"还有"刑罚"的意思,如"前科";作为动词,"科"有"判处"的义项,"科罪"就是处以刑罚。犯了罪,被"科以严刑"就是判处严厉的刑罚。

课,原义是按规定的程式和内容数量考核、考试,如《管子·七法》:"成器不课不用,不试不藏。""不课不用"就是不经过考试不得录用。"课"由"考试、考核"引申为按规定的数量和时间征收赋税、租税。作为动,"课"就是赋税、征收的意思,"课以重税"就是征收重税。《汉书·食货志上》:"课得谷皆多其旁田,亩一斛以上。"意思是,征收的谷类要比其他的田多,每亩一斛以上。

枯竭—枯渴

例句:有不少地方出现水源枯渴的现象。

例句中的"枯渴"为"枯竭"之误。渴、竭字形相近,容易讹误。

渴,是嘴干而想喝水的意思;也比喻迫切的意思,如"渴望"、"渴求"、"渴慕"等。

竭,是完了、尽了的意思,如"竭尽全力"、"声嘶力竭";也指水干涸,如北魏郦道元《水经注·济水一》:"济水当王莽之世,川渎枯竭。"意思是,济水河在王莽当政时,其主流和之流都干涸了。"枯竭"也指水源干涸、断绝,《论衡·效力》:"江河之水,驰涌滑漏,席地长远,无枯竭之流,本源盛矣。"意思是,大江大河里的水,汹涌奔腾,而不干涸,是因为它的源头旺盛。“枯竭”还比喻财源、资源断档，体力消耗殆尽，如“资源枯竭”。

枯燥—枯躁

例句：数字是枯躁的，又是有情的。

例句中的“枯躁”应当改为“枯燥”。

燥，《说文解字》：“燥，干也。”燥，从火，本义是经火烤后而缺少水分。《汉书·丙吉传》：“吉择谨厚女徒，令保养曾孙，置闲燥处。”“置闲燥处”就是放在干燥的地方。“枯燥”原指枝叶干枯，引申为单调、没有趣味。

躁，《说文解字》：“本作‘趮’。”趮，是疾走的意思。《说文解字注》：“羽丰则迟，羽杀则趮。”这个注解的意思是，羽毛丰满就飞得慢，羽毛掉了就会飞得快。趮，今作躁，从“足”。所以“躁”的原义是“疾足”即“快走”的意思。“躁”的意思已经由“疾走”引申扩大：表示不冷静，也就是急躁、浮躁；还表示狡猾，如《荀子·富国》：“躁者皆化而愨。”意思是，狡猾的人都变成了恭谨、诚实的人（愨，音 què，恭谨、诚实）。

垮塌—垮蹋

例句：煤井顶棚垮蹋使倪六文右胫骨骨折。

例句中的“垮蹋”应该改为“垮塌”。

蹋，是文言词，义同踏，即踩踏、践踏的意思；引申为“踢”，如“蹋鞠”即踢球。

塌，是坍塌、下垂、下陷、洼陷、凹陷的意思，如“塌方”、“塌落”、“塌陷”等。唐代温庭筠诗句：“败荷塌作泥，死竹森如枪。”唐代杜甫诗句：“忽忆雨时秋井塌，古人白骨生青苔。”温、杜诗中的“塌”分别是“下垂”、“坍塌”的意思。煤矿的顶棚垮塌是由上而下的，所以不应该用“蹋”，而应该用“塌”。“塌”还形容人的精神委顿、失意的样子，如唐代杜甫《垂老别》：“弃绝蓬室居，塌然摧肺肝”，诗句中的“塌然”就是失意的意思。“塌”还有安定、镇定的意思，如“塌下心来”，“死心塌地”就是主意已定、不再改变的意思。

跨越—跨跃

例句：全县的经济在短短的几年内，有了跨跃式的发展。

例句中的“跨跃”是个生造词，应当改为“跨越”。

跃，原义为“跳”。如《荀子·劝学》：“骐骥一跃，不能十步；驽马十驾，功在不舍。”“跃鳞”即跳跃的鱼，“跃跃”即迅速跳跃的样子。

越，是渡过、跨过的意思。《战国策·西周策》：“周君不入秦，秦必不敢越河而攻南阳。”意思是，西周君不去秦国，秦国一定不敢渡过黄河攻打南阳的。跨越，就是越过某个界限、障碍或时间。“跨越式”的发展，是指突破常规的发展、跨越阶段的发展。

“跃”和“越”的动作有方向性的不同：“跃”，动作是纵向的，即向上；而“越”的动作，是横向的，即向前。

困扰—困挠

例句：①农村干部垫税问题严重影响了干部的工作积极性，困挠各项工作的开展。②农业税虽然免了，但目前又有一个新问题开始困挠种植户。

这两个例句中的“困挠”应该改为“困扰”。

挠，词义为弯曲，比喻屈服。如《荀子·法行》：“廉而不刿，行也；折而不挠，勇也；瑕适并见，情也。”意思是，有棱角而不伤人，就是君子之行；宁愿折断而不弯曲，这就是君子之勇；心中的瑕疵和美好都表现出来，这才是真君子的性情。“挠”还有搅动、削弱、阻止、搔抓等义。

扰，是“乱”、“烦乱”、“纷乱”、“搅扰”、“使混乱不安宁”的意思，如“庸人自扰”、“扰乱”、“扰攘”等词。如《庄子·人间世》：“仲尼曰……夫道不欲杂，杂则多，多则扰，扰则忧，忧而不救。”孔子说，对“道”的理解是不应当杂乱的，杂乱了就会出事，出了事就会受到干扰，受到干扰就会有忧患，有了忧患就很难补救。

“困扰”就是困顿搅扰、处于困境而无法摆脱的意思，不能写作“困挠”。

L

腊酒—猎酒

例句：表演场上还备有客家猎酒、黄米果供游客品尝。

例句中的“猎酒”为“腊酒”之误。

南宋陆游《游山西村》前四句：“莫笑农家腊酒浑，丰年留客足鸡豚。山重水复疑无路，柳暗花明又一村。”“腊酒”为农家于腊月自酿的、略显浑浊的酒。《陆游选集·游山西村》注：腊酒，腊月中酿造的酒。错成“猎酒”就不知其意了。

篮球—蓝球

例句：村民自发地组建了秧歌队、腰鼓队，蓝球、羽毛球、乒乓球队，文体活动丰富了村民文化生活。

例句中的“蓝球”为“篮球”之误。

蓝，为表示一种颜色的词，因为作为染料的“蓝”是从几种植物（如木兰、马兰等）中提炼出来的，所以是“艹”字头，如“青出于蓝而胜于蓝”。

篮，是一种用竹篾编成的盛具，所以是“竹”字头。“篮球”比赛是把球往“篮”里投，所以应该用“竹”字头的篮。

二

滥用—烂用

例句：一次性施肥这种方法不能到处烂用。

句中的“烂用”应当改为“滥用”。

烂，是过熟、腐烂、朽坏的意思；还有明亮的意思，如“灿烂”。而“烂”的这两个意思和“用”都不能搭配。

滥，原义为水满而溢出、泛滥，引申为过分、过度、蔓延等意思，“滥用”就是毫无节制地使用，“滥权”就是滥用职权，“滥情”就是就是毫无约束地放纵感情。滥，还指失实、虚言浮词，如“滥言”、“虚词滥说”就是失实、浮夸的言论。滥，也指冒充，如“滥竽充数”；又如“滥巾”，就是冒充隐士。

二

琅玕竹—冷竿竹、晾竿竹

例句①：呼啸啸千根冷竿竹，草青青几枝秋海棠。②呼啸啸千根晾竿竹，草青青几枝秋海棠。

这两个例句是越剧唱段《断肠人》中唱词的两个版本的银屏字幕，其中的“冷竿竹”、“晾竿竹”都错了，应当为“琅玕竹”，这是由音讹而造成的差错。

吴越方言中，“冷竿”、“晾竿”与“琅玕”同音，均发“lánggān”音。“冷竿”为生造词，没有明确的词义；“晾竿”则是晾晒衣物用的竹竿，在吴越方言中也称“晾衣竹竿”。但这句唱词中的“lánggān 竹”显然不是“晾衣竹竿”的意思。

琅玕，义为美玉珠石，琅、玕均指玉石。《尚书・禹贡》：“厥土惟黄壤，厥田惟上上，厥赋中下。厥贡惟球、琳、琅玕。”“球、琳、琅玕”都是美玉、美石和珠宝。《荀子・正论》注：“琅玕似珠，昆仑山有琅玕树。”《玉台新咏・曹植〈美女篇〉》：“头上金爵钗，腰佩翠琅玕。”《尔雅》：“西北之美者，有昆仑之璆琳琅玕。”“璆琳琅玕”也都是指美玉或珠宝。

“琅玕”也指青翠如玉的竹子。唐代杜甫诗句：“主家阴洞细烟雾，留客夏簟青琅玕”，清代纳兰性德《虞美人・秋夕信步》：“愁痕满地无人省，露湿琅玕影。”这两处的“琅玕”即指青翠的竹子。

“呼啸啸千根琅玕竹”的意思是，风吹过青翠的竹林发出呼啸的声音，错为“冷竿”、“晾竿”既无明确的意思，也顿使诗意、韵味全无。

厘定—隶定

例句：甲骨卜辞中像“稻”的字是否可以隶定为“稻”，文字学上还有不同意见。

例句中的“隶定”应当改为“厘定”。

厘，原义是“治理”、“改正”的意思，前者如《尚书・尧典》：“允厘百工，庶绩咸熙。”意思是，治理好百官，各种事业就兴起来了。后者如《后汉书・梁统传》：“议者以为隆刑峻法，非明王急务，施行日久，岂一朝所厘。”意思是，议论的人认为，严厉的刑法并不是贤明的君王所要急于实施的，但是实行的日子已经久了，不是一天就能改过来的。“厘定”即整理规定、确定。

犁杖—犁仗

例句：帮助父亲扶犁仗、赶马车。

例句中的“犁仗”应当改为“犁杖”。

犁杖，音 lízhàng，方言简称“犁”——手扶犁，这里的“杖”为名词，指安装在犁上的把手、把柄；“杖”还作动词，为手扶、手持、手执、拿着的意思。《汉书·苏武传》：“（苏武）杖汉节牧羊，卧起操持，节旄尽落。”这里的“杖”就是用手拿着、操持（汉节）。“杖”还指棍棒，如手杖、拐杖等。

仗，原为刀戟等兵器的总称，如“明火执仗”，就是举着火把，拿着武器，公开抢劫的意思。引申为拿着兵器，如“持刀仗剑”；“仪仗”是护卫的意思，多用于礼仪；“仗”还指依赖、依靠、仗峙，如“仰仗”、“依仗”、“仗势”、“狗仗人势”等，“仗”又指打仗。

二

梁漱溟—梁濑溟

例句：《梁濑溟的“乡农学校”与新农村建设的农民自觉》

例句中“梁濑溟”的“濑”应该为“漱”。

梁漱溟（1893—1988），原名焕鼎，字寿铭，“漱溟”为其笔名，梁后来即以其笔名“漱溟”行世。梁漱溟是中国现代思想家，现代新儒家的早期代表人物之一。他一生特立独行、耿直不阿，关心社会与人生两大问题。1924 年梁漱溟辞去北大的教职到山东曹州办学，1931 年，梁在山东邹平创办山东乡村建设研究院，提出了完整的新村建设理论并付诸实践。抗战时期梁参与创建中国民主同盟，新中国成立后，直至逝世为全国政协委员、常委。“漱溟”的“漱”音 shù，为“洗涤”、“漱涤”的意思，

溟，音 míng，即大海。《明史·西域列传四》：“北穷沙漠，南极溟海，东西抵日出日没之处，凡舟车可至者，无所不届。”“南极溟海”就是南面到达大海。有研究者认为，梁漱溟后来之所以以“漱溟”之名行世，表达了他要以“大海”来洗涤旧中国的志向。

濑，音 lài，则是急流的浅水，如地理学上有“濑川地形”。《后汉书·严光传》：“（严光）除为谏议大夫，不屈，乃耕于富春山，后人名其钓处为严陵濑焉。”明代徐霞客《徐霞客游记·游九鲤湖日记》：“往蓬莱石，跣足步涧中；石濑平旷，清流轻浅……”“石濑”即浅水石滩。江苏溧阳和广西荔浦各有一条名叫“濑水”的浅水河。

两极分化—两级分化

例句：同为渔民，收入两级分化十分严重。

例句中的“两级分化”应当改为“两极分化”。

级，是等级的意思，如级别、级差。极，则是顶端、尽头的意思，如极地、极点、泰山极顶、登峰造极等。“极”也引申为尽、最终等义，如极力、物极必反、极目远眺、极限、极度等。“两 jí 分化”的意思是，事物的两个方面呈现向两个极端发展的趋势，或呈两个对立面的状态，所以不能写成“两级分化”，而应当写作“两极分化”。

两利相衡—两利相横

例句：在决策时，务必遵守“两利相横取其重，两弊相生取其轻”的原则。

例句中的“两利相横”应该改为“两利相衡”。

横，原义是作为门遮的“栏木”，如《说文解字·木部》段玉裁注：“栏，门遮也。凡以木栏之，皆谓之横也”，意思是用木头做门栏就叫做“横”。因为木头平着放（跟水平面平行），所以叫“横”，后引申为与“竖”、“直”、“纵”相对的形容词和方向词，如“纵横比较”、“横向比较”。横还有放纵霸道之义，如“当横”、“犯横”、“横行霸道”；有突然之义，如“横祸”、“横财”；阻挡之义，如“横亘”等。

衡，原义是加在牛栏上、防止牛牴触人的横木，引申为车辕前的横木，也引申指“秤杆”，是称量的意思；为比较、斟酌、评判的意思，如“权衡”（“权”原义是秤砣的意思）。“两利相衡”就是将两方面有利的东西相比较、斟酌的意思。

瞭望—了望

例句：人口密度非常低的边远地区，也都在林区设立了望台加强对森林火情的监视。

例句中的“了望台”应改为“瞭望台”。

1964 年《简化字总表》曾经将“了”作为“瞭”的简化字处理，1986 年重新公布的《简化字总表》规定“瞭望”的“瞭”不简化为“了”；第二次汉字简化方案中也曾将“瞭望”简化为“了望”，旋即废除，仍旧规范为“瞭望”。“瞭望”即由高处观察、向远处看。“了”没有“看”、“望”和“观察”的词义。

凌驾—临驾（参见“凋零—凋凌”词条）

例句：这种临驾于本职工作之上的“天字号工程”表现为政府直接介入市场，稍有不慎就可能导致权力与资本的“结盟”，滋生腐败现象。

例句中的“临驾”应当改为“凌驾”。

临，一是从高处往下看，从上面到下面去的意思，前者如“居高临下”，后者如“降临”“光临”等；二是来到的意思，如“身临其境”、“莅临”等；三是面对着、靠着的意思，如“背山临水”、“临危不惧”、“临水而居”、“临渊羡鱼”等；四是表示将要发生分别的意思，如

"临行"、"临别"等;"临"还表示照着的意思,如"临摹"。

"凌驾"也就是超越、压倒别人或别的事物。如:"任何人都不能把自己凌驾于集体之上。"

笼—拢

例句:现在龙头企业和菜农有一个好的合作机制,"二次分配"笼住了菜农的心。

例句中的"笼住"应改为"拢住"。

笼,音 lóng,原义为竹篾编的盛物器具、罩物器具,如"鸟笼"、"木笼",《庄子·庚桑楚》:"以天下为之笼,则雀无所逃。"意思是,如果天下是一个大笼子,所有的鸟都逃不掉了。"笼"后引申为动词"笼罩"、"笼络"等,读音 lǒng。在上面的例句中,"笼住"即"笼络住"的意思,但"笼络"是个贬义词,即用手段拉拢、控制住,用在句中不妥。龙头企业运用"二次分配"机制显然不是为了"拉拢、控制"菜农,而是为了团结菜农,即"拢"住菜农,不使分散。

拢,音 lǒng,就是聚合、靠拢、使不松散的意思,是中性词。如东晋郭璞《江赋》:"拢万川乎巴梁。"意思是万条江河聚合于巴梁之地。农村成立合作组织,是将农民团结一起,不使农民分散,就是聚合、聚集,即"拢住",逐步实现社会化生产方式的意思。

垄沟—陇沟　缺苗断垄—缺苗断茏

例句:①把复合肥一次性施在陇沟里,每亩 30 公斤。②一个土坨就是一个棒子茬,致命的是造成麦苗的缺苗断茏。

例句①中的"陇沟"应当改为"垄沟";例句②中的"缺苗断茏"的"茏"(音 lóng)应当改为"垄"(音 lǒng)。这里说的"垄"就是已经种上农作物的"行(háng)"或行间的空地。《现代汉语规范词典》有"缺苗断垄"的用例。

茏,形容词,为葱茏、苍翠、茂密的意思,并没有名词性的词义,如"山林葱茏",形容词充当谓语。毛泽东有"一山飞峙大江边,跃上葱茏四百旋"的名句。"葱茏"在毛诗中指代草木青翠茂盛的庐山山顶。

陇,是甘肃省一座山的山名——陇山,也称"陇坻",甘肃省的简称"陇"即由此而来。《后汉书·岑彭传》:"人苦不知足,既平陇,复望蜀",即"得陇望蜀"。"陇亩"就是田野,"陇"在古代还指坟墓,即"幽陇","陇隧"就是墓间甬道,如南朝梁任昉《刘先生夫人墓志》:"暂启荒埏,长扃幽陇。"意思是,暂时开启了墓道,而夫人却要长久地关闭在这坟墓里了。

罗绢—萝绢

例句:这家丝网公司最初是以头发、蚕丝为原料的生产萝绢丝网。

例句中的“萝绢”应当改为“罗绢”。

萝,原为一种蔓生植物的名称。如“藤萝”、“女萝”、“茑萝”等,这三种植物均为藤类植物,其中“茑萝”又名“寄生”,指“茑”和“女萝”,为两种寄生植物,《诗经》中就有“茑与女萝,施于松柏”之句,是说茑与女萝寄生在松树柏树上。常用来比喻缺乏独立人格或独立性而依附攀缘别人的人,如《红楼梦》第九十九回:“想蒙不弃卑寒,希望茑萝之附。”“茑萝之附”就是像茑萝一样依附于他人。“萝”也指“萝卜”,为常见的蔬菜,其籽为莱菔籽,可入药。

罗,原义是丝织品;绢,是用生丝织成的丝织品,罗绢泛指丝织绸布料。唐代李白《春思》:“春风不相识,何事入罗帏。”“罗帏”就是丝织的帐子。由于织“罗”的丝呈经纬状,像一张网,“罗”也就有了“网”的义项,如“天罗地网”。《后汉书·王乔传》:“于是候凫至,举罗张之。”意思是,就这样等候野鸭的到来,张起罗网捕捉它。罗,由“张网”之义又引申出捕捉的义项,如“门可罗雀”,“罗雀”就是张网捕捉鸟儿。在古代,“罗”还比喻为法网,《韩非子·难三》:“夫知奸亦有大罗,不失其一而已。”意思是,对付奸佞之人也有一张“大法网”,不会使有一个奸人漏网。

例句说的是生产丝网的材料,应当用表示“丝织品”的“罗绢”一词。

螺丝钉—锣丝钉

例句:我们的事业既需要栋梁,也需要锣丝钉。

例句中的“锣丝钉”应当改为“螺丝钉”。

锣,铜制的打击乐器,如“锣鼓喧天”、“鸣锣开道”等。“鸣金收兵”中的“金”指的就是“锣”。古代打仗出战的信号为“击鼓”,如“一鼓作气”,收兵休战的信号为“鸣金”,即敲“锣”。

螺,是一种外包硬壳的软体动物,一般其硬壳上有回旋形纹,以“螺蛳”外壳的螺纹最为典型。这回旋形纹就称作为“螺形纹”。古代女子的呈螺壳状的发髻为“螺髻”。晋代崔豹《古今注·鱼虫》:“童子结发,亦为螺髻,亦谓其形似螺壳。”带有“螺纹”的钉子就称为“螺丝钉”。其他成螺纹状的物品有“螺杆”、“螺栓”、“螺旋体”、“螺丝口”等,这些词中的“螺”都不能写作“锣”。

绿柳成阴、绿柳阴阴—绿柳茵茵

例句:创造一个空气清新、鸟语花香、绿柳茵茵的园林环境。

例句中的“绿柳茵茵”应改为“绿柳阴阴”或“绿柳成阴”。

阴,本义为阴影,即日光、月光照不到的地方,引申义为树阴;阴阴,一词原义为“阴暗”,引申形容树木茂密成阴,如唐代武元衡《春兴》:“杨柳阴阴细雨晴,残花落尽见流莺。”又唐代王维《酬郭给事》:“洞门高阁霭余辉,桃李阴阴柳絮飞。”

茵,义为垫子、褥子,“重茵”即厚垫(褥)子;“绿草如茵”即是说草地像绿色的毯子一样。“茵茵”是个生造词，无明确词义，因而不能形容、修饰绿柳，一般称“绿柳成阴”，也可称“绿柳阴阴”。

M

(吃)吗吗(香)—(吃)嘛嘛(香)

例句：能过上这么好的日子，吃嘛嘛香，身体倍儿棒。

例句中的“吃嘛嘛香”应改为“吃吗吗香”，即吃什么都香。

嘛，音 ma，是语气助词，在不同的句式中表示不同的意思：一、在陈述句的末尾，表示“当然如此”的语气助词，如“事情发展到这一步是必然的嘛”；二、在祈使句的末尾，表示期望或劝阻，如“你走快一点儿嘛”；三、放在句子中间，表示停顿以引起对方的主意，如“你们的具体岗位嘛，就要看你们各人的才能了”。

吗，发 ma 音时，用在句尾为疑问、反诘的语气助词，如：“你以为不是这样吗?”发 má 音时，为不定代词，即口语“什么”的意思，如“干吗去”，即干什么去。“吃吗吗(má)香”表示的意思是“吃什么，什么都香”，应该用代词“吗(má)”。

脉搏—脉博

例句：要把准脉博，不了解部门的工作状态就不会使工作安排到位。

例句中的“脉博”应当改为“脉搏”。

博，词义一是广泛、宽阔，如“高冠博带”、“峨冠博带”，就是指高高的帽子、宽大的衣服；“博采众长”就是广泛采纳、吸收众人的长处；“博容”就是指度量、气量大；“博求”就是广泛地寻求。二是换取、取得、讨取，如唐代白居易《晓寝》诗：“鸡鸣一觉睡，不博早朝人。”三是指古代的一种棋类游戏，如“博弈”，还指一种赌博的活动，如“博彩”。四是指丰富，特指对知识和学识的通晓，如“博学广闻”、“博闻强记”等。

搏，原义是捕捉、对打、格斗，如“搏斗”、“搏击”、“肉搏”等，引申为跳动，如“搏动”，即心脏、动脉有节律的跳动。“脉搏”就是心脏有节律地收缩时输出的血液冲击动脉血管而使血管有规律地跳动的现象。“把准脉搏”是比喻把握规律的意思。

漫记—慢记

例句：这里是著名美国记者斯诺在《西行慢记》中记载“红军播下革命火种”的地方。

例句中的“《西行慢记》”为“《西行漫记》”之误。

《西行漫记》是美国著名作家、记者埃德加·斯诺描写中国工农红军长征过程和陕北革命根据地的一部写实的著作。书名初译为《红星照耀下的中国》，后译为现名。“漫记”即随手写成的“漫笔”、“随笔”，各篇之间并不是上下连贯的，而是独立成篇。中国社会科学出版社曾经出版了一部描写西藏风情的作品《雪域漫记》。所以，“漫记”不可错写成“慢记”。

另外，例句中“著名美国记者斯诺”应该改为“美国著名记者斯诺”，把修饰词放在被修饰的中心词最近的位置。

贸然—冒然

例句：粮价降了的时候，先别冒然说粮食多了；粮价升了的时候也先别冒然说粮食少了。

例句中的“冒然”应当为“贸然”。

“冒”可以构成“冒失”一词，“冒失”是“鲁莽”的意思。

贸然，是“轻率”、“遇事不加分析和深思熟虑，随便就决定或行动”的意思，如苏曼殊《碎簪记》：“子若贸然他遁，此下下策。”意思是，你如果轻率地决定离开此地到其他地方，这是下下策。

例句是说“不要轻率地对粮价的变化下结论”，正应当用“贸然”一词，而不是“冒失”的意思。

糜烂—靡烂

例句：淫逸，就是贪图安逸享乐，醉生梦死，生活作风靡烂。

例句中的“靡烂”为“糜烂”之误。

靡，发 mí 音时，是浪费的意思，如“靡费”、“奢靡”等词；发 mǐ 音时，为奢侈、豪华的意思，如“靡丽”。靡，发 mǐ 音时，还是倒伏和流行的意思，如“风靡”、“所向披靡”、“望风披靡”、“靡然”、“靡披”等。“靡”，还表示否定、没有，如“靡坚不摧”、“靡得而记”。《史记·孝文本纪》：“赖天地之灵，社稷之福，方内安宁，靡有兵革。”“靡有兵革”就是没有发生战事。

糜，从“米”，音 mí，原义为稠粥、像粥一样的食品。《后汉书·献帝纪》：“出太仓米豆，为饥人作糜粥。”意思是献帝让人从太仓中取出粮食熬稀粥赈济灾民。糜由“稀粥”引申为物体“碎烂”、“腐烂”、“腐败”，也指行为的腐朽。“糜烂”在这个例句中就是指“腐朽的生活”，所以不能用“靡”，而要用“糜”。

迷局—谜局

例句：破解农村教育恶性循环的谜局。

句中的“谜局”应改为“迷局”。

谜，名词，本义为谜语，《说文解字》：“谜，隐语也。”谜，也引申为难以理解或尚未弄清的问题，如“这件事至今还是个谜，令人猜不透”，其义侧重于“疑惑”、“令人费解”。

迷，作动词，《说文解字》："迷，惑也。"即分辨不清，引申为醉心于某事，即迷恋，如"他被这出戏迷住了"。"迷"还指失去辨别、判断能力，如"迷失方向"、"当局者迷"。作为名词，其词义侧重于指事物的复杂性，如"迷宫"、"迷津"、"迷途"等。

《现代汉语词典》、《现代汉语规范词典》和《辞海》均未列"谜局"、"迷局"词条，但"迷局"已经被广泛使用。根据意思，"迷局"可以解释为：迷惑错乱、迷惑不解的局面。"破解迷局"就是从"迷惑错乱、迷惑不解的局面"中不仅找出为什么的答案，还要寻求解决问题的办法。而"谜局"则无法定义，可称为"谜团"，即令人颇费猜摸的未知现象，人们只需回答"谜底"是什么。

弭—弥

例句：风弥雨停，小山村显得更加秀美。

例句中的"风弥雨停"应当改为"风弭雨停"或"风消雨弭"。

弥，音 mí，其本义是充满、遍布，如"大雾弥漫"、"弥望"、"弥天大祸（大谎）"等；"弥"还引申为"填补"，如"弥补"、"弥合"、"弥缝"；"欲盖弥彰"、"意志弥坚"中的"弥"则是"更加"的意思。

弭，音 mǐ，其本义为弓末的弯曲处，如《诗经·小雅·采微》："象弭鱼服"，"象弭"就是用象骨制作的"弓尾"、"弓末"。"弭"又由"末"、"尾"引申为"平息"、"消除"、"停止"，如"消弭"、"弭乱"、"弭忧"等，《国语·楚语》："于是乎弭其百苛，殄其谗慝，合其嘉好。"意思是，制止消除了各种残暴的行动，消除怨恨和邪佞，融汇美好情谊。

"风弭雨停"、"风消雨弭"就是风和雨都停息下来了。说"风弥雨停"就成了"雨停了风更大了"。

篾—蔑

例句：范洪义……手绘上千幅图片，还遍访著名蔑匠。

例句中的"蔑匠"应该为"篾匠"。

"篾"与"蔑"都发 miè 音，但词义不同。

篾，"竹"部，名词，是劈成条状的薄竹片及苇子秆、高粱秸秆的薄皮。"篾匠"就是用竹篾等编制竹器的匠人。

蔑，"艹"部，动词，原义为小、轻微，引申为"没有"，如"蔑以复加"，即已经达到了顶点，不能再增加，如近代学者袁焕仙《说庄子〈齐物论〉序》："庄子者，至矣，尚矣，蔑以复加矣。""蔑"还引申为轻视、看不起和造谣毁坏他人名誉的意思，如"蔑视"、"蔑称"、"诬蔑"。

每—每每

例句：张辰光每每看到有穿皮鞋的人路过时，他都会起身殷勤地问："擦鞋吗？"

例句中的"每每"应当改为"每"。

每每,是"常常"、"往往"的意思,表示动作行为发生的次数多、经常出现,不是指全部,所以与"都"就不搭配了。

每,原义为每一、逐一和全部中的任何个别。作为副词,"每"表示同一动作有规律性地反复出现,有"只要"的意思,即"张辰光只要看到穿皮鞋的人路过,都会问……"如"每逢下雨他就腰酸腿疼"就是"只要碰到下雨……"的意思。《后汉书·孝仁董皇后纪》:"后每欲参干政事,太后辄相禁塞。"句子是说(董)皇后每当要干预皇帝的政事,太后就会予以禁止。

美滋滋—美孜孜

例句:一提起每年的收入,他的心里就美孜孜的。

二

例句中的"美孜孜"应当改为"美滋滋"。

滋,词义之一是美味,泛指味道,"滋滋"就是味道很美,比喻兴味很浓,如冰心《晚晴集·从"五四"到"四五"》:"他们写长文章,学做诗,我在旁边滋滋有味地听着。""美滋滋"、"喜滋滋"就是形容非常满足的样子。"孜孜"不表示"满足"的意思。

孜孜,原义为连续不断、不停地,如《聊斋志异·婴宁》:"女略无骇意,又吊其无家,亦殊无悲意,孜孜憨笑而已。"女子(婴宁)没有一点儿害怕的表现,也没有悲伤之意,只是不停地憨笑。"孜孜"又引申为勤奋不懈之义,如"孜孜以求"、"孜孜不倦"。明代方孝孺《守素斋记》:"古之圣贤所以孜孜若不及者,以德不素具、才不素习则不足以佐天地之遗阙。"意思是,古代的圣贤之所以勤奋不辍还觉得跟不上,那是以为不具备完备的品德、才干不在平时预先熟悉,就不足以辅佐治理天下的各类问题。"孜孜"还指专心一意地追求,如明代徐霖《绣襦记·歌郎竞技》:"孜孜为利清早起。"

门楣—门媚

例句:其夫为光耀门媚,别子抛妻,赴宋国游学求仕。

例句中的"门媚"应当改为"门楣"。

楣,即门框上面的横木,也指房屋的横梁,民间称"二梁"。引申指门第、家庭的地位。《资治通鉴》:"杨贵妃方有宠……民间歌之曰:'生男勿喜女勿悲,君今看女作门楣。'""女作门楣"就是女儿也可光耀门庭的意思。

媚,原义是"巴结"、"讨好",指故意讨人喜爱而巴结、谄媚的意思,如"奴颜媚骨"、"媚态"等。《孟子·尽心下》:"阉然媚于世也者,是乡原也。"这句话的意思是,迎合别人的旨意讨好,貌似谨愿忠厚,而实际上是与恶俗同流合污的人。(阉然,指曲意逢迎貌;乡原,也称乡愿,指貌似谨愿忠厚、实际上与恶俗同流合污之人。)

媚,也指"喜爱",引申为"可爱"、"美好",如"妩媚"、"娇媚"、"春光明媚"等。西晋陆机《文赋》:"石韫玉而山辉,水怀珠而川媚。"意思是(写文章创造些佳句)就像石头里含着宝玉，整座山都有光辉；水里藏着珍珠，整条江都显得妩媚秀美。

蒙—懵

例句：她背着行囊来到这里的那一刻就懵了。

例句中的“懵”应当改为“蒙”。

懵，音 měng，是糊涂、无知、不明事理的意思，如“懵懂”、“懵然”，元代汪元亨《醉太平》曲：“且达时知务暗包笼，权装个懵懂。”“装个懵懂”就是装作糊涂、无知的意思。

蒙，音 mēng，是“不清楚”、“不知该怎么办”、“神志不清”的意思，如《现代汉语规范词典》“蒙”字条举例：“他一上台就蒙了，不知道该说什么好。”蒙，还指欺骗，如“蒙人”“蒙骗”；还有胡乱猜测的意思，如：“你说的这几个意思都不对，就别瞎蒙了。”

二

名列前茅—名列前矛

例句：一些网友把矛头直接对准了那些名列前矛的强镇。

例句中的“名列前矛”应当改为“名列前茅”。

茅，即茅草，如“顿开茅塞”、“三顾茅庐”、“卷我屋上三重茅”等中的“茅”。成语“名列前茅”源于春秋时期的楚国，军队在行进时，要安排一些士兵作为前哨，举着白茅草走在队伍的最前面，遇有敌情就以茅草向后面的队伍示警。以后，先头部队就叫“前茅”。后来“前茅”又引申为名次排在前面。

矛，是一种用以刺杀的兵器，《史记・礼书》：“古者之兵，戈矛、弓矢而已。”又《韩非子・难一》：“夫不可陷之盾，与无不陷之矛，不可同世而立”，意思是不能被刺穿的盾牌和没有不能刺穿的矛，是不可能同时存在的，即不能自相矛盾。

暮霭—暮蔼

例句：用“贝灰砂”三合土筑成的房子，年代一久就满墙皱纹坑疤、沧桑斑驳，远望之黑黝黝的一片，很容易隐没在苍山暮蔼之中。

例句中的“暮蔼”应该改为“暮霭”。

蔼，从“艹”，原指树上果实繁盛，引申为竹、木茂密，如西汉扬雄《河东赋》：“郁萧条其幽蔼。”这个例句中的“幽蔼”即是幽深茂密、茂盛的意思。也引申为态度和善、温和的意思，如“蔼然可亲”、“和蔼可亲”，如鲁迅《彷徨・离婚》：“但不知怎的总觉得他其实是和蔼近人，并不如先前自已所揣想那样的可怕。”

霭，从“雨”，是云气、烟雾、雾气的意思，如“烟霭”。“暮霭”就是傍晚的云气和烟雾，如元代王实甫《西厢记》第三折：“青山隔送行，疏林不作美，淡烟暮霭相遮蔽。”唐代王维《终南山》诗：“白云回望合，青霭入看无。”这后一句诗的意思是，在远处看青色的烟雾，渐近之后又看不见了。在现代气象学上，把轻雾也称作霭。

苜蓿草—苘蓿草

例句:村里同时采用核桃—金银花、核桃—紫花苘蓿草等种植模式。

例句中的“苘蓿草”应当为“苜蓿草”。

苜蓿草,是一种多年生的草本植物,又称怀风草、光风草、连枝草,是重要的牧草,也可作绿肥;有些地区也食用其嫩叶,俗称“草头”。《史记·大宛列传》:“(大宛)马嗜苜蓿。汉使取其实来,于是天子始种苜蓿……”意思是,西域的大宛国用苜蓿喂马,汉朝的使节将其种子带到内地,于是皇帝也开始种起了苜蓿。

苘,即茼蒿,也称“蓬蒿”,可食用,并有祛痰作用,但不写为“苘蓿草”。

N

二

纳谏—纳柬

例句:泌阳县国税局开门纳柬,请进意见。

例句中的“纳柬”应该为“纳谏”。

柬,原义是信札、请帖,在古代也写作“简”,如“手简”,就是信札,也称手札,“柬”也就是信函的别称。

谏,作动词用时,是“规劝”的意思,即用言语或书面的形式规劝君主或尊长改正错误,如“谏诤”,就是直言规劝的意思;作名词用时,就是规劝的语言,即“谏言”。“谏草”就是“谏书”的草稿。我国古代,帝王均设“谏官”,专司规劝帝王的职责,唐代的魏征就是一个专职谏官。“纳谏”就是吸收和采纳谏言。《诗经·大雅·民劳》:“王欲玉汝,是用大谏。”“大谏”就是深深的规劝,明末清初顾炎武《日知录》:“至于‘我即尔谋,听我嚣嚣’则又不独王之愎谏矣。”“愎谏”就是刚愎自用,不听谏言。

囊括—襄括

例句:稚气的眼睛襄括期盼、警觉、成熟、羞涩和不安。

例句中的“襄括”为“囊括”之误,这是由于“襄”、“囊”字形相近而造成的错误。

襄,原义为除去、扫除。如《诗经·墙有茨》:“墙有茨……不可襄”,墙上长了茅草,不可去清除。在现代汉语中,“襄”为帮助、协助的意思,如“襄理”。

囊,原义是袋子,也作动词,即用袋子装,如《中山狼传》:“策蹇驴,囊图书。”“囊括”、“尽收囊中”,就是全都装进袋子的意思,引申为全部包括、包罗。

但这个句子中用“囊括”不妥,宜改用“流露出”,并在句末加上“的神情”。

蔫—焉

例句:①在番茄的四穗果即将转红时,就出现萎焉、死果,对产量影响很大。②他发

现树苗顶梢颜色变暗，由浅绿色变成暗绿色还打焉。

例句①中的“萎焉”应改为“萎蔫”；例句②中的“打焉”应改为“打蔫”。

焉，音 yān，是个文言词，一是作代词，指代人、事物或处所，相当于“之”，如“众好之，必察焉”、“心不在焉”；二是作疑问词，相当于“那里”、“怎么”；三是作语气助词，用在句末，以加强语气。

蔫，音 niān，原义是指植物的花、果、枝叶等由于缺少水分而萎缩，比喻为无精打采，指人的不灵活、不活泼。例句①说的正是西红柿的一种状态——萎蔫，所以不能写成“萎焉”。例句②说的是树苗的萎缩，就是“打蔫”的状态。“打焉”是生造词。

年过花甲—年迈花甲

例句：年迈花甲的村党支部书记，壮心不已，带领大伙儿又踏上了建设新农村的征程。

例句中的“年迈花甲”是个生造词、杂糅词，应当改为“年过花甲”。

年迈，是年岁很大的意思，“年迈”中的“迈”不是“过(超过)”的意思，而是衰老的意思。《晋书·宣帝纪》：“臣虽朽迈，敢忘前言？”(蒋济对晋宣帝说)臣下虽然年已衰老，但是怎么敢忘了以前说过的话呢？“花甲”就是六十甲子。天干地支组合为六十个记序名号，自甲子到癸亥，错综参互相配，一轮为六十年，所以就称之为“花甲子”或“花甲”，后来就称年满六十岁为“花甲之年”，超过六十岁，就称为“年过花甲”，而不能称作“年迈花甲”。例句中的“年迈花甲的村党支部书记”应改为“年过花甲的村党支部书记”。

涅槃—涅磐

例句：这次经历在我成长历程中注定要成为浴火涅磐之旅。

例句中的“涅磐”应当为“涅槃”。

磐，即“磐石”，是又厚又大的石头，如“革命意志坚如磐石”。

涅槃，是梵语 Nirvana 规范的音译用词，其意思是经过修行达到超脱生死、去除一切烦恼的精神境界，也指高僧大德的去世。晋代僧肇《涅槃无名论》：“涅槃之道，盖是三乘之所归，方等之渊府”。意思是，“涅槃”之道是佛法的最后归属。也指获得重生，郭沫若有长诗《凤凰涅槃》，该诗诗序说：天方国古有神鸟名“菲尼克司”(Phoenix)，满五百岁后，集香木自焚，复从死灰中更生，鲜美异常，不再死。又，徐迟《火中的凤凰》：“这是一只火中的凤凰，一只新生的凤凰，它在大火之中涅槃，却又从灰烬里新生。”

扭矩—扭距

例句：四大产品在国内四缸机中功率最大，扭距最大。

例句中的“扭距”应改为“扭矩”。

距，音 jù，指两点在时间、空间上的间隔、两点相隔的长度，即距离；也指两者相比的差，即差距。

矩，音 jǔ，“扭矩”一词表示的是力学中的概念，即机械构件中的杆件受力扭转时，在任一横截面上，两方剪应力所形成的内力矩。“扭矩”越大，发动机输出的机械能越大，曲轴转速的也越快，汽车的爬坡能力、起步速度和加速性也越好。

女诫—女戒

例句：班昭的《女戒》强调“夫有再娶之义，妇无二适之文。”

例句中的“《女戒》”应该改为“《女诫》”。

诫，作动词时，是告诉、告诫的意思。如《战国策·齐策四》：“冯谖先驱，诫孟尝君曰：‘千金，重币也；百乘，显使也。齐其闻之矣。’”又：“冯谖诫孟尝君曰：愿请先王之祭器，立宗庙于薛。”前一个句子中的“诫”是“告诉”的意思，后一个句子中的“诫”则是“告诫”的意思。“诫”还有惩戒的意思，如《史记·孝文本纪》：“人主不德，布政不均，则天示之意在，以诫不治。”意思是，皇帝没有德行，施政不公允，上天就会用灾难来警示他，以惩罚他不懂得治理国家。“诫”作名词时，是一种文章体裁，如文稿、教令、戒律等。上古传说中，黄帝的史官孔甲，作诫文廿六篇刻于盘盂，为诫法，就称为“盘盂之诫”。《女诫》则是东汉的班昭所作的一部规劝、告诫类的专讲“妇德”的书，不能写成《女戒》。

戒，动词，是提防（如“戒骄戒躁”）、使警觉（如“言者无罪，闻者足戒”）、警戒、戒备、警告（如“戒斥”“戒敕”“戒饬”）、革除（如戒除、戒毒）等意思。鉴戒，是名词，指可以使人借鉴和警惕的人或事。戒，还可充当形容词，在偏正结构词语中修饰主词，如“戒律”、“戒心”、“戒规”、“戒尺”、“戒坛”等。

O

讴歌—沤歌

例句：我们的前辈导师，为我们树立了沤歌生活诗情的榜样。

例句中的“沤歌”应当改为“讴歌”。

沤，发 ōu 音时，为名词，指水中气泡，如“浮沤”。宋代苏东坡《九日黄楼作》：“去年重阳不可说，南城夜半千沤发。”“千沤发”即雨点激起的无数的水泡。沤，发 òu 音时，为动词，指物体在水中长时间浸泡或堆积而变质。如“沤肥”、“沤麻”，《诗经·陈风·东门之池》：“东门之池，可以沤麻。”意思是城东门的护城河内可以用来浸泡苎麻。

讴，作动词时即歌唱、歌颂、赞美的意思，如“讴歌伟大的祖国蒸蒸日上”。《史记·五帝本纪》：“讴歌者不讴歌丹朱而讴歌舜。”（丹朱为帝尧的儿子）宋代周紫芝《沙塞子·中秋无月》词：“却重听，画阑西角，月下轻讴。”“月下轻讴”就是在月下轻轻地吟唱。“讴”作名词时，指歌曲、歌谣、民歌，如清代纳兰性德《浣溪沙》：“十里湖光载酒游，青帘低映白苹洲，西风听彻采菱讴。”“采菱讴”就是采菱时唱的歌谣。

P

盘山公路—攀山公路

例句：建成攀山公路以后，山上 200 亩草甸将会得到有效的开发和利用。

例句中的“攀山公路”应当改为“盘山公路”。

攀，是用手抓住能借以用力的东西如树枝、枯藤等向上爬的动作，如“攀缘”、“登攀”等；“攀”还指拉关系、设法接近，如“攀龙附凤”、“攀谈”等。

盘，原义是一种圆形的器皿，因为盘子一般会饰有回旋形的花纹，因此盘又引申为盘旋、缠绕、环绕、盘绕，“盘山公路”就是在山间环绕的公路。

“攀”是向上的动作，“盘”是以平行为主向前的动作。

二

赔付—陪付、佩付

例句：①一般性灾害先用筹集的风险互助金佩付，补助受害果农的损失。②参加风险互助保险的果农当年没有陪付补助，下一年度参保费优惠 10%。

这两个例句中的“佩付”、“陪付”应当改为“赔付”。

佩，是佩戴、佩挂，佩服、敬佩的意思；还指环绕的意思，《水经注·渭水》：“兰渠川水出自北山，带佩众溪，南流注于渭。”意思是，兰渠的水源自北山，像一条带子环绕着众多的小溪，向南流进渭河。

陪，原义是重叠的土堆，《说文解字》：“陪，重土也。”“陪”由重叠之义引申为辅佐、伴随和陪同。

赔，意思就是补偿，引申为道歉、赔礼等。“赔付”就是对财产损失赔偿给付。

硼砂—崩砂

例句：顺德特产有大良崩砂、金榜牛乳和叠石纹鳝。

例句中的“崩砂”应该为“硼砂”。

崩，音 bēng，原义为山倒塌，引申为崩溃、溃散，如“崩沦”（塌毁、沉没、衰落的意思）、“崩沮”（崩溃、涣散）。“崩”在我国古代还是对帝王的死亡委婉的说法，如“驾崩”。

硼，音 péng，是一种非金属元素，元素符号 B。“硼砂”是“硼”的无机化合物，是制造光学玻璃、珐琅和瓷釉的原料，也用于医药、焊剂、试剂。

疲疲沓沓—疲疲塌塌（参见“垮塌—垮蹋”词条）

例句：要彻底治理忙忙碌碌装样子、疲疲塌塌混日子的机关“慢性病”。

例句中的“疲疲塌塌”应当改为“疲疲沓沓”。

沓，原义是话语多，如《孟子·离娄上》：“事君无义，进退无礼，言则非先王之道者，犹沓沓也”，意思是，侍奉君王而不合乎义，进退又不合乎礼仪，讲话就诋毁先王的主张，这样就是话多了。沓，引申义为重叠、重复、繁多的意思，如“沓杂”。“纷至沓来”就是接连不断到来的意思。“沓”还引申为“松懈”的意思，“疲沓”就是松懈、不振作、不起劲的意思。“疲疲沓沓”是“疲沓”的叠音词；而“塌”却没有叠词形式，不能写作“塌塌”。

瓶颈—瓶径

例句：缺乏专业维修技师，是制约农村农机维修得以发展的“瓶径”。

例句中的“瓶径”应当改为“瓶颈”。

瓶颈，音 píngjǐng，但多被误读为“píngjìng”；径，音 jìng。“瓶颈”被错为“瓶径”，或许首先就是由于读音的错讹而致。

径，为名词时，义为直达某处的小路，如“曲径通幽”，现泛指小路；也指途径或方法，如“捷径”。“径”作副词用时，为直接的意思，如“径直”、“径自”等。

颈，原指脖子的前部（脖子的后部叫项），引申为指整个脖子。成语“延颈企踵”就是伸长脖子、踮起脚跟，表示急切盼望的意思。“颈”也指器物像脖子的部分或部位、性质相当于“颈”的事物。“瓶颈”原指瓶口下面一段较细的部位，比喻为不易通过、影响或阻碍事物发展的重要环节、关键部分。例句中的“缺乏专业维修技师”就是影响、制约“农机维修得以发展”的重要原因，所以应当用“瓶颈”一词。

平添—凭添

例句：文君当垆、相如涤器的千古佳话，为这片土地凭添了浪漫动人的色彩。

例句中的“凭添”应当改为“平添”。

平添，就是无形、平白中增添的意思，如“平添烦恼”，“这悲伤的音乐，给人平添了几分哀愁”；“平添”也指自然而然地增加，如叶圣陶《乡里善人》：“钱康侯谦逊地笑着，眼睛和鼻子的周围平添着许多深刻的皱纹。”

凭，原义为依着、靠着、借助，如“凭栏远眺”，后引申为依仗、依赖，如“婚姻大事全凭父母作主”。“凭”还作为介词，即引进动作行为的凭借、依据，如：“他凭真本事拿了第一。”

Q

祇—只、祗

例句：①被祭祀的对象包括上帝、天神、地只及人鬼。②这黑衣天王究竟是什么样

的神祇？

例句①中的“地只”应当改为“地祇”，例句②中的“神祗”应当改为“神祇”。

祇是多音多义字，发 qí 音时，泛指神灵。《吕氏春秋·季冬》：“乃毕行山川之祀，及帝之大臣、天地之神祇。”先秦《尸子》：“天神曰灵，地神曰祇，人神曰鬼。”祇洹精舍，是印度佛教圣地之一，为“祇陀园林须达精舍”的省称，简称祇园、祇林，后泛指寺院。唐代白居易《题东武丘寺六韵》：“香刹看未远，祇园入渐深。”

祇发 zhǐ 音时，是副词“衹”（也写作“秖”、“秪”）的异体字，已经简化为“只（zhǐ音）”，用在谓语前，表示动作行为的限度，如《诗经·小雅·何人斯》：“彼何人斯，其心孔艰……胡逝我梁，祇搅我心。”意思是，那是个什么人，心术非常阴深？为什么走过我的鱼梁，只是搅乱我的心。“祇”还有副词“适”、“正”、“恰巧”的意思，既可发 zhǐ 音，也发“zhī”音。“祇”还发 chí 音，既是“病”的意思，也是“安”的意思。《集韵·支韵》：“祇，病也。”“祇，安也。”《易·坎》：“祇既平，无咎。”意思是，病已经好了，没有什么祸患了。《诗经·小雅·何人斯》：“壹者之来，俾我祇也。”意为你来看我，我的心就会踏实、安稳些。

祗，也是多音词，发 zhī 音时，是动词，“敬”和“谦恭”的意思。如《管子·牧民》：“顺民之经，在明鬼神，祗山川，敬祖庙，恭祖旧。”“祗山川”就是“敬山川”的意思。“祗”发“zhǐ”音时，为副词，是“适”、“正”、“恰巧”和“仅仅”、“只有”的意思，与衹、祇、秖通假。如柳宗元诗《同流而是把哭吕衡州兼寄江陵李元二侍御》中“祗令文字传青简，不使功名上景钟”。“祗”为副词，现已由“只”替代。

签署—签属

例句：农民兄弟网与美国摩根华尔金融集团正式签属上市协议，与加拿大 HY 投资集团签属了共建协议。

例句中的两个“签属”为“签署”之误。

属，的原义是“聚集”、“归往”、“向往”等，如《老子》十九章：“此三者以为文不足，故令有所属……”意思是，这三者（圣智、仁义和巧利）不足以治理天下，所以要使人有所归属。后引申为“隶属”、“归属”。

署，原是安排、部署、布置的意思，在古代“部署”的核心是调遣军队，就要委任将官，颁发委任证书，证书上需有帝王的签名或印章，从这里就引申出了“署名”一词。“签”是画上记号或写上姓名的意思，所以“署”和“签”是一个意思。“签署”是个同义合成词，也就是在文件上签字、署名，予以确认使文件生效。

遣散—谴散

例句：他谴散了公司生产车间的工人。

例句中的“谴散”应改为“遣散”。

谴，《说文解字》：“谪问也。”义为责问、责备、批评，如“谴责”。也指旧时官吏被贬谪，如王昌龄《寄穆侍御出幽州》："一从恩谴度潇湘，塞北江南万里长。""恩谴"就是被皇帝贬谪的意思。谴，还指罪过、罪责。《后汉书·蔡邕传》："欲以改政思谴，除凶至吉。""思谴"就是反思罪过。

遣，《说文解字》："遣，纵也"，为"派遣"、"发送"、"使离去"的意思，如"调兵遣将"、"差遣"、"遣返"、"遣送"等。"遣"的词义还有"排除"的意思，如"排遣"、"消遣"、"遣愁"等。宋代王禹偁《黄冈竹楼记》："矢志《周易》一卷，焚香默坐，消遣世虑。"句子中的消遣就是消除、排遣的意思。

例句说的是让工人离开车间（下岗），应当用表示"使离去"的"遣散"。

欠收—歉收

例句：许多农民在为欠收一筹莫展。

例句中的"欠收"应改为"歉收"。

欠，本义为亏欠，一是指借别人的钱物没有归还，如"欠债"、"欠账"、"欠款"。宋代苏轼《论积欠状》："自小民以上，大率皆有积欠。"意思是，从普通百姓以上大概都有积欠赋税的情况；二是指应当给人的没有兑现，如"我们在民生问题上历史欠债太多"，是说应该给老百姓的实惠而没有给；"欠发工资"就是应当发给职工的工资而没有发给。"欠"还借指感情上没有回报别人，即欠"感情债"、"人情债"。欠，由亏欠引申为缺少、不够，如"欠缺"、"欠安"、"欠火候"等。宋代陆游《老学庵笔记》："晏尚书景初作一士大夫墓志，以示朱希真。希真曰：'甚妙，但似欠四字。'问：'欠何字？'曰：'当增不行于世四字。'"意思是，晏景初（南宋宰相）写了一篇墓志铭，给朱希真看。朱说，写得很好，但缺少"不行于世"四字。意思是，不要让这篇（写得不怎么样的）墓志铭见之于世。欠产，指的是产量比目标产量相差一定数量，没有达到原定的目标，但并不表示"歉收"，还可能是丰收。

歉收，本义是指庄稼收成不好，即没有丰收。"歉年"、"歉岁"就是收成不好的年份，"以丰补歉"就是拿丰年收成弥补歉年不足。《宋史·黄廉传》："使民遇丰年而思歉岁也。"就是说让老百姓在丰收的年份想到歉收的年份。例句说的农民一筹莫展，是因为没有丰收，即"歉收"。歉收了，就可能吃不饱，"腹歉"就是饿肚子。"歉"也引申为对不住别人、惭愧不安，如"歉疚"、"歉意"、"道歉"。

饿—呛

例句：对于小型民营企业来说，由于技术、设备以及资金等条件的局限，研制大马力拖拉机够呛。

例句中"呛"应改为"戗"。"呛"和"戗"同音，但词义不同。

呛，发 qiāng 音时，表示水或食物进入了气管而引起的逆气咳嗽，而又突然喷出。《红楼梦》第四十一回："刘姥姥两手捧着喝，贾母、薛姨妈都道：'慢些，别呛了。'"呛，发

qiàng 音时，词义为呼吸道受到有刺激性的气体或气味的刺激而感到难受的一种反应，如咳嗽。柳青《创业史》第一部第五章："嗅惯了汤河上亲切的烧稻草根的炊烟，很不习惯这车站小街上呛人的煤气味。"

戗，发 qiāng 音时，是"逆着"的意思，表示方向向相反，如"故遇红毛追袭，即当转舵，随风顺行，可以脱祸，若仍行戗风，鲜不败者。""戗风"，即顶风的意思。"戗"由"逆"的意思引申为"冲突"、"顶撞"之义，清代吴敬梓《儒林外史》第四十三回："几句就同雷太守说戗了。""戗"发 qiàng 音时，词义为"支撑"、"支持"、"顶住"及支撑物的意思。如老舍《骆驼祥子》："把老车夫的脖领解开，就地扶起来，用把椅子戗在背后"。"戗"后引申为"承受"，够戗，就是形容十分厉害而受不了，承受不住，或(对某事)胜任不了。

呛—跄(参见"戗—呛"词条)

例句：二十几年来，这个县农机化之路走得有点踉呛。

例句中的"呛"应当改为"跄"。

跄，从"足"，音 qiàng，(古汉语发 qiāng 音)，在古汉语中，"跄"是走动灵活有节奏的意思，如《诗经・齐风・猗嗟》："美目扬兮，巧趋跄兮。""巧趋跄"就是行走从容有节奏。"跄跄"原为飞越奔腾的意思，引申为"快步走"。"踉"原义也为"跳跃"之义，如唐代韩愈《赠张籍》诗："君来好呼出，踉跄越门限。"诗中的"踉跄"一词是跳跃的意思。"踉跄"由走路跳跃引申为指走路不稳、跌跌撞撞和行走缓慢，如南朝梁简文帝《妾薄命》："王嫱貌本绝，踉跄入毡帷。"南朝萧统《文选・潘岳〈射雉赋〉》："褰微罟以长眺，已踉跄而徐来。""踉跄徐来"就是行走得很慢的意思。在现代汉语中，"踉跄"只有"走路不稳、摇摇晃晃"的意思，如茅盾《子夜》："(阿二)一眼看见曾沧海，脸色变成死白，手指簌簌地抖，一个踉跄就倒在烟榻上。"这里的"踉跄"是行走不稳的意思。

例句中的"农机化之路走得有点踉 qiàng"，是说"路"走得不稳、不快，比喻为像人的走路"踉跄"。

乔木—荞木

例句：桫椤树属蕨类荞木。

例句中的"荞木"应当改为"乔木"。

乔，本义为高大，"乔松"即高大的松树，"乔岳"就是高山。《史记・夏本纪》："其草惟夭，其木为乔"，意思是小草茂盛，而树木高大。桫椤树，木本，茎柱状，直立，高 3～8 米，我国南方溪边林下多有生长。南朝江淹《杂体诗》三十首之二十："青松挺秀萼，惠色出乔树。""乔树"就是高大的树。树干高大、且树的主干与分支有明显的区别的树木就称为"乔木"；而无明显主干且矮小丛生的木本植物称为"灌木"。乔木、灌木都是木木植物，而"荞"是草本植物，即"荞麦"，"荞面"就是荞麦的子实磨成的面粉。

二

青睐—亲睐

例句：天津富康公司开发的玉米收获机投放市场后受到购机农户的亲睐。

例句中的“亲睐”应该改为“青睐”。

青，在文言文中即为黑色，如李白诗“朝如青丝暮如雪”中的“青丝”就是黑而柔软的头发；古代八品以下的官员穿黑色的官袍，叫“青袍”，如唐代高适《留别郑三韦九兼洛下诸公》诗：“此时亦得辞渔樵，青袍裹身荷圣朝。”“青袍”也泛指品级低的官员。在“青睐”一词中，“青”指代“黑眼珠”。“青睐”也称“青眼”、“垂青目”、“垂青”，《红楼梦》第七十九回：“贾赦见(孙绍祖)是世交之孙，且人品家当都相称合，遂青目择为东床娇婿。”

“青睐”，是动词，典出《晋书·阮籍传》：阮籍不拘礼教，能为青白眼。但凡见了凡夫俗子，阮籍就用白眼看(眼睛朝上看，露出白眼珠，表示瞧不起)；见了好友、高雅之士，阮籍就用黑眼珠正视之。有一次，阮籍的好友嵇康带着酒、挟着琴来看他，阮籍“大悦，乃对之青眼。”“睐”作名词时即为“瞳仁”，作动词时为“顾盼”的意思。后来就用青眼、青睐或垂青目表示对人的器重和喜爱。在现代汉语中也表示对物品的喜欢、欢迎。而“白眼”一词在现代汉语中依旧使用，如“翻白眼”、“遭人白眼”等。

缺墒—缺商

例句：水田缺水 810 万多亩，旱地缺商近 1 亿亩。

例句中的“缺商”应该改为“缺墒”。

墒，是指土壤的湿度，也称墒情，指的是土壤含有适合种子发芽的水分。“保墒”就是不让土壤中的水分蒸发、流失；“缺墒”就是土壤中的水分不足。

商，词义为计算、计度，如除法计算的结果就叫“商”；后引申为讨论、交换意见，如商量、商略、商议、商榷等。商也指朝代名“商朝”、古地名“商丘”及星宿名、古代五音宫商角徵羽之一的商音及姓氏商，如“商鞅”(即卫鞅、公孙鞅)。“商”还指做买卖和做买卖的人，有论者说，周灭商以后，商朝的贵族不能再担任官职而沦为平民，为了生存他们纷纷从事买卖，人们就将做买卖的人称为“商贾”、“商人”，与此有关的词有商业、商品、商场、商船。说土壤“缺商”意思就不明确了。

阕—阙

例句：日前，一位爱好填词赋诗的远方朋友，寄来了一阙他新近填的《贺新郎》。

例句中的“阙”应当改为“阕”。

阙，读音为 què 时，指古代皇宫大门前边供瞭望的楼，引申为神庙。《古诗十九首(三)》：“两宫遥相望，双阙百余尺。”诗的意思是，南北两座王宫遥遥相对，宫门口的两座瞭望楼高百余尺。“阙”后来就引申为帝王的住所，如“汉宫魏阙”、“阙廷”等词，后来“宫阙”又代称皇帝。宋代岳飞《满江红》中的“朝天阙”，就到京城朝见皇帝的意思。阙，读音为 quē 时，还有疏失、空隙、豁口之义，引申为残缺、亏损、不足和弊病之义。《三国志·周瑜传》：“瑜少精意于音乐，虽三爵之后，其有阙误，瑜必知之，知之必顾。故时人谣曰：‘曲有误，周郎顾。’”文中的“阙误”就是残缺、错误或不足之义。

阕，音 què，原义为祭祀的礼仪结束后，把门关上，《说文解字》：“阕，事已闭门也。”“阕”由关门引申为“止息”，因为祭祀时是要奏乐的，祭祀完毕，音乐也停止了，“阕”也就有了乐曲终止的意思。乐曲每一次终止为“一阕”。唐宋词是按照一定的词牌填词后唱的，唱完一首就要停一下，这就叫“一阕”。宋代欧阳修《晚泊岳阳》诗：“一阕声长听不尽，轻舟短楫去如飞。”有的词牌是分上下段或几段的，唱完一段也要稍停一下，所以一段（节）也就叫“一阕”，或“上阕”、“下阕”，“阕”也就由动词衍化为名词了。

二

R

人才—人材

例句：科技水平高低，直接取决于人材。

例句中的“人材”应当改为“人才”。

才，古汉语中主要表示“人才”和“才能”。《论语·泰伯》：“如有周公之才之美，使骄且吝，其馀不足观也。”孔子这句话的意思是，即使有能与周公媲美的才能，但如果因此骄傲而且吝啬，其余方面优点也就不值得看了。《国语·齐语》：“管子，天下之才也。”这是说，管子是当时天下的人才。

材，原指木干、木料，也指原料、材料，如《孟子·梁惠王上》：“斧斤以时入山林，材木不可胜用也。”意思是伐木要适合时令，木材就会用不尽了。古汉语中“材”曾与“才”通假，指才能、有才能的人，《左传·僖公二十八年》：“公欲杀之，而爱其材。”《左传·襄公二十六年》：“子木曰：‘夫独无族姻乎？’对曰：‘虽有，而用楚材实多。’”前一个句子中的材是指“才能”，后一个句子中的楚材是指“有才能的人”。在现代汉语中，“材”与“才”已有明确的“分工”，不再通假，而以“才”表示“人才”。

人事变动—人士变动

例句：换届选举一般情况下都要涉及干部人士变动这一敏感问题。

例句中的“人士变动”应当改为“人事变动”。

人事，在古代原指人世间的事情。《乐府诗集·杂曲歌辞十三·焦仲卿妻》：“自君别我后，人事不可量。”“人事不可量”的意思就是人世间的事情无法估计和预测。引申指“仕途”，如东晋陶渊明《归去来辞序》：“尝从人事，皆口腹自役。”在现代汉语中，“人事”指关于工作人员的录用、培养、调配、奖惩等工作。例句中的“人事”指的就是人员升调任免的事宜，错成“人士”就不通了。

人士，是对社会上有一定地位、声望、声誉和影响的人物的称呼，如艺术界人士、法学界人士、无党派知名人士、党外民主人士等。

糅合—揉合　杂糅—杂揉

例句：①阴阳五行学说经过汉儒的揉合，而渗透到了儒家学说之中。②这是儒学衰征，佛道代兴以及胡风杂揉的结果。

例句中的“揉合”、“杂揉”是生造词或者说就是“杂糅”词，“糅”只能组成“糅合”、“杂糅”等词语。

揉，原义是把木头进行烘烤使之变形弯曲或变直。《周易·系辞》：“揉木为耒。”即把木头变成需要的形状当作农具(耒)。使木头变形就要加以压力，所以“揉”也指用手用力反复地“搓摩”、“揉搓”等加以压力使服帖，由此引申为使顺服、安抚，如《诗经·大雅·崧高》中“揉此万邦，闻于四国”的意思就是，使万邦顺服，让天子的德政声闻于各诸侯国。

二

糅，原义是各种粮食混在一起做的杂饭，西汉枚乘《七发》：“滋味杂陈，肴糅错该。”意思是，各种美味交替、无序地摆放上来，各种肉食菜肴掺杂在一起。《楚辞》有“同糅玉石”，意思是把玉和石头混在一起。糅合，就是把不同的东西(事物)混杂在一起，即混杂、错杂、掺杂，用以比喻不适当地将事物合在一起。《国语·楚语下》：“九黎乱德，民神杂糅，不可方物。”意思是，九黎扰乱了德政，百姓就和神灵混杂了，不能辨别事物。

例句①实际上是说儒家吸收了阴阳学说，或者说是把阴阳学说渗入儒家的学说，例句②是说儒学、佛教和道教思想以及少数民族的风俗(胡风)互相影响和渗透，因而不是杂糅或糅合，用“融合”更加合适。

S

纱锭—纱绽

例句：为了引进龙玛集团 10 万纱绽项目提供了有利的用地支撑。

例句中的“纱绽”应当改为“纱锭”。

绽，音 zhàn，是开裂、破裂的意思，如“绽放”、“绽露笑容”、“皮开肉绽”等，如北周庾信《杏花》诗：“春色方盈野，枝枝绽翠英”。

锭，音 dìng，原义为金属制食(餐具)，《说文解字·金部》注：“豆有足曰锭，无足曰镫。”“豆”古时即碗状的器皿，下面有“脚”的就称为“锭”。古时，“锭”又指制币用的浇铸成形的金块、银块，引申指锭状的东西，如“钢锭”、“铝锭”。近代纺织业诞生以后，也指纺纱机上的部件，即纱锭，也称“锭子”。“锭”还作量词用，计数锭状的东西，如“一锭银子”。

墠坛—单坛

例句:“社”最初只是原始社会祭祀鬼神的单坛。

例句中的“单坛”应当为“墠坛”。

墠,音 shàn,这是已经不常用的字,原义是郊外经过平整的土地,如《诗经·郑风》:“东门之墠,茹藘在阪。”意思是,东门城外土地平坦,坡地上生长着红色的茜草。平整出来的土地用来做祭祀的场所,所以祭祀的平地也就称为“墠”。如《礼记·祭法》:“是故王立七庙,一坛一墠。”又如《论衡·死伪》:“周武王有疾不豫,周公请命,设三坛同一墠,执璧秉圭……”“墠”与“坛”都是用来祭祀的,只是“坛”是用土筑起的高台,“墠”是平地。把“墠坛说成“单坛”就不知道其意思了。

捎信—梢信

例句:农民只要打电话或梢个口信,邮局就会送来所需的农资。

例句中的“梢”应当改为“捎”。

梢,名词,原义为树枝的末端即枝梢,“树梢”即树的顶端,引申为条状物的末端、末尾。唐代杜甫《堂成》:“桤林碍日吟风叶,笼竹和烟滴露梢”。后半句的意思是,雾气笼罩竹林,凝结成露水从竹叶梢上往下滴。“梢”原同“艄”,“船梢”即“船艄”,指船的尾部掌舵的人为“梢公”,现已规范为“艄公”。唐代柳宗元《游朝阳岩遂登西亭》:“所赖山水客,扁舟枉长梢”,“长梢”即指“船梢”(船艄)。但现仍称条状物的较细的一头为“梢”,如“鞭梢”、“辫梢”、“眉梢”、“发梢”、“柳梢头”等。

捎,音 shāo,动词,在古汉语中的原义为“拂掠”、“芟除”、“清除”,宋代张耒《春阴》:“风捎檐滴难开幌,润引炉香易着衣”,“风捎檐滴”就是风掠过屋檐下的雨滴的意思。“捎”后引申为顺便带来(带去)的意思。元代白朴《东墙记》:“既蒙小姐垂念,小生也写一简,烦小娘子捎去。”“捎口信”就是“捎话”即“带口信”。捎,发 shào 音时,为略微后退的意思,让骡马后退即喊“捎”;“捎”也指褪色,即“捎色”。

甚远—深远

例句:“移动通信专家”改为“移动信息专家”,虽然只有一字之差,但含义相差深远。

例句中的“深远”应当改为“甚远”。

甚,是表示程度的一个副词,是“严重”、“厉害”、“过分”、“非常”的意思。“相差甚远”就是相差得太远了。“甚”还有动词的词性,是“超过”的意思,如“日甚一日”、“甚于水火”。

深,属“氵”部,原指从水面到水底的距离,现泛指从地面往下或从外到里的距离大,如毛泽东《如梦令·元旦》:“宁化、清流、归化,路隘林深苔滑。”“深”还引申为“奥妙”,如

"道理很深"、"寓意深远";"浓厚"如"感情深厚";"(颜色)浓"如"深红";"时间久了"如"年深日久"等。"深远"则是深刻而长远的意思,不能组成"相差深远"。

抒写—书写

例句:沧浪人正挥洒汗水,书写着社会主义新农村和谐幸福的新篇章。

例句中的"书写"宜改为"抒写"。

书写,是一个中性词,就是写字、抄写,用于书面语。《后汉书·樊宏传》:"宏所上便宜及言得失,辄手自书写。"意思是,樊宏所上奏给朝廷的关于治理国家的建议和指出得失的奏本,都是自己动手写的。

抒写,则是带有感情抒发而描写的意思,如碧野《白云·绿树·金花》:"这悠扬的乐曲抒写着祖国山川的明丽,抒写着小伙子和年轻姑娘的恋情,抒写着火热的青春和豪迈的事业心。"例句中的"新篇章"并不是一篇文章,而是一种比喻,即前景。所以,将"书写"改为"抒写"表现了沧浪人的情感、对前景的向往。

铄金百镒—铄金百溢

例句:韩非子有句名言:"铄金百溢,盗跖不掇",意思是说,刑罚残酷才能制止犯罪。

例句中"铄金百溢"的"溢"应当改为"镒"。

溢,意思是水满了而向外流出,如"江河横溢,方显出英雄本色",引申为流露、散发,如"激动之情,溢于言表"、"桂花溢香"。"溢"还引申为"充满"、"过度",如汉代班固《西都赋》:"人不得顾,车不得旋,阗城溢郭,旁流百廛。"形容西都长安的热闹拥挤,"阗城溢郭"就是指人和车马充塞着城里城外。

镒,我国古代的重量单位,一"镒"为二十四两(《玉篇·金部》说一镒为二十两),《战国策·齐策》:"有能得齐王头者,封万户侯,赐金千镒。"又《吕氏春秋·异宝》:"荆国之法,得五员者,爵执圭,禄万檐,金千镒。"意思是,伍子胥逃离楚国后,楚王规定:抓住伍子胥,可以封爵,享受万石的俸禄(古汉语"檐"通"担"、"石"),并赏给"千镒"金子(春秋时期,"金子"多指黄铜)。"铄金百镒,盗码不掇"意思是一百多斤烧得通红的金子,强盗也不敢去等。应当用"镒"。

耸立—耸然而立

例句:一座高 25 米的现代雕塑耸然而立,给人以大气豪迈之感。

现代汉语中没有"耸然"这个词,《现代汉语词典》、《现代汉语规范词典》只收有"悚然"或"竦然"而无"耸然"。"悚然"是惊慌不安的样子,"竦然"则是指人的恭敬之义,如"竦然肃立"。"悚然"、"竦然"这两个显然也不能充当"现代雕塑"的谓语状语。例句可以直接说"现代雕塑耸立着",即"高高地直立",如"群山耸立"、"人民英雄纪念碑耸立在庄严的天门广场”。

酸枣棘—酸枣刺

例句：山西省翼城县因地制宜，将满山遍野的酸枣刺嫁接成了红枣树。

例句中的“酸枣刺”应当为“酸枣棘”。

棘，为树木名，原来的意思就是“酸枣树”。《说文解字》：“棘，小枣丛生者。”因酸枣树有刺，后来“棘”就泛指有刺的灌木，如成语“披荆斩棘”。常说的事情难办，即为“棘手”，比喻事情难办得像有刺扎手一样。

刺，“朿”既表音且表义（“朿”即木芒），“刂”表义。原义为像针一样尖锐的东西，如“芒刺在背”；也指兵器的锋刃，如“刺刀”“刺”引申为扎入、穿透，如《战国策·秦策一》：“（苏秦）读书欲睡，引锥自刺其股，血流至足。”古汉语中“刺”有“斥责”、“指责”之义，如《战国策·齐策一·邹忌讽齐王纳谏》：“能面刺寡人之过者，受上赏。”这里的“刺”就是“指责”、“挑错”的意思。“刺”还有“暗杀”、“侦察”、“讥讽”等义，对应的词如“刺杀”、“刺探”、“讥刺”和“讽刺”等词。

二

T

耥(地)、趟(地)—镗(地)

例句：中耕除草，一般要求做到三铲三镗。

例句中的“镗”应当改为“耥”或“趟”。

耥、趟均发 tāng 音，都是翻地、松土和除草的一项农活儿，只是所用的农具不同，翻地、松土的深度有别。“趟地”用的是犁或耠子翻地除草“耥地”用的是“耥耙”（木制农具，上有长柄、下有短铁齿）。“趟”还指从草丛中或没有路的地方走过去，或从浅水中走过去，如“打前站趟道”、“趟水过河”等。

镗，音 táng，原义是象声词，如“镗镗”形容鼓声，如《诗经·击鼓》“击鼓其镗”。到了近现代，“镗”则是机械加工时用旋转的刀具对零件上已有的孔眼进行切削的作业，如“镗床”、“镗孔”等。

陶冶—陶治

例句：农信社要开展多种有益的文娱活动，陶治职工的思想情操。

例句中的“陶治”为“陶冶”之误。

冶，为形声字，从“冫”（古冰字），台（yí）声，本义为以冰融化解释金属销熔，即熔炼（金属）的意思，如“冶炼”、“冶铸”、“冶金”等词。陶，是个形声词，从阜，匋（táo）声。本义为陶器，即用黏土烧制成的瓦器。陶，引申为造就（如“陶铸”）、快乐（如“乐陶陶”、“陶醉”)。

陶、冶合成为“陶冶”,其词义原为烧制陶器和冶炼金属,《明史·职官志一》:“虞衡典山泽採捕陶冶之事。”意思是,“虞衡”这个官职,是掌管采伐渔猎和烧制陶器、金属冶炼的。“陶冶”也比喻为培养、教育,用良好的环境和条件给人的思想道德和行为以积极的影响。如北宋王安石《上皇帝万言书》:“所谓陶冶而成之者何也? 亦教之、养之、取之、任之有其道而已”、“用社会主义核心价值观陶冶人们的心灵”。

畋猎—田猎

例句:从各种经济活动中,如出征、田猎、巡狩、献俘等仪式中得到精神鼓舞。

例句中的“田猎”应当改为“畋猎”。

畋,原为耕种的意思,如《尚书·多方》:“今尔尚宅尔宅,畋尔田。”意思是,如今,你还居住你原来的屋子,还耕种你原来的田地。“畋尔田”就是耕种你的田地。畋,也是“打猎”的意思,汉代司马相如《子虚赋》:“楚使子虚使于齐,王悉发车骑,与使者出畋。”“出畋”就是到野外去打猎。

田,在现代汉语中,一是指田地、土地;二是指蕴藏矿物的地带,如“油田”、“煤田”“油气田”等,没有“打猎”的义项。在古汉语中,“田”与“畋”曾相通假,后改为“畋猎”,不再通假。在古汉语中,“田”既指田地、土地,也指耕种田地,还是一种地积单位和生产活动单位,如《管子·乘马》:“四聚为一离,五离为一制,五制为一田,二田为一夫,三夫为一家。”

曈曈—瞳瞳

例句:我们早已失去初日瞳瞳大地。

例句中的“瞳瞳”为“曈曈”的别字。

曈,“日”部,“童”音,指太阳初出并渐渐明亮的样子。“初日曈曈”正是说的初升太阳渐渐明亮。北宋王安石《元日》诗中的“千门万户曈曈日”,是说元旦的早晨千家万户打开门窗迎接初升太阳的光芒。唐代杜牧《感怀》诗中也用过“曈曈”:“荡荡乾坤大,曈曈日月明。”

瞳,目部,童音。词义有二,一是指瞳孔,如“瞳仁”,据《史记·项羽本纪》说,虞舜和西楚霸王项羽的眼中有两个瞳仁,叫“重瞳”:“舜目盖重瞳子,又闻项羽亦重瞳子。”二是指愚昧无知,即“瞳蒙”,也写作“瞳朦”。《后汉书·蔡邕传》:“童子不问疑于老成,瞳朦不稽谋于先生。”意思是,小孩不会向经历多而稳重的人提问题,愚昧无知的人不会请教老师。

退化—褪化

例句:解决杂豆褪化问题是关系农业增产和农民增收的大事。

例句中的“褪化”应当改为“退化”。

褪，一是指脱去衣装，如“褪下外衣”；二是指颜色由深而浅，即“褪色”，《巴金全集·怀念萧珊》：“她（萧珊）却挨了‘北京来的红卫兵’的铜头皮带，留在她左眼上的黑圈好几天以后才褪尽。”“褪色”也常用以比喻本色、意识等逐渐淡化以至于消退，如鲁迅《书信集·致台静农》：“上海幽默已稍褪色，语堂转而编小品文，名曰《人间世》。”

退化，是指生物体的某一器官或某些器官在进化过程中逐渐变小，机能衰退，部分残留或完全消失，如“阑尾是人体内一个逐渐退化的器官。”退化，也泛指事物由好变坏、由优变劣的衰退。“杂豆退化”是指原有繁殖能力的减弱，不能用非规范词“褪化”。

W

二

蜿蜒—蜿蜒

例句：远望峡谷，清流蜿蜒奔泻，河中巨石累累。

例句中的清流“蜿蜒”应当为“蜿蜒”。这是由于“蜓”和“蜒”两个字的字形相近而发生的错误。

蜓，“虫”部，“廷”声，即一种名为“蜻蜓”的昆虫。

蜒，“虫”部，“延”声，原指一种叫做“蜒蚰”也叫“蚰蜒”的多足节肢昆虫，灰白色，爬行时会留下黏液，成弯弯曲曲状。蜿，形容弯曲行走的摩状词，与“蜒”组成合成词“蜿蜒”，形容和比喻像蛇类爬行、弯弯曲曲向前延伸的样子。河流一般是弯弯曲曲的，水流形同蚰蜒爬行后的遗迹，因而应称“蜿蜒”。

偎—畏

例句：怀柔北依群山，南畏平原，距北京市区 50 公里。

例句中的“南畏平原”的“畏”应当为“偎”。

畏，是害怕、敬佩、佩服的意思，如“无所畏惧”、“后生可畏”、“令人敬畏”等。在古汉语中，“畏”还有拘禁的意思，如《论语·子罕》：“子畏于匡。”意思是，孔子被匡地的老百姓拘禁了。这是因为匡地的老百姓曾经被阳货掠夺和残杀过，而孔子外貌与阳货相像，孔子经过匡地时，老百姓误以为是阳货，就拘禁了孔子。

偎，是紧紧地挨在一起的意思，如“偎傍”、“偎依”、“偎贴”等词，如宋代柳永《凤栖梧》：“旋暖熏炉温斗帐，玉树琼枝迤逦相偎傍。”“南偎平原”就是南部地区紧紧地与平原地区连接在一起，在例句中“南偎”与“北依”相对。

无可奈何—无可耐何　急不可耐—急不可奈

例句：①暴风雪冻死了成百上千的牛羊，望着死牛死羊和仍在咆哮着的暴风雪，牧

民们无可耐何。②主人看着运输车上满载着的秧苗已被太阳晒得发蔫，更是急不可奈。

例句①中的"无可耐何"应当改为"无可奈何"；例句②中的"急不可奈"应当改为"急不可耐"。

耐，是"忍受"、"承受得住"的意思，如：忍耐、耐心、耐磨、耐人寻味等。五代十国李煜《浪淘沙》："罗衾不耐五更寒"。意思是，薄薄的罗绢被褥耐受不住五更天的寒冷。

奈，是处置、对付的意思，"奈何"就是"怎么办"，"无奈"、"怎奈"、"无可奈何"等就是没有办法、无办法可想。《淮南子·兵略训》："唯无形者无可奈也。"意思是，只有表现为没有形体的事物是没有办法对付的。"奈何"用作疑问代词，相当于"为什么"、"怎么"，用于反问，如"民不畏死，奈何以死惧之？"意思是，老百姓不怕死，怎么能（为什么）用死来威胁他们呢？

"耐"和"奈"在古汉语中曾经通用，在现代汉语中已经不通用了。

二

物资—物质

例句：一是全力确保农用物质的供应和农产品流通。

例句中的"物质"应改为"物资"。

物质，一是指不依赖于人的意识而又能为意识所反映的客观实在，即哲学上所说的"客观物质世界"；二是指人们生活必需的金钱、生活资料、用品等，如"物质生活"。

物资，一般指生产、军事所需要的物质资料，如"生产物资"、"农用物资"、"军用物资"、"物资供应"等。"物资"有时也用来指生活资料，如"三年自然灾害期间，居民生活物资奇缺。""物资"与"物质"不能通用。

X

息—熄

例句：从6月中旬价格战的信号弹升起，到如今的枪炮声不熄，从侧面让采购者得到了印证。

例句中的"熄"应当改为"息"。

熄，原是火熄灭的意思，《孟子·告子上》："今之为仁者，犹以一杯水救一车薪之火也，不熄，则谓之水不胜火。"意思是，如今提倡"仁"的人，就像用一杯水扑灭一车着了火的柴草，而火不能熄灭，这就叫水不胜火。古代是以取火照明的，照明用具即"灯"也叫"火"。"只许州官放火"中"火"，指的就是灯。所以把灯灭了也叫"熄灯"。

息，一是指气息，如"喘息"；二是指歇息、休息、停止，如"作息时间"、"安息"；三是指停止、使安定、平息，如"奋斗不息"、"偃旗息鼓""息事宁人"等。"枪炮声不息"就是枪声炮声停不下来，不能用"熄灭"的"熄"。

席卷—袭卷

例句：狂风裹着尘埃呼啸着袭卷而来。

例句中的"袭卷"应当改为"席卷"。

袭，为乘人不备、出其不意而进攻之义，如"掩袭"、"偷袭"。"袭"还有继承、沿用的意思，如"因袭"、"沿袭"。"袭迹"就是重蹈他人行迹的意思。"袭"还可作量词，如"一袭衣被"。

席，原义是用草、芦苇或竹篾编成的供坐或铺垫的用具，我国古代的"席门"，就是用席子做门，比喻家贫，如《宋书·袁粲传》："所处席门常掩，三迳裁通，虽扬子寂寞，严叟沉冥，不是过也。""席地"就是将席子铺在地上，如"席地而坐"。由此"席"也引申为座位，如"席位"。"席次"就是席位的次序，因而"席"也引申为"职位"，如"台席"（主席）。古代人也将席子铺在地上用餐，"席"也就有了成桌的酒筵的意思，如"酒席"；人们在酒席上也常说一些友好的话，所以"好话"、"有启示的话"就成为"一席话"。"席卷"是像卷席子一样把东西都卷进去，如"飓风席卷了西印度群岛"；而"袭卷"是个生造词。

二

遐想—暇想（参见"洁白无瑕—洁白无暇"词条）

例句：身处这环境优美的小山村，不仅使人产生了心旷神怡的暇想。

例句中的"暇想"应改为"遐想"。

遐，是"远"的意思，"名闻遐迩"就是远近闻名的意思，形容名声很大。"遐想"就是悠远地思索想象。《晋书·谢安传》："尝与王羲之登冶城，悠然遐想，有高世之志。"句子的意思是，（谢安）曾经与王羲之登上冶城，思索得很悠远，产生了超乎世俗的志向。

陷于—限于

例句：乡镇农资市场主体良莠不齐、假冒伪劣农资产品横行，导致坚持以质量为本的连锁经营限于十分尴尬的处境。

例句中的"限于"应当改为"陷于"。

限，原义是分界、范围，引申为指定的范围、限制，"限于"就是指受条件、环境的制约，局限在一定的范围之内。这个例句显然不是说连锁经营"局限于十分尴尬的处境"去运作，而是说连锁经营遇到困难，即处于（陷于）一种困境。

陷，原义是陷阱、坑穴，引申为掉进、陷入、陷落。"陷"有坑害、攻克等意思，如"陷害"、"冲锋陷阵"、"陷人于不义"等。"陷于尴尬的处境"，就像掉入陷阱一样，处于为难而束手无策的状态。

相悖—相背

例句：没有切实考虑农民的实际利益实际，是与其初衷相背的。

例句中的“相背”应改为“相悖”。

悖，就是相抵触、相冲突、相违背的意思。《汉书·艺文志》：“及鄙者为之，以为无所事圣王，欲使君臣并耕，悖上下之序。”句中的“欲使君臣并耕，悖上下之序”的意思是，让君王和臣子一起耕种，就违背了君王与臣子的礼数。“悖”还引申为“背叛”、“叛乱”，《史记·秦始皇本纪》：“义威诛之，殄熄暴悖，乱贼灭亡。”意思是，消除了暴动，叛乱，贼寇也消灭了。相悖，就是相反、违背的意思，其语法功能是作谓语用于两个以上事物的相比较。

背，作动词用时，本意是“背对着”，引申为离开、违反、朝相反方向等。

“悖”的词义重点在“冲突”，“背”的词义重点在“相反”。

二

相护—相互

例句：缺乏监督、官官相互应该是问题频发的根源。

例句中的“官官相互”为“官官相护”之误。

相互，副词，表示双方的关系，就是“互相”的意思，表示彼此之间同样对待。如巴金《友谊的海洋》：“虽然我们交谈的时间有限，可是我们还是增进了相互的了解。”

相护，指彼此之间串通一气，互相袒护。“官官相护”，是贬义词，原指封建社会各级官府衙门之间互相袒护、包庇，狼狈为奸，使人民蒙冤受害、申诉无门，现在也指某些有官职的人向着有官职的人，对彼此之间的丑行、违法犯罪行为互相袒护、包庇，不能写成“官官相互”。

相继—相续

例句：“爱心邮路”也相续获得多项荣誉。

例句中的“相续”应改为“相继”。

相继，是副词，即一个接一个地，充当状语，在例句中正处于谓语的位置。

续，则是动词，是连接的意思，如“持续不断”、“狗尾续貂”（即“接上”）、“续水”（即“添加”）等。一个连一个，通常说是“相继”，而不说“相续”。

想象—想像　好像—好象

例句：①连续三天的求职经历，彻底击碎了她对城市的想像。②她愣了一下，好象不习惯我们说‘收入’这个词。

例句①中的“想像”应改为“想象”；例句②中的“好象”应当改为“好像”。

象，作为名词，一是指现今陆地上体形最大的哺乳动物，如“曹冲称象”；二是指形态和样子，如“景象”、“形象”、“万象更新”等。“象”作为动词，是仿效、模仿的意思，如“象形”、“象声词”。“想象”作为动词，是对于不在眼前的事物设想其具体形象；作为名词，则是指是人的一种心理活动过程，即在知觉材料的基础上经过思维的新组合而设想出新的形象。

像，义项之一，即“好像”。作动词就是“有些像”，指某事物与另一事物相似、相同、如同（用作打比方）的意思，如“相像”；作为副词，“好像”为“似乎”的意思；作为名词，“像”还指“画像”、“肖像”。

销毁—消毁

例句：市政府决定，凡是违章建筑，一律予以拆除消毁。

例句中的“消毁”为“销毁”之误。

销，原为熔化金属之义，“销毁”指熔化、毁掉、烧掉，如“销毁武器”、“销毁证据”；“销”也指用掉、花掉，如“花销”、“开销”，还引申为出路，如“销售”、“销路”等。

消，有消失、除灭、和度过（时间）等义，如“消散”、“消灭”、“消除”、“消磨时光”等，但是不能用来表述熔化金属、销毁证据等。但在这个句子中，“销毁”却为赘词，违章建筑被拆除就是被“销毁”。

硝烟—销烟

例句：一场没有“销烟”的贸易战已经拉开了序幕。

例句中的“销烟”为“硝烟”之误。

销，动词，即毁掉，“销烟”是动宾结构，可以理解为销毁某种有害的“烟”，如“虎门销烟”。

硝，名词，一种化学原料，即制造火药的主要成分。“硝烟”是偏正结构，是火药爆炸后产生的烟雾，经常借指战争，如杨朔《征尘》：“尘头回旋着，滚转着，十步以外便是模糊一片了。我疑心这是战场，弥漫着枪炮的硝烟。”

例句将“贸易竞争”比喻为贸易“战”，所以要用“硝烟”。

销赃—销脏

例句：李某也当日乘火车赶往武汉，并在武汉销脏。

例句中的“销脏”应当改为“销赃”。

脏，发 zāng 音时，是“髒”的简化字，为形容词，是有污垢、不干净的意思，如“肮脏”、“脏乱不堪”；发 zàng 音时，为“臟”的简化字，是内脏器官的意思，如“脏腑”、“脏器”、“五脏六腑”。

赃，是“贜”的简化字，作为名词，指贪污、受贿或盗窃所得的财物，如“坐地分赃”、“贪赃枉法”。例句中的“销赃”既可以理解为“销毁赃物”即销赃灭迹、销毁罪证，也可以理解为“销售赃物”。

携手—协手

例句：这是该镇劳动就业服务中心协手中国国际航空公司针对农村劳动力举办的一场飞机保洁员招聘会。

例句中的“协手”为“携手”之误。

协，是会同、合力、协助、配合的意思，如“协办”、“协力”、“协查”、“协作”等，而“协手”是个生造词。

携，是提、挽、牵和带着、带领的意思，而这些动作、行为都要用手拿着，所以“携”又引申为拉着手。《诗经·北风》：“惠尔好我，携手同行”，意思是，感谢你把我当作好朋友，我们携手而归。“携手”就是彼此手拉着手的意思，引申为联合、合作。例句应当是在这个意义上使用“携手”。

二

新潟—新泻

例句：日本有236个农业特区，新泻县东颈城郡的‘东颈城农业特区’就是其中的一个。

例句中的“新泻”为“新潟”之误。这是由于“潟”（音 xì）与“泻”的繁体字“瀉”（音 xiè）形近所致。

在日本地名中并没有“新泻县”，而只有“新潟县”。日本“新潟县”，古称“浦原津”。据有关资料记载，在日本大化时代，信浓川河口三角洲西岸沙丘上的浜村和河口处的寄居岛村之间，形成一泓潟湖，因而得名为“新潟”，意即新出现的潟湖。到了“江户”时代称为“新潟凑”。后因城市建设，潟湖消失。1876 年，日本在“新潟”设县，县与市同名。新潟市为新潟县的首府（日本的“县”相当于我国的“省”），是日本本州中西部临海的一个城市。自江户时代起，“新潟”这个地名在日本一直使用到现在。

潟，是个形声字，“氵”表义，“舄”表音（xì）。“潟”，在汉语和日文中，同文同义。“潟”没有“简化”字。“潟”的字义为盐碱、海涂和咸湖。《辞海》：潟，咸水浸渍的土地。又，潟，卤也。元代陈基《如皋县》诗：“伊昔淮海陬，土俗勤稼穑；潟卤尽桑麻，闾阎皆货殖”，说如皋的盐碱地里都长了庄稼，闾巷到处有经商的人。我国东沙群岛上就有称为“潟湖”的地方。某电视台动物节目主持人曾经将“潟湖”误读为“泻湖”。

修葺—修茸

例句：走进大厂门，只见路面整洁无污垢，花草修茸一新，车间里没有刺耳的噪声。

例句中的“修茸”应当改为“修葺”，将“修葺”错为“修茸”时有所见。

茸，音 róng，原义是草初生时细嫩柔软的样子。唐代韩愈等《有所思联句》：“台镜晦旧晖，庭草滋新茸。”“新茸”就是初生的草。由指草的初生，“茸”又引申为柔细的毛，叠词“茸茸”就是像茸毛柔细浓密的样子。唐代陆仝《喜逢郑三游山》:“相逢之处花茸茸,石壁攒峰千万重。”雄性梅花鹿及马鹿的幼角初生时,充满血液,而且外带茸毛,所以也称为“鹿茸”。宋代黄庭坚《夏日梦伯兄寄江南》:“河天月晕鱼分子,槲叶风微鹿养茸。”

葺,音 qì,原义为用茅草覆盖房屋屋顶,南朝沈约《郊居赋》:“尔乃傍穷野,抵荒郊,编霜菼,葺寒茅。”“葺寒茅”就是修补简陋的茅草房。引申为修缮,《左传·襄公三十一年》:“以敝邑之为盟主,缮完葺墙,以待宾客,若皆毁之,其何以共命?”“缮完葺墙,以待宾客”就是修缮房屋的围墙,以接待宾客的意思。鲁迅《书信集·致李秉中》:“新房子尚不十分旧,但至今未加修葺,却是真的。”“葺”也有修改文章的意思,如《北史·许善心传》:“自入京邑以来,随见补葺,略成七十卷。”“葺”还有整顿的意思,如后唐李存勖《南郊赦文》:“到官惟务于追求,在任莫思于葺理。”

二

蓄电瓶—畜电瓶

例句:她自己动手做了恒温箱,买了畜电瓶。

例句中的“畜电瓶”应当改为“蓄电瓶”。

畜,多音词,发 chù 音时,为名词,指人喂养的禽兽,也泛指禽兽类动物,如“畜生”、“畜类”;发 xù 音时,为动词,即饲养的意思,如“畜养”、“畜牧”;“畜”后加名词,整个结构也为名词,指与畜禽相关的事物,如“畜牧业”、“畜产品”、“畜力”、“畜疫”等。

蓄,音 xù,是积聚、储藏的意思,如“蓄水池”、“积蓄”、“储蓄”、“蓄电池”、“蓄电瓶”等;“蓄”也表示存有,如“蓄意”、“蓄谋”、“蓄念”等;“蓄”还引申为留着、怀着,如“蓄须明志”、“蓄志高远”等词。

循着—寻着

例句:寻着这些楼房“成长”的轨迹“追溯”一番,不难发现,这个镇用市场化手段成“市”的匠心独具。

例句中的“寻”应当改为“循”。

寻,即“寻找”。“寻”是在还没有或没有见到的情况下去“找寻”、“寻求”以及“查考”、“探究”的意思,如《桃花源记》:“太守即遣人随其往,寻向所志,遂迷不复得路。”“寻向所志”就是寻找原来的记号。“寻”还有追求、追逐、攀缘、使用等义。

循,动词,“彳”部,与“亍”组成表示小步走的“彳亍”一词。因而由“彳”所构成的字词,一般表示与行走有关,“循”即其一。“循”的本义就是有顺序地顺着、沿着走的意思。如《左传·召公二十年》:“循山而南”,就是沿着山向南走。“循声”就是顺着声音(走去),“循序渐进”就是有次序有步骤地按照规律发展。“循”也引申为依照、遵照、按照,如“循规蹈矩”、“循名责实”等。“循阶”就是按照级别顺序提拔;“循例”就是按照惯例处理。古代有“循吏”一词,即是指按规矩办事、循礼守法的官吏。

例句中“成长的轨迹”是抽象名词，是无法“寻找”的，宜用“循着”，就是“沿着……去（做）”、“按照……去（做）”。

Y

垭口—哑口

例句：队伍已经翻过海拔 4 700 米的查乃河哑口、4 750 米的治曲河哑口。

例句中的“哑口”应当改为“垭口”。

垭，是两山之间的狭长地带，“垭口”就是狭长地带的进出口，如魏巍《东方》第三部：“他们在山腰里穿行着，在一个山垭口碰上了撤退的人们。”“垭”也有用作地名的，如重庆市的“黄桷垭”、湖北的“马头垭”。

哑，是因生理缺陷或疾病引起的不能说话或说不出话，如“沙哑”、“哑巴”。“哑口”就是不说话或说不出话，如“装聋作哑”、“哑口无言”。

烟灭—湮灭（参见“淹没—湮没”词条）

例句：这笔税收将在免除学杂费后灰飞湮灭。

例句中的“灰飞湮灭”应当改为“灰飞烟灭”。

“灰飞烟灭”是烟火熄灭、灰烬飞扬的意思，比喻人亡或事物迅速消失。这个短语出自《圆觉经》卷上：“譬如钻火，两木相因，火出木尽，灰飞烟灭。”又宋代苏轼《念奴娇·赤壁怀古》词：“羽扇纶巾，谈笑间、樯橹灰飞烟灭。”

“湮灭”则是埋没、消失的意思。

严峻—严竣

例句：一个严竣的形势摆在我们面前。

例句中的“竣”为“峻”之误。

竣，原义为“退立”，《国语·齐语》：“有司已于事而竣。”意思是，主管的官员事情办完了就退下来。后来，“竣”就引申为完毕、完成、结束意思。如“工程按时竣工”、“竣工验收测评”等。“竣工”就是工程结束。“严”与“竣”不能组词。

峻，原指山高而陡，如“崇山峻岭”、“峻宇高墙”。峻，又有严刻、严厉的意思，如“严刑峻法”、“冷峻”、“严峻”等词。其中的“严峻”就是严重的意思，如“形势严峻”，就是所处的形势面临着很多复杂的问题。“严峻”也有严格的意思，如“严峻的考验”；“严峻”还有严厉、严肃的意思，如“严峻的态度”、“目光严峻”。

沿用—延用　沿袭—延袭

例句：酿酒过程中翻动橡木桶仍然延袭几百年的传统、延用传统的人工方法。

例句中的"延用"、"延袭"应当改为"沿用"、"沿袭"。

沿，原义是河边，如河沿，引申为边沿，如：湖沿、炕沿、锅沿等；"沿"作动词，为顺着、遵循、承袭的意思，即"沿袭"、"沿用"。这两个词表示照老样子继续使用、继续下去。沿用，即继续使用过去的方法、制度、法令、名称等，如童边《新来的小石柱》："高志华心想，李老师习惯于沿用老方法，走旧路子。"沿袭，即依照过去旧传统、旧例或原有的规定办理，如徐特立《国文教授之研究》绪言："近人所著之教授法讲义，转相沿袭，乖谬甚多。"

延，是伸长、扩展的意思；，如：延颈企踵、延长线路、延展公路里程等；引申为"拖延"，如"延迟"、"延缓"、"延宕"等；"延"还引申为邀请如：延请、延揽人才、延聘等。"延用"、"延袭"是生造词。

眼花缭乱—眼花瞭乱

例句：浙江义乌小商品市场十分发达，倘若亲历其境，一定会使你眼花瞭乱。

例句中的"眼花瞭乱"应改为"眼花缭乱"。例句可能误以为"眼花缭乱"是眼睛看出来的，所以写成了"目"字旁的"瞭"，这是误解或望文生义。

缭，本义是缠绕、围绕、回旋的意思。唐代卢照邻《释疾文》："悲缭绕兮从中来，愁缠绵兮何时断。"这句话的意思是，悲情缠绕着从心中来，缠绵的愁绪何时才能了断啊。眼花缭乱就是看到了纷繁、新奇的东西而使眼睛发花、感到迷乱的意思。

瞭，则是在高处向远处看，没有缠绕和迷乱的意思。

依法行政—以法行政

例句：否则，基层政府不仅达不到以法行政的效果，相反还会在行使权力中出现违法行为。

例句中的"以法行政"应当改为"依法行政"。

依，介词，其引进动作、行为所遵从的标准或依据，相当于按照、依据、根据的意思。"依法行政"就是按照法律授予或规定范围行使职权。《现代汉语词典》："按照法律：依法惩办。"

以，介词，多用作引进动作行为的原因，相当于"因为"、"由于"。用在这个例句中不妥。

贻害—遗害

例句：乡政府明知靠引税来完成收入任务将会遗害无穷，依然这样做了。

例句中的"遗害"应当改为"贻害"。

遗，词义一是指因疏忽而丢失、疏漏、遗落；二是遗留、剩下。如"遗产"、"不遗余力"等。"遗"的对象是原有而剩余的部分，如"遗爱"、"遗产"、"遗毒"。"遗"的对象有好有坏。原有事物是好的，所“遗”的就是好的；原有的事物是坏的，所“遗”的也是坏的，即“贻害”。

贻，词义一是赠送，如“贻赠”；二是留下、遗留，如“贻笑大方”（“大方”即“大方之家”，为专家、行家之义）、“贻人口舌”等词。“贻”的客体为不好的东西，贻害，是留下祸患的意思，如“贻害无穷”。现代出版社《现代汉语规范词典》：贻害，错误遗留下去，造成后患。“害”即由错误而留下的派生物。例句说的是一种不好的做法，其留下的一定是不好的（所谓的“引税”引起的“后遗症”），所以应当用“贻害”。

移徙—移徒

例句：视驼所种树，或移徒，无不活，且茂硕、早实以蕃。

例句是某报文章引柳宗元《种树郭橐驼传》中的一句话，将“移徙”错为“移徒”了。

二

徙，“彳”部，音 xǐ，为迁移、转移的意思。《老子·八十章》：“小国寡民，使有什伯之器而不用，使民重死而不远徙。”这句话的意思是，国家很小而民众也少，即使有众多的器具而不使用；使老百姓重视死亡而不向远处迁移。“徙”还有调动、流放的意思，《汉书·梁孝王刘武传》：“武为代王，四年徙为淮阳王。”这里的“徙”是调动、改封的意思。“徙”还发 sī 音，为我国古代位于四川的一个小国的国名，《汉书·西南夷传》有记载。

徒，“彳”部，音 tú，原义为“舍车而徒”，即舍弃马车而步行，即“徒行”。后由动词徒步而转为名词，特指步兵，也指跟从之人、学生，如门徒、徒弟，徒工、尊师爱徒。《论语·先进》：“子曰：‘非吾徒也，小子鸣鼓而攻之可也。’”这句话的意思是，（冉求）不是我的学生，你们作为我的学生可以大张旗鼓地攻击他。“徒”由师出同门的弟子、门徒之义引申为同类或同一派别的人，如党徒、徒子徒孙（这两个词现均含贬义）。“徒”，还可充当形容词“空的”，如徒手；副词只、仅仅、白白地，如徒有其表、徒托空言、徒劳无功等。“徒”还是古代五种刑罚之一即“徒刑”。

容易与“徙”、“徒”混淆的还有“陡”，音 dǒu，其词义是山势峻峭，如“陡峭”。明代贾仲明：“陡涧高山，险峻崎岖，叫我手脚慌乱无是处。”“陡”又由山势的突出比喻和形容时间的突然、顿时，宋代汪莘词《忆秦娥》：“村南北，夜来陡觉霜风急。”词句中的“陡”就是突然、顿时的意思。

以—已

例句：河间市历史上就已味美的驴肉而闻名中外。

例句中的“已”应当改为“以”。

已，作为动词，是停止、止住的意思；作为副词，是“已经”的意思，而在这个例句中没有“停止”、“已经”等意思。

以，介词，用作引进动作行为的原因，相当于“因为”、“由于”，如“南京以六朝古都的悠久历史而闻名于世。”河间市是因为有滋味极佳的驴肉的原因而闻名于世的，所以应当将“已”改为“以”。

以毒攻毒—以毒功毒

例句：除草剂 PK 毒品，以毒功毒将会怎样？

例句中的“以毒功毒”为“以毒攻毒”之误。

以毒攻毒，本来的意思是用毒性药物攻治毒疮等疾病，比喻利用不良事物本身的矛盾反对不良事物或用恶毒手段来对付恶毒手段。鲁迅《花边文学·趋势和复古》：“这一打是有力的，因为他既是作古的名人，又是先前的新党，以新打新，就如以毒攻毒，胜于搬出生锈的古董来。”

这个例句所在的文章说的事是，为了禁止毒品生产，某国用喷洒有毒除草剂的方法抑制罂粟等毒品植物的生长，但喷洒除草剂又会污染环境。根据文章的内容，标题中的“以毒功毒”显然是“以毒攻毒”之误。

二

荫蔽—阴蔽

例句：棉花就会疯长过早地封行，棉田阴蔽，通风透光不良。

例句中的“阴蔽”应当改为“荫蔽”。

荫，动词，发 yīn 音时，“荫蔽”是被树叶遮蔽的意思，如艾青《献给乡村的诗》：“这些年老的树，在山岗上集成树林，荫蔽着一个古老的乡村和它的居民。”例句也应当在这个意义上使用荫蔽。发 yìn 音时，“荫蔽”同“荫庇”、“庇荫”，一是指封建时代因父祖有功而给予子孙的某种权利，如明代许自昌《水浒记·遣讯》：“籍父亲荫庇，为朝廷命官。”（句子中的“籍”与“藉”通，音 jiè）意思是，靠着父亲功劳而成了朝廷命官；二是指尊长照顾晚辈或祖先保佑子孙。如汉代刘向《说苑·复恩》：“臣终不敢以荫蔽之德，而不显报王也。”意思是，我不能因为大王暗中照顾和保护我而不公开地报答大王。“荫”发 yìn 音时，还指阴凉潮湿。

阴，为名词和形容词，指阴天、阴影、树阴，不作动词用，也不与“荫”通假，不能构成“阴蔽”一词。

雍容—臃容

例句：波司登以臃容、华贵、典雅的特色，定位于高档次。

例句中的“臃容”应当为“雍容”。

臃，即臃肿，原义是肿块、瘤状物，《战国策·韩策三》：“人之所以善扁鹊者，为有臃肿也；使善扁鹊而无臃肿也，则人莫之为之也。”这句话的意思就是，人们之所以喜欢亲近扁鹊，是因为有痈疽肿痛之类的疾病；假如没有痈疽肿痛之类的疾病，那么人们就不会这么亲近扁鹊了。“臃肿”引申为肥大及行动不便、运转不灵便的意思，如“机构臃肿”

就是说机构过于庞大，人浮于事，指挥失灵。用“臃”形容“波司登”服装，恐怕就与原来要表达的意思相反了。

雍，义为和谐，如雍和、雍睦、雍熙等词都是和谐之义。“雍容”则是仪态温文、端庄、举止文雅从容大方的意思，如“气度雍容”。《史记·司马相如列传》：“相如之临邛，从车骑，雍容闲雅甚都。”意思是，司马相如到了老家临邛，跟着车子，气度温和、举止文雅大方（“都”是大方的意思）。

永保—永葆

例句：促进全体党员、基层组织和各级干部永葆先进性。

例句中的“永葆”应当改为“永保”。

葆，原义是草木繁盛，如清代蒲松龄《聊斋志异·牛成章》：“携一妇人，头如蓬葆。”“头如蓬葆”，即头发乱得像蓬草。“葆”有“保持”、“焕发”的意思，用于可喻为如草木一样蓬勃、旺盛的事物，如“永葆青春”。“保（持）”是维持、不改变某种状态的意思，“先进性”应当是共产党人固有的特性或品格，为了使其维持和不改变，就要“保持”。

悠扬—优扬

例句：优扬的哈萨克语歌曲在草原上回荡。

例句中的“优扬”宜改为“悠扬”。

悠，是远、长，为距离遥远、时间长久的意思。“悠扬”即指声音纤细、忽高忽低、和谐动听并传得很远。唐代温庭筠《春愁曲》：“蜂喧蝶驻俱悠扬，柳拂赤栏纤草长。”这句诗中的“悠扬”就是指蜂鸣蝶舞时发出的声音纤细、和谐。北宋司马光《烟际钟》诗：“独有远来钟，悠扬翠微里。”意思是，只有远方传来的和谐钟声在青山之间飘飘忽忽。

优，是充足、悠闲之义，如“优游”，即悠闲自得、悠闲地游玩；“优渥”，即指悠闲自得，也指雨水充足；“优容”就是宽待、宽容。引申为优秀、特别，如“优美”、“优胜”、“优异”等。“优”和“扬”不能组成“优扬”一词，《现代汉语词典》、《现代汉语规范词典》均未收“优扬”。

囿于—宥于

例句：宥于地缘和观念等方面的原因，一些地区对失业保险的认识普遍不高。

例句中的“宥于”应当改为“囿于”。

宥，是宽恕、饶恕的意思，如“宥其罪责”、“原宥”等。《易经·象传》：“雷雨作，解。君子以赦过宥罪。”“赦过宥罪”就是赦免和宽恕有过失、有罪的人。“宥”还引申为“宽缓”，《左传·昭公十四年》：“收介特，救灾患，宥孤寡，赦罪戾。”这里的“宥孤寡”就是宽缓孤寡的赋税的意思。

囿，作名词用时，指圈养牲畜的有围墙的园子，也指菜园、果园，如“园囿”、“囿苑”。《孟子·梁惠王下》：“寡人之囿方四十里，民犹以为大，何也？”梁惠王说，我狩猎的园子只有四十里，为什么老百姓还认为太大了呢？古代有“囿人”一词，指的是管理园子的人。“囿”作动词用时，是局限、拘泥和见识不广的意思，如“囿于成见”、“囿于习俗”，“自囿”就是自己束缚自己，如郭沫若《文艺论集·雅言与自力》：“在未用自己脑力去求理解之前，或先读人的评论以自囿，或仅读一书的序言而了事。”

Z

在所难免—再所难免

例句：捕风捉影的告状信纷纷扬扬也就再所难免了。

例句中的“再所难免”应当为“在所难免”。

“再”为副词，表示两次、第二次（如“一而再，再而三”、“再衰三竭”等）、重现（如“机会难再”、“荣华不再”）、更加（如“对他再严格些”）、又（如“再来一个”）等意思；“在所难免”中的“在”是介词，引进动作行为的处所、范围，“在所难免”即“情况难以避免”的意思。

载—年

例句：①天宝十四年天下十道户口平均数，河北道高达 6.88 口人。②李白在天宝六年、七年写有《送杨燕之东鲁》与《寄东路二稚子》两诗。

例句中“天宝十四年”、“天宝六年、七年”中的“年”均应当改为“载”。

我国古代帝王的年号一般都用“年”表示，秦代以前，各朝代纪年曾分别用过“载”、“岁”、“祀”和“年”。但从秦统一天下，直至唐代前期，均以“年”纪元。而唐玄宗李隆基的年号则比较特殊。唐玄宗即位后的前 30 年中，励精图治，使唐王朝的国力达到了鼎盛状态。在开元三十年（742 年），新春伊始，唐玄宗下令将年号“开元”改为“天宝”（取“物华天宝”之义），纪年用“年”。过了两年，李隆基好大喜功，认为自己的丰功伟绩超过了历代帝王，只有尧舜才可与他相比。他按《尚书》记载的上古帝王尧、舜的事迹和年号“唐、虞曰载”的模式下诏“改天宝三年为三载”。改“年”为“载”后，唐玄宗沉湎于酒色，荒于政事，任用奸佞，致使朝政腐败，发生“安史之乱”。天宝十五载即“安史之乱”的第三年，李亨在李隆基西出的途中逼迫李隆基逊位为“太上皇”，李亨即位，即唐肃宗，改元为“至德”，但仍沿用李隆基的旧规称年号为“载”，即改“天宝十五载”为“至德元载”。到了“至德”三载二月，李亨颁诏改元为“乾元”，并同时宣布将“载”仍改为“年”。年号用“载”共延续了 14 年（自“天宝三载”至“至德三载”）。所以，上述两个例句中称“天宝十四年”、“天宝六年、七年”就不对了。

二

乍—咋(参见"咂舌—咋舌"词条)

例句:不少人家买了些电器,咋一看,农民生活水平提高了。

例句中"咋一看"应改为"乍一看"。

乍,音 zhà,是副词,一是表示情况发生的突然、迅速而出人意料,如"乍冷乍热"。晋代嵇康《琴赋》:"忽飘摇以轻迈,乍留联而扶疏。"句中的"乍"就是"突然"、"刹那"之义,全句的意思是,(琴声)忽而飘飘要轻轻流动,一刹那又流连反复四方传播(这里的"扶疏"为回旋、飘散的意思,不作枝叶繁茂解)。二是表示起初、刚刚、忽然等意思。"乍暖还寒"就是天气刚刚转暖,却又寒冷起来。"乍一看"就是初一看、猛地一看、粗粗地看。"乍"也写作"奓",表示毛发张开、上竖的意思,如"把人吓得汗毛都乍(奓)起来了"。

例句说的是"初一看"、"粗粗地看"的意思,应当写作"乍一看"。

幛幡—障幡

例句:新人在汉代坐的是轩车或轺车,唐代用画着图画的障幡车。

例句中的"障幡"应当改为"幛幡"。

障,音 zhàng,是阻隔、遮蔽即用于阻隔、遮蔽的东西,如"一叶障目"、"屏障"。

幛,是用作庆贺或吊唁的整幅绸布,幡,音 fān,是一种狭长、垂直悬挂的旗子。"幛幡车"就是挂着幛绸和旗幡的华贵的车。

震慑—震摄

例句:执法部门依法打击犯罪行为,有效地震摄了不法分子的嚣张气焰。

例句中的"震摄"应当改为"震慑"。

摄,"扌"部,原义是牵、拉和收拢、收紧,《左传·襄公二十三年》:"摄车从之",就是拉着车跟着他。摄,引申为吸引、聚拢,如《三国志·蜀书·刘焉传》:"摄敛吏民,得千余人"。"摄敛",就是聚拢、收拾的意思。在现代汉语中,摄的义项之一就是吸取、聚拢,也专指摄影("摄影"就是聚拢光影)。

慑,为"忄"部,为一种心理活动,表示恐惧、使害怕和屈服,如"慑服"《三国志·律书》:"百战克胜,诸侯慑服",意思是,每一仗都能战胜,诸侯都害怕而屈服了。"震慑"就是因威严使对象受到震动而害怕,《史记·酷吏传》:"自是以后,群臣震慑。"意思是,从此以后,朝中的官员没有不受到震动而害怕的。

征集—微集

例句:刘邦立为沛公后,微集子弟二三千人为兵。

例句将"徵"与"微"混淆了,"微集"应当改为"征集"。

"征"的繁体字"徵",与"微"字形相近。"微",是细小、少、低下等义;也指精深,如

"微妙"、"微言大义"。

徵，发 zhēng 音时，义即征召、征集，在这个义项上，"徵"与"征"同，在现代汉语中"徵召"、"徵集"已经简化为"征召"、"征集"。征，还有"远行"、"出征"等义项，如"征战"、"征途"、"征夫"、"征鸿"等，而"徵"不表达这些意思。

徵，发 zhǐ 音时，为我国古代五音"宫商角徵羽"之一——徵音。徵音是一种善音、和谐之音，《史记·乐书二》："闻徵音，使人乐善而好施。"古代五音之一的"徵音"，也不能简化为"征音"。"宫商角徵羽"五音后衍变为七声音阶中，即宫、商、角、变徵（比角高半音）、徵、羽和变宫（比羽高半音），对应于简谱中的 1、2、3、4、5、6、7。

锃明瓦亮—铮明瓦亮　锃亮—铮亮

例句：①它使用的铁锨、镐头却总是铮明瓦亮。②铮亮的铜烟锅、乌木的烟杆成了老汉向人"炫耀"的宝贝。

例句①中的"铮明瓦亮"应改为"锃明瓦亮"；例句②中的"铮亮"应当改为"锃亮"。

铮，音 zhēng，拟声词，如"铮铮铁骨"、"他的话如金石掷地，铮铮有声"。《文心雕龙》："譬万钧之洪钟，无铮铮之细响矣。"意思是说洪钟是没有细小的声音的。"铮铮"也引申形容人有名声，《世说新语·赏誉》："洛中铮铮冯惠卿"，意思是，冯惠卿在洛阳城中很有名声。

锃，音 zèng，形容器物被打磨和擦拭得闪光耀眼，如"锃光瓦亮"。宋代文莹《玉壶清话》："范鲁公质为大礼使，以卤簿青油队旧有甲骑尽聚于武库，磨锃坚厚，精明可畏"，意思是说范鲁公作为质子（作抵押的人质）出使前，把兵器磨得锃亮，寒光令人生畏。

止步不前—滞步不前

例句：在新科技革命的浪潮面前，我们不能滞步不前，否则，我们的企业只能被淘汰。

例句中的"滞步不前"应该改为"止步不前"。

滞，是停滞、流通不畅的意思，即因受阻而不能顺利继续前进和发展，如"滞销"、"滞留"等。《晋书·虞预传》："加以王涂未夷，所在停滞。"意思是，更由于实现王政的路途还不平坦，所到之处不得不停下来。

止，原义为"脚"，后引申为"居住"、"止息"、"停止"的意思，如"止步"、"止泻"、"止疼"等。"停止"是行为者的主动性行为，即自己主动停下、不再做某事，也指让别人停下，如《左传·哀公十一年》："文子怒，欲攻之（太叔疾），仲尼止之。""仲尼止之"就是孔子劝阻了文子去攻打太叔疾。

例句表述的意思是"我们"不能停下脚步，不再前进，所以应当用"止步不前"。

质辩—质辨（参见"辨—辩"词条）

例句：庭后对双方庭审中的质辨意见再行合议。

例句中的"质辨"应改为"质辩"。

质辩，义为质疑辩论，如《新唐书·刘子玄传》："宰相宋璟等不然其论，奏与诸儒质辩。"意思是，宰相宋璟等人不同意儒生的论点，奏请皇帝要与儒生们对质辩论。"质辩"为司法常用词，也叫质证，即"对质和辩论"的意思，是开庭审判阶段，当事人双方在平等的前提下，对有争论的、不能直接采信的证据予以质疑，以确定证据的真实性及其证明力的活动。既是辩论，当然应当用"讠"字部首的"辩"。

二

制高点—至高点

例句：信息的获取成为企业抢占市场的至高点的核心之所在。

例句中的"至高点"应改为"制高点"。

至，意为达到极点，即最高、最好。《吕氏春秋·具备》："宓子之德，至矣。"意思是，宓子的道德达到了最完美的境界。《淮南子·缪称训》："道，至高无上，至深无下。"意思是，道，这个东西，它已经达到了最高的境界，没有超过它的；它又达到了最深层的地步，也没有深及它的。"至高点"就是指最高的、没有更高的区位。

制高点，不等于"至高点"。制，原义为制度、规章、帝王的命令，按规章办理。后引申为控制、裁制，进行强制性的管束。"制高点"是相对的"高处"，就是指能够俯视、控制周围地面的高地或区位。例句说的"制高点"是个比喻，即"取得对市场的控制权"，所以应该用"制高点"一词。

装潢—装璜

例句：这个村的农民家家住上了新房，有的人家屋里的装璜摆设绝不亚于城里人。

例句中的"装璜"应改为"装潢"。

璜，是一种玉器，形状像璧的一半，即半圆形的璧。"璜"是古代贵族用作朝聘、祭祀、丧葬时的礼器。《周礼·春官·大宗伯》："以白琥礼西方，以玄璜礼北方。"意思是用白色的琥珀祭祀掌管西方的火神，用黑色的玉璜祭祀掌管北方的玄武之神（玄：黑）。因"璜"为贵族所用，后也用作装饰品，即佩玉，用以体现身份。

潢，在古汉语中是一个多义词，既指积水池、港汊，也专指潢河（在内蒙古），还表示水深广的样子。在"装潢"一词中，"潢"的原义是"染纸"的意思。《古今笔记精华录·梅谷偶笔》："书画易破则用装，书画易蠹则须知潢。潢者，谓以檗染纸也。所以古人书画皆带黄色，皆曾潢过。"在古代，书画作好后要进行装裱，但装裱后的书画容易发霉或生蠹虫。为了防止霉变和虫蚀，古人就用黄檗树的汁液染纸，古代流传下来的书画多显黄色，就是用黄檗汁液染过的原因。“装潢”的“装”则是装订的意思。在现代汉语中“装潢”则泛指装修房屋、装饰物品，以使之美观。装修房屋，自然要粉刷墙壁，这也是一种“染”。理解了“潢”和“璜”的意思，就不会将“装潢”错写成“装璜”了。

自娱自乐—自寓自乐

例句：一大批滑稽幽默戏让群众在自寓自乐中受到教育。

例句中的“自寓自乐”应该改为“自娱自乐”。

寓，居住、寄寓的意思，《宋史·苏舜钦传》：“舜钦既放废，寓于吴中。”意思是苏舜钦被贬后，就寄居在吴中。寓由居住、寄寓引申为寄存、隐含，如“寓言”就是用假托的故事来说明某种道理；又如“寓教于乐”、“寓意”等中的“寓”都是寄托或隐含之义。《庄子·齐物论》：“凡物无成与毁，复通为一。惟达者知通为一，为是不用而寓诸庸。”意思是，事物没有成与毁的分别而是“齐一”的，只有通达的人才会通晓万物齐一的道理，因而不用成毁的眼光看待外界，而托付于循环往复的变化。“寓诸”就是“托付与”、“寄托于”的意思。

娱，动词，是使快乐的意思，如“娱乐”，即快乐地消遣；“娱悦”就是使别人或自己快乐。《楚辞·九章·惜诵》：“设张辟以娱君兮，愿侧身而无所。”意思是，设置弓矢罗网用来使君王快乐，使鸟兽无处躲避。“自娱自乐”就是自我表演、自我消遣使自己得到快乐，将“娱”错为“寓”就没有明确的意思了。

坐—座

例句：有限公司就座落于此。

例句中的“座”为“坐”的白(别)字。

“座”为名词，“坐”为动词。建筑物建于某地，是一个动作过程，所以应该用动词“坐落”。如果是让人坐到座位上，则应该用“落座”。

又例：“早施基肥，对提高开花质量和座果率均有一定的作用。”例句中的“座果率”的“座”应当改为“坐”。坐，是多义词，其词义之一就是“指瓜果结出果实”、“果树长出果实”(《现代汉语词典》、《现代汉语规范词典》)。所以，果树结果，应当用“坐果”而不能用“座果”。由果树结果(坐果)又引申出指人和动物怀孕的词：“坐胎”，即“怀胎”、“怀孕”。

佐证—左证

例句：歌手中出现不认识国旗的现象，我觉得还是中国教育失败的又一个左证。

例句中的“左证”应当改为“佐证”。

左，方位名词，与“右”相对，可充当主语、宾语和定语。在古汉语中“左”为“下”，长江中下游也称为“江左”；并因此引申“左”指称“东方”(长江中下游在东方)，“江左”与

“江东”就是同义词，都是指长江中下游地区。在古汉语中，“左”还有“偏邪”、“低下”和“相抵触”即“错了”的意思，如“旁门左道”、“意见相左”、“话说左了”等。

佐，为辅助、帮助的意思，如“佐理”即帮助料理。“佐证”，名词，就是“证据”的意思，如《朱子全书·治道》：“或旁无佐证，各执两说。”意思是因为没有旁证，双方各执一词。“佐证”也可作动词充当谓语，如郭沫若《略论汉代政权的本质》：“他还引用了后代‘耕当问奴，织当访婢’的话来佐证。”

坐庄—做庄

例句：做到“谁有能力谁牵头，谁有资本谁做庄。”

例句中的“做庄”应改为“坐庄”。

“坐庄者”也称“庄家”，原指赌博或打牌中每一局的主持人；后也指资金雄厚能左右股市行情的投资者；还指商号为采购或推销货物在外地所设的常驻机构，如清代吴趼人《二十年目睹之怪现状》：“他也有信给我，说要到苏州开一家坐庄。”现在“坐庄”引申指资金雄厚、能在一定程度上影响某区域经济发展的投资者。例句就是在这个意义上用的“坐庄”一词。

第三部分　用词不妥辨析

（不妥用词→正确用词）

A

案值→价值

例句：在 3·15 前后，这个地区一举查获了假冒“脑白金”6 000 瓶，价值 29 万元。

例句中的“价值”用得不妥。

价值，是凝结在商品中的一般人类劳动，即抽象劳动，是通过以具有“使用价值”为前提的交换价值实现的。而“假冒脑白金”则不具备以使用价值为前提的合法的市场交换价值，因而也就不具有“价值”，应当改为“案值”。

案值，则是指案件中被查获的物、款等所标明的“价格”，不等于实际价值。

三

B

颁发→颁布、核发

例句：①1990 年 1 月 18 日原劳动部颁发的《女职工禁忌劳动范围的规定》对此作了明确的规定。②农用车牌照也是他们颁发的，怎么说也难辞其咎。

例句中的“颁发”用得不妥。

颁发，主要用于上级对下级发布命令、指示、条例和授予奖状、奖章等等，所颁发的物品一般为文件、实物奖品，与受事者关系密切，需发至受事者。

颁布，是政府或政府部门发布或公布法令、条例、规定等的行为，颁布的内容往往针对不特定的主体，可以直接发至有关部门，也可以通过媒体或张榜使周知。例句①中的《女职工禁忌劳动范围的规定》涉及全国范围女职工的利益，范围广，行文应当用“颁布”一词。

核发，是对申报对象、被审核对象等经过审核合格、符合规定而下发的相关文件或证件、证明等。例句②中的农用车牌照等是事主经相关行政执法部门按照法律和法规的程序进行审核后而获得的证书、证明、证照，“颁发”应改为“核发”。

饱尝→饱览

例句：这里万亩桃花漫山遍野，此时倘若前来踏青赏花，饱尝人间仙境，真有“春意盎然醉人心”之感。

例句中的“饱尝”用得不妥。

尝，原义是品尝、辨别滋味和吃的意思，《周礼·天官·膳夫》：“以乐侑食，膳夫授祭品，尝食，王乃食。”意思是，以奏乐的仪式，请(劝)大王用餐，厨师献上膳食时先品尝，大王才吃。饱尝，就是充分品尝，也有经受和充分体验的意思，但一般是同战乱、灾难、艰辛等“负面词”相联系和搭配。

饱览，是充分、尽情地观看、欣赏的意思，对人间仙境，用“饱览”较为准确。如碧野《长江奔流》：“第一次过三峡，饱览巫山十二峰奇丽的风光。”

帮忙→帮助

例句：经济顾问帮忙制定发展规划 600 多个，提出合理化建议 430 多条，帮忙农户规避风险 40 多个。

三

例句中的两处“帮忙”都用得不妥。

帮忙，是帮人做事或解决困难的意思，已经包含了宾语(忙)，是不及物动词，不能再带宾语，如《红楼梦》：“宝玉每日便在惜春那边帮忙。”

帮助，是给人以人力、物力或精神上的援助的意思，是及物动词，既可以带宾语，也可以不带宾语。《中共中央、国务院关于帮助贫困地区尽快改变面貌的通知》这个文件标题中的“帮助”是带宾语的。明代冯梦龙《东周列国志》第三十回：“我与你拼个死活，要人帮助的，不为好汉”，这是不带宾语的。

例句是含有宾语的句子，应当用“帮助”一词。

必经→必由

例句：坚持开放拉动，是加快漳州发展的必经之路。

例句中的“必经”用得不妥。

必经，是必定要通过的意思，“必经之路”指的是一定要通过的具体的道路，如“马六甲海峡是太平洋到印度洋的必经之路”。

必由之路，则指事物发展必定要遵循的客观规律和途径。必由之路是抽象概念，如《人民日报》文章：“改革开放过去、现在和未来始终是发展中国特色社会主义、实现中华民族伟大复兴的必由之路。”

“开放拉动”是抽象概念，“必由之路”也是抽象概念，应当搭配使用，使词性一致。

不归路→致富路

例句：冯发珍从此走上了养殖肉鸽的不归路。

例句中的"不归路"用得不妥。

不归路，是死亡之路的意思，如张娅《女毒枭的不归路：血色罂粟花》，又如"荆轲告别燕太子丹，踏上刺秦的不归路。""不归路"用在表述冯发珍发展养鸽事业这个句子中显然不恰当。拟将"不归路"改为"致富路"。如果还要表示主人公的决心，可在"从此"一词后加上"坚定地"——"冯发珍从此坚定地走上了养殖肉鸽的致富路"。

不仅…而→虽然…但是

例句：如果大豆在苗期施氮肥太多，不仅上部长得很旺，而下部的荚果长得不好。

例句应当是一个转折复句，但由于用了不搭配的关联词语"不仅……而"而使复句的类型不明确，句子也不通顺。"不仅"是用于递进复句前一分句的关联词语，完整的形态是"不仅……而且"，但是不适用于这个转折关系的复句。这个句子可将"不仅……而"改为转折复句的关联词语"虽然……但是"，也可删去"不仅"。

三

不惜→竟然

例句：为降低成本，化肥企业不惜偷工减料。

例句中的"不惜"用得不妥。

不惜，是不顾惜、舍得的意思，如"不惜血本"、"不惜一切代价"等。而"偷工减料"是一种不正当的降低成本的行为，与"不惜"的意思正相反。可将"不惜"改为"竟"、"竟然"或"居然"。

"竟"、"竟然"或"居然"均是出乎意料、违反常规的意思，如鲁迅《阿 Q 正传》："阿 Q 忽然很羞愧自己没志气，竟没有唱几句戏。"

C

采用→采取、实行

例句：这个学校对部分农村贫困学生采用吃、住、学习费用全免的优惠政策。

例句中的"采用"用得不妥。

采用，是选择符合需要的并且加以利用的意思，"采用"的对象多为具体的事物或具体的方法，如材料、建议等。

采取，是选择实施的意思，其对象多指抽象的事物，如方针、政策、方法、态度及行动等。"采取"的宾语也可以是主体的主动行为如"采取正确的态度"、"采取果断的行动"，

"态度"、"行动"就是行为主体的自身行为。

侧目→瞩目

例句：诸城汽车厂一下子成了国内汽车行业令人侧目的一支劲旅。

例句中"侧目"一词用得不妥。

"侧目"贬义词，意思是不敢从正面看而斜着眼看，形容畏惧而又愤恨，如《汉书·邹阳传》："太后怫郁泣血，无所发怒，切齿侧目于贵臣矣。""切齿侧目"就是因愤恨而咬牙切齿斜眼瞪视。说诸城汽车厂成了"劲旅"，应当受到同行的钦羡，令人"瞩目"，而不会让人畏惧和愤恨。例句可将"令人侧目"改为"令人瞩目"。

词汇→词语

例句：在参观者的留言中，"常发常新"成为出现率最高的词汇。

例句中的"词汇"用得不妥。

词汇、语汇，是指一种语言里或一个人所使用的词和固定词组的总汇，或指词汇的一个特定的部分，也指词的分类总汇，如"科技类词汇"、"文学词汇"、"鲁迅词汇"、"红楼梦词汇"等。一个单词不能成为"词汇"。例句说的是参观者留言中用得比较多的词和词组，应改为"词"或"词语"。

三

差别→差距

例句：全县的经济和社会发展虽然取得了很大的进步，但是与浙江、上海等发达地区的县市相比，的确还存在很大的差别。

例句中的"差别"用得不妥。

差别，是指形式或内容上的不同，其近义词是"差异"。不同地方的经济和社会发展状况肯定有"差别"，而例句所要表达的意思并不是要说"差异"或"差别"，而是要说全县的工作与其他地方相比还有很大的"不足"，这是一种在相同或相近的内容和形式上进行比较后存在的程度或标准上的"差别"，即"差距"。因此这个例句中的"差别"应当改为"差距"。

沉淀→积淀

例句："川妹子"的优势不是凭空产生的，既是民风的沉淀，更是多年来组织化、集约化培训的结果。

例句中的"沉淀"用得不妥。

沉淀，作为动词，一般用于有形的液体中没有溶解的物质沉降到液体的底部；作为名词，则是指沉在液体底部的没有溶解的沉积物。

积淀，则是积累沉淀的意思，用于抽象的事物，多指思想、文化、风俗习惯等在历史过程中逐渐形成的某种状况。“川妹子”是一种作风、理念和经验，它是多年积累起来的一种精神性的、抽象的事物。这种精神性的抽象事物的积累，就应当用“积淀”一词。

臣服→使臣服

例句：伯嚭对夫差说：“大王不是要臣服越国吗？”

例句是电视连续剧《卧薪尝胆》中，吴国太宰伯嚭怂恿吴王夫差在“精神上”迫使勾践“臣服”时说的一句话。但这句话中的“臣服”用错了。

“臣服”的“臣”的原义是男性奴隶、战俘，《战国策·韩策三》：“越王使大夫种行成于吴，请男为臣，女为妾。”郑玄注说：“臣为囚俘”。后也称君主时代的官吏为“臣”。“臣服”就是各级官吏以“臣子”（奴）的身份和礼节侍奉君主，“臣服”还指称臣降服，即一国对另一国屈服称臣，接受他国的统治。《三国志·蜀书·谯周传》：“自古以来，无寄他国为天子者也，今若入吴，固当臣服。”意思是，自古以来，还没有栖身于他国的人能够当上天子的，现在要是去了东吴，必定要向东吴称臣归顺的。

“大王（吴王）要臣服越国”，其意思成了战胜国的吴国向战败国的越国“屈服称臣”了，与吴王所要表达的意思就完全反了，应当改为“大王不是要使越国臣服吗？”

三

城郊→城乡

例句：城郊接合部人口流动频繁的特点给治安管理带来了难度。

例句中的“城郊”用得不妥。

接合部，指的是两个以上区域或有形物体的连接。城郊，是一个区域的概念，是一个偏正结构词，即“城市旁边的地区”。郊，也指城市四周的地区。“城郊”和“郊”是同一个概念。所以，“城郊”是一个独立的概念或词语，就没有“接合部”的问题了。

例句中的“城郊接合部”可改为“城乡接合部”，“城”和“乡”是不同的区域，只要相邻就能“接合”。

承担→承诺

例句：许多形形色色的“培训”单位向农民工承担生产工艺、配方技术转让到位，人员操作培训包会的重任，然而其中难免鱼目混珠，不少农民工上了当。

例句中的“承担”用得不妥。

承担，义为担负、担当，一般与义务、责任搭配，而与“生产工艺、配方技术转让到位”不搭配。例句意在揭露所谓“培训单位”虚假允诺即“承诺”这一典型的行骗手段，应改“承担”为“承诺”，并删去“的重任”。承诺，是指对某项事务答应照办。如：“竞选时政客们信誓旦旦，当选后则将承诺抛之脑后，因而被选民讥讽为‘政治艺人’。”

承揽→承担

例句：企业在照章纳税后就没有必要再去承揽其他社会义务。

例句中的"承揽"用得不妥。

承揽，是指接受、承办委托的事或揽下某项业务，如"承揽工程"；《京本通俗小说·碾玉观音》："便将崔寧到宅里，相见官人，承揽了玉作生活。""承揽玉作生活"就是承接了玉作(雕刻)活儿。

承担，则是担负的意思，用于责任之类。义务是一种责任，所以应当与"承担"搭配，而不能与"承揽"搭配，如杜鹏程《年青的朋友》："一两年前，大约她还根本不会周密地思考自己在生活中承担什么样的责任和经受怎样的磨炼吧！"

成立→建立

例句：示范基地是洛城镇政府为了帮助农民增收而成立的。

例句中的成立用得不妥。

三

成立，一般用于组织、机构的创立或存在，或某种理论、学说体系有根据、站得住，如"他关于晚稻可以适当早播的理论是成立的"。

建立，表示的意思是从无到有，可以用于基地的产生、制度的形成以及友情友谊和邦交的形成，例如"英国是最早与中华人民共和国建立邦交的西方国家之一。"

例句说的是示范基地从无到有，所以应当用"建立"。

筹备→准备

例句：基层对县领导热情有加，忙前忙后不说，还筹备好酒好菜招待。

例句中的筹备用得不妥。

筹备，是事先筹划准备的意思，如《清史稿·高宗纪一》："命西北两路筹备边防。""筹备"的同义词"筹办"，是筹划创建的意思，词义重点在于"计算"、"谋划"，一般用于计划、创建机构等，用在酒席安排上，用词就过大了，应改为"准备"。

准备，则是预先安排，即用于具体事务或行动的安排，如毛泽东《目前形势和我们的任务》："不打无准备之仗，不打无把握之仗。"

出笼→出台

例句：为了加快招商引资的步伐，县各有关部门制定的多项改革措施和办法一时争相出笼。

例句中的"出笼"一词用得不妥。

出笼，原义是馒头蒸熟后从笼屉中取出，后比喻囤积居奇的货物大量出售，也比喻通货膨胀时纸币大量发行，还比喻坏的文艺作品的发表或伪劣商品出售等，如“必须禁止低劣作品出笼。”“出笼”含有贬义，用在例句中指“改革措施”显然不妥，应将“出笼”改为“出台”。

出台，原指演员出场登台表演，引申指政策、措施的公布或正式推出予以实施，如“在经济工作会议上，工信部长李毅中详细介绍了中央应对金融危机出台的稳定就业六措施。”

出没→出现

例句：这种西瓜就常常出没在高档宾馆饭店。

例句中的“出没”用得不妥。

出没，是出现和隐没、时隐时现的意思，如宋代范仲淹《江上渔者》：“君见一叶舟，出没风波里。”“出没风波里”指小渔船在风浪中时隐时现，又如“那座黑松林是强人经常出没所在”。作为要销售的商品西瓜，没有必要“时隐时现”。

出现，是显露、呈现、产生的意思。如巴金《灭亡》：“因为他睡不着，一闭上眼睛，白天的惨相便出现在他底（的）眼前。”一种事物或现象原来没有，现在产生、显露了，就是“出现”。“这种西瓜”原来没有在高档宾馆饭店卖过，现在进了高档宾馆饭店销售，应当用“出现”。

三

传统→往常

例句：传统3月份是销售旺季，今年却显得相对平淡。

例句中的“传统”一词用得不妥，拟改为“往常”或“通常”。

传统，作为名词，指历史的继承性，即历史传承下来的具有一定特点的思想、文化艺术、道德风尚及行为方式和制度，如孙犁《秀露集·耕堂读书记》：“从庄子到柳宗元，我以为是中国散文的非常重要的传统。”传统，作为形容词，一是指历史悠久、代代相传的，二是指守旧、保守、跟不上形势，如杨沫《青春之歌》：“这些作品的主题全是反抗传统的道德，提倡女性的独立的。”其中的“传统”就是“守旧”、“保守”的意思。

往常，即以往、平常的日子或情况，如茅盾《子夜》：“大家这才知道今晚上‘三老爷’的火性不比往常！”例句是说像以往一样的“销售旺季”没有出现，所以应该用“往常”。

存有→藏有

例句：乡村图书室还存有政治法律、医药卫生等书籍。

例句中的“存有”用得不妥。

存有，是寄放、储蓄、保留、储藏等意思，侧重于静态的“存”、“积攒”；还有积存、残留的意思，如“虽然他参加革命队伍多年，但身上依然存有散漫的习气”。

藏有，在这里则是指“收藏图书”、“藏书”、“馆藏”的意思，图书馆(室)的藏书是收集、保藏的，因而“藏有”一词也是动态的。“藏有”还有“隐藏”的意思，如“她的身世藏有许多秘密。”

赐予→留给

例句：历史是公正的，它在赐予我们贫困的同时，也赐给了我们夜郎文化。

例句中的短语“赐予”用得不妥。

赐予，就是作为恩惠而授予、赐给，即“赏给”的意思，“赐予”或“赏给”的对象一定是好的东西、好处，东汉郑玄注《周礼》说：“赐予，即好用也。”冰心《南归》：“对于这些无情的自然，如阳光，如花卉，在她的病的静息中，也是加倍的温煦馨香。这是上天赐予，惟有她配接受享用的一段恩福！”而坏的东西是不能用来“赏赐”的(封建社会皇帝对大臣的“赐死”的“赐”并不是“赐予”、“赏赐”的意思，而是“处治”的意思)。例句中“贫困”是负面事物，是不可赐予的，可将“赐予”改为“留给”。

D

三

大臣→官员

例句：同治皇上死而无后，为了正将来“大位”的归属，一位叫吴可读的小官居然在写下遗书后自尽。在这个自杀的大臣看来，这个统绪问题就是国本问题，是天下的大事。

例句犯了偷换概念的错误，将“小官”偷换成了“大臣”。

小官，是品级很低的官员，在封建社会，一般是指五品尤其是七品以下的官员，俗语即有“七品芝麻官”之说。大臣，指封建社会品级较高的官员，一般指四品以上的官员。只有四品以上的官员才有资格进入朝廷面见皇帝。“大臣”一词现在也指某些君主立宪国家(如英国、日本等国)的内阁成员，如“内阁总理大臣”、“外交大臣”、“通商大臣”等。吴可读(字抑堂)确实是个小官，为道光年间进士，曾任御使、吏部主事，官阶五品；后因弹劾一名满族武官，被将了三级。因其死谏，慈禧太后恩准给予五品的礼遇。

例句既说吴可读是“小官”，又说其是“大臣”，这就前后矛盾了，应改为“官员”。

带动→带来

例句：先进的农业机械和生产技术给各地农民带动了劳动强度的降低和农业生产的高效率。

例句中的“带动”用得不妥。

带动，是指以自身的运动使相关的部分相应地运动，指带头做、对他人起到引导作用。“带动”的宾语是一种行为,“带动”的结果一般是向好的方向发展。

带来,是捎来、领来某事物,“带来”的宾语可以是具象名词,也可以是抽象名词,如“带来了先进经验”、“工作队带来了农业生产急需的种子、化肥”。“带来”还指引来、招致、导致。例句正是在这个意义上说的:“先进的农业机械和生产技术”引来“劳动强度的降低尤其是农业生产的高效率”。“带来”的结果可以是好的,如“带来幸福生活”(引来),也可以是坏的,如“带来灾难”(招致)。

当道→盛行

例句:什么时候长官意志当道,逆着农民的意愿,什么时候农村的工作就难做。

例句中的“当道”一词用得不妥。

当道,原义是在路中央,如“别当道站着”,后引申为旧时当政掌权及掌权的大官,如鲁迅《书信集·致姚克》:“我看施君也未必真研究过《文选》,不过以此取悦当道。”“当道”多作贬义词用,指坏人当权。“当道”的必定是具体的人或物,不能是抽象的“意识”、“意志”,如“豺狼当道”、“奸佞当道”等。

盛行,是广泛流行、大范围流行的意思,“盛行”可用于具象的人与物,也可以用于抽象的事物。如郭沫若《洪波曲》:“报告文学盛行一时,小说和多幕剧绝了迹。”

例句说的是“长官意志”,就是一种意识,是抽象事物,所以不能用“当道”作谓语,可改用“盛行”。

当今→迄今为止

例句:盱眙境内出土的当今世界最早的彗星运行图和战国时代的陈璋圆壶,堪称稀世珍宝。

例句中“出土的当今世界最早的彗星运行图”不合乎逻辑,这个例句中的“出土的”是指从地下挖出来的、在文化发展史上有价值的古代遗物,即出土文物。既然是“出土”的就不是“当今”的“物品”。“当今”即“现在”,如鲁迅《书信集·致杨霁云》:“当今急务之一,是在养成勇敢而明白的斗士。”

例句中的这个短语可改为“出土的迄今为止所发现的世界最早的彗星运行图”。

当前→当时

例句:2003年4月,益阳电业局局长就冷静地分析了当前的形势。

这是2006年某报一篇文章中的句子。例句中的“当前”一词用得不妥。

当前,以及目前、现阶段,所指的时间是“眼下”、“当下”,即说话的时候,就是记者报道之时;当时,是指过去某事件、事情发生的时候。电业局长说话的时间是在“2003年4月”,报纸报道的时间是2006年,所以,不应该说“当前”,而应当说“当时”,即表示所分

三

析的“形势”是“2003 年 4 月”的形势而不是“2006 年”的形势。

抵扣→抵消

例句:部分地方却出现了惠农补贴因农资价格上涨而使农民增收的部分抵扣无余的情况。

例句中的“抵扣”用得不妥。

抵扣,是扣住欠款人的某项收益以抵充其欠款,如“他的借款可以从他当月的工资中抵扣。”“抵扣”与“被抵扣”的数字应当是等值的。

抵消,是指一种事物的作用因另一种作用相反的事物而被消除,如“这两种药别同时吃,否则药效就抵消了。”例句说的中央的惠农政策如良种补贴政策的作用是使农民增收,而农资涨价却使农民增加了支出,“农资涨价”就消除了粮种补贴的作用,这不是“抵扣”,而是“抵消”。

缔结→结成

例句:省里组织 17 个市的 40 多个县缔结对子。

三

例句中的“缔结”一词用得不妥,属于用词过重。

缔结,本义是很紧而解不开的“结”,清代段玉裁注《说文解字》:“结而不可解者曰缔”、“结而可解为纽”。引申为动词“结合”,这种“结合”特指国家之间订立条约、协定等,如“缔结同盟”、“缔结贸易协定”。郭沫若《洪波曲》:“我们的傀儡师那时在南京急急忙忙地便于八月二十一日缔结了中苏互不侵犯条约。”一国之内的几个城市之间形成相互学习、相互帮助和支持的关系,不宜用“缔结”,可以用“结成”,即结合形成了某种关系。

地界→地方

例句:因为这个位置靠近地铁口,所以生意比一般的地界要好。

例句中的“地界”用得不妥。

地界,是指田地的边界、行政区域的边界或管辖范围,即两块土地之间的分界线,而不是指一个具体的地域。吴梦起《兄弟俩》:“没想到去年玉祥又闹着成立什么生产合作社,要把地界打乱。”这里的“地界”指的是各家各户土地的分界线。

例句可将“地界”改为“地方”、“地点”或北方方言“地界儿”即“地方”。“地界”呈线状,“地点”、“地方”呈面状。

地理→地貌

例句:过去的实践表明,一个地方的地理、地貌不容易改变。

例句中“地理”一词与“不容易改变”搭配用得不妥。

地理，有两层含义：一是指地球表面各种自然和人文的现象，以及这两种现象之间的相互关系和区域分布，因为是一种自然现象及其分布，不是“不容易改变”而是人力所无法改变的；二是指研究上述现象、关系和分布的一种学科，即地理学，所以也是不能改变的。

句子可删去“地理”一词，或将“地理”改为“地形”。

典范→典型

例句：这样的布局在仰韶文化遗址是屡见不鲜的，半坡聚落即是一个典范。

例句中的“典范”用得不妥。

典范，是可以作为学习、仿效标准的人或事物，如孙犁《关于诗》：“希望老一辈诗人，给青年诗人做个典范。”而“半坡聚落”是不存在“榜样”的问题的。

典型，是指具有相同性质或特性的代表性的人或事物，如巴金《怀念老舍同志》：“老舍同志是中国知识分子最好的典型。”也指文学艺术作品中创造出来的既有鲜明的个性、又能表现出人的社会某种本质特征的艺术形象。

例句所说的“半坡聚落”是仰韶文化遗址中同一类“聚落”中具有代表性的一种，所以应当用“典型”一词。

三

董事→股东

例句：种田实行股份制，农民都当董事

例句中的“董事”一词显然是用错了。

“种田实行股份制”讲的是现在农村兴起的一种新型农业合作化的组织，即“股份合作制”的农业合作社，农民以各种形式如土地、生产资料、资金等入股，成了“股东”。但是“股东”并不等于“董事”。“股东”是股份公司股份的持有者或合伙经营工商企业的投资人；“董事”则是指股份制企业、组织的决策机构即董事会的成员，由股东大会或股东会民主选举产生。股份持有者并不一定是“董事”。

动辄→都

例句：因为农业新技术试验、推广、宣传，动辄需要花钱，上级财政有限的拨款根本就不够用。

例句中的“动辄”用得不妥。

动辄，副词，是“动不动就……”的意思，即很容易就产生某种行动或情况，多指不希望发生的情况。如鲁迅《书信集·致陶亢德》：“因为我其实不能幽默，动辄开罪于人。”农业新技术的“试验、推广、宣传”就是需要投入、即需要用钱的，不可能希望这些工作不用钱。宜将“动辄”改为“都”。

都市村庄→小镇

例句：松林店镇，涿州近郊这个都市里的村庄正和6万多现代农民一起享受着城镇化建设带来的欢愉。

例句中的“都市”用得不妥。

“都市”或“都会”原指封建社会中诸侯所在的城市，如唐代柳宗元《封建论》“秦有天下，裂、都会，而为之郡邑”。后称省级政府所在地即省会城市“都市”，也指特别繁华的、较大规模的城市。《辞海》和《现代汉语词典》“都市”条都说“泛指大城市”。例句所说的“都市”指“涿州”，但涿州只是一个城乡人口总共只有58万、辖15个乡镇的县级市，不能称为“都市”。

另外，把市郊的小镇称为“都市里的村庄”也不妥。“都市里的村庄”这一概念源于20世纪80年代初的一部电影片名《都市里的村庄》，把大城市中市政建设比较落后的小群落比喻为“村庄”，比喻的前提即这个小群落是坐落在大城市之中的。例句中的“松林店镇”因为坐落在涿州城外（近郊），就不能称为“都市里的村庄”了。例句可删去“都市里的”4个字，同时把“村庄”改为“小镇”即可。

三

短暂→简短、简略

例句：感谢唐先生短暂的解释。

例句中的“短暂”一词用得不妥。

短暂，是时间短，如“短暂的停留”，表示短时间的驻足。“短”与“暂”的词义同，表示时间上的短。《后汉书·西羌传》：“自羌叛十余年间，兵连师老，不暂宁息。”这个句子是说，自从羌人叛乱以来，连年用兵，连短时间的安宁都没有。而“简短”或“简略”表示文字、话语不长或解释比较简单、不详细，如杜鹏程《在和平的日子里》：“现在你拟几个简短的报告，作为拟发而未发的报告底稿，保存起来。”

这个例句中的“唐先生的解释”应当是简短扼要的，因此，用表示时间短的形容词短暂来表示“说话”或“解释”的简短扼要显然不当，应该将“短暂”改为“简短”或“简略”。

对→把

例句：他们对每月的任务目标分解到业务经理，做到人人有指标。

例句中的“对”用得不妥，应该改为“把”或“将”。

对，介词，表示动作的对象和朝、向等，即带有指向性，如“他对（朝）我笑了笑”。针对某些事有所动作，应该用对应的指向性介词“对”。

把，介词，表示“处置”，处置的对象是名词，一般充当谓语动词后面的宾语，如例句中的“任务目标”就是“分解”所“处置”的宾语，所以应当用“把”。把还表示“致使”等义，如“愿把牢底坐穿”。

对比→对照

例句：对比“生产发展、生活宽裕、环境整洁、乡风文明、管理民主”的目标，村干部又看到了本村建设新农村措施的差距。

例句中的“对比”用得不妥。

对比，是两种以上的事物进行比较，强调的是两个或两个以上的主体部分逐次地互相比较，经过对比，各主体均可以进行调整。

对照，则是强调以某一事物为主体，而以另一事物为参照体进行对比参照；作为主体的事物经过对照后可以进行调整、修正，而作为参照物的另一事物则是静态的、既定的。

例句中的“生产发展、生活宽裕、环境整洁、乡风文明、管理民主”的目标是相对静止的和既定的“参照物”，而“建设新农村的措施”则是经过对照可以进行调整修改的，所以例句将“对比”改为“对照”就准确了。

垛→堆

例句：村里还治理了柴草乱垛、垃圾乱倒、禽畜乱跑的现象。

例句中的“乱垛”一词用得不妥。

垛，作为动词，意思是“整齐地堆放”，码垛，就是把物品整齐地堆放好的意思；作为名词，则是“整齐地堆成的堆”，如麦垛、草垛。所以用“乱”修饰表示整齐意思的“垛”就矛盾了。可将句中的“垛”改为表示中性意思的词“堆”，与“乱”合成“乱堆”，就成了适合形容脏乱环境的贬义词。

三

惰气→惰性

例句：唯有如此，才能使有些干部的惰气自觉地清除。

例句中混淆了“惰气”、“惰性”这两个不同内涵的概念。

惰气，即惰性气体，是稀有气体的统称。这些气体的元素化学性质不活跃，不易与其他元素或化合物化合，也不能燃烧或助燃，如氖气、氦气等。惰性，则是不易改变的落后习性、消极而又不思改变的行为方式，如瞿秋白《饿乡纪程》：“中国社会组织，有几千年惰性化的(历史学上又谓之迟缓律)经济现象做他(它)的基础。”

例句应将“惰气”改为“惰性”，并将语序调整为“才能使有些干部自觉地克服惰性”。

E

饵料→饲料

例句：家畜对粗饵料消化利用率低。

在这个例句中,“饵料”一词用得不妥,应该改为“饲料”。

饵,原义是糕饼一类的食物,“饵料”是养鱼或钓鱼所用的诱引鱼类上钩的食物。喂养家畜、家禽及鱼虾的食物统称为“饲料”。养殖鱼虾的食物既可称作饲料也可饵料,但喂养家畜的食物、食料则不宜称为饵料。

F

发展→缓解(解决)

例句:改革开放以来,“三农”问题得到了很大发展。

例句中的“发展”用得不妥。

“三农”问题,是指存在于农村、农业和农民方面有待于解决的疑难事情,也即影响“三农”发展的消极因素。“发展”的意思就是由小到大、由简单到复杂、由低级到高级的不断演变。

例句说“‘三农’问题发展”了,是说问题解决了呢还是问题增多了呢?并没有明确的意义。“发展”宜改为“缓解”或“解决”,可将例句修改为“影响‘三农’发展的问题得到了很大程度的缓解(解决)”。

三

发展到→发展成

例句:信用社每年为××公司投放贷款,使一个普通的养殖户发展到现代化的大型农业龙头企业。

例句中“发展到”一词用得不妥。

“发展”是由小变大、由简单到复杂、由低级到高级的不断演变。“发展到”后面的词语是补语,表示的是结果,在“发展到”的前面必须交代事物的起始状态,充当状语成分,否则句子的结构就不合理。例句中“一个普通的养殖户”不是充当起始状态的状语,而是主语“信用社”的宾语,所以不能用“发展到”,而应当用“发展成为”,其后的词语也相应成了宾语成分,不再是补语。

发展→发挥

例句:工商部门在履行职责、发展职能时,也要有的放矢。

例句中的“发展”用得不妥。

发展,一是指事物由小到大、由低级到高级、由简单到复杂的不断演变;二是指量的扩张、组织的扩大,如“发展新成员”。“职能”是担任某职务或职能机构既定的作用和功能,不能与“发展”搭配,而应该改为“发挥”或“行使”即“表现出来”。随着时间的推移或实际需要,某职务或机构的职能即便发生变化,也只是职责范围的“扩大”与“缩小”、“充实”与“削减”的问题，而不是“发展”的问题。

方圆→面积

例句：县内“白云山一小西天”方圆 501 平方公里的区域被批准为省级风景名胜区。

例句中的“方圆 501 平方公里”概念不明确，错误地理解了“方圆”的内涵。

“方圆”的意思，一是指周围，例：“方圆左近的人，他都认识”；二是指周围的长度即“周长”，例：“方圆几十里见不到人影”；三是指方性和圆形。但是，“方圆”不能指“面积”，可以说“方圆几十公里”而不可以说“方圆几十平方公里”，“平方”是面积单位。

风潮→风骚

例句：清华大学在高校探索人才培养方面再领风潮。

例句中“风潮”用得不妥。

风潮，原义是狂风怒潮，比喻为运动和事件，用于表示很多人为了达到某种目的而采取的各种集体行动。“领”与“风潮”也不搭配。例句中的“再领风潮”宜改为“再领风骚”或“再立潮头”，也可改为“再领风气之先”。“潮头”原义是涨潮时的浪头，比喻事物发展的势头、趋向；“风骚”原指在文坛居于领袖地位，引申为在某方面处于领先地位，如“走过 30 年辉煌历程的深圳经济特区，要在未来 30 年里再领风骚”；“领风气之先”即在某种价值取向上起带头作用。

三

风味→口味

例句：这种方法降低了果品的糖分，吃起来比较酸，使果品风味欠佳。

例句中的“风味”用得不妥，应当改为“口感”或“口味”。

风味，一般多指事物的地方特色，如地方风味、异国风味、风味食品。周立波《牛》：“他用高粱秆子编织的筷子笼，也有特别精致的花纹，小巧玲珑，很有点江南的风味。”这里的“风味”指的是特色。例句显然说的不是这个意思。

口感，是指食物在嘴里引起的感觉；口味，是食物给人的味觉感受。人吃果品的时候产生味觉即“口感”、“口味”。例句表示的应当是这个意思。

幅员→面积

例句①四川邛崃幅员 1 384 平方公里。②辽宁省铁岭县幅员面积 2 249 平方公里。

例句①中的“幅员”应改为“面积”；例句②中的“幅员”应当删去。

幅员，指一个国家的疆土面积，不指一个区域或行政地区的面积。《现代汉语词典》：“幅员，领土面积”，“领土，一国主权管辖下的区域”。《辞海》：“幅员，地广狭称幅，周围称员，合指疆域。”“疆域”即疆土，国家的领土。“幅员”已经含有面积的意思，不需要再说“幅员面积”。

面积，指的是平面或曲面上一块区域的大小。“面积”具有统计学意义，而“幅员”不仅具有统计学意义，而且具有地理学和政治学意义。

福祉→造福

例句：建设社会主义新农村，是一项福祉农民的伟大工程。

例句中的“福祉”用得不妥。

福祉为文言文书面词语，是福气、运气、幸福的意思，名词，可充当主语和宾语的中心语，但不能充当谓语成分，如《江泽民文选》(第三卷)：“实现睦邻互信和友好合作，有利于增进我们五国人民的福祉。”“福祉”在这个句子中充当宾语。

例句可改为“建设社会主义新农村，是一项增进农民福祉的伟大工程。”让“福祉”充当宾语；或改为“造福于农民的伟大工程”。

复习→预习

例句：复习、背诵、默写下学期前五篇课文。

例句中的“复习”一词用得不妥。

在现代汉语中，“复习”是指对已经学过的知识、课程的再学习。既然是下学期的课程，是还没学过的，就不能就称为“复习”。

预习，即学生预先自学将要听讲的课程。预，即事先、预先的意思，如《礼记·中庸》：“凡事预则立，不预则废。”意思是，不论做什么事，事先有准备，就能得到成功，不然就会失败。

所以，例句应将“复习”改为“预习”。

赋闲→闲居

例句：原来冬季赋闲在家的农民，现在开创了一条新的致富之路。

例句中的“赋闲”一词用得不妥。

赋闲，源于西晋潘岳免官在家闲居时所作的一篇散文《闲居赋》，后世就以“赋闲”指致仕、卸了官职或没有职业闲居在家里。所以，“赋闲”不宜指农民在农闲期间在家休息。

例句中的“赋闲”可改为“闲居”这一通俗的语词。闲居，即在家里住着而没有工作做，如郁达夫《春风沉醉的晚上》：“在沪上闲居了半年，因为失业的结果，我的寓所迁移了三处。”郁达夫说的就是因为失业而在家里闲着。

G

改变→影响

例句：全球变暖的总趋势，给农业布局与结构及生产条件带来了重大改变。

例句中的“改变”一词用得不妥。

改变，一是指事物本身发生了显著的变化，即事物与原来不一样，如“商品经济使人与人之间的关系改变了”；二是指改换、更动，是行为者的主动所为，如《巴金全集·怀念萧珊》：“她想改变自己的生活，不愿作家庭妇女，却又缺少吃苦耐劳的勇气。”

影响，是以间接或直接的方式对行为对象起作用和所起的作用。全球变暖会改变气候，但是，它（全球变暖）本身不能“改变”农业结构和除气候以外的其他农业生产条件，只是对农业生产产生了“影响”。如果农业生产有“改变”，也是人类适应气候的变化而自觉地调整、改变了农业结构和生产条件。所以，例句中的改变应改为“影响”。

干系→关系

例句：邮政储蓄最大的优点就是它的网点多，这也是它和农村经济发展脱不了干系的根本原因。

三

例句中的“干系”一词用得不妥。

干，音 gān，在这里是关涉、关联、涉及的意思，如相干、干连。干系，是牵涉到的责任或能引起、导致纠纷的关系。清代南亭亭长《官场现形记》：“他的意思以为着此一笔，这事便不与他相干，无非欲脱自己的干系。”“脱不了干系”一般指与不好的事情有关联、负有责任。例句中说邮政储蓄最大的优点就是它的网点多，不是对纠纷或什么不好的事负有责任，而是它适应农村发展需要，农村离不开邮政储蓄，应将“干系”改为“关系”。

关系，指人和人或人和事物之间某种性质的联系，也指事物之间相互作用、相互影响的状态。如毛泽东《整顿党的作风》：“马克思列宁主义和中国革命的关系，就是箭和靶的关系。”

公安和交警→公安各警种

例句：公安和交警等部门要积极为经济建设做好保驾护航工作。

例句犯了属种概念不当并列的错误。

“交警”不能与“公安”并列作例句的主语。“交警部门”即“交通警察部门”，是公安部门内从事交通管理指挥的部门，而不是独立于“公安”之外的一个“系统”或“部门”，它与“公安部门”是种概念和属概念的关系。例句可将主语“公安和交警等部门”改为“公安系统各警种包括交警部门”。

躬耕→躬亲

例句:①一个乡长大事小事都要亲自批示,躬耕审阅。②学习如同吃饭一样,乡长尤其是年轻的同志必须坚持躬耕勤学。

这两个例句中的“躬耕审阅”、“躬耕勤学”用得不妥而且为杂糅词。

躬亲,就是亲自去做的意思,语出《诗·小雅·节南山》:“弗躬弗亲,庶民弗信。”意思是,对事情不亲自过问、亲自去做,老百姓就不会信任你。“躬”是“亲自”的意思。

躬耕,为“亲自耕田”的意思。《三国志·魏志·胡昭传》:“昭乃转居陆浑山中,躬耕乐道。”意思是,胡昭转而住进了陆浑山中,亲自耕种,乐守圣贤之道。又《三国志·蜀书·诸葛亮传》:“亮躬耕陇亩,好为梁父吟。”即诸葛亮在南阳亲自耕田,经常吟唱悲凉的《梁父吟》。但“躬耕”不是“亲自”的意思,把“躬耕审阅”解释为“亲自审阅”就错了,“躬耕”和“勤学”也不能组成没有明确意思的“词”。

例句①可改为“一个乡镇长,大事小事都要事必躬亲”;例句②中的“躬耕勤学”可改为“勤学不辍”。

三

工业→第二产业

例句:发展生产、富裕农民,就要发展工业和第二、三产业。

例句中把“第二产业”、“工业”不应当并列。

在经济学中,将农业称为“第一部类产业”也即“第一产业”;将工业及建筑业称为“第二部类产业”即“第二产业”,我国国家统计局将包括采掘业、制造业、自来水、电力、蒸汽、热水、煤气在内的工业各部门和建筑业均划为第二产业。“第二产业”和“工业”这两个概念是包含和被包含的关系。例句将“工业”、“第二产业”并列,在逻辑学上违反了包含和被包含关系的概念不能并列的要求,可改为“就要发展第二、三产业尤其是工业”。

孤寡→年迈

例句:先前被她叫出来的孤寡老人欧培生夫妇还在屋前磨蹭。

例句中的“孤寡老人欧培生夫妇”这一概念不准确。

孤寡,有两项词义:一是指孤儿和寡母;二是指孤独,即一个人孤独寡居。如三国时期曹丕《寡妇诗》序:“友人阮元瑜早亡。伤其妻孤寡,为作此诗。”意思是,友人阮元瑜死得很早,伤感于他的妻子孤独寡居而写了这首寡妇诗。例句中“欧培生夫妇”既然是一对“夫妇”,就不是孤单的人或“孤寡老人”了,可改为“年迈的欧培生夫妇”。

古诗→古体诗

例句:今年 48 岁的石国庆自 1980 年起,已经创作了 600 多首古诗和现代诗。

例句中的“古诗”一词用得不妥。

古诗，泛指古人写的诗，现代人创作的诗，不能称为“古诗”。例句可将“古诗”一词改为“古体诗”或“仿古诗”、“格律诗”。“古体诗”盛行于唐代以前，用韵较宽，句数不限，是四言、五言、七言、杂言句式的诗；“格律诗”也称“近体诗”，是严格讲究格律的诗，句数、字数、押韵体式、入韵的字、平仄、对仗等都有严格的规定，分五律、七律和五绝、七绝。“格律诗”、“古体诗”等可以作为现代人运用的一种诗歌创作体裁。

挂满→布满

例句：今年 50 多岁的老崔，黝黑的脸上挂满了皱纹。

例句中的“挂满”用得不妥。

挂满，词义的重点在使物体“悬”着，具有立体性，如“枝头挂满石榴花”。

布满，词义的重点在于平面分布之广。脸上的皱纹是“平面”的分布，而不是“悬”着的，所以应该用“布满”一词。

贯彻→贯穿

例句：郫县境内水资源丰富，“七河并流”贯彻全境。

例句中的“贯彻”用得不妥，应改为“贯穿”。

贯穿，是通过、连通的意思，例句说的就是有七条河穿过郫县县境，即“通过”；“贯穿”也指从头到尾地体现在全过程，如“‘发展是硬道理’要贯穿社会主义初级阶段全过程。”“贯穿”的对象多为具象事物。

贯彻，虽然也有“贯通”的意思，但更侧重于表示方针、政策和精神的彻底实现或体现。如“深入学习贯彻科学发展观。”“贯彻”的对象为抽象事物。

管制→监护、约束

例句：暑假开始，农村留守儿童，缺少父母的管制，人身安全受到一定的威胁。

例句中的“管制”一词用得不妥。

管制，有两层意思，一是强制性管理的意思，如“战时重要物资管制办法”、“灯火管制”等；二是依法对犯罪分子实行强制性管理的刑罚，由人民法院依法判决，由公安机关执行。这两层意思用于对孩子的管理教育都不妥。“管制”一词可改为“监护和约束”。

规定→界定

例句：我国古代关于官吏利用职权犯罪的规定相当全面，并予以惩处。

例句中“规定”用得不妥。

规定，就是预先对事物在方式、方法、数量、质量等方面提出要求，作出决定。例句中的“利用职权犯罪的规定”因为用了“规定”，就使这个短语的概念不清，让人误以为官吏的某些犯罪行为是被规定了的、被允许的。

界定，一是指划定界限、确定范围，二是指下定义、给界说。“利用职权犯罪行为的界定”，就是对犯罪行为下定义，确定哪些行为才属于“利用职权犯罪”的范围，即划清犯罪与否的界限。

例句可以将“关于官吏利用职权犯罪的规定”改为“关于对官吏利用职权犯罪行为的界定”，就与“予以惩处”相一致；或改为“关于对官吏利用职权犯罪惩罚的规定”，并相应地将“并予以惩处”改为“并付诸实施”。

规矩→规整、规则

例句：田块像巴掌大小，形状极不规矩。

例句中的“规矩”一词用得不妥。

规矩，作名词时，是画圆形或矩形的工具，比喻一定的标准、法则或习惯，可作主语或宾语，但不能充当谓语；作为形容词时可充当谓语表语，意思是指人的行为端正老实、符合标准和常理，“不规矩”就是“不老实”、“不本分”的意思。

三

例句是想说田地的形状不整齐，即不规整，可以将“规矩”改为“规整”或“规则”。规整，意思是合乎一定的规格、标准，整齐；规则，作形容词时是在形状、结构或分布上合乎一定标准、整齐的意思。

国殇→国丧

例句：骨肉相连，同此国殇！这是中华人民共和国成立以来，第一次就大规模自然灾害举行的全国性哀悼活动。哀思遥寄，五洲同殇。

例句是我国发生汶川大地震、举行全国哀悼期间报纸中的句子，其中“殇”、“同殇”和“国殇”都用得不妥。

殇，文言文词语，作动词，意思是未成年而死。《仪礼·丧服》：“年十九至十六为长殇；十五至十二为中殇；十一至八岁为下殇。不满八岁以下皆为无服之殇。”古人有未成年而死为“无主之鬼”之说，故《小尔雅》说“无主之鬼为之殇。”“殇”与“夭折”通。“夭”为短命，也指幼小，幼小而未长成而死，即为“夭折”。“同殇”为同死的意思，“五洲同殇”就成了五洲“同死”的意思了，不妥。

殇，作名词，指“战死者”。国殇，名词，指为保卫国家而战死的人。屈原《楚辞》有《国殇》篇，悼念和歌颂了刚强而不可欺凌、威武不屈的勇武战士的“鬼雄”形象。《楚辞章句》：“言国殇既死之后，精神强壮，魂魄武毅，长为百鬼之雄杰也。”南北朝鲍照《代出自蓟北门行》：“投躯报明主，身死为国殇。”意思是说，为了英明的君主而战，即使战死了也是鬼中的雄杰。

把地震灾难中的罹难者或其丧事称为“国殇”不妥，可改为“国丧”。“国丧”在古代特指皇帝、皇后、太上皇、太后的丧事，现在一般指国家元首或政府首脑的丧事，也指某些在对国家有重大影响的事件中遇难的人的丧事。

H

和谐→和煦

例句：和谐的春风徐徐吹拂楚都大地。

例句中的“和谐”用得不妥，应当改为“和煦”。

和谐，是协调、配合适当的意思，如“和谐的社会环境”、“人际关系和谐”、“音韵和谐优美”等，“和谐”用于修饰“春风”就不妥当了。

和煦，是温暖的意思，如“阳光和煦”、“春风和煦”。冰心《樱花和友谊》：“天气晴明，和煦的东风吹着。”

赫然→明白

例句：①网吧营业房外赫然张贴着“未成年人严禁入内”的字样，但是管理员就是一个未成年人。②农资公司在发放给农民的农资质量信誉卡上赫然写着：售出农资商品出现质量问题，在规定期限内，农资连锁店先行为农民负责退换。

这两个例句中的“赫然”均用得不妥。

赫然，形容词，有三层词义：①形容令人惊讶的样子；②形容盛怒的样子；③形容兴盛、显赫的样子。“赫然”常用于指本不该出现的事物而出现了，而例句①说网吧营业房“张贴着‘未成年人严禁入内’”本是网吧按规定必须要做的事，不应该“惊讶”、“盛怒”，应当“惊讶”的是“管理员就是一个未成年人”。这个句子是个转折复句，可以将“赫然”改为“虽然”，并在“但是”后面加上“令人惊讶的是”，使句子成为“营业房外虽然张贴着‘未成年人严禁入内’（的字样），但令人惊讶的是管理员竟然就是一个未成年人。”例句②农资公司向农民发放信誉卡是负责任的行为，对此既不必惊讶，也不应盛怒，更不必表示显赫可将“赫然”改为“明白地”或“清楚地”。

喉舌→咽喉

例句：韩夏村已经成为宁、绍地区交通运输的喉舌地带。

例句中的“喉舌”应改为“咽喉”。这是把“咽喉”与“喉舌”两个词的词义搞混了。

喉舌，即喉咙和舌头。“喉舌”作为一个合成词，在古代汉语中，指辩才、口才、言辞，比喻为国家的重要官员。《诗经 · 大雅 · 烝民》：“出纳王命，王之喉舌。”意思是，传达君王颁布的命令的官员，是君王的“喉舌”之臣。《后汉书 · 左雄传》：“宜擢在喉舌之官”，就是应当提拔担任重要官职。在现代汉语中，“喉舌”除了喉咙与舌头的本义之外，主要比喻为代言人和媒体。

咽喉，原义为喉咙即咽头与喉头，古汉语中也称“喉咽”，比喻地势扼要、险要的交通孔道。《汉书·严延年传》：“河南，天下喉咽。”即河南是扼天下交通之要的地方。又《战国策·秦策》：“韩，天下之咽喉；魏，天下之胸腹。”“咽喉”，在现代汉语中，除了咽头与喉头的本义之外，比喻为地位重要和形势险要的通道。如“徐州是扼京沪、陇海的南北、东西交通要道的咽喉地带。”

后工业化→工业落后

例句：武冈市作为一个后工业化地区，工业经济的发展亟须解决高污、低效、难循环等问题和矛盾。

例句对“后工业化”这一概念理解错了。

“后工业化”即“后工业社会”，也称为“信息化社会，”是西方社会学家关于实现工业化后的社会性质的一种理论。这个理论认为，后工业化社会大多数劳动力已经由第一、第二产业转向第三产业，专业人员和技术人员在就业人员中的比重迅速增长，科学知识代替了所有制成为社会阶级结构形成的基础，“脑力工艺”的优秀人物代替了资本家等。这个理论把科学技术看成决定社会面貌的唯一的、直接的因素。

例句误以为“后工业化”就是“工业落后”或“落后的工业”的意思，宜将“后工业化”改为“工业落后”。

后怕→害怕

例句：人们问他当初跳下水救人时有没有后怕。

例句中的“后怕”一词用得不妥，应改为“害怕”。

后怕，是事后感到害怕的意思，而不是“当初”(即事发当时)的心理活动，是事发后当事人对事情过程的心理体验。如邓友梅《烟壶》：“看到死了那么多人，他想起端王要他去虎神营的事，实在有点后怕。”

害怕，指因遇到危险、困难当时而畏惧或发慌，即“当初”人的心理活动，如老舍《月牙儿》：“我越挣扎，心中越害怕。”

换算→测算

例句：在 5 个点(每个点 1 平方米)共挖出 30 株红薯，总重量达 37.6 公斤，根据换算，亩产为 5 010.84 公斤。

例句中的“换算”一词用得不妥，应该改为“测算”或“推算”。

换算，是指同一事物中不同种类的单位数量的相互折合，如把原来以“公顷”为单位计算产量而改为以“亩”来计算产量就是换算；把美元折合成人民币，也是一种换算。

测算，是统计学上根据对点上的抽样计算，对总量进行估算或推算的方法。推算，就是根据已知的数据和已知的条件算出未知的数值。例句就是根据已知的1平方米产红薯37.6公斤，及已知的条件“每亩地”测算或推算出亩产量的，而不是换算。

活化→盘活

例句：这个县通过企业改制，活化了国有存量资产20多亿元。

例句中的“活化”一词用得不妥。

活化，指使分子或原子的能量增强，例如，把普通木炭放在密闭器中加热，就变成了吸附能力较强的“活性炭”，这就是“活化”。“活化”作动词用时，是不及物动词，不能带宾语。因而，“活化”在这个句子中不能与“存量资产”这个名词性结构搭配成动宾结构。

例句可将“活化”改为“盘活”。盘活，是让原有的既定资金、资产（生产资料、设备等）等经过重新组合，进入市场，在总量不变的情况下，提高其增值能力，从而产生效益的意思。

J

给予…以→给予

例句：他们很清楚，给予子女以特权，从长远来看，不利于子女以后干大事、成大器。

例句中的“给予……以”是个错误结构。

给予，音jǐyǔ，词义是使对方得到某种物质或精神上待遇，就是“给”意思。“给予”可以带双宾语（直接宾语和间接宾语），如“党和政府给予我们无微不至的关怀。”“我们”（直接宾语）和“关怀”（间接宾语）就是“给予”的双宾语，在直接宾语和间接宾语之间不需要加上介词“以”。

“给予”和“给以”（音gěiyǐ）不同：“给予”后面可以同时带接受给予的人和事物；“给以”后面只能带所给的事物（多为抽象的事物），而不能带接受的人。如果既要说所给的事物，又要说接受的人，就要用“给予”或“给”，如“对工作成绩突出的同志，就要给（或给予）他们适当的物质和精神奖励。”在这个句式中，受事者必须放在谓语“给以”、“给予”前面；而如果受事者放在谓语“给”的后面，就应当写作“给工作成绩突出的同志以适当的物质和精神奖励”。

迹象→景象

例句：这里只要一发大水，就是一片“大水淹、乞丐班、荒草滩”的荒凉迹象。

例句中的“迹象”用得不妥，应当改为“景象”。

迹象，指的是可以借以推断事物的过去或将来的痕迹、踪迹，表露出的不是很显著的情况，而且表现面较小，既可以指抽象事物，也可指具象事物。而“荒凉”形容的则是显著的、较大范围的面貌和状况，应当搭配“景象”。

景象，只能指具象事物，“大水淹、乞丐班、荒草滩”正是具象事物。秦牧《艺海拾贝》：“在世界文学史上，在中国文学史上，我们看到的是群峰屹立的景象。”这虽是个比喻句，但喻体“群峰”是具象名词，句子用了与之搭配的表示具象的词“景象”。

佳馔→佳肴

例句：我们每天享受美味佳馔。

例句中的“佳馔”用得不妥，应改为“佳肴”。

“肴”和“馔”都指食品，但这两个词有明显的区别。

现代汉语词典中没有“佳馔”这个词，“馔”是文言词，指饭菜，如“盛馔”。与“佳馔”同音的词“家馔”，指的是家庭宴会。“馔”和“肴”两个词可以组成一个新词“肴馔”，意思是丰盛的菜和饭。

肴，即美味，指的是用鸡鸭鱼肉做成的荤菜，不包括蔬菜类副食和米面类主食。而“家馔”则包括菜和饭。“美味”与“佳馔”、“家馔”都不能搭配。例句中的“美味佳馔”应该改为“美味佳肴”，为同义合成词。

三

驾驶→驾驭

例句：要用市场经济理论指导实践，提高各级领导干部驾驶市场经济的能力。

例句中的“驾驶”一词用得不当，应改为“驾驭”。

驾驭、驾驶都有操纵控制、把握的意义，但有明显的区别：“驾驭”的对象既可以是具体的牲畜、畜力车，也可以是抽象的事物，如形势、情感、知识等；“驾驶”的对象只能是具体事物，如机动车、飞机、船只等交通工具。

驾驭市场经济，也就是适应和把握市场经济的发展规律，如果用“驾驶”一词就说不通了。

剪刀差→差距

例句：农民在城市打工，他们的工资和城市居民的工资存在很大的剪刀差。

例句中“工资存在剪刀差”概念不明确。

“剪刀差”专指两类商品价格的动态对比关系，在统计图上表现为逐渐呈张开的剪刀状，如计划经济时期所形成的，工农业产品交换中，由于工业品价格偏高、农产品价格偏低所形成的比价关系。而“工资剪刀差”的内涵和外延都无法确定。例句宜将“剪刀差”改为“差距”，明确说农民工收入与城市居民收入之间的差别程度。

讲求→讲究

例句：子弟在外要像在家一样讲求长幼次序。

例句中的“讲求”用得不妥，应改为“讲究”。

“讲究”与“讲求”是近义词，是讲求、注重的意思，但这两个词也有区别。讲求，是注重并设法实现和追求的意思，其词义重点在“追求”上，如讲求实惠、讲求时髦、讲求条件；讲究，作为动词，义为讲求和注重，词义的重点在“注重”上；作为名词，指值得讲究和研究的道理、方法。例句是说，无论在家里还是在外面，都要注重（长幼次序的）礼仪，所以应当用“讲究”一词。

交织→交互

例句：由于国内外政治的、经济的、社会的各种因素交织作用，这种信息交换和共享显示出很强的复杂性和不确定性。

例句中的“交织”用得不妥。

交织，动词，即交叉错杂在一起，充当谓语。如秦牧《艺海拾贝·哲人小孩》：“思想家的锐利和童稚的纯真互相交织着，形成一种能够紧紧攫住人心的艺术风格。”“交织”不能作形容词修饰名词充当定语，也不能用作副词修饰动词充当状语。例句可将“交织”改为“交互”。

交互，副词，即互相、替换的意思，用来状摹动词充当状语。如鲁迅《坟·我们现在怎样做父亲》：“人类总有些为他人牺牲自己的精神，而况生物自发生以来，交互关联，一人的血统，大抵总与他人有多少关系，不会完全灭绝。”也可作动词，但为不及物动词，不能带宾语，如南朝梁沈约《宿东园》诗：“野径既盘纡，荒阡亦交互。”

三

接应→迎接

例句：李玉贤同前去接应的县委书记一同兴高采烈地走下飞机。

例句中的“接应”用得不妥。

接应，为配合、接济之义，如“二连先上防洪大堤，三连随后接应。”又如：“大雪封山，粮草已经接应不上了。”而欢迎某人、某团体的到来，应当是“迎接”而不能用“接应”。

迎接，即到某个地点等候，表示欢迎之意。迎接，还表示做好准备，等候某一情况的发生或时节的到来，如徐怀中《西线轶事》：“母亲疼爱地望着女儿，她将怎样去迎接战火纷飞的考验呢？”

今年→当年

例句：由于今年师范类大学生分配、复转军人安置时，国家允许超编分配、安置，所

以当年安置了很多人。

例句中的第一个时间状语中说的是“今年”,后一个时间状语偷换成了“当年”,使句意不明确。

今年,是指说话这一年,而“当年”发 dàngnián 音时,指与所述的前一年份同一年,也特指过去某一年份即“本年”;发 dāngnián 音时,概指过去的某一时间段,既可以指一年的时间,也可以指不到一年的时间,还可以指一年以上的时间,如“当年旧事”;“当年”还指正处于身强力壮的时期,如“他还正当年,有充沛的精力”。而说“今年”这个时间概念时一般不说“当年”。

可将“当年”改为“今年”,也可删去,使句子中的时间概念一致。

经济制度→经济成分

例句:要坚持党的基本经济制度和多种经济成分共同发展的原则,促进社会主义市场经济体制不断完善。

例句存在的问题:一是概念的错误:“党的基本经济制度”,这是一个不存在的“概念”。“经济制度”是由国家确定的,准确的表述应当是“我国社会主义初级阶段的基本经济制度”或简称“我国现阶段基本经济制度”。二是“坚持基本经济制度和多种经济成分共同发展”是属概念和种概念的不当并列,我国社会主义初级阶段基本经济制度的主要内容即“公有制为主体、多种所有制经济共同发展”(《中共中央关于完善社会主义市场经济体制若干问题的决定》)。“多种所有制经济(即‘多种经济成分’)共同发展”是“我国社会主义初级阶段基本经济制度”的内容之一,所以两者不能并列。例句可删去“党的基本经济制度”。

三

惊奇→惊讶

例句:到第三天,他惊奇地发现:玉米苗都蔫了。

例句中“惊奇”用得不妥。

惊奇,表示感到奇怪、而又带有欣喜的意思。如“这个村在不很长的时间内就改变了以前村子脏、百姓穷、吃的返销粮的状况,令人惊奇。”

惊讶,表示既感到奇怪,还感到诧异、意外。如杨朔《潼关之夜》:“‘怎么,你是位女同志?’意外的惊讶使我不自觉地把语音特别提高。”

例句说的是地里的“玉米苗都蔫了”,是意外的情况,应当用“惊讶”。

惊艳→惊叹

例句:城市营销的实质,让城外人觉得惊艳,让城内人觉得眷念。

例句中的“惊艳”一词用得不妥。

惊艳，惊诧羡艳，《现代汉语词典》："惊讶女性的美艳：她一出场，四座惊艳。"越剧《西厢记》第一出就是"惊艳"，说的是书生张珙初见崔莺莺时惊讶于其美艳。王实甫的《西厢记》第一折批注："与前张生见崔后的惊诧羡艳相呼应。"人民日报有一篇文章的标题用了"艳惊"一词：《全本〈长生殿〉艳惊上海》，而文中又用了"惊艳"一词："惊艳之后……质疑声随之而至"。"艳惊上海"是主谓宾结构句子，"艳"即精彩的表演，"惊"即轰动；"惊艳"则是动宾结构词，"惊艳之后……"是说观众及评论者对该剧的"美艳"表示惊羡之后的态度。

而例句中的"实质"是抽象名词，用"惊艳"一词，令读者不明白所要表达的意思，宜改为"惊叹"。惊叹，感到惊奇或惊讶而赞叹。杨朔《蚁山》："一天一月，一季一年，千千万万蚂蚁抱着那种惊人的毅力，无休止地劳动着，年深日久，终于垒成令人惊叹的蚁山。"

经验教训→规律

例句：我们认真汲取多年来旱涝交替频繁发生的经验教训，坚持大投入兴办大水利。

例句中的"旱涝交替频繁发生的经验教训"概念不明确，也与"汲取"不搭配。

经验，即从多次实践中得到的知识或技能，也指人的亲身经历，一般指正面的知识和体验。鲁迅《二心集·答北斗杂志社问》："不过高情难却，所以只得将自己所经验的琐事写一点在下面。"鲁迅说的"经验"指的是亲身的经历的事，充当定语。

教训，指从错误或挫折中得到的知识。这种"知识"往往是负面的，即"不可……"。如鲁迅《朝花夕拾·从百草园到三味书屋》："结末的教训是：所以倘有陌生的声音叫你的名字，你万不可答应他。"这里的"教训"就是指从挫折中获得的一种处世的知识。

"旱涝交替频繁发生"并不存在"经验"或"教训"，而是一种"规律"性地发生的自然现象。例句可改为"认真总结多年来旱涝交替频繁发生的规律（或'情况'）"，也可改为"认真汲取多年来治理旱涝交替频繁发生的灾害的经验教训"。

境遇→境况

例句：为数不少的零售企业在初建阶段几乎处于巨额亏损的境遇。

例句中的"境遇"用得不妥，宜改为"境况"或"状况"。

"境遇"和"境况"都有处境、状况的词义，但有明显的区别。

境遇，为境况和遭遇的意思，侧重于遭遇，指所遇到的外界环境，多用于消极方面的情况。如"在一些地区，大多数农民工的境遇还是不能尽如人意"。又如鲁迅《华盖集·北京通信》："我们的年龄、境遇，都不相同，思想的归宿大概总不能一致的罢。"

境况，指处境和状况，侧重于指经济方面的状况，为中性词，既可以指好的，也可以指不好的状况，如"西部地区群众的生活境况有了很大的好转"、"世界经济的发展境况依然不能令人乐观”。例句说的是企业经济自身方面消极的情况，而不是遭遇，不适用“境遇”，而适合用“境况”一词。

举行→举办

例句：昌黎此前已经成功地举行了三届葡萄酒节。

例句中的“举行”用得不准确，应当改为“举办”。

“举办”指举行活动并办理活动的有关事项；而“举行”单指进行。例句所强调的并不是葡萄酒节是否在昌黎举行，而是葡萄酒节是由谁承办的，将“举行”改为“举办”，强调了昌黎是葡萄酒节的承办方。若只想表达葡萄酒节在昌黎举行，则语序最好调整为“此前，已有三届葡萄酒节在昌黎举行。”另外，“举办”与“举行”在时间延续上有长短之分，“举行”的时间延续较短，“举办”的延续时间较长。

K

三

开辟→开设

例句：太原理工大学为经济困难的学生开辟了免费就餐点。

例句中的“开辟”用得不妥，拟改为“开设”。

开辟，是打通、开通、开发、创建的意思，用于指开出新的地方、范围，如“开辟根据地”、“开辟新纪元”。开设，即开办、设立、增加的意思，如巴金《家》：“销售新书报的‘华洋书报流通处’也开设在这个商场后门的左角上。”学校增加了新的就餐点，用“开设”一词比较合适。

开…先声→开…先河

例句：①湖北省委、省政府推行乡镇配套改革，开了全国乡镇改革方式的先声。②该公司开创了中国自主研发生产插秧机的先河。

例句①中的“先声”应改为“先河”；例句②中的“开创了…先河”应当改为“开…先河”。

先声，指重大事件发生前，对该事件有促发作用的另一事件。如“1978 年党中央召开的理论务虚会，是标志我国改革开放开始的、党的十一届三中全会的先声。”“先声”与其后发生的事件是相关联而又不同的两个事件。

先河，古人认为黄河是海的源头、本源，因而帝王先祭河，后祭海，后来引申指倡导在先的事物为“先河”。如孙中山《祭夏重民文》：“觥觥我粤，革命先河。”意思是，勇武的广东是革命的发源地。称为“先河”的事物与此后发生的事是同一事物的“源”和“流”的关系。“开先河”中的“开”就是开创、倡导、创始的意思，“创”也是开创、创始的意思。如

“在我国文学发展史上，佛教讲唱故事开了宋元话本小说的先河”。

“开……先河”是既定的句式，“开……先声”、“开创……先河”则是错误的结构。

科普→科技

例句：针对边疆地区居民科普素质不高的问题，教育部门和有关科研部门采取多种培训措施。

例句中的“科普”一词用得不当。

科普，指科学技术(知识)的普及，是一项工程。相关的词有“科普读物”(即科学普及读物)、“科普工作”(即科学普及工作)、“科普画廊”(即科学普及画廊)等。“科普”工作的主体是科技宣传教育工作人员，说边疆地区居民“科普素质不高”就不确切了，应将“科普”改为“科技”，指边疆地区的一些群众对科技知识知之较少；也可改为“边疆地区居民科技知识贫乏”。

可鉴→借鉴

例句：我国引进了国外先进的拖拉机具和技术，带来了一些可鉴的参考依据。

例句中的“可鉴”词义不确切。

鉴，原义是用于盛水的大铜盆；引申指镜子，为照、映照、照镜子的意思。《庄子·德冲符》：“仲尼曰：‘人莫鉴于流水，而鉴于止水。’”孔子说，人不能从流动的水里照见自己，而只能在静止的水里照见自己。“可鉴”就是“可以照见”、“可以当镜子照”的意思，如《南史·陈张贵妃传》：“(张丽华)贵妃发长七尺，鬒黑如漆，其光可鉴。”

例句实际要说的是学习“借鉴”国外的技术，所以，例句应该直接说“可以借鉴”。

渴求→渴望

例句：这里的农民都在渴求政府有关部门能解决苦水咸水的问题，让下一代不再为喝水用水而发愁。

例句中的“渴求”用得不妥，应该改为“渴望”。

渴求，意思是“迫切地追求”，如渴求知识、渴求真理。冯德英《苦菜花》：“母亲心里充满了热爱生命渴求生存的激情！”“渴求”的客观效果取决于渴求者自身主观努力的程度，词义重点在“求”，即主观上的“追求”。

渴望，是一种对客观外界的盼望，盼望的结果并不取决盼望者自身的努力，而取决于客观条件，即“渴望”对象的接受程度和努力程度。如毛泽东《中国人民解放军布告》：“保卫中国领土主权的独立和完整，实现全国人民所渴望的真正的统一。”

L

了→着

例句:圣湖肥料在农业生产中发挥了越来越重要的作用。

例句中的“了”用得不妥,应该改为“着”。

了,助词,用在动词或形容词的后面,表示动作或变化已经完成(包括过去完成式、现在完成式),而“越来越……”是还未发生或正在进行,所以“了”与“越来越……”不能搭配。着,助词,用在动词的后面,表示动作正在进行和持续。“发挥着越来越重要的作用”就是正在和继续发挥重要作用。

罹难→遇到困难

例句:淘金的时候,我们要相信北京,罹难的时候,我们更要相信北京。

例句中的“罹难”用得不妥。

罹,原义是遭遇不幸的意思。《吕氏春秋·审己》:“越王太息曰:‘余不听豫之言,以罹此难也。’”“罹此难”即遭此不幸。罹,还指忧患、苦难。《诗经·王风·兔爰》:“我生之后,逢此百罹。”意思是,我出生以后,就遭逢了各种灾祸。现代汉语中,“罹难”也称“被难”,指遭遇重大灾害、遇险或重大变故而丧失生命或被害。

例句中的“罹难”显然是用错了,人已丧失生命,怎么还能有“相信”的行为能力呢?应将“罹难”改为“遇到困难”。

历经→经历

例句:我县高山蔬菜历经了从小面积到连片规模经营,从国内市场到国际市场的发展过程,取得了巨大发展。

例句中“历经”用得不妥。

历经,动词,是多次经历的意思,如“历经磨难”、“历经战火考验”。

经历,作动词时,指亲身遭遇、亲自经受的意思,也指亲历的过程。如柯灵《香雪海·创作学习笔记》:“曹雪芹如果不是亲身经历繁华、颠踬而堕入贫困,根本就不可能产生《红楼梦》。”作名词时,意思是亲身遇到过的事情,如耿龙祥《入党》:“这不是因为她的年龄大,也不是因为她的技术高,而是因为她的生活经历丰富,对人处事平和。”

例句说的是高山蔬菜发展的过程,所以应当改用“经历”。

历年→逐年

例句:随着国外市场对大蒜需求的历年增长,大蒜价格也随之上涨。

例句中“历年”用得不妥，应该改为“逐年”。

历，是经历、已经过去了的；历年，就是以往各个年份，只表示一个静态的时间概念；而“逐”是追赶、依次的意思，逐年，是一个动态的时间概念，就是一年追着一年、一年跟着一年。例句说的是国外市场对大蒜的需求正在甚至还在增长，不是“历年”，需求增长的过程是一个“时间链”即“过去＋现在＋将来”，所以应该用“逐年”。

链接→连接

例句：抽查发现，有的产品重要部位的螺丝等硬度不够，零部件之间链接不紧。

例句中的“链接”用得不妥，应改为“连接”。

链接，本指在电子计算机程序的各模块之间传递参数和控制命令，并把它们组成一个可执行的整体的过程。后新闻媒体借用了这个词，如“媒体链接”。“链接”如同链条的各个环节的相连，而各环节之间是松动、可转动的。

连接，即两个以上部分的相互衔接，含有紧凑的意思。机器各部件(除传动、转动装置部件之间)的“连接”用的是紧固件，紧凑而不活动，所以要用“连接”一词。

三

炼狱→监狱

例句：廖子中现在湖南某监狱服刑改造。经过几年炼狱的反省，廖子中对自己的罪行有了比较深刻的认识。

例句中的“炼狱”一词用得欠妥。

炼狱，语出意大利作家但丁的诗作《神曲》。在天主教、东正教中，“炼狱”一词指人生前罪过没有赎尽，而死后不必下地狱但灵魂又必须在“涤罪所”赎罪、炼净罪过才能上天堂而暂时受苦的地方。在现代汉语中，“炼狱”一词借指或比喻险恶的环境、磨炼人锻炼人的艰苦的环境。在这两层意思上，“炼狱”对犯罪服刑的人均不适用，一是服刑的罪犯并没有死去；二是罪犯服刑不是经受“磨炼”、“锻炼”；三是监狱也不是“险恶的环境”。例句中“炼狱”应当直接写作“监狱”。

裂变→聚变

例句：米格庄镇巨变的“源头活水”，正是他们把目光放在吸收含量丰富的民间资金上，在经营机制上的创新，并由此引来了一系列资本的“裂变”。

例句把吸收民间资本的作用比喻为核爆炸中的“裂变”反应，在概念的使用上混淆了“裂变”和“聚变”。

裂变，即重原子核(如铀核、钚核)发生核反应分裂成两个或更多的轻原子核而放出巨大能量。聚变，则是几个轻原子核聚合为重原子核发生核反应释放出巨大能量。例句说的米格庄镇建设小城镇的做法是吸收民间资本，使分散的小量资金汇集起来发挥大作用，应当比喻为“聚变”效应，即把“资本的‘裂变’”改为“资本的‘聚变’”。

领略→感受

例句：让具备享受低保条件的村民领略党和政府的温暖。

例句中的“领略”一词用得不妥，可改为“感受”。

领略，虽有“感受”、“领悟”的意思，但是这个词更侧重于欣赏、领会、领悟、理解、体验。其词义是了解事物的情形，进而认识事物的意义或辨别事物的情趣、滋味。如宋代陆游《弋阳县驿》：“唤船野渡逢迎雪，携酒溪头领略梅。”陆诗中的“领略”一词就是“欣赏”的意思。

感受，作为动词是受到、感觉到的意思，如魏钢焰《宝地 · 宝人 · 宝事》：“虽是走马看花，却感受颇多”；作为名词，“感受”也含有感想和体会的意思。

流向→流动、周转

例句：国际新一轮产业转移和资本流向加快。

例句中的“流向”一词用得不妥，“资本流向加快”宜改为“资本周转加快”。

流向，作为名词，原指水流的方向，只指明方向而不表示速度快慢；也引申指财物、人员等去向，如“大学生的流向一般是经济发达地区”。作为动词，流向是谓补结构（即“流＋向…”），如“河水流向远方”。“资本流向”，是名词性偏正结构，指作为资本的货币投入的领域，它只指资本的走向，而没有资本流动速度快慢的含义，而“资本流动”、“资本周转”就有速度快慢之分了。资本在运营过程中，有一个存量流动和重组的问题，在这个意义上，也可表述为“资本流动”或“资本重组”速度“加快”。

绿洲—新兴城镇

例句：新塘镇是处于广州、深圳、东莞、香港、澳门、惠州之间的一块绿洲。

例句中的“绿洲”用得不妥。

“绿洲”是沙漠中有水有草的地方，与“绿洲”相对的是“沙漠”。说新塘镇是“绿洲”，岂不是将广州、深圳、东莞、香港、澳门、惠州均比喻“沙漠”了吗？这在修辞上属于比喻不当；在逻辑上则把“沙漠”这个概念不当外延了。例句可将“一块绿洲”改为“一个极具经济发展潜力的新兴城镇”。

M

媒体→媒介

例句：我们以园区为载体、县乡政府各部门为媒体，进一步加大了引进资金的力度。

例句中的"媒体"一词用得不妥。

媒体,是指交流、传播信息的工具,在现代汉语中"媒体"一词专指报刊、广播电视及以传播新闻信息为主的网站等,也称"传媒"。显然政府部门不是"媒体"。

宜将"媒体"改为"媒介"。媒介,是沟通并使双方或多方发生关系的人或事物,如闻一多《神话与诗·说舞》:"正因假的能发生真的后果,所以他们常常因假的作为勾引真的媒介。"

绵长→漫长

例句:大洼县有绵长的海岸线资源。

例句中的"绵长"一词宜用得不妥,改为"漫长"。

绵,原义是丝绵,引申为连绵不断、延续久远。绵长,一般形容时间的漫长,如柯灵《香雪海·时间》:"十年过去了,在时间的长河里,这只是无限绵长中的一瞬。"

漫长,义为长得看不见头,既可以修饰、形容时间,也可以修饰、形容空间,如艾青《双尖山》诗:"接着它的是离别山,一条漫长的窄谷,和麻密的原始森林。"海岸线也宜用"漫长"修饰。

三

民营经济—民营企业

例句:乡镇5个民营经济上缴税金已达到3.2亿元。

例句混淆了"民营经济"和"民营企业"这两个概念。

民营经济,是指除了以国家为代表的"国有经济"以外的其余各种经济成分的总称,指的是民间经营的意思,属于经营方式的概念,而不是经营主体。作为一种泛指的"所有制形式"和"经营方式"是不能被量化,也不能成为上缴税金的主体的,能成为经济行为主体的只能是具体的企业或个人。民营企业,是指非国家投资的企业或虽由国家投资但已通过承包等形式由民间经营的企业。例句应将"5个民营经济"改为"5个民营企业"。

明显优势→较高比例

例句:法人犯罪给社会造成的损失也占明显的优势。

例句中的"优势"用得不妥。

损失,作为动词,指没有代价地消耗或失去;作为名词,指没有代价地消耗或失去的东西。"损失"只有大小、多少之分,而无"优劣"之分。这个例句实际是想说"法人犯罪"给社会所造成的损失要比其他类型犯罪行为给社会造成的损失大、危害深。那么,这个例句就应该改为"法人犯罪给社会造成的损失明显占较高比例"或"法人犯罪给社会造成的损失和危害明显地甚于其他犯罪行为"。

名誉→荣誉

例句：无论哪一级劳动模范身上都附着一定的名誉光环和物质利益。

例句中的“名誉”用得不妥，应当改为“荣誉”。

“名誉”与“荣誉”有相同点和联系，但是用法不同。

名誉，一是“名声”的意思，即社会认可或给予人及事物的评价；二是作为形容词用的“名义上的”的意思，多用于荣誉上的称号，如“名誉主席”。

荣誉，是经过评选或授予而获得的光荣的名誉，“劳动模范”本身就是一种“实际的”荣誉称号，而不是“名誉的”称号，并不需要再“附着一定的名誉光环”。

N

难觅踪迹→难见踪影

例句：污水到处横流、牲畜到处乱跑的现象已经难觅踪迹。

例句中的“难觅踪迹”用得不妥，宜改为“难见踪影”。

三

踪迹，是指行动留下的痕迹、事物所遗留的痕迹等，“觅”是“找”和“寻求”的意思，但是例句没有“找”、“寻求”那些以往“污水到处横流、牲畜到处乱跑”痕迹的意思；踪影，侧重于说当前所见到的踪迹和形影、景象。“难见踪影”即现在见不到这些景象了。

你的家父→令尊

例句：①你的家父就是辛田？你的家父是越国的英雄啊！②黄毓全 1926 年随家兄回国，参加了对日寇的战斗。③我与你的令尊有多年的交往。

在我国古代，称呼有谦、敬之分。“家”是一个谦辞，“家”后缀亲属的称呼，专用于向别人称呼辈分比自己高或同辈中年龄比自己大的亲属，称自己的父亲为家父、家严、家公、家尊，如三国时期曹植《宝刀赋》：“建安中，家父魏王乃命有司造宝刀五枚，三年乃就。”称自己的母亲为家母、家慈，称自己的祖父为家祖，称自己的岳父为家岳，以及称其他年长于自己的亲属为家兄、家姐、家嫂等。不能用于称别人的亲属。

称呼别人的亲属用“令”。但是，“令”是用于尊称对话者或函件的收阅者的亲属的敬辞，相当于“您的”。例句①、③就应该直接说“辛田就是令尊?”、“我与令尊”；例句②应改为“随其兄”。“令”也不能用于称呼第三人称即“他的”、“她的”亲属。如“家父和小波的令尊王方名先生有长达半世纪的友谊”，“小波”是第三人称，说“小波的令尊”就错了。

年代→年月

例句：但在 20 世纪 50 年代末那个饥荒年代。

例句中的两个“年代”，重复了，而且后一个“年代”用词不当。

年代，指一个世纪中的每个十年，也指较长的时间、年数。如洪深《青龙潭》：“到底年代太久，锈得不成样子了，还有用吗？”而“50 年代末”也就是一两年的时间，不宜用“年代”指称。所以，后一个“年代”宜改为“年月”，既使用词准确，也避免了词语的重复。

年月，泛指时间、岁月，如老舍《龙须沟》：“这年月呀，女人尊贵啦，跟男人一样可以走南闯北的。”又如杨朔《三千里江山》：“他们共同爬大山，吃冰饭团，枪冻的拉不开栓，还在进行着惨烈的战斗！谁能忘记那些艰苦的年月呢！”

年限→年头

例句：农民外出务工最长年限为 15 年。

例句中的“年限”用得不妥。

限，即规定性、限制性；年限，即按规定的年数或作为一般标准的年数，或某物适于使用或有效地完成其职能的时间，如“按规定保养，农业机械的使用年限就会得以延长。”“年限为 15 年”就是不得超过十五年。而农民外出务工是没有规定限制的时间的，也没有哪个部门来规定。这个句子说的应当是农民在外务工已经有的、已经经过的时间，应当用“年头”。“年头”即“年份”，如“我到北京已经 5 个年头了”。

三

念想→念头

例句：对父亲的仇恨使他断了向父亲求助的念想。

例句中的“念想”用得不妥。

念想，即“念想儿”，是个方言词语，也叫“念心儿”，即纪念品。如电影《归心似箭》：“这烟袋杆儿就留下吧，也好做个念想儿。”念想，还作动词，即想念，如李广田《悲哀的玩具》：“听说，现在他更衰老了些，而且也时常念想到他久客他乡的儿子。”

例句说的是打消了“向父亲求助的想法”，把“念想”用作宾语不妥，可以直接用“打消了……想法”或改为“断了……念头”。“念头”即打算、想法，如毛泽东《反对党八股》：“至于以装腔作势来达到名誉和地位的目的，那更是卑劣的念头，不待说的了。”

P

盘旋→徘徊

例句：进入 7 月份尿素价格基本盘旋在 1 750～1 800 元/吨。

例句中的“盘旋”用得不妥，应改为“徘徊”。

盘旋，是围绕着圈儿飞或打转地走的意思。如老舍《四世同堂》：“他着急，有两颗急出来的泪在眼中盘旋。”

徘徊，表示犹豫不决、在一个地方走来走去的意思，如郁达夫《出昱岭关记》："西看看夕阳，东望望山影……还徘徊而不忍去。"徘徊，还指事物在某个范围内上下浮动、起伏、往返回旋。价格长时间保持在"1 750～1 800 元/吨"，应用"徘徊"。

Q

骐骥→麒骥

例句：麒骥驻足，不如驽马安步。

例句中的"麒骥"用得不妥，应当改为"骐骥"。

麒，即麒麟，从"鹿"，qí 音，是古代传说中的一种动物，外形像鹿，头上有角，全身有鳞甲，尾如牛尾，古人以为仁兽、瑞兽，拿它象征吉祥，并用于比喻杰出的人物。如《晋书·顾和传》："和二岁丧父，总角便有清操，族叔荣雅重之，曰：'此吾家麒麟，兴吾宗者必此子也。'""此吾家麒麟，兴吾宗者必此子"意思是，这个孩子是我家的祥瑞，振兴宗族必定是他了。

骐，从"马"，音 qí，是有青黑色花纹的马，泛指骏马，如《庄子·秋水》："骐骥骅骝，一日而驰千里。"古代传说有一种骏马，叫骐驎（两字均从"马"），先秦《商君书·画策》："骐驎騄駬，每一日走千里"。（"骅骝"、"騄駬"也是骏马。）

"骐骥驻足，不如驽马安步"的意思是，日行千里的骏马总站着，还不如劣马慢慢地走着。例句说的是良马，应当是"骐骥"，而不是"麒（麟）"。

气候→气温

例句：气候低于 4 ℃时冬灌就有发生冻害的危险。

例句中的"气候"用得不妥，应当改为"气温"。

气候，指一定地区经过多年观察所得到的概括性的气象情况，即天气状况和天气发展所示的变动着的大气状态，虽然包括大气温度，但不仅仅指大气温度；也借指社会动向和发展态势，还比喻行为的结果或成就。气温，指空气的温度，是可以用仪器测量其数值的。"气候"与"气温"这两个词不能通用。

迄今→如今

例句：我国 2001 年加入世贸组织时欢欣鼓舞的场面，迄今已相当遥远。

例句中的"迄今"一词用得不妥。

迄今，是"直到现在"的意思，表示原有状态的连续性，如鲁迅《书信集·致宋崇义》："往来匆匆，在杭在越之诸友人，皆不及走晤，迄今犹以为憾。"又如"中华文明自古迄今，历经 5 000 年而没有中断。"而例句说的原先有、而现在已经不复存在的"场面"，就不能用“迄今”，可改为“如今”，即现在、当今的意思；也可删去“迄今”。

牵挂→牵动

例句：粮价上涨对群众生活的影响牵挂着共和国总理的心。

例句中的“牵挂”一词用得不妥。

例句是个动宾结构，即“共和国总理的心”是被牵挂的对象。牵挂，是行为主体对客体挂念、惦记的情感，而“粮价上涨”是客观现象，是不会有“牵挂”的情感的。“牵挂”的行为主体应当是“总理”。句子宜将“牵挂”改为“牵动”。“牵动”在这里表达的是客观事物引起行为主体感情波动的意思。

前后→上下、左右

例句：割下来的稻子也尽可能自然晾干，让米中的水分保持在15%前后。

例句说“保持在15%前后”，不妥，应当改为“保持在15%上下”或“保持在15%左右”。“前后”一般指以某一时点为中心的稍前或稍后的一段时间，也指事情从开始到结束的一段时间，如“焦裕禄同志到兰考工作直至病逝，前后仅一年半左右的时间”。“上下”用在数字后面表示大致是这个数，“左右”用在数字后面，其词义和语法功能与“上下”相同。

“前后”、“左右”可以表示时间的概数，而“上下”不能作为表示时间的概数；“左右”“上下”可以表示数字的概数，而“前后”却不能。

三

强大→健全

例句：莱州市大力实施“动力工程”，构建了强大的电力网络。

例句用“强大”一词修饰“网络”不妥。

强大，是力量坚强雄厚的意思，如“我国有一支强大的国防力量。”例句中的“强大的电力网络”可改为“发达的电力网络”或“健全的电力网络”。用“发达”一词是说“电力网络”发展充分；用“健全”一词是说“电力网络”建设的完备、完善。

翘楚→突出代表

例句：棠溪宝剑是民间文化中的翘楚

例句用“翘楚”称“剑”不妥，“翘楚”可以改为“突出代表”。

翘，本义是鸟尾上的长羽毛。古代女子常将鸟羽作为装饰品戴在头上。后来，“翘”也指妇女佩戴的形似鸟尾长羽的首饰。因女子竞相佩戴漂亮的长翎羽毛，“翘”也就引申为特出、杰出之义。楚，原指一种荆木。《说文解字》：“楚，从木。”《诗经·周南·汉广》：“翘翘错薪，言刈其楚。”意思是，在众多的树木中只砍伐荆木，因为荆木比其他的树木高大。楚也就有鲜明、突出的意思。我国古代“翘楚”一词用来比喻杰出的人才。《全唐诗典故词典》:“翘楚,比拟诸女中之出众者。”唐代钱起《海畔秋思》:“魏阙贲翘楚”,是说朝廷中人才济济。辛弃疾《贺新郎》词:“王郎健笔夸翘楚”,是说王勃奋笔写下《滕王阁序》,称赞豫章故郡(江西)人中俊杰。这些句子中的“翘楚”都是指人才,而不指物。

切换→更换

例句:更换播种作物时,只需要切换调整排种轮即可。

例句中的“切换”用得不妥,宜改为“更换”。

切换,是在不需要更换零部件的情况下,通过操作机器或设备上的某个关键使其从一种运转或作业状态转换到另一种运转或工作状态,如电脑文字输入,只要点击相关程序而不需要更换零部件,就可以从一种文字输入法切(转)换到另一种文字输入法。例句说的是当播种机从播一种作物到改播另一种作物时,由于种子颗粒大小不同,需要调换相应的“排种轮”,这是零部件的“更换”,所以不宜用“切换”一词,而应当用“更换”。

取缔→取消

三

例句:县政府办公会议决定,凡不属于规定范围的收费项目,一律取缔,切实减轻农民的负担。

例句中的“取缔”用得不妥,应改为“取消”。

取缔,是指明令取消或禁止,针对的对象一般是非法的存在,如“取缔无照经营”、“取缔黄赌毒”、“取缔非法行医”。

取消,是使原有的制度、规章、资格、权利等失去效力,如“取消不合理制度”、“取消原有规定”、“取消农业税”等。如《国务院关于治理向企业乱收费、乱罚款和各种摊派等问题的决定》:“坚决取消不符合规定的向企业的行政事业性收费、罚款、集资、基金项目和各种摊派。”。

缺点错误→不足

例句:改造后的小城镇还是存在缺点错误。

例句宜把“缺点错误”改为“不足”,这样能使句子所表达的意思更准确。

错误,指不正确的、与客观实际不符合的事物或行为。例句说的是小城镇的改造,小城镇本身并无错误、正确之分,小城镇的建设是一种“艺术”,它只有完善与不完善之分、格调或品位高下之分,它会留下遗憾、缺憾和不足,但是绝不会有“错误”。

若说有“错误”,那是指导小城镇建设改造的人在指导思想、工作方法上会有错误,例句如果是想突出说小城镇改造在指导思想上还存在缺点和错误,那么可改为“改造后的小城镇还存在的不足,反映了领导者指导思想上的欠缺或错误。”

R

萦绕→困扰

例句："明年我还来不来城里打工"、"我在家里能做什么"成了一直萦绕他们的问题。

例句中的"萦绕"一词用得不妥。

萦绕，是萦回、缠绕的意思，表示围绕中心点往复运动，如叶圣陶《潘先生在难中》："潘先生并不留心在这些上边，更深的忧虑正萦绕在他的心头。"而例句中的几个问题，是农民遇到的麻烦和疑虑，是一种困惑，所以不宜用"萦绕"，宜用"困扰"一词。"困扰"是围困并搅扰、遇到难办的事的意思。如王蒙《组织部来了个年轻人》："生活有时候带来某种情绪的波流，使人激动，也使人困扰。"

人为→无节制

例句：随着人为的开采，磷矿石会越来越缺乏。

例句中的"人为的"用得不妥。

"人为"即人力所为，与自然、天然相对。因为任何形式的开采都是"人为"的，关键的是开采行为是否被批准、是否符合环保规定、是否科学，而例句说的"开采"明显是"乱开采"，可将"人为的"改为"随意的"或"无节制的"、"无计划的"。

三

人员→人口

例句：也有人认为农民工在城市买房，会造成城市规模越来越大、人员越来越拥挤。

"人员"一词用在例句中显然不妥。例句要说的意思是居住在城市的人过于稠密，句中的"人员"宜改为"人口"。

人员，是指担任某种职务或属于某一群体（类）的人，如丁玲《一九三〇年春上海》："现在实在是需要工作人员的时候。"

人口，指一定时间内生活在一定区域内的总人数，如"人口稠密"、"人口增加速度过快"，郭沫若《海涛集·流沙》："这表示厂里并不止那烧窑老一人，一定还有相当的人口的。"

S

三步曲→三部曲

例句：农户安全储藏玉米按三步曲进行。

例句中的"三步曲"用得不妥，宜改为"三部曲"。

三步曲，是对邓小平同志关于我国实现社会主义现代化战略目标分"三步走"的形象的提法，1989年邓小平同志曾经在一次讲话中将“三步走”的发展战略步骤称为“发展战略的‘三部曲’”，但是经济学界一直将“三步走”的发展战略称为“三步曲”，即相互联系、依次发展又有质的区别的三个发展阶段的目标。

“三部曲”源于古希腊，指的是古希腊情节连贯的三部悲剧，也称为“三联剧”。后来，“三部曲”指内容相对独立而又有联系的三部文学作品，如巴金的《家》、《春》、《秋》称为“激流三部曲”，引申为比喻有内在联系的三件事或者事物发展的三个阶段。《现代汉语词典》、《现代汉语规范词典》和《辞海》均未收“三步曲”。

三甲→前三名

例句：①东风手拖的“霸主”地位逐步恢复，并已跻身全国同行前三甲。②人类杀手榜火热出炉——心脏病、传染病、癌症再次占据三甲。

例句中的“前三甲”和“三甲”均用得不妥。句子所要表达的意思是“进入前三名”、“排前三位”，而“前三甲”和“三甲”均不是这个意思，“前三甲”是个生造词。

三甲，是科举中录取进士的三个档次的总称。宋朝以后，科举考试分为乡试、会试、殿试，殿试由皇帝亲自主持考试，分“三甲”录取，“第一甲”取三名，赐进士及第，第一名称状元，第二名称榜眼，第三名称探花，清代赵翼《陔余丛考》说，“眼”必有二，在宋朝时，“一甲”的第二、第三名均称为“榜眼”，意为“榜中之双眼”；“第二甲”赐进士出身，录取人数有数十人；“第三甲”赐同进士出身，录取人数达一二百人。一、二、三甲统称进士。

三

“前三名”不等于“三甲”或“前三甲”。科举“前三名”称为“三鼎甲”、“鼎甲”，这是状元、榜眼和探花的总称，源于鼎有三足，“第一甲”有三人，犹如鼎之三足。宋代苏轼《与李方叔书》：“秋试时，不审从吉未？若可下文字，须望鼎甲之捷也。”京剧界称清代同治光绪年间的京剧泰斗程长庚、余三胜和张二奎为老生“前三鼎甲”（这里的“前”是“第一代”的意思），称民国初年的谭鑫培、汪桂芬、孙菊仙为“后三鼎甲”即第二代老生前三名。

所以，表示前三名或前三位，不能用“前三甲”、“三甲”。

赡养→养老

例句：这个公司在发展集体经济的同时，还帮助乡政府做好老年人的赡养工作。

例句中“赡养”用得不妥。

赡养，特指成年子女等晚辈对父母等长辈在物质上、生活上给予的帮助。我国《宪法》规定：“成年子女有赡养扶助父母的义务。”

例句中的“赡养”宜改为“养老”。养老，泛指提供物质条件奉养老人，如“国务院决定：再次提高企业退休人员基本养老金水平。”这里的“养老”一词是作为定语使用的，就是泛指对“参保”老人的奉养物质条件。又如《儒林外史》：“而今这一千两银子送与你，你拿回家去置些产业，娶一房媳妇，养老送终。”这里的“养老”是动词，作谓语。“养老”也指老年人闲居在家休息，靳以《跟着老马转》：“到了退休的年龄，就请他回家养老。”

深刻→深厚

例句：信用社和农民在长期的交往中结下了深刻的友情。

例句中“深刻的”用得不妥，可改为“深厚的”。

深刻，形容深入透彻、触及了事物的本质，或形容印象很深、感受强烈，用来形容“友情”不妥。

深厚，既可指感情深切而浓厚，也可指有形物体自上至下的距离大，还可指基础（包括抽象的和具象的）牢固而雄厚。清代钱谦益《列传诗集小传·王慎中》：“道思诗体初宗艳丽，工力深厚。”这里的“深厚”指的是道思（即王慎中）诗歌创作的功底深厚。秦牧《土地》：“在一撮撮看似平凡的泥土里，寄托了人们多少丰富深厚的感情！”这里的“深厚”指的是情感的深切、浓厚。

生涯→生活

例句：等待我的是漫漫的刑期和铁窗生涯。

例句中的“生涯”一词用得不妥。

生涯，是指从事某种事业或正常活动的生活，具有积极性，如“大型交响音诗《中国人民的儿子——邓小平》21 日晚在人民大会堂上演。饱含激情的诗歌朗诵与气势磅礴的交响乐水乳交融，浓墨重彩地颂扬了邓小平光辉的革命生涯。”而用“生涯”指代囚犯的“刑期”则不妥。可将“铁窗生涯”改为“铁窗生活”。“生活”的本义即“活着”、“活命”，也指一种生存状态，“乞丐生活”、“流浪生活”，“铁窗生活”也是一种生存状态。

三

时期→时节

例句：现在正是冬小麦播种的时期。

例句中的“时期”用得不妥，应该改用“时节”。

“时期”是指具有某种特征的一段时间，如“抗日战争时期”、“三年自然灾害时期”，“时期”与“时代”是近义词（一个“时代”包含几个“时期”）。而“小麦播种”的时间是在某个“节令”、“时节”，是一个较短的受气候影响的时段，而“时期”的时间跨度则相对较长。

事态→态势

例句：3 月份延续着这一回暖的事态，产量继续提高达到 393.3 万吨。

例句中的“事态”一词用得不妥，应当改为“态势”。

事态，是指事件发展的状态、局面，多指坏的、消极的情况。如“事态日益严重”。

态势，则是指事物的现状和发展趋势，这是一个中性词，如“良好的发展态势”、“摆出大举进攻的态势”等。这个例句是说生产发展的趋势和状态，所以应当用“态势”

一词。

市委二中全会→市委全会

例句：2001 年 10 月大连市委九届二中全会召开。

例句中的“大连市委九届二中全会”是一个错误的概念。

“二中全会”中的“中”是“中央委员会”的简称。譬如“党的十六届五中全会”是个简称，完整的提法是“中国共产党第十六届中央委员会第五次全体会议”。党的地方组织包括省、市、县委是不可能召开“中央全会”的。“大连市委九届二中全会”应当改为“大连市委九届二次全会”，即“中共大连市第九届委员会第二次全体会议”。

适应→适宜

例句：怀涿盆地地质土壤适应葡萄生长。

例句中的“适应”宜改为“适宜”。

适应，是随条件的变化而不断作相应的改变、使之适合的意思，是行为主体对客体的反应，如“我们的计划必须改变，以适应新的形势”。

宜，从“宀”，“且”表义，即俎上有肉，可供人吃，引申为“相宜”，即合适、得当的意思，适，也是合适的意思。“适宜”是客体对主体的关系，多指环境适合需要。如“这里的地理环境和气候很适宜种西瓜”，又如茅盾《尚未成功》：“天才遇着适宜的环境，一定要开花结果。”

释放→投放

例句：把资金、技术、市场等生产要素释放到汽车配件等领域。

例句中的“释放”用得不妥，应当改为“投放”。

释放，是把所含的物质或能量放出来，如“有机肥料的养分释放缓慢”、“原子核发生裂变或聚变所释放的能量是燃烧同量的煤所释放的能量的百万倍甚至上千万倍。”“释放”与“投放”，在行为主体上存在明显的区别。“释放”的行为的主体是物体本身，是不用借助外力就可以完成的行为过程，“释放”的内容是释放主体自身所有的。“释放”也指被拘押或服刑者的自由，在这个意义上是行为主体对客体的使动行为。

投放，是投入、放进的意思，“投放”的宾语是客体，而不是行为主体。“投放”的过程是客体是凭借主体的行为完成的。“资金”、“技术”自身是不会“释放”能量的，不能依靠其“自身”实现转移，必须由人的活动来完成，即“投放”于市场。

收成→收获

例句：每年收成后，农民把绝大部分粮食批发给粮食收购商。

例句中“收成”用得不妥，应改为“收获”。

收成，名词，表示的是农作物的收获情况，是个抽象名词。它的语法功能是充当句子的主语或宾语，也可作定语，但是不能充当谓语，如叶圣陶《多收了三五斗》：“今年算是好年时，收成好，还是亏本！”

收获，动词，充当谓语，表示的意思是收取成熟的农作物；作为名词时，指收获的农产品，是个具象名词，也可比喻获得的成果，它的语法功能在句子中既可充当主语、宾语，如柳青《创业史》：“住在那些草棚和瓦房里的庄稼人，从北原上的旱地里，也没捞到什么收获。”还可充当定语，如茅盾《林家铺子》：“一个多月前乡下人收获的晚稻，也早已被地主们和高利贷的债主们如数逼光。”

素食者→肉食者

例句：有的人认为忧国忧民是“素食者谋”，事不关己，高高挂起。

例句的原意是想说，忧国忧民的事是由那些领导者去做的，而不是普通人所操心的。“素食者”应当改为“肉食者”。

“肉食者”指的是高贵的人，即在朝廷当官的人。“肉食”，晋代杜预注：“在位者。”语出《左传·庄公十年》，鲁庄公十年春天，齐国军队进攻鲁国，曹刿要为鲁庄公谋划抵抗齐国侵略的计策，曹刿的老乡劝他说：国家大事“肉食者谋之，又何间焉。”意思是，国家大事由身居高位的人去谋划，你又何必去参与呢？曹刿说：“肉食者鄙，未能远谋。”坚持向鲁庄公讲了取胜之道，使鲁国打败了齐国军队。

古籍中有一个与“素食者”相应的词“藿食者”。“藿”是指豆叶、香草一类的植物。汉代刘向《说苑·善说》：“献公使使出告之曰：‘肉食者已虑之矣，藿食者尚何与焉？’祖朝对曰：‘设使肉食者一旦失计于庙堂之上，若臣等之藿食者宁得无肝胆涂地于中原之野与？’”献公派使者出来告诉祖朝说，做官的已经在考虑国家大事了，你们平民百姓又何必参与其中？祖朝回答说，假若当官的一旦在朝廷上失策，像我们这样的平民百姓怎么不会在中原的荒野上肝胆涂地呢？这里的“藿食者”就是与“肉食者”相对的一个词。

缩影→掠影

例句：这里公平正义、诚信友爱、充满活力、安定有序的煤矿建设，就是耿村煤矿发展的一个缩影。

例句中的“缩影”用得不当。

缩影，是指可以代表或反映同一类的人或事物的某个人或事物。如巴金《关于〈第四病室〉》：“这样一间有二十几张病床的外科病房不就是当时中国社会的缩影吗？”但是，例句中的“公平正义、诚信友爱、充满活力、安定有序”说的是一种氛围，并不是“煤矿”的同类事物。而且这个句子将“煤矿建设”说成“煤矿发展”的“缩影”，是同义反复。可将“缩影”改为“掠影”。“掠影”是掠视（一掠而过）得到的影像，比喻表面观察和了解的大致情况,如"浮光掠影"。但是,这个句子也应当作相应的改动:"这里公平正义,诚信友爱,充满活力,安定有序,就是耿村煤矿建设和发展给人们的一个掠影。"

T

体念→体验

例句:游客可以在"农家游"中采摘、垂钓,体念多项农事劳动。

例句中的"体念"用得不妥。

体念,为体谅、谅解的意思,假设处于别人的位置考虑,如"凡事多体念别人一些,世上就少争执了。"又如闻一多《五四断想》:"不要只珍惜自己的过去,多多体念别人的将来。"而例句中并没有需要"体谅"的内容。

例句是说游客直接参加类似某些农业生产活动项目,应当用"体验"。体验,也称亲身体验,指在实践中亲身经历、实地领会、认识事物。如鲁迅《花边文学·看书琐记》:"文学虽然有普遍性,但因读者的体验的不同而有变化,读者倘没有类似的体验,它也就失去了效力。"

条件→状况

例句:稻田连续过量施用硫酸钾或含硫化肥,使土地处于闭气条件,对水稻生长和吸收养分都不利。

例句中的"条件"应当改为"状态"。

条件,是指制约事物发生、存在和发展变化的因素。"稻田连续过量施用硫酸钾或含硫化肥"并不是形成什么"条件",而是使土地形成了一种板结、含硫量过量的"闭气"状态而不利于庄稼生长的状况、状态。

状况,是事物呈现出来的样子;状态,指人或事物表现出来的形态。水稻是好气性农作物,处于闭气"状态"的土壤中,自然就不能很好地生长了。

同伴→同伙

例句:作案者用纸币晃来晃去,遮挡张女士的视线,为同伴下手提供掩护。

例句中的"同伴"用得不妥,宜改为"同伙"。

"同伴"是指同在一起学习、工作、生活的人,具有很强的感情色彩。如瞿秋白《饿乡纪程》绪言:"我知我们黑甜乡里的同伴他们或者和我一样。"而"同伙"的意思则是同为一伙的人,多用于贬义,用于为非作歹的人群,如"他们结成同伙,专门干销售假冒伪劣商品的不法勾当。"例句说的是专门干抢劫勾当的歹徒,应当用"同伙"一词,而不宜用"同伴"。

推崇→实行

例句：中国桂花拖拉机公司推崇个性化服务，生产出的“桂花”小型拖拉机成了最适应越南农业生产条件而深受当地农民喜欢的农业机械。

例句中的“推崇”一词用得不妥，可改为“实行”。

推崇，是崇敬、尊崇的意思，推崇的对象一般是“人”或“人品”、“风格”。近代文学家、语言学家刘师培《文章源始》：“至北宋苏轼推崇韩氏，以为‘文起八代之衰’。”意思是，苏轼崇敬韩愈散文的风格，认为韩愈的散文振兴了东汉、魏、晋、宋、齐、梁、陈和隋八个朝代文运衰颓之势。

例句并不是说“推崇”什么人的问题。根据文章所表达的意思，这个公司根据用户的要求而“实行”个性化服务的策略，打开了国际市场。实行，即用行动去实现、实际施行某种理论、理念或计划，如茅盾《子夜》：“我们的特别奖励规则却是要立刻实行。”例句说的就是一种“个性化服务”的理念，所以用“实行”这个词比较合适。

拖拉→拖欠

例句：这个建筑公司的负责人是农民出身，对农民工就像对自己的亲兄弟，从没有拖拉过农民工一分钱工钱。

例句中的“拖拉”用得不妥，应当改为“拖欠”。

拖拉，意思是办事迟缓、不利索，如“这个孩子办事总是有点儿拖拉，没有一次利利索索的。”也指拖延、不及时或不按时办理，如“这个研讨会由于与会人员不落实，拖拉到现在还没有开成。”

拖欠，是拖延时间不归还或不发放的意思，如“又到年底了，用工单位拖欠农民工工资的问题又摆上了各级劳动部门和工会组织的议事日程。”

W

维系→维护

例句：油茶种植对于维系该地区生态环境有重要的作用。

例句中的“维系”用得不妥，应改为“维护”。

维系，是维持并联系、使之不涣散、不中断的意思，如鲁迅《集外集·文艺与政治的歧途》：“政治想维系现状使它统一，文艺催促社会进化使它渐渐分离。”

维护，即以说话或行动维持和保护以免遭到破坏的意思，如艾青诗《在浪尖上》：“为了维护真理，必须投入战斗。”

人类对生态环境的关系不仅仅是“维系”还要保护、使其不被破坏，而“油茶种植”是

三

一种维持、保护良好的生态环境的有效的措施。

未亡人之丈夫→鳏夫

例句：神州只见伟丈夫之未亡人从一而终，罕见未亡人之伟丈夫始终从一。

例句要表达的意思是，历史上只见死了丈夫的妇女从一而终，而少见丈夫从一而终。但说“未亡人之伟丈夫”就不准确了。

“未亡人”是旧时寡妇的自称，即死了丈夫的妇女，如《左传·庄公二十八年》：“今(楚)令尹不寻诸仇雠，而于未亡人之侧，不亦异乎？’”意思是，现在楚令尹不去寻找仇敌而(把心思)用在我这个寡妇的宫室旁，这不奇怪吗？现在“未亡人”泛指寡妇，是活着的人，而“未亡人之伟丈夫”就是死了的人了。“未亡人”因为活着，由于各种原因，或许会选择“从一而终”；但是“未亡人之伟丈夫”是已经死了的人，如何可能从一而终或不从一而终呢？

例句宜将“未亡人之伟丈夫”改为“死了妻子的伟丈夫”，即“鳏夫”。

文艺→文化

三

例句：“两个文明”建设要围绕突出北疆特色，打造“北大荒”黑土文艺品牌。

例句中的“文艺”用得不妥，应当改为“文化”。

文艺，为文学和艺术的总称，又特指文学或表演艺术。文化，指人类创造的物质财富和精神财富的总和，也指某一领域或某一范畴体现的思想、观念、道德和行为规范以及风俗习惯等。文艺的范围比文化所涉及的范围要窄得多。

“北大荒文化”应当是包含了文化的上述两个义项，即“北大荒的两个文明”，既包含“北大荒”创造的物质文明，也包含了“北大荒精神”，同时又是“北大荒”人的行为方式，并不仅仅是打造北疆特色文学或表演艺术的品牌，所以不应当用“文艺”而应当改用“文化”。

武装→装备

例句：黑龙江垦区超常规地以现代农机武装农业装备。

例句中的“装备”不能作“武装”的宾语。

装备，作名词时，指配备的武器、军装以及器材、设备和技术力量，在这个例句中，与“现代农机”同义，句子的意思就成了用“现代农机”武装“现代农机”。作为动词，“装备”与“武装”同义，都充当谓语成分，原指用武器等军事物资来装备军队，也引申为用新设备“装备”、“配备”某个行业、部门。“武装”还可指“充实”某方面思想，如“用新科技理念武装头脑”。这个句子可删去“武装”一词，让“装备”充当谓语，即“以现代农机装备农业”。

X

闲置→闲散

例句：该镇还宣传发动闲置在农村的青年参加技能培训。

例句中的“闲置”用得不妥，应当改为“闲散”或“闲居”。

闲置，一般用来指放着不用的物品，如闲置的土地、闲置的衣物、闲置的设备等；闲散，使用的范围要大于“闲置”，用来指人和物，如闲散的劳力、闲散人员、闲散的土地、闲散的资金。例句说的是闲居在家、没有职业或没有被安排的青年，即“闲散人员”，不能用“闲置”一词。

显赫→显著

例句：之所以取得如此显赫的成绩，应该得益于该院领导工作措施的得力，全院干警的共同努力。

例句中的“显赫”用得不妥，应当改为“显著”。

“赫”的本义是火光强烈、炽盛。显赫，引申指权势、名声显耀、盛大，如权势显赫、地位显赫等。《后汉书·窦融传》：“权贵显赫，倾动京都”；也形容功劳显著，如“战功显赫”。不用来修饰成绩、政绩等。

显著，意思是显明而突出、引人注目，多用于好的方面，如“新农村建设的成就显著，农民的生活水平日益提高。”“他的精神面貌转变显著，不像过去那样忧郁了，就像换了个人似的。”

“显赫”与“显著”词义的侧重不同：“显赫”重在盛大而强烈，“显著”重在明显而突出，“显赫”的词义重于“显著”。

限制→局限

例句：大多数农民由于受文化与知识的限制，对不孕不育问题缺乏理性判断。

例句中的“限制”用得不妥，应改为“局限”。

限制，一是指被外界的、客观的因素所控制约束；二是指规定的范围，也是客观的。农民对一些问题缺乏理性分析，并不是由于外界的条件所制约，而是由于自身的文化与知识水平或者说是自身内在的素质所决定的，是自身的条件“局限”所至。“限制”多侧重于外界因素，“局限”多侧重于内因。

效尤→借鉴

例句：广西的这一追究集体决策错误责任的《办法》是破冰之举，完全值得各地推广

效尤。

例句中的“效尤”用错了，使句子要表达的意思反了。

“尤”有过错、过失的意思，“效尤”就是效仿错误行为和不好的事的意思。如唐弢《关于女人的书籍》：“群起效尤，连三四等的妓女，也都被加工点缀，敷衍入书了。”这个句子中的“效尤”指的是不好的行为。成语“以儆效尤”就是严肃处理某些坏人坏事，以此警诫学做坏事的人，如孙中山《中国内乱之因》：“若是同谋的人，我一定要办几个，以儆效尤。”

广西的《办法》是一个促进政府决策科学化、增强领导干部责任意识的文件，别的地方要学习，就不能说“效尤”了，可改为“借鉴”或“效仿”、“效法”。

需求→愿望

例句：广大农民的发展意识初步确立，并表现了强烈的发展需求。

例句中的“需求”用得不妥，宜改为“愿望”。

“愿望”是希望将来达到某种目的的心愿、想法；“需求”是由需要而产生的要求，多侧重于物质方面的要求，如“人们对高档生活用品的需求越来越高”。“需求”可以用表示量的词语形容，如大与小、高与低等，而不宜用表示程度的词语如“强烈”等词形容；“愿望”可以用良好、强烈、迫切等词形容，但不能用表示量的词语形容。

三

喧哗→喧闹

例句：①一大早，喧哗的小营镇农村大集就开始热闹起来了。②喧哗的都市里，路人熙熙攘攘，匆匆擦肩而过。

这两个例句中的“喧哗”用得不妥，均应改为“喧闹”。

喧哗，作动词时，为大声说话或叫喊，可作谓语中心语，并且可带补语，如“围观的人群喧哗了好一阵子”；作名词时，专指声音大而嘈杂的闹声，作宾语，如“病房里禁止喧哗”；作形容词时，为声音大而嘈杂的意思，一般充当表语谓语，如“会场上突然一片喧哗”，也可作定语用，修饰声音，如“喧哗的叫卖声”，但不能修饰场所，如这两个例句。

喧闹，不仅指“喧哗”而且形容热闹。喧闹，作形容词时充当定语，可以修饰场所，如“喧闹的农贸市场”；作动词，为喧哗吵闹的意思，可以充当谓语，如“已经是下午了，但游艺场内大人小孩游兴不减，喧闹不止”。

玄机→奥秘

例句：自贡的灯卖得很火，王岗村就赶紧去取经，这才明白了其中的玄机。

例句中的“玄机”用得不妥，宜改为“奥秘”。

玄机，一是专指道家的深奥的道理，如唐代张说《道家四首奉敕撰》："金炉承道诀，玉牒启玄机"；二是指神妙的机宜，如唐代柳宗元《剑门铭》："喋血试土，玄机在握"，"玄机在握"就是掌握了神妙的机宜。

奥，原义为有重要的东西放在屋之深处，引申为秘密、秘诀。奥秘，就是幽深隐微而尚未被揭示的机密、秘密，如《聊斋志异·丐仙》："日从之学，颇得其奥秘。"

例句说的是"王岗村"明白了"自贡的灯"卖得好的原因也即其中的秘密、经验，所以宜用"奥秘"。

Y

严密→严格

例句：各学校学杂费的收取和使用由于规范了管理机制而被严密控制。

例句中的"严密"用得不妥，应改为"严格"。

严密，是紧密、周密、不留空隙、没有疏漏的意思，如封闭严密、严密的逻辑推理，徐迟《地质之光》："李四光的论文，文句精炼，逻辑严密。"

"格"原义为木格子、木框、木栅栏等，引申为限制、标准。严格，指在执行制度、掌握标准方面非常认真，一丝不苟。魏巍《东方》第五部："郭祥知道，团长是再一次提醒自己，按照原定计划严格执行。"

既然对"学杂费"的收取和使用规范了管理机制，就是执行制度，即一种"限制"，所以例句用"严格"一词更为准确。

俨然→真是

例句：一条条街道干净整洁，一排排房子整齐划一，如茵花坛，成行绿树，高杆华灯，俨然一派社会主义新农村美景。

例句中的"俨然"一词用得不妥。

俨然，意思是"仿佛是"、"好像是"，言外之意就是"其实不是"。如《官场现形记》："后来她丈夫在山东捐了官，当了差事，越发把她扬气得了不得，俨然一位诰命夫人。"这个句子说"她""俨然一位诰命夫人"，而实际上不是。

例句是在称赞新农村建设，而"俨然"却又成了否定的意思。可将"俨然一派社会主义新农村美景"改为"真是一派社会主义新农村美景（或风光）"。

一贯→一般

例句："不怕养不出，就怕卖不出"，这是民间养殖的一贯心态；可宣威市的养殖户却说："不怕不好卖，就怕没得卖。"

三

例句是个转折复句，说的是“宜威的养殖户”的心态不同于“民间”一般的心态，形成了特殊心态与一般心态的关系。所以，句中的“一贯”宜改为“一般”或“普遍”。“一贯”是始终如一、从不改变的意思；“一般”是普通、通常的意思；“普遍”则是范围较广、具有共同性。

以至→以致

例句：同一项经济工作，谁主谁从，具体操作中如何各司其职，难以把握，以至出现互相扯皮的现象。

例句中的“以至”用得不妥，应改为“以致”。这两个词虽然都是连词，但词义不同。

以至，起连接分句的作用，位于后一分句的开头，表示前一个分句所说情况的结果，这个结果可以是好的也可以是坏的，并且是前一分句所说情况的延续或加深，含“甚至”的意味。“以至”还表示在时间、数量、程度或范围上的延伸，如“循环往复以至无穷”。

以致，语法作用、在句中的位置，与“以至”相同，表示下文所说的情况是上文所说的情况（原因）导致的结果。但“以致”含“致使”的意味，所连接的是不好的或说话的人不希望出现的后果。如北宋司马光《谏西征疏》：“自古以来，国家富强，将良卒精，因人主好战不已，以致危乱者多矣。”意思是，自古以来虽然国富兵强，但因统治者好战，致使国家危亡动乱不已的例子太多了！例句说的是“出现扯皮现象”，是不好的结果，宜用“以致”一词。

三

意义→寓意、含义

例句：棠溪宝剑突出了“龙马精神、天马行空及龙之魁”的深刻意义。

例句中的“意义”用得不妥。

“意义”是直接指事物本身所固有的内容和道理，是事物的规定性的体现。例句中的“意义”应当改为“寓意”或“含义”，即蕴含着的、象征的意义，而不是事物本身固有的意义。“龙马精神……”只是棠溪宝剑的象征意义，是由于其制造、生产过程中凝聚了某种“文化”、某种有形的标记或标志而使其蕴含了某种主观意义，并不是这“宝剑”本身所固有的或直接表达何种“意义”。

引导→制止、治理

例句：希望有关部门对焚烧麦秸加以引导。

例句中的“引导”在语义上不当。

引，有率领的意思，“引导”的意思是“带领”、“诱导”，“对焚烧麦秸加以引导”，就成了“带领”去焚烧秸秆了，与所要表达的禁止焚烧秸秆的意思相反了。“引导”的宾语应当是正面的、积极的事物，其结果是向更好的方向发展，“制止”或“治理”的对象一定是负面的事物。例句应将“引导”改为“制止”或“治理”。

隐忧→隐情

例句：上级机关采取划拨办法，这明明是政策不允许的。这背后有什么隐忧？

例句中的“隐忧”用得不妥，应当改为“隐情”。

隐忧，是深藏的忧愁、潜藏的或不敢说出忧虑，如李大钊《警告全国父老书》：“我举国父老兄弟姊妹十余年来隐忧惕栗，梦寐弗忘之亡国惨祸。”“隐忧惕栗”就是深深的忧愁和恐惧。

隐情，是不愿告诉人或难以说出的事实、原因或目的，含有“隐瞒”的成分。如明末清初顾炎武《上国馨叔书》：“其中别有隐情，上下推诿，不能即审。”意思是，(案子)有难以诉说的实情和原因，上上下下都在推诿而迟迟不能审判。

例句说“上级机关”明知政策不允许做的，却偏偏要做，定有其原因或目的，也即“隐情”，而不是“隐忧”。

誉为→称为、喻为

例句：云南以其贫困范围广、贫困人口多、贫困程度深，而被誉为扶贫攻坚的“上甘岭”。

例句中的“誉为”一词用得不妥，应当改为“称为”或“喻为”。

誉，是赞扬、称许的意思，誉为，就是因为有好的名声或作出了成绩而被称赞为良好的称谓，如“雷锋走到哪儿，好事就做到那儿，被群众誉为‘人民的勤务员’”。而云南农村“贫困范围广、贫困人口多、贫困程度深”并不是“荣誉”或“好名声”，也不是作出的“成绩”，所以就不能用“誉为”一词。

“扶贫”是一项难度大而艰巨的工作，“上甘岭”战役是抗美援朝战争中十分艰苦的守卫战，将“扶贫”工作比喻为“上甘岭”战斗还是比较恰当的，但谓语词可用“称为”、“喻为”而不能用“誉为”。

韵味→意味

例句：虽然只有短短的几句话，却有很深的韵味。

例句中的“韵味”一词用得不妥。

“韵味”一是指声韵体现的意味，是从艺术欣赏的角度说的，如“白居易的诗，韵味无穷”、“周信芳的唱腔韵味醇厚”等；二是指神韵、情趣，如“白塔与北海相映成趣，平添了千年古都的韵味”。例句中的“韵味”宜改为“意味”。“意味”是从哲理的角度说的，是含蓄的、需要体会才能明白意思。“意味深长”的并不一定有“韵味”，有“韵味”的也并不一定“意味深长”。

Z

荒芜→丛生

例句:近几年到处可见杂草荒芜。

例句中的"荒芜"用得不当。

荒芜,就是杂草丛生的样子,如唐代元稹《酬乐天得微之诗知通州事因成》诗之四:"荒芜满院不能锄,甑有尘埃圃乏蔬。"荒芜满院,就是整个院子长满了杂草。"土地荒芜",就是土地由于无人耕种或疏于管理而长满了杂草。"杂草"与"荒芜"连用,就成了"杂草上长满了杂草",显然不合适,可将"荒芜"改为"丛生"。

在→从

例句:但是,在实际来看,大有谈论的必要。

例句中的介词"在"用得不妥,应当改为"从"。

在,作为介词,引进与行为动作有关的时间、处所、范围、条件等;从,作为介词,引进的是行为动作的凭借、依据,如"从种种现象来看……"、"从改革的难度来考虑……"等。例句说的"实际"是"大有谈论的必要"的依据,是抽象的,所以,"在实际来看"应改为"从实际来看"。

遭遇→遭受

例句:边防派出所帮助了9名遭遇家庭暴力的群众。

例句中的"遭遇"用得不妥。

遭遇,作为动词,意思是遇见、碰上(一般指不幸的事或敌人),如"部队转移的过程中跟敌人遭遇了","前不久这里刚遭遇了一场暴风雪。""遭遇"作为名词,是指遇到的(不幸的)事情,如"祥林嫂的遭遇很令人同情。"在这两个意义上,这个例句都不能用"遭遇",而应用"遭受"一词。"遭受"是动词,是指自身受到损害、伤害的意思,其宾语常是表示负面意义的动名词,如折磨、威逼、打击、辱骂、摧残等。例句说的是9名群众受到了家庭暴力的伤害,所以应当用"遭受"。

增长→扩大

例句:以前,每年销量为50吨,去年的销量达到了500吨,增长了10倍。

例句把两个数字之间的"增长"(增加)和"扩大"的关系的表达方法混淆了。

增长,是指在原来数字的基础上增加、增添、提高。"增长了"表示的数字不包括基数,如,原来的基数是50吨,"增长了500吨",这"500吨"中不包含原先的"50吨",增长后的总数应当为“550 吨”。而“增长到”的数字则包含原先的基数，如，原来的基数为 50 吨，增加到“500 吨”，这“500 吨”中包含了原来的基数“50 吨”，实际增长量为“450 吨”。

“增长了……倍”表示的是“扩大”的意思，即对原数的范围和规模的充实。原基数为 50 吨，“增长到 500 吨”对于 50 吨来说，是扩大了 10 倍、增长了 9 倍；如果说在 50 吨的基础上“增长了 10 倍”，那么，增长后的数字应当是“550 吨”。

例句应当改为“扩大了 10 倍”或“增加了 9 倍”。

针对→对

例句：前几年，针对农业结构调整，多数农民还徘徊观望。

例句中的“针对”一词用得不妥，应当改为“对”。

针对，动词，表示对准，其语法功能是充当谓语，如郭沫若《文艺论集·一个宣言》：“我们应该针对着前面的灯台，开驶我们的航路。”。而例句用了“针对”，句子没有了主语而使句子残缺。

对，是介词，表示对待，起引进对待对象的语法作用。“针对”改为“对”后，例句中的“前几年，对农业结构调整”就成了状语，“多数农民”成了主语，句子就通顺了。

正常→常规

例句：这几个作为新型农村合作医疗机构的乡镇村的卫生院和卫生室，收费标准均在正常医院的 80%以下。

例句中的“正常医院”一词用得不正确。

“正常”是指符合一般规律或情况，并且具有“正当”即合理合法的含义。例句是说乡村合作医疗机构的收费的问题，说其相对于“正常”的医院，就使乡村医院成了“非正常”、“不正常”的医院，显然不妥。例句可将“正常医院”一词改为“常规医院”，“常规”即“一般性”，以区别于有“特殊性”的乡村合作医疗机构。

执政党→共产党

例句：需要发扬当年执政党领导人民闹革命时期艰苦奋斗、百折不挠的精神。

例句中“当年执政党领导人民闹革命时期”概念不确切。

“当年……闹革命时期”，共产党还不是“执政党”，当时的“执政党”是国民党，所以“执政党”用在这个句子中是错误的。例句有两种改法：改为“需要发扬当年共产党领导人民闹革命时期艰苦奋斗、百折不挠的精神”；如果要突出“执政党”，则可以改为“作为执政党尤其需要发扬当年领导人民闹革命的艰苦奋斗、百折不挠精神”。

中原地区→中原及…等省

例句：中原地区如河北、山东、河南、陕西、山西、江苏、浙江等省非常适宜饲养山羊。

例句中的“中原地区”一词外延过宽。

中原也称“中州”，古代原指“豫州”即今河南省。我国古代“天下分为九州”，因为河南省地处九州（据《尚书·禹贡》所列，为冀、豫、雍、扬、兖、徐、梁、青、荆九个州）的中间，故名之“中州”、“中原”。“中原地区”今指黄河中下游地区，包括河南省的大部分地区、山东省的西部地区、河北省和山西省的南部地区。而江苏省、浙江省、陕西省等就不是“中原地区”了。

例句可改为“中原地区如河南、河北、山东、山西，以及陕西、江苏和浙江等省非常适宜饲养山羊”。

中旬→年中

例句：华北地区农业每年中旬受气候的影响很大。

例句中的年度时间划分的概念“每年中旬”内涵不明确。

“旬”是“十”的意思，一个月中的一旬就是十日，“中旬”就是一个月的 11～20 日这个时段。十年也叫“一旬”，年纪过了 80 岁，就叫“年过八旬”。而一年中的时间段，则不能以“旬”来表示。年，按月分为 12 个月，按季度分为四季，按时间段分则分为年初、年中和年末或年终（岁尾）。例句中的“每年中旬”应该改为“每年年中”或具体说明是哪一个月份至哪一个月份。

三

助力→助推

例句：①“农业新时空”助力云南新农村建设。②迁安县农信社助力新农村建设。

两个例句中“助力”用得不妥。

助力，为不及物动词，不能带宾语，其词义是提供帮助、出力的意思，一般用在句尾，后面不能跟名词作宾语。如《红楼梦》（戚本第七十回）：“宝玉忙笑说：‘两个大的欺负一个小的，等我助力。’”“助力”还可以用作名词，即帮助的力量，王学泰《游民文化与中国社会》：“‘过剩的知识阶级’绝不可能像宗法农民那样安分守己，在社会骚动时必然会因之而起，给动乱以助力。”

助推，是为使物体运动加快而向物体施加推动力，是及物动词，可用在宾语之前。两个例句中的“助力”可改为“助推”。也可以改为“‘农业新时空’为云南新农村建设助力”、“迁安县农信社为新农村建设助力”。

转化→转变

例句：现代科学技术的使用以及农业生产组织的改进，促进了我国农业由传统农业向现代农业的转化。

例句中的“转化”应当改为“转变”。

“转化”也有“转变”、“改变”之义，但是主要用来指矛盾的双方经过斗争，在一定的条件下，各自向着与自己相反的方面的转变，如主要矛盾和次要矛盾、对抗性矛盾和非对抗性矛盾在一定的条件下互相转化。而“转变”则是指由一种情况变成另一种情况，如风向转变了、态度转变了等。例句所说的两种“农业”（传统农业和现代农业）都是一种经营方式，两者各有其具体指称对象，各有其质的规定性，并不能在一定的条件下相互“转化”，应当是“转变”。

壮大→扩大

例句：农村女烟民队伍在壮大。

例句中的“壮大”用得不妥，应当改为“扩大”。

壮大，意思是变得强大、使强大，既指量的增加，又指内在素质的提高，即质的变化，一般用于正面事物，如“我国的国防力量越来越壮大”（主动）、“壮大农民科技种田的力量”（使动）。“扩大”的意思是使范围、规模增大，是量的变化。例句说的是吸烟的妇女的人数在增加，这是负面的事物，所以应该用“扩大”，而不宜用“壮大”。

擢升→成长

例句：长孙无忌坚信李治会擢升为一个卓越无比的帝王。

例句中的“擢升”一词用得不妥，宜改为“成长”。

擢升，是提拔的意思，即皇帝对大臣、上级对下级官员职务的提拔，而皇帝本身却不是被擢升、提拔的，一般情况下其地位是世袭的；其次，“擢升”依靠的是外在的力量，李治自己也不可能擢升自己。一个人的“卓越无比”即本领、素质并不是通过擢升获得的，而是通过自身的努力和锻炼而成长成的。所以例句中的“擢升”改为“成长”较为合适。

自残→自戕

例句：在被制服拘押的过程中，行凶者孙某几次撞墙自残以逃脱法律的制裁，但都被民警制止。

“残”，本义是“伤害”，引申为摧毁、残缺、不完整。鲁迅《集外集·斯巴达之魂》：“垒外死士之残甲累累成阜。”意思是，工事之外，牺牲了的士兵的残缺盔甲堆成小山。“自残”是一种故意自己残害自己、破坏自己身体肢体组织的举动，但它并非像自杀一样让自己死去。这个例句说的是行凶者被擒后自知罪责难逃，想以自杀的方式逃避法律的制裁，“自残”词用得不妥，应当用“自戕”。

戕，音 qiāng，义为杀害、伤害。自戕，就是“自杀”，如《红楼梦》第九十回：“却说黛玉自立意自戕之后，渐渐不支，一日竟至绝粒。”意思是，林黛玉决意要结束自己的生命，竟至绝食。

三

第四部分　词语不搭配比较

（×号两边的词搭配不当）

A

安危×生命

例句：为了保卫人民的安危生命，他在执勤中几次差点儿“光荣”了。

例句中的“安危生命”是个杂糅词。

“安危”是个由两个意义相反的词素组成的并列结构的偏义复词，包括安全、危险两重意思，其他如“安危冷暖”、“祸福”、“好歹”等，这种结构的词不能与“保卫”、“维护”、“保留”等带有取留意思的动词搭配，即不能同时取留两个性质截然相反的事物。“安全”与“危险”不能同时受到保卫，被保卫的只能是“安全”和人民群众的“生命”。“安危”与“生命”不能组合为一个词组，可改为“生命财产安全”。

B

四

报刊×杂志

例句：有的则是通过报刊杂志找到的。

例句中的“报刊”与“杂志”部分重复。

“报刊”即报纸和期刊，如孙犁《澹定集·读冉淮舟近作散文》：“把旅行所见，写为散文，陆续在各地报刊发表。”“杂志”也即期刊（定期或不定期出版装订成册的出版物）。邹韬奋《〈生活日报〉创刊词》：“无论办什么定期刊物，或是周刊，或是日报，都有创刊号。”这个句子就把报纸和刊物分开了。例句可删去杂志，或将“报刊杂志”改为“报纸杂志”。

必须×要

例句：过年要给孩子做一身新衣服，男孩子还无所谓，女孩子是必须要做的。

例句中的副词“必须”是事理、情理上“一定要”的意思，助动词“要”也是“须要”的意思，这两个词都处于状语的位置，重复，宜删去“要”。

闭塞落后×交通网络

例句：闭塞落后的交通网络，给群众的生产生活带来了极大的不便。

例句中"闭塞落后"与"交通网络"相互矛盾，不能搭配。"网络"是指网状的东西，比喻有许多互相交错的分支组成的周密而开放的系统，如"经济网络"。交通既然已经形成了"网络"，那么就是已经比较健全和先进的了，就不能说其"落后"了。应当删去"网络"一词。

补贴×n元补贴

例句：大冶市部分乡镇农民每购一台插秧机可获补贴2 000元至5 000元补贴。

例句中的两个"补贴"是在同一个意义上使用的名词性概念，所以重复了，可删去其中一个。删去前一个"补贴"，后一个"补贴"充当宾语，"2 000元至5 000元"充当定语；也可删去后一个"补贴"，前一个"补贴"充当宾语，"2 000元至5 000元"充当宾语同位语。

C

层层×热气

例句：围烧在火堆上的陶罐冒出层层热气。

例句中用"层层"修饰"热气"搭配不当。

"层层"用于修饰重叠、积累的东西，如唐代刘禹锡《竹枝词》："山上层层桃李花，云间烟火是人家"；也可以用于修饰分项分步的东西，如"各地要做到经费落实，组织落实，层层有人抓"；还可以用于修饰能从物体表面揭开或抹去的东西，如"敌人已经陷于层层包围之中"。但"层层"却不能用来修饰热气、烟雾，可用"缕缕"或"腾腾"修饰热气、烟雾，如郭小川《昆仑行》诗："缕缕炊烟，钢刀似地直刺云霄"、沙汀《淘金记》："他的老太婆同寡媳正在烟雾腾腾的灶门前工作。"

差距×弥补

例句：在新农村建设中，城乡差距如何弥补，是个亟待解决的问题。

例句中"差距"与"弥补"不能搭配。

弥，原义是填补，弥补，即对某事物填补漏洞、补偿不足、添上缺少的而使完善的意思，如马南邨《燕山夜话·保护文物》："这许多碑板经过几次损失，残缺的部分已经无法弥补了。"差距，是两个以上事物之间存在差别的数字表现，或事物与某种既定标准、要求之间的差别。"差距"不能"弥补"，只能"缩短"或"消除"。

四

常常×屡

例句：由于我们俩天衣无缝的配合，常常为球队屡立战功。

例句中的“常常”与“屡”两词连用重复。

常常，表示行为动作发生的次数多，屡，也是多次的意思，如“屡屡”、“屡次三番”，形容次数很多。瞿秋白《乱弹·一种云》：“那云为什么这样屡次三番的摧残光明？”巴金《家》：“他出去时，还屡屡回头看那个房间。”

例句可改为“由于我们俩天衣无缝的配合，常为球队立下战功”或“由于我们俩天衣无缝的配合，为球队屡立战功”。

呈现×状况

例句：由于缺少大型骨干企业的支持，该县制鞋企业一直呈现“小、散、低”的状况。

例句中的“呈现”与“状况”不搭配。

“呈现”是显露出、出现的意思，是在短时间内的出现，而“处于”则是在比较长的时间内出现的情况、状态或现象。“呈现”的对象是可见的，而不是抽象的概念，而“状况”是抽象的概念。例句如果要保留“呈现”，则可以将“状况”改为“状态”，“状态”是人或事物呈现出的可视的形态。例句说的是这个县的制鞋企业的一种状况，所以宜用“处于”一词。

四

筹资×基金

例句：每年筹资 60 多万元保障基金。

例句中的“筹资……保障基金”搭配在一起，犯了词语重复的毛病。

“筹资”就是“筹集资金”的意思，是动宾结构的不及物动词，不能再带宾语“基金”。句子中“资”、“基金”都指款项，为同义语。可将“筹资”改为“筹集”，“筹集”是及物动词，可带宾语。

触摸×轨迹

例句：触摸着南城县今年招商引资的轨迹，他心中感慨良多。

例句中的“触摸”与“轨迹”不搭配。

触摸，是用手接触后轻轻地移动。“轨迹”是个抽象名词，是点在空间移动的路径的意思，比喻人生的经历，表示的是过程，是“触摸”不到的，能触摸到的只能是具体的东西。可以用“轨迹”比喻一个事物发展的过程，但因其为抽象名词，就不能与“触摸”搭配。例句可将“触摸”改为“循着”或“回顾”。或者把句子改为“回顾南城县今年招商引资的过程”使句子更朴实。

出乎意料×之外

例句：相声中引人发笑的“包袱”都是出乎意料之外的。

例句中的“出乎意料”和“之外”犯了词语“重复”的毛病。

“出乎意料”（也称出人意料、出人意表）就是超出人的预料范围，表示结果与人的预想很不一致，即结果在人的意料之外，如毛泽东《〈共产党人〉发刊词》：“准备对付可能的突然事变，使党和革命不在可能的突然事变中遭受出乎意料的损失。”例句应删去“出乎意料之外”中的“之外”。

处于×现象

例句：导致市场需求量大量增加，市场处于供不应求现象。

例句中的“处于……现象”搭配不当。

“现象”指事物发展变化过程中所表现出的外部的形态和联系，具有概括性和抽象性。而市场出现了对需求不能满足的情况虽然是一种“现象”，但是它更侧重于有形的“状态”，这个例句可将“处于……现象”改为“处于……状态”或“出现……现象”，如“震后的海地处于无政府状态，治安状况令人担忧”，“太平洋近年出现新型厄尔尼诺现象”。

催生×出现

例句：大量的外来人口又催生了大量的违章建筑的出现。

例句中的“催生”与“出现”词义重复。

“催生”的本义是指用药物或其他方法催促、促使胎儿产出，后也指连带产生、出现的意思；还比喻催促某些事物尽快问世，郭沫若《从典型说起》：“假如没有他们的催生，我相信就连这些‘速写’都是会流产的。”而“出现”也是产生的意思。例句可删去“的出现”三字。

D

打响×革命

例句：建缓释肥料基地　打响新肥料革命

例句中的“打响”与“革命”不搭配。

打响，是开始交战的意思，与具体的“战斗”搭配，如“战斗打响了”。“打响”也比喻事情办得好，引起了轰动，如“后勤机关精简机构改革的试点一炮打响，为整个机关改革积累了经验。”“革命”是抽象概念，不能“打响”。例句宜改为“掀起……革命”。

打破×历史

例句：吉利美人豹在吉利汽车工业城下线，从而打破了中国没有国产跑车的历史。

例句中的“打破”与“历史”不搭配。

“打破”是指突破原有的界限、束缚而使改变，一般可说“打破纪录”、“打破常规”等(这两个词语中的“打破”是“突破”的意思)，而历史是指过去的事实和人类社会、自然界发展的过程，这是改变不了的，用“打破”显然不妥。例句可将“打破”改为“结束”：“结束了中国没有国产跑车的历史”。

打击×情况

例句：深入开展一系列窑厂整治活动，有力打击了破坏耕地情况，有效地保护了耕地。

例句中的“打击”与“情况”不搭配。

打击，是敲打、撞击的意思，还有攻击使对象受挫、挫伤的意思。而“情况”是事物发展所表现出来的状况，是不会被撞击、受挫的，只会被改变。例句所说的是要“打击”破坏耕地等损害社会公众利益的行为，可将“情况”改为“行为”。

大多×大都

例句：住进敬老院的大多数老人，大都在60岁以上。

例句中的“大多”和“大都”不能搭配在一起用。

“大多”也即“大多数”，表示超过半数的多数，还不是全部，“大多”与“大都”近义，“大都”表示“绝大多数”、“基本上”(副词“都”则表示总括全部)。所以，表示“大多数”的“大多”和表示“绝大多数”、“基本上”的“大都”这两个副词糅在一起连用，就犯了词语重复的错误。

大有×所为

例句：大学生“村官”在农村的这片广阔的天地里一定会大有所为的。

例句中的“大有”与“所为”不搭配。

“所为”可以理解为所做的事，但不是一个独立的单词，和“所作”构成“所作所为”。“所作”和“所为”是同义词，即所做的事情。“大有所为”是个生造词，是“大有作为”和“有所作为”的杂糅。“大有”即大量地存在或具有，“大有作为”意即充分发挥作用和才干，作出贡献。“大有可为”则是指事情有很大的发展前途，因而很值得去做。例句宜将“大有所为”改为“大有作为”。

四

带领×引导

例句：凤城乡干部带领引导农民种植芦笋。

例句中的谓语“带领”和“引导”词义重复，不可搭配使用。

“带领”是在前面领着、率领并指挥的意思，“引导”即带领、指导的意思，这两个词不能连在一起用。例句可删去“带领”一词。

担任×岗位

例句：要求应聘对象担任过多年农资企业中高层管理岗位。

例句中“担任”与“岗位”不搭配。

担任，是承担某种职务或工作的意思。岗位，原指哨位，引申为职位，即从事工作的位置，而不是具体职务，如谢觉哉《向即将复员的同志说几句话》：“军人复员，是由一个岗位转到另一个岗位，由战斗岗位转到生产岗位。”“岗位”不能“担任”，与之搭配的词有“走上”、“坚守”、“脱离”等。职务，指职位规定应该担任的具体工作，可以“担任”，例句宜将“岗位”改为“职务”。

滴水×刺骨的寒风

例句：李天文不顾滴水刺骨的寒风，忍着伤痛把羊群赶进了羊舍。

例句把“滴水成冰”与“寒风刺骨”杂糅成了“滴水刺骨的寒风”，而使词语搭配不当。

既然是“滴水”就不能后缀“寒风”，“寒风”可刺骨，“滴水”则不能“刺骨”。“滴水成冰”、“寒风刺骨”都形容天气的严寒，例句或是删去“滴水”一词，或是将“滴水刺骨的寒风”短语改为“滴水成冰的严寒”。

四

地处×之地

例句：地处河北省清河县东南边缘的赵店乡，虽然地处偏僻的两省的交界之地，但地势平坦，土质肥沃。

例句中主语部分“地处”为定语，表示赵店在所属县的地理位置，但谓语部分又用“地处”再次交代赵店的位置，就重复了。

例句以一个行政区（赵店乡）充当主语，定语可以表示主语中心语的处所，但其谓语部分重点是交代地理位置的，按照汉语的叙述习惯，这个主语只要交代是“什么”即可，应删去主语定语中的“地处”。“地处……之地”即“地方处于……地方”，词义重复。为避免主语和谓语重复用词，“交界之地”宜改为“接合部”。

定位×鲜明

例句：吴江地区发展的总定位十分鲜明，即始终把吴江小布局放在长三角大布

局中。

例句中的“鲜明”一词与“定位”不搭配，宜改为“明确”。

鲜明，是指色彩明亮、艳丽，态度分明而确定，既可用于形容颜色或某种形象，如“色彩鲜明”、“鲜明的艺术形象”，也用于形容态度、立场分明而确定，如“表明了他鲜明的坚持改革的态度”。

明确，作形容词用，是明白而确定的意思，可充当定语或表语；作动词用，是明白确定的意思，可充当谓语。

F

发表×致词

例句：温家宝在达沃斯发表致词。

例句中的“发表”与“致词”不搭配。

致词，为动宾搭配式的不及物动词，意思是，举行某种仪式时说的勉励、祝贺、欢迎、感谢、哀悼的话。发表，动词，即用口头或书面形式向公众表达（意见）、公布（事项）或在报刊上登载（文章）等，不能后缀动词“致词”充当宾语。

例句中的“致词”宜改为“演说”，“演说”兼有动词和名词词性，既指就某个问题对听众说明事理，发表见解，也指就某个问题对听众发表的见解；也可以删去“发表”一词，由“致词”充当谓语。

法律×法纪

例句：那么从法律和法纪的角度，有关部门完全可以强制废除各行各业的特权。

例句中的“法律”和“法纪”部分重复。

“法纪”就是法律和纪律的合称，如瞿秋白《饿乡纪程》：“中国人对于法纪、‘政府’的抵抗力，好一似生物学里所谓‘抗毒素’，是中国人天性中的特质。”“法律”和“法纪”这两个词不可并列使用。可将“法纪”改为“制度”或“规章”。

放宽×门槛

例句：农业银行对社会资金兴办农业金融业放宽准入门槛。

例句中的“放宽”与“门槛”不能组成动宾关系结构。

例句是说放宽社会资金投资兴办农业金融业的政策，“放宽”与“政策”是可以搭配的，但既然已经将“政策”比喻为“门槛”，谓语的词语就应当与喻体“门槛”搭配，“门槛”一般只说高低，而不说宽窄。所以应将“放宽”改为“降低”。如某报文章：“这也就促使发达国家降低向发展中国家转让技术的门槛”。

放开×标准

例句：中国银监会宣布适度放开农村金融机构市场准入标准。

例句中的“放开”与“标准”不能组成动宾关系结构，即不搭配。

“标准”可以调整，即“放宽”或“降低”。“放宽标准”是有条件的松动、缩小限制范围，即降低原来的限制，如丁玲《杜晚香》：“在低标准那年，农场粮食供应标准降低了。”而“放开”就是没有限制、解除控制。例句中的“放开”宜改为“降低”或“放宽”。

分销中心×覆盖耕地

例句：集团共有分销中心 1 300 多家，分布于 21 个主要农业省份和覆盖 75%的耕地面积。

例句中的“分销中心”与“覆盖耕地”不搭配。

“分销中心”兼宾语部分的主语，说“分销中心……覆盖 75%的耕地面积”不能成立。覆盖，是遮蔽、遮盖的意思，“分销中心”是个流通企业，无论如何是不能“遮盖”耕地的。例句宜将“和覆盖 75%的耕地面积”改为“其服务功能辐射 75%的耕地面积”。

G

改善×现象、问题

例句：①村庄做到了专人管理，定期清扫，有效地改善了“脏乱差”的现象。②机场的建成，将极大地改善制约漠河旅游业发展的交通瓶颈问题。

例句①中的“改善”与“脏乱差的现象”不搭配；例句②中的“改善”与“问题”不搭配。

改善，是指在原来的基础上改变状况、使之更加完善的意思，如“改善条件”，而“‘脏乱差’的现象”和“问题”只能消失、解决而不能“完善”。例句①应将“改善”改为“改变”；例句②可将“改善”改为“解决”或“缓解”。

更好×实惠

例句：让更多的农民得到更好的实惠

例句中“更好的”与“实惠”不搭配。

实惠，就是实际的好处、利益，没有好与差、劣与优之分，只有多与少之分，如新华社稿件：“让人民群众得到更多实惠是政府工作报告民生亮点”。例句应当将“更好的实惠”改为“更多的实惠”。

观念×大显身手

例句：让他们的市场观念、经营头脑、营销策略、谋划本领在园区大显身手。

四

例句中的“观念”与“大显身手”不搭配。

“大显身手”即充分展示人的才华或本领，其行为主体应当由具象名词（人或团体、单位）充当，如赵树理《三里湾》：“这两个人默默不语在这座房子里大显身手。”而例句中的“市场观念、经营头脑、营销策略、谋划本领”等都是抽象名词，无法“大显身手”。宜将“大显身手”改为“得到实践”或“得以实践”。

关系×锻炼

例句：干群关系得到了锻炼和改善。

例句中的“关系”与“锻炼”不搭配。

锻炼，本义是冶炼金属，把金属加热到一定的温度后锤打以改变金属的形状，引申为健身活动、提高工作能力和思想水平及锤炼文句等。而这个句子中的“关系”是指干部和群众之间的联系，联系有紧密与不紧密、亲与疏之分，因而改变“关系”是同加强与削弱、改善与恶化、亲近与疏远、调整与维持等词相联系的，而与“锻炼”不搭配，可删去“锻炼和”三个字。

功能×疏解

例句：奥运会给首都北京带来了城市功能疏解的机遇。

例句中的“功能”和“疏解”不能搭配。

疏解，是对某种状况进行疏通、使之缓解的意思；功能，是效能、功效、作用的意思，如“发挥中心城市功能，带动周边经济发展”。“功能”可以增减或减少，也可以转移，但与“疏通”、“缓解”即“疏解”不能搭配。“疏解”可以与“压力”搭配，如“疏解城市交通压力”、“疏解城市过重的就业压力”等。例句可将“首都城市功能疏解”改为“疏解首都城市××方面压力”或“首都城市部分功能转移”。

四

广大×90%以上

例句：调查数据显示，90%以上的广大农民十分欢迎新农村建设。

例句的“90%以上”与“广大”为重复用词。

“广大”在这个句子中表示人数众多的概数，“90%以上”则是表示人数众多的明确的数字，这两个词表示的是同一个意思。因为这个句子强调的是用“数据显示”，可删去“广大”一词。

广大×队伍

例句：要使广大干部队伍对党的十六大精神有一个更全面的认识。

例句有两处不当：

一是“广大”与“队伍”不搭配，“队伍”是泛称，只有“一支”，不会有“广大”和“局部”之分。如果将干部按工作性质或行业分类，那么，每个行业的所有干部形成“一支”干部队伍，如“一支金融干部队伍”、“一支政法干部队伍”等。如果统称各行业干部而又要有所区分，可以称为“各行各业的干部”。

二是“队伍”是个状物的、抽象的集合名词，不会有“知觉”、“认识”，应当是“干部”对十六大精神有一个更全面的认识才对。

所以，例句应该把“队伍”一词删去。

广大×空间

例句：两岸关系缓和，为台湾农业到大陆投资创业提供了广大的空间。

例句中的“广大”与“空间”不搭配，可将“广大的空间”改为“广阔的空间”。

“广大”与“广阔”是近义词，“广大”既可以修饰具象的事物，如“地域广大”；还侧重于修饰数目很多的事物，如“广大的人民”、“广大的海外侨胞”等，或泛指的、抽象的事物，如《史记·大宛列传》：“见汉之广大，倾骇之。”又如巴金《家》：“然而在这个公馆的围墙外面，在广大的世界中又怎样呢？”而“广阔”多修饰可视的三维空间，如“广阔的天地”、“广阔的蓝天”、“广阔的空间”等。

归×原因

例句：老先进与时俱进，归其原因，就是他们紧跟时代步伐。

例句中的“归”与“原因”搭配不当。

归，作动词，返回、还给、归并、合并、依附等意思，如《后汉书》中说，王莽擅权后，当时的新都令孔休不愿意跟着王莽，“去官归家”。“归家”就是返还故乡。作介词，义同“由”，如“这件事归他管，别人就不要插手了。”古代“归”还指女子出嫁。“归宁”则是已经出嫁的女儿回娘家看望父母。

归结，是归纳总括而求得原因或结果的意思，《现代汉语词典》举例：“原因很复杂，归结起来不外三个方面”；“归结到根本上，……人民的意志是不可违抗的”。

究，是仔细推求、探求、追究的意思。

例句改为“究其原因”、“归结其原因”或“探求其原因”，都是搭配且通顺的，而“归其原因”则不通。

规模、程度、频率×较少

例句：在乡镇范围内，一般涉及经济、政治、文化和社会事务方面的重大事件发生的规模、程度和频率较少。

例句中的“规模”、“程度”和“频率”三个词与“较少”都不能搭配。

规模，指事业、工程、运动、机构等所包含的范围，只有大与小之分，而无多与少之分；程度，指文化、教育、知识、能力和道德等方面的水平、层次，只有高与低之分，也无多与少之分；频率，指在单位时间内完成振动的次数，单位为赫兹（1 赫兹＝1 次/秒），引申指在一定的时间内某种事情发生的次数，频率只有快与慢之分，也无多与少之分。例句可改为“重大事件发生的规模较小，程度较低，频率较慢。”

国家×政府

例句：这也反映了国家政府对农业、农村、农民关切的程度。

例句中的“国家”与“政府”为重复用词，不能搭配使用。

“国家”与“政府”的关系是包容与被包容的关系，一般不连用或并列使用。习惯上，我们称“党和政府”或“党和国家”。例句可删去“国家”一词，或改“国家政府”为“党和政府”。

H

捍卫×生命财产

例句：为了捍卫人民的生命财产安全，他们早已把自己的安危置之度外。

例句中的“捍卫”与“生命财产”不搭配。

捍，即护卫、抵御；捍卫，指用武力等手段保卫使不受侵犯，侧重于防御、确保安全，如“捍卫国家主权”、“捍卫祖国领土完整”等，“捍卫”的对象不能是人，但可以是抽象的事物，如“捍卫真理”、“捍卫尊严”。

四

保护，也有护卫之义，但词义较轻，侧重于“照顾”、“护卫”，使不受伤害、损伤，对象多为人或某些事物，如毛泽东《论人民民主专政》：“人民的国家是保护人民的。”对“人民生命财产安全”用“捍卫”用词显得过重，应该用“保护”，

怀抱×抱负

例句：他却像年轻人一样怀抱报国的抱负。

例句中的“怀抱”与“抱负”存在重复的语素。

“怀抱”是“心里存有、怀有”的意思；“抱负”是心里存在、怀有远大的理想和志向的意思。把“抱负”作为“怀抱”的宾语，这两个词中的“心里存有、怀有”就“隐性”重复了。例句可改为“他却像年轻人一样怀有报国的志向”。

慧眼×赝品

例句：某报一篇文章的一个小标题“慧眼识赝品”。

例句中“慧眼”与“赝品”不能搭配。

“慧眼”也称慧目，原为佛教用语（“慧眼”为“十眼”之一：肉眼、天眼、慧眼、法眼、佛眼、智眼、光明眼、出生死眼、无碍眼、普眼），《佛学大辞典》：“慧眼，见一切众生之诸根境界。”《无量寿经》有“慧眼见真，能渡彼岸”之语。现代汉语中以“慧眼”指敏锐的眼力。一般与正面的人和事搭配，“慧”的意思为聪明、有才智，破惑证真。

识别假的、恶的、丑的东西宜用“法眼”或“火眼金睛”一词。“法眼”也为佛教“十眼”之一，《佛学大辞典》：“法眼，见一切法之实相。”意思是能照见事物的真相、实貌，《现代汉语规范词典》在解释“法眼”条时所举的例句为“即使是这么一个小差错，也难逃老先生的法眼。”“火眼金睛”典出《西游记》中孙悟空在太上老君的八卦炉中炼就的能识别妖魔鬼怪的眼睛，后来指能洞察一切的眼力。

J

基本×都

例句：动物医学专业的毕业生也基本都可以顺利签约。

例句中的“基本都可以顺利签约”存在矛盾。

“基本”作为副词，表示的是大体上、但还不是全部的意思，如“巫山县……除了温家大院和少量坟墓外，三期清库任务基本完成。”而“都”作为副词，则表示总括“全部”，如“观测结束后，同志们的手脚全都冻得红肿僵硬”，即没有一个例外。所以“基本”和“都”连用，就矛盾了应当删去“基本”或删去“都”。

四

激发×生产率

例句：他们按照“以人为本”的原则，注重改善生产条件，提高职工的收入，关心职工的家庭生活，激发了生产率的提高。

例句中的“激发”与“生产率”不搭配。

激发，是刺激引发、激励使奋发的意思，充当“激发”宾语的一般是与情绪有关的词，如“积极性”、“斗志”、“上进性”等。“劳动生产率”是在单位时间内劳动的生产效能，反映一个生产单位生产产品的效能、效率。“生产率”的变化应当用“提高”或“降低”等表示。“激发了生产率”可改为“激发了职工的生产积极性，提高了（劳动）生产率。”

寄予×勉励

例句：那些尚未脱贫的农民对我们寄予很大的期望与勉励。

例句中的“寄予”与“勉励”不搭配。

“寄予”在这个句子中是“寄托着”的意思，而“勉励”是劝勉、鼓励的意思，“寄予”和

"期望"、"勉励"都是动词，不能组成动宾结构短语。"希望"是动词，也可以作名词用，如毛泽东："你们青年人朝气蓬勃，正在兴旺时期，好像早晨八九点钟的太阳。希望寄托在你们身上"。例句可改为"对我们寄予很大的希望"。

疾病×有保障

例句：在农村建立了新型农村合作医疗制度，农民的健康和疾病就有保障了。

例句中的"疾病就有了保障"的短语存在词语搭配不当的问题。

保障，即保护权利、生命、财产等使不受侵害的意思，说"健康有了保障"是正确的，而说"疾病有了保障"就不对了，"疾病"是人们不愿意有的，所以就不需要去"保障"它。例句可改为"健康和疾病医治就有了保障"。

几个×天气

例句：他选择了几个晴朗无风的天气，和县委、县政府几个相关职能部门的负责人一起，把全县的几个主要山区乡镇实地考察了一遍。

例句中"几个"与"天气"不搭配。

天气，一是指大气的物理状态，如"天气预报"，二是指大概的时间，如"天气不早了，我们赶紧出发吧"。"天气"是不可数名词，不可用"个"来量化。"几个晴朗无风的天气"可改为"几天晴朗无风的日子"或"几个晴朗无风的日子"。"日子"既指特定的日期，也表示泛指的天数、时日，是可以用概数量化的，如"今天是个好日子"。

价格×降价

例句：近来，市场上百合的价格降价了。

例句"价格"作主语，"降价"作谓语，词语明显地重复。

主语"价格"，是商品交换价值的货币量的表现形式，作为一种量的表现形式，本身并没有"价"，也不会"降价"，降价的应当是商品。例句可删去百合后面"的价格"三字，让"百合"充当主语，就是指"百合的价格"了；或"百合的价格"依旧充当主语，而将谓语"降价"改为"下降"，因为价格是商品价值的"交换量"，"量"是可以上升或下降的。

加厚、拓宽×产业链

例句：全县有效地拉长、加厚、拓宽了农业产业链。

例句中的"加厚"、"拓宽"与"产业链"不搭配。

链，即链子，是条状物，"产业链"是一种比喻，即把各种相关产业之间的联系比作一根相互连接、不可中断的链条。无论是条状物还是相互间的联系，都不能加厚或者拓宽。例句可删去"加厚"、"拓宽"。

加力×助推

例句：名牌加力助推销售量的提高。

例句中的“加力”与“助推”两个词的词义重复，不能搭配使用。

“加力”即增加力度、提供帮助的意思；“助推”原指飞行器在飞行段中发射或以动力推进加快飞行速度，引申指为使物体运动、事情发展加快而加力提供帮助。例句应当删去“加力”一词。

加强×问题

例句：要加强管理和开发中的生态保护问题。

例句中“加强”是谓语，“问题”是宾语，“管理和开发中的生态保护”是宾语“问题”的定语。“加强”与“问题”不可组成动宾关系的结构短语，也就是不能搭配。句子可改为“要加强开发中的生态管理和保护”或“要解决好开发中的生态管理和保护中存在的问题”。

坚定×基础

例句：“十五”计划期间的资金和技术的投入，使企业上了一个台阶，为企业在下一个五年的发展，奠定了坚定的基础。

例句中的“坚定”与“基础”不搭配，“坚定”可改为“坚实”。

坚定，作为形容词，修饰抽象名词如立场、主张和意志、思想等的坚固、稳定和不动摇，如“坚定正确的政治方向”，又老舍《白石夫子千古》：“中年以后，凭着坚定不拔的毅力，他成为能画、能诗、能写和治印的大艺术家。”作为动词，是使其坚定的意思，如“坚定战胜困难的决心”。

坚实，则是形容具象事物的牢固、人身体的结实，如鲁迅《祝福》：“她的男人是坚实人，谁知道年纪青青（按：轻轻），就会断送在伤寒上？”又如“虽然面临世界金融危机，但我国有比较坚实的经济基础，加上有效的宏观调控措施，经济发展依然取得了企稳回升的良好局面。”

简化×条件

例句：用工单位不能以简化农民工生活条件来达到节省开支的目的。

例句中的“简化”与“条件”不宜搭配。

条件，在这个句子中指的是农民工生活、生存的状况和环境，与“条件”搭配的只能是改善、恶化、维持、降低和提高等词语；简化，是变复杂为简单的意思，其对象一般为“手续”、“过程”、“方法”等。可将例句中的“简化……条件”改为“降低……条件”。

渐渐×逐渐

例句：渐渐地，村里人逐渐改变了看法。

例句中的“渐渐”与“逐渐”两词都是限定谓语“改变”的状语，词义是重复的，不能搭配使用。

渐渐，表示程度和数量随时间推移而缓慢地变化，如老舍《骆驼祥子》：“往东入了长安街，人马渐渐稀少起来。”逐渐，表示程度和数量的变化缓慢而有序，如“我国的养老保险制度是伴随着改革的深入发展而逐渐完善的”。例句说的是人的“看法”的改变，不存在有序的问题，所以改用“渐渐”一词为妥。

较好×利润

例句：去年，全县的企业都获得了较好的利润。

例句中的“较好”与“利润”不能搭配。

“较好”就是在一定程度上“好”的状态，而“利润”没有“好”、“坏”之分，只有“多少”、“高低”之分，如某报文章标题：“×××悄然提价10%只为维持较高利润？”“厂家追求高额利润 配方奶粉为造概念而‘配方’”。例句中的“较好的利润”宜改为“较高的利润”。

叫苦×不堪

四

例句：沉重的负担，让孩子们叫苦不堪。

例句中的“叫苦”与“不堪”不搭配，“叫苦不堪”是个生造词或者说是个杂糅词，其义不明。

“堪”的本义是地面高起，引申为经得起、能忍受。“不堪”就是“不能”、“不能忍受”的意思，用在形容词后面，表示程度较深，充当补语或定语，如“破败不堪的厂房”（定语），“浑身上下肮脏不堪”（补语）等；或用在动词之前，与动词共同充当谓语，如“牧民们已经不堪忍受风沙的侵袭”。“叫苦不堪”可改为“叫苦不迭”。不迭，是不停止、连续不断的意思，用在动词后面充当补语，如宋代《大宋宣和遗事》：“徽宗叫苦不迭，唬得浑身冷汗。”“叫苦不迭”就是不断地叫苦，表示不能忍受的意思。

截至×为止

例句：截至目前为止，固始县回乡创业人员投资累计已达30亿元。

例句中“截至”与“为止”重复。

截至，就是到某时限为止；为止，即终止、截至，所以，“截至目前为止”在词义上是重复的，例句应删去“为止”。如果强调停止、结束、不再延续的意思，可将“截至目前为止”

改为"到目前为止","为止"就是到一定期限停止而不再延续的意思。

解决×发生

例句:驿城区国税局绘制出"税源分布示意略图",解决了税源管理辖区划分不清、争议扯皮等情况的发生。

例句中的"解决"与"发生"不搭配,可将"解决"改为"防止"或"杜绝"。

"情况的发生"充当"防止"或"杜绝"的宾语;或者将"情况的发生"改为"问题",将"解决了税源管理辖区划分不清、争议扯皮等情况的发生"改为"解决了税源管理辖区划分不清、争议扯皮等问题"。

解决×后顾之忧

例句:该镇通过一系列行之有效的措施,切实为奶牛养殖户解决了资金等方面的后顾之忧。

例句中的"解决"与"后顾之忧"不搭配。

"解决"一般与"问题"、"矛盾"等搭配,而"后顾之忧"是一种心理活动、情绪,能与之搭配的词应该为"解除"或"消除"。"忧"即烦恼、担忧或愁苦的情绪,"解除后顾之忧"即摆脱了某种烦恼,或从某种烦恼中解脱了出来。"解决"没有"摆脱"、"解脱"的义项。可将句子改为"为奶牛养殖户解决了资金等方面的问题",让"解决"与"问题"搭配;或改为"使奶牛养殖户消除了资金等方面的后顾之忧",让"消除"与"后顾之忧"搭配。

四

近×望

例句:近望峡谷,清流蜿蜒奔泻,河中巨石累累。

例句中的"近"与"望"不能组成"近望"一词。

望,即往远方看的意思,既然是"远看",就不能说成"近望",如陈毅《游柏林失不雷河》诗:"登塔远望,极目天云。""远"一般与"望"组合在一起;"近"与"看"组合在一起。看,有查看、细看、检查的意思,就必须靠近。如某报:"宁波博物馆的建筑风格十分特别:远望如同一座庞大的古堡,近看却能依稀辨识出儿时老城街巷的影子"。"远望"得到的是个大概轮廓,"近看"得到的是具体的细节。例句可根据实际情况或改为"远望"或改为"近看"。

精干×队伍

例句:经过机构改革,县乡政府精干了工作人员队伍。

例句中的"精干"与"队伍"不搭配。

"精干"是形容词,即精明强干的意思。在这个句子中,主语是"县乡政府",如果用

"精明强干"替代"精干",句子就成了"县乡政府精明强干了工作人员队伍",句子明显不通顺。"精干"不能直接当作动词充当"县乡政府"的谓语。如果要让"精干"充当谓语,则应当改变句子的形态,让"工作人员队伍"作主语,形容词"精干"才能作谓语:"县乡政府工作人员队伍精干了"。如果依然保持这个例句的形态,"精干"一词应当改为"精简"充当谓语。

K

开创×开端

例句:《英雄儿女》为新中国电影事业开创了良好的开端。

例句中的"开创"和"开端",虽然一个是动词(开创),一个是名词(开端),但是这两个词不能搭配使用。

"开端"是起头、开始的意思,"开创"是开始建立的意思,不能说"开始建立了……起头(或'开始')"。例句可改为"《英雄儿女》使新中国电影事业有了良好的开端",或改为"《英雄儿女》为新中国电影事业开创了良好的局面"。

看到×飘香

例句:笔者在二二三团场绿色生态经济林中看到,果花飘香,果农忙着整理果枝。

例句中"看到"与"飘香"不能搭配。

"香"是气味,只能"嗅"、"闻"而不能"看",可以看到的只能是句子中的"果农忙着整理果枝"的景象。"看到果花飘香"可改为"看到果花吐蕊";如果要突出果林的"香",可加上"微风不时送来阵阵果花的香味"。

四

克服×考验

例句:全体施工人员克服了高原缺水、风沙大、水土不服等严峻的考验。

例句中的"克服"与"考验"不搭配,可将"克服"改为"经受"。

"克服"是动词,表示战胜、消除不利的条件或消极的现象,也指忍耐、承受。"考验"作为动词,是对人或团体进行考察、检验。无论说"克服考验"或是说"战胜考察"都不符合语法和词语之间的关系。

"经受"即承受、禁受的意思,如"经受磨炼"、"经受苦难"、"经受监督"分别为这三个义项的用例。胡采《〈在和平的日子里〉序》:"在战争中,他们经受了最严重的考验。"又如峻青《秋色赋》:"这坚强的老人,是经受得起这个打击的。"

生平×记录

例句:两座象牙色的墓塔,分别刻着两只藏獒的生平记录。

例句中“生平”的原义是一个人生活的整个经历、全过程，这个句子借指两条藏獒的生命过程。“生平”是文字刻在墓塔上；“记录”也是指记录下来的文字。“生平”与“记录”连用，就重复了，墓塔上“刻着……生平”已经包含了“记录”的内容，所以“记录”一词应当删去。

宽厚×基础

例句：在新形势条件下，档案馆已经有了宽厚的业务建设基础。

例句用“宽厚”修饰“基础”不搭配。

“宽厚”一词是修饰人的性格、体格以及一些建筑物等的形容词。如“待人宽厚”、“宽厚的身板”、“宽厚的墙体”等。而修饰档案工作的物质基础条件，则不能用“宽厚”一词。档案业务工作基础有多方面的内容即外延，物质方面的基础如资金、房屋、馆内设施等，技术方面的基础如软件程序、录入技术、摄影摄像技术及人才基础等，都不能用“宽厚”修饰。修饰“基础”的形容词很多，如“雄厚”、“扎实”、“可靠”、“坚实”等。修饰不同的“基础”宜用不同的形容词，如“雄厚的资金基础”、“扎实的管理基础”、“先进的技术基础”、“杰出的人才基础”等。例句可以改为：已经具备了“较为完备的物质条件”或“雄厚的物质基础和先进的技术基础”。

L

来自×当地

例句：30 多名来自当地的农民放下锄头走进课堂敲打着键盘。

例句中的“来自”为赘词，可删去。

“自”是介词，表示“从……”、“由……”，和“来”组成动词“来自”，指从原有的以另一形式存在的人或物，通过赋予、移转、演绎、模仿或再生而发生，如“这几年农民增加的收入大多来自第三产业。”在这个例句中，“来自”表示从某处来，这个“来自某处”，是指本地（当地）以外的地方，“来”的本义即从别的地方到说话人所在的地方。既然是“当地”的就用不着“来自”了。

历练×本领

例句：会议提出：做好本职工作，历练本领，服务农民的要求。

例句中的“历练”与“本领”不搭配。

历练，是经历世事而得到磨炼和经历事情多而经验丰富的意思，如《红楼梦》第十三回：“如今出了阁，在那府里办事，越发历练老成了。”“历练”为不及物动词，不能与“本领”搭配，“历练本领”没有明确的意义，可改为“提高”。

历史×以来

例句：嘉善历史以来都是产粮大县。

例句中"历史"与"以来"不能搭配。

历史，名词，指自然界、人类社会发展的过程也指某事物和个人的发展过程，就是过去的事实即记载；也指历史学科。以来，名词，即从过去到说话时为止的一段时间。与"以来"所组成的短语前常用"从"、"自"、"进入"等词，从"历史"和"以来"的词义来看，这两个词不能组成一个有明确词义的词。报刊上常见的"一直以来"一词，也是个错误的结构。"一直"与"以来"也不能搭配。"一直"是不改变方向，动作或状态、范围始终不变，在其后缀上"以来"，词义就不明确了。

"历史以来"可改为"历来"。历来，副词，表示从过去到现在(保持不变)，相当于"向来"、"从来"、"一直"等词，如杨朔《泰山极顶》："泰山极顶看日出历来被描绘成十分壮观的奇景"。

历史悠久×古国

例句：我国是历史悠久的农业古国。

例句中"历史悠久"与"古国"不能搭配。

"悠久"一词是指"年代久远"，"古"也是说"经历多年"、"久远"。《现代汉语词典》对"古国"的解释是："历史悠久的国家"。这样，这个句子用"历史悠久"修饰"古国"，在词义上就重复了，即"同义反复"。例句可改为"我国是历史悠久的农业国"或"我国是个农业古国"。

四

利税×利润

例句：去年，全县国有企业和民营企业均实现了利税、利润增收目标双突破。

例句中的"利税"与"利润"词义重复交叉，"利税"中包括利润和税金，可把"税利"改为"税金"。句子中的"增收"一词宜改为"增长"，对于国家税务机关，可以说"税金增收"，而对于企业，就不能说"税金增收"了，企业是缴纳税金的主体。改用"增长"一词，表明了企业上缴国家的税金和自己获得的利润都增加了。

林立×高校

例句：林立的高校，美丽的花园，成了这个开放城市的一道亮丽的风景。

例句中的"林立"与"高校"不搭配。

"高校"是大学、专门学院和高等专科学校的统称或单指一所大学，它既是一所教学机构，也是一片区域；"林立"则是指建筑物(如高楼)像林中树木一样排列。"教学机构"

或“区域”是不可能像林木一样排列的，因而“林立”不能用来修饰“高校”。例句宜改“高校”为“高校大楼”或“高校的教学大楼”。

M

满眼×望去

例句：汽车行驶在公路上，满眼望去，看到的是在城里难得一见的沁人心脾的青山绿水。

例句中的“满眼望去看到”属于用词不当还词语重复：“望去”、“看到”为词义重复。满眼，名词，即整个眼眶，其语法功能是充当主语如“满眼是泪”、“满目荒凉”。“满眼”、“满目”后面带动词或形容词作谓语；或带主谓结构短语的谓语，如“满目青山夕照明”。

例句如果用“满眼”一词作主语，应当直接后缀谓语“是在城里难得一见的……”。“望”的语法功能是充当谓语，后面直接带宾语即“望”的对象，如“满眼望去，人山人海”。例句也可将“满眼望去”改为“放眼山野”并删去“看到的”三字。《现代汉语词典》：放眼，动词，放开眼界，朝远处看，如“放眼未来”。

描述×问题

例句：这篇调查所描述的问题在许多县市特别是经济发展较为落后的县市有一定的普遍性。

例句中的“描述”与“问题”不搭配，“描述”宜改为“叙述”。

描述，即“描写”和“叙述”，被描写的对象一定是具体的情景、事物。如秦牧《艺海拾贝》：“由于有许多细致的描述，他们形象突出了，深深地印在黎族青年男女的心上。”而“问题”是抽象概念，是不可能被“描写”的。叙述，就是对人物、环境和事件的经过及问题的原委作概括而有条理地说明和交代，而不必涉及事物的具体形象。

鸣金×开锣

例句：秋季农机产品演示会在深泽县一块农田里鸣金开锣。

例句中的“鸣金”与“开锣”不能搭配连用。

“鸣金”一词与“击鼓”相对应。古代两军交战，向对方进攻时以“击鼓”为号令；收兵时则敲锣即“鸣金”命令军队回撤。“鸣金”一词现在媒体常用于报道体育赛事或某项工作、工程结束。“开锣”则是说敲锣打鼓，表示戏即将开演、开场。一个是表示结束的词“鸣金”，一个是表示开始的词“开锣”，同时使用“演示会”就会无所适从。应当删去“鸣金”一词。

N

能否×能够

例句:计划生育工作的能否成功,直接关系着我国国民经济能够健康发展和早日步入小康社会。

例句中“能否”与“能够”不能搭配。

能够,表示肯定的趋势,而“能否成功”,包括“成功”与“不成功”两个对立矛盾的方面,并列使用就使例句表达的字面意思变成了:无论计划生育成功还是不成功,都“能够”有利于“我国国民经济能够健康发展和早日步入小康社会”。计划生育工作成功,当然可以使国民经济健康发展并使我国早日步入小康社会,而计划生育工作出现了“否”即不成功的情况,只会阻碍国民经济健康发展。例句应当将“能够”改为“能否”,前后就一致了。

P

培养×理念

例句:“三下乡”工作队帮助农村各类经纪人培养现代市场经济的理念。

例句中的“培养”与“理念”不搭配。

培养,原义是繁殖,引申为教育、训练等。“培养”多侧重于同具象名词搭配,如“培养人才”、“培养接班人”;也可与一些抽象名词搭配,如“培养感情”,但是与“理想”、“观念”、“理念”等抽象名词不能搭配。与“理想”、“观念”、“理念”搭配的词有“形成”、“树立”或“转变”,例句可将“培养”改为“树立”。

平静×风浪

例句:种子市场看似平静的风浪下,但仍然存在违法销售假劣种子的暗流。

例句“平静的风浪”中的定语“平静”与主词“风浪”相矛盾、不搭配。

既然有“风浪”,就不是“平静的”。例句可将“平静的风浪”改为“风平浪静”或“风浪平静”,删去“下”。

谱×新篇章

例句:农村信用社谱就信贷支农新篇章。

例句中“谱”与“新篇章”不搭配。

谱,作为行为动词指的是作曲、为歌词配曲,即“谱写”。作为名词则是指用符号记录下来的音乐作品即“谱子”；还指事物按类别或系统编成的表册、书籍或图标，如“菜谱”、“棋谱”、“年谱”、“图谱”等；也指做事的标准，如“有谱”、“没谱”；还指显示身份的派头，如“摆谱”。

篇章，即指作品的“篇幅”和“章节”，泛指文章，可比喻卓越的成绩和贡献。所以“谱”与“篇章”不能搭配。句子可将“谱就……新篇章”改为“谱就……新乐章”，“乐章”本义为成套乐曲中具有一定主题的独立组成部分，可比喻农信社支农的新的做法和取得的成绩。也可将“谱就”改为“书写”，如魏巍《壮行集·写你鲜红的历史》：“用自己的赤诚和忠心来书写今后鲜红的篇章。”

Q

强大×弱势

例句：农民作为社会强大的弱势群体，理应得到更多的关怀和帮助。

例句中“强大的弱势群体”对事物概念不当且自相矛盾。

“弱势群体”指的是在社会地位、经济收入、所受的教育程度以及竞争能力都处于微弱地位的社会群体，农民和农民工就是这样的社会弱势群体。而“强大”的意思是指力量坚强雄厚，农民既然是“弱势群体”，又如何“强大”呢。例句可将“强大”改为“庞大”，“庞大”，是指农民、农民工这个群体人数众多。

倾其所有×家当

例句：夏兴勇倾其所有家当开办了枣阳最早的职业技术学校。

例句中的“倾其所有家当”是个杂糅词，“倾其所有”与“家当”不能搭配成短语。

倾，就是用尽、拿出全部的意思，如“倾吐”、“倾力”、“倾情”、“倾心”等。“倾其所有”就是拿出他所有东西的意思，这个词中的“所有”是名词，即所拥有的全部物品、财富，当然也就包括了“家当”。所以“家当”应当删去，或改为“夏兴勇拿出所有家当”。

清白无瑕×档案

例句：只有注重现实生活，脚踏实地的工作才能留下清白无瑕的档案。

例句中的“清白无瑕的档案”是一个意思不明的概念。

“清白无瑕的档案”是用形容词修饰中心语来表示中心语性质的偏正结构短语，问题就在于如何界定档案的本质属性。“档案”是对过程和结果的“记录”，它的本质在于真实、客观和完整性，而不在于“清白无瑕”与否。所以，例句中的这个修饰是不恰当的。作者的原意也许是想说一个人要留下“清白无瑕”的人生历史，这是说得通的。但是，“人生历史”与“档案”是两个不同的概念。宜将“档案”改为“人生”。

四

清淤×河道

例句：在旱情早已明显之时，镇水利站却仍然坚持提闸放水清淤河道。

例句中的“清淤”与“河道”不能搭配成动宾结构。

“清淤”本身是个动宾结构的不及物动词，就是清除江河、湖泊、水渠中的淤积泥沙的意思，不能再带名词组成动宾结构。“清淤”也可以当作名词充当定语，如“清淤工程”、“清淤机械”等。“清淤河道”应改为“进行河道清淤”。

趋向×走势

例句：乡镇财政体制改革设计必须考虑当前乡镇机构改革的趋向和走势。

例句中的“趋向”和“走势”都是名词充当宾语的，为同义词，不应放在一起使用。

趋向，作为名词时就是就是趋势的意思，表示事物发展的动向，如毛泽东《论联合政府》：“但是，历史的总趋向已经确定，不能改变了”。走势，即发展趋势、走向的意思，如“专家们对国际油价的走势作了客观的分析和判断”。例句可删去“趋向”和“走势”中一个词。

全县×县域

例句：2005 年，淅川县全县的县域经济呈现出良好的发展态势。

四

例句中的“全县”和“县域”用词重复。

“县域经济”是指国民经济中以县级行政区划安排生产要素并成为国民经济的基本统计单元，是区域经济学中的一个综合概念，泛指全国 2 800 个左右的县级行政区域经济发展状况的总称。而称一县之内的经济发展状况，可直接称之为“全县经济”而不必加上“县域”一词，如果特指某一个县的经济发展状况，“全县”一词也可免去。

拳拳×赤诚

例句：凝聚着的是基层法庭干警对人民群众的拳拳赤诚之心。

例句中的“拳拳”与“赤诚”作形容词用，词义相近，两词连用就重复了，可删去其中一个。

“拳拳”是非常真诚、恳切的意思，如鲁迅《为了忘却的记念》：“我知道这失明的母亲的眷眷的心，柔石的拳拳的心。”“赤诚”是真挚、纯真、忠诚的意思，如“焦裕禄为了兰考摆脱贫困，向人民捧出了一颗赤诚的心”。“赤诚”可作名词，充当主语或宾语，如邹韬奋《经历》：“我们自问很坦白、很恳挚，除了救国的赤诚外，毫无其他作用。”“拳拳”只有形容词词性，不能充当主语或宾语，但可以充当谓语，如“情意拳拳”等。

R

荣辱风×进家

例句：“荣辱”风吹进千万家。

例句表述不妥。

“荣辱”即“光荣”和“耻辱”的合成词，“‘荣辱’之风”包含“光荣之风气”和“耻辱之风气”两个方面。“光荣之风气”吹进千万家说得通，而“耻辱之风气”吹进千万家就不妥了，正如“美丑”、“善恶”这两个正反意思的合成词不能只当作“美”和“善”来用。这个例句可改为：讲“荣辱”之风进万家。“讲‘荣辱’之风”可以理解为凡事要分辨何为“荣”、何为“辱”的风气。

如今×现有

例句：如今，重庆现有农村敬老院已达到了 1126 所。

例句中有两处重复用词：“如今”与“现”、“有”与“达到”，可删去“现”和“达到”二字。“如今”即“现在”；“达到”多用于抽象的事物和程度，“有”用于具体的事物。“达到”还是实现既定目标的意思，《现代汉语规范词典》：“达到，通过努力实现某一目的或上升到某一程度”。因为建敬老院并没有既定指标需要完成，所以不需要用“达到了”一词。

四

S

实现×任务

例句：省人代会提出，到 2020 年将基本实现生态省建设的主要任务和目标。

例句中的“实现”与“任务”不搭配。

“任务”是指定的、被委派担任的具体的工作，按既定的要求做成，与“任务”搭配的词应当是“完成”。“目标”与“实现”搭配，“目标”原指要达到的地方，引申为希望、理想、计划和标准。“目标”是需要通过艰苦卓绝的奋斗才能取得的，使理想、计划、目标成为现实，就称为“实现”。例句说的是“建设生态省”目标，而不是指一般的任务，应删去“任务和”三个字，使“实现”与“目标”搭配。

撒播×新风

例句：扁担剧团撒播农村文明新风

例句中“撒播”与“新风”不搭配。

撒播，本义是把种子均匀地撒在田里，而说“播撒风”就不妥当了。这个句子是用暗喻的修辞方式把“文明新风”比喻为“种子”，但比喻的本体“风”和喻体“种子”没有可比性，因此可用于“种子”的“撒播”就不能用于“新风”。可以将“撒播新风”改为“撒播文明种子”。

实施×目标

例句：近年来，省委实施县域经济突破的战略、由农业大省向农产品加工大省转变的目标。

例句主语是“省委”，谓语是“实施”，宾语是“目标”，“县域经济突破的战略、由农业大省向农产品加工大省转变”充当“目标”的定语。这是一个完整的句子，但是“实施”与“目标”不能搭配。

为了使句子完整通顺，例句可作为复句修改：第二个分句前可加上“实现”充当谓语，与目标搭配；或仍旧作为单句，将“的战略”三字移至“转变”之后，并删去“的目标”三字，使“县域经济突破、由农业大省向农产品加工大省转变”充当“战略”的定语。

实行×形式

例句：村干部实行与群众一起入股或承包等形式参与农业组织形式调整。

例句中的“实行”与“形式”不能搭配。

实行是指用行动来实现纲领、计划及政策等，如“实行改革”、“实行计划生育”、“实行岗位责任制”等。例句是说村干部以什么方法、方式参与农村产业结构调整，应当与介词“以”搭配，即构成“以……形式”充当状语成分：“村干部以与群众一起入股或承包等形式参与农业组织形式调整”。

四

T

提高×观念、意识

例句：农民的婚育观念、法律意识和致富能力得到了大幅度的提高。

例句中，“观念”和“意识”与“提高”不搭配。

“观念”和“意识”只能确立、转变或增强、强化，而不能提高。“能力”可以提高。例句中的“农民的婚育观念、法律意识……提高”可改为“农民的婚育观念有了很大的转变，法律意识进一步增强”。

提高×理念、习惯

例句：目前，不断增加兔肉出口量，日趋提高的健康理念和消费习惯，拉动着国内兔

肉价格不断上涨。

例句中的“提高”与“理念”、“习惯”不能搭配。

习惯，只能形成和转变，“观念”、“理念”可以形成、增强、强化和转变；“理念”与“习惯”都不能被“提高”，而与“理念”同属意识范畴的“认识”则是可以提高的。例句可将“日趋提高的健康理念和消费习惯”改为“日渐转变的健康理念和消费习惯”。

提高×时间

例句：提高农民的劳动时间，无外乎以下几种选择。

例句中的“提高”与“时间”不能搭配。

“提高”表示的是往上提，使位置、程度、水平和数量质量比原来高，它与“降低”相对。而“时间”的长短是延长和缩短的问题，所以不能用“提高”或“降低”来表述“时间”的量的变化。例句应该用“延长”和“缩短”或“增加”和“减少”来表述“时间”的量的变化。

W

外地×客商

例句：他种植的 2 亩韭菜，被外来客商订购一空。

例句中的“外来”与“客商”中的“客”重复。

客，本义为“客人”，引申为非本地区的、外来的，如“客籍”即宾客，“客战”即在异乡作战。“客商”即由外地而来做生意的人，如《三国演义》：“我等皆是客商，因江中阻风，到此一避。”例句可删去“外地”、“外来”。

外延×延伸

例句：企业引入创新机制，使品牌的内涵和外延得以延伸。

“内涵”是概念所指对象的本质属性的总和；“外延”是概念所指对象的全部范围。“内涵”和“外延”放在一起说“得以延伸”不妥当，当一个概念的“内涵”扩大时，这个概念的“外延”就会缩小，而当一个“概念”的外延扩大时，这个“概念”的内涵就会缩小。所以这个句子既说品牌的内涵延伸，又说外延得以延伸，就违反了矛盾律。

为×是

例句：农民工维权收效甚微，主要表现为，是不少业主不愿与流动性大的农民工签订用工合同。

例句中的“为”和“是”在用法上重复了。

“为”和“是”在这个句子中是同义词，都是表示肯定的判断词，表明两者同一，或后者说明前者的属性。如“鲁迅原名周树人，是浙江绍兴人”、“周恩来为江苏淮阴人，其祖籍为浙江绍兴”，这两个句子中的“是”和“为”是一个意思。“是”写作“为”一般用于书面。另外，例句说的就是“维权效果甚微”的原因，“表现”宜改为“原因”。

我的×拙作

例句：相形之下，我的拙作是印数不多，而又销得不快。

例句中的“我的拙作”犯了词语重复的毛病。

拙，本义为“笨”，引申作自谦之词，用来指称“自己的”，如“拙著”、“拙见”、“拙笔”、“拙荆”等。张居正《答石麓李相公》：“拙作俟秋冬呈上也。”意思是，我的文章待到秋冬时节呈上。《水浒传》：“林冲答道：‘恰才与拙荆一同来间壁岳庙里还香愿。’”其中的“拙荆”为谦辞即“我的妻子”意思。例句用“我的拙作”就成了“我的我的作品”了，应当删去“我的”。

无论×和

例句：无论是当地领导和私营企业主，只要一提起这几个农民工，无不啧啧称赞。

例句中的“无论”与“和”不能搭配成关联词语。

与“无论”搭配的词有“都”、“还是”等，如“无论什么时候，都有对立面存在。”（单句形态）“无论我走到哪里，都会想起家乡。”（复句形态）“无论……都……”的句型表示的是条件关系，“无论……还是……”表示并列关系。例句中的主语是“当地领导”与“私营企业主”，是并列的关系，为了强调这两个主语，应当用“无论……还是……”。

四

亡者×死后、死前

例句：①亡者死后，后代要在此时间连续“烧月半”三年。②如此的功德，对亡者死前，有着很大的帮助。

这两个例句中的“亡者”与“死后”、“死前”都不能搭配。

亡者，就是“死”了的人，不会再“死”一次，也就无所谓“死前”与“死后”了。人还未死的时候，不能称为“亡者”。例句①可将“亡者”改为“长辈”，与“后代”也对应；例句②宜将“亡者死前”改为“人亡故前”。

X

希望、安慰×期望

例句：他总是努力学习，期望给父母带来一丝期望。

例句中的第二个“期望”用得不妥。

期望，作为动词是期待的意思；作为名词则是对人或事物所抱的希望。“期望”只能是主体对客体的心理活动。给他人“带来期望”就成了把心理活动加于他人，在逻辑上说不通。例句可将之改为“希望”或“安慰”。“希望”和“安慰”可以充当名词，可以给予他人，也可以从他人处得到的。如张贤亮《灵与肉》：“有你在身边，我能得到一点安慰。”

现象×充斥

例句：四种坑农现象充斥农药市场

例句中的“现象”与“充斥市场”不搭配。

“现象”一是指事物在发展过程中所表现出来的外部形态；二是指情况。不能说“形态、情况充斥市场”，因为整个市场呈现出来的只有一种“现象”，不是“现象充斥”市场，而是市场表现出某种现象。例句可将“坑农现象”改为“坑农行为”或改为“坑农的四种表现充斥市场”。

镶嵌×历史、典故

例句：市文化部门收集整理了一批出自该市的历史知识和成语典故，镶嵌在文化街的墙上。

例句中“镶嵌”与“历史典故”不搭配。

“历史知识和成语典故”是非物质形态文化，即无形的。“镶嵌”是把一物体嵌入另一物体中，而非物质的事物是无法镶嵌的。例句可在“镶嵌”之前加上“绘制成图”四个字，即把非物质的事物“历史知识和成语典故”转化成为有形的、可视的实物表现，方能与“镶嵌”搭配。

四

享有×义务

例句：订单使双方享有相应的权利、义务；单方面毁约将承担相应的责任。

例句中“享有”与“义务”不能搭配。

“权利”可以享受，而“义务”一是指法律规定的公民应当履行的责任，二是指没有报酬的行为，与“义务”搭配的是“承担”、“尽”和“履行”；例句可改为：“订单使双方享有相应的权利、并承担相应的义务……”。

心里×一目了然

例句：大家心里都有一杆秤，是好是坏人们心里一目了然。

例句中的“目”即眼睛，“一目了然”就是一眼就看得清楚的意思，如郭小川《忆延安》诗：“拨云雾，见青天，二十多年的历史，使人一目了然。”而“心里”不会有“一目”，所以，“心里”与“一目了然”这两个词不能搭配。例句可直接删去“心里”。

性质×提高

例句：企业进行了广泛的市场调查，用户们称，他们企业生产的小马力拖拉机无论是性质还是质量都有很大的提高。

例句中的“性质”与“提高”不搭配。

性质，是一事物区别于他事物的根本属性。条件具备，事物的性质会改变，但是无法“提高”。产品的“质量”是可以提高的。例句可改为“小马力拖拉机的性能和质量有了很大的改进和提高”。

Y

延伸×广角

例句：为延伸支农的广角，更好地做好小额贷款，全省农信社大力推行了支农工作联系制度。

例句中的“延伸”与“广角”不搭配。

“延伸”是延展、伸长的意思，一般指线性事物的延展，如道路的延长、数学上线段的延展等；“角”是几何学上由一点引出的两条射线或直线所夹形成的平面图形，射线或线段的延伸与否，所夹角的角度都不会改变；而“广角”是摄影学中的学术名词，指的是焦距短、视角宽，所以说“延伸广角”不妥。例句可将“延伸广角”改为“扩大角度”(或“张大角度”)，即扩大涵盖面。

四

延伸×范围

例句：按照群众的要求，不断延伸服务范围。

例句中的“延伸”与“范围”不搭配。

延伸是指线状、条状的事物的延展伸长；范围指的是周围、方圆的界限，不是线状、条状事物，而是区域、面积。所以不能说“延伸范围”，而可将“延伸”改为“扩大”。“扩大”指的是使规模、范围增大，既可指具象名词，也可用于抽象名词，如“扩大种粮面积”、“扩大政治影响”等。

扬起风帆×大步流星

例句：它能让一个人扬起对希望的风帆，并且大步流星地朝着既定的目标去努力。

例句中的“扬起风帆”与“大步流星”搭配不当。

既然是“扬起风帆”，应当是在水上航行。“大步流星”，是指步子迈得大，走得快。如周立波《暴风骤雨》：“他在爬犁的近边，大步流星地走着。”例句应当删去“对”和“并且大步流星地”，直接说“扬起希望的风帆，朝着既定的目标去努力”。

业绩×优劣

例句：通过考核，既可以看到各级机关和公务员的业绩优劣，也可通过考核内容察看政府本身的价值取向。

例句中的“业绩”与“优劣”不搭配。

业绩，即功业和工作成绩，是积极的成果，即不会有“劣的业绩”；优劣，指强与弱、大与小、好与坏、巧与拙等。将“业绩优劣”糅在一起就违反了矛盾律，可将“优劣”改为“多寡”或“情况”，或删去“优劣”一词。

一轮×弯月

例句：来到了贝里萨利奥已是黄昏，一轮弯月爬上了枝头。

例句中的“一轮”与“弯月”不搭配。

轮，原义是车轮，引申为像轮子的东西，如“月轮”、“年轮”；轮，作为量词，用于日月等圆形的东西，如“一轮红日”、“一轮明月”。“弯月”不是圆形之物。例句中的“一轮弯月”可根据实际情况改为“一轮圆月”或“一弯新月”，如越剧《凄凉辽宫月》唱词：“一弯冷月照宫墙”。

一线感受×深深认识

例句：这次经历使我深深认识了农村，对农村问题有了自己一线感受。

例句中的“深深认识”与“一线感受”前后矛盾。

“一线”作为形容词，是“极细微”的意思，如“一线生机”、“一线希望”等，用来修饰“认识”就不妥了。例句可删去“深深”一词，并将“一线感受”改为“一些感受”或“初步感受”。

一些×部分

例句：一些来自北京、沈阳等地高校和科研院所的部分专家学者，奔走于乡野之间，了解民情。

例句中的“一些”与“部分”重复。

“一些”即“少量”的意思，“部分”即若干、量不大的意思，这两个词是近义词。可删去“部分”，并将“一些”移至“专家学者”的前面直接修饰“专家学者”。

以往×现实

例句：此外，从以往的现实来看，由于缺乏追责制度，让一些地方的领导有恃无恐地

搞“治污秀”。

例句中的“以往”与“现实”搭配不当。

“现实”是指当前存在的客观实际、当前的实际情况；已经过去了的，就不是“现实”即不是“当前存在的客观实际”而是“历史”或“史实”。用“以往的”修饰限定“现实”就相互矛盾了，可将“从以往的现实来看”改为“从以往的实际情况来看”。

隐隐约约×厉害

例句：这几天胃总是隐隐约约疼得很厉害。

例句中的“隐隐约约”与“疼得很厉害”搭配不当。

“厉害”是凶猛、激烈、剧烈的意思，是非常明显的，“疼得厉害”就是症状已经很明显了。“隐隐约约”是依稀、不明显的意思，不能搭配与“厉害”使用，例句可改为“这几天胃总是疼得很厉害”。

无形中×隐现×潜力

例句：无形中也隐现了大中型拖拉机的市场潜力。

例句中的“无形中……隐现……潜力”这几个词语不能搭配。

“隐现”，是时隐时现的意思；潜力是还没有发挥出来的能力，是抽象名词，是没有显现的。既然是无形中，也就不能“现”。“现”是有形事物能被看见。另外“隐现”为不及物动词，后面不能带宾语。例句可改为“这种情况也表明了大中型拖拉机具有市场潜力”。

四

由于×但是

例句：由于受到“非典”的影响，但是该公司的销售额还是达到了2亿元。

例句中的关联词语“由于……但是……”不搭配。

“由于”是表示原因的介词、连词，即因为的意思。“由于”一般与“因此”、“因而”组成关联词语用于因果复句。这个例句是个转折关系的复句而不是因果复句，转折复句所用的关联词语是“虽然……但是”、“尽管……然而”、“……可是……”、“纵然……却”等。所以，“由于”应该改为“虽然”或“尽管”。

圆×夙愿

例句：《朱国平：造福桑梓圆夙愿》

例句中“圆”与“夙愿”不搭配。

“夙愿”，即很早、平素的愿望的意思，“圆夙愿”宜改为“了却夙愿”或“实现夙愿”，如新闻报道：“陈云林参拜大甲镇澜宫，实现了夙愿”。“圆”可与“梦”组成“圆梦”一词，“圆梦”原指解说、推究梦中之事，以附会人意、推测吉凶，引申为实现梦想或理想的意思，如柳青《创业史》："旁的什么都不忙，先给他爹缝全套新棉衣，给老人'圆梦'要紧！"。

Z

境内×穿境而过

例句：枣庄交通便利，在境内，京沪铁路、京福高速公路和兴建中的京沪高速铁路穿境而过。

例句中的"在境内……穿境而过"用词重复且不搭配。

"境内"是个限制性、领属性的方位词，具有封闭性；"穿境而过"则是个开放性的词。既然是"穿境而过"，就不是在"境内"了。"境内"在这个例句中是个赘词，应当删去。

张力×流通开放

例：随着市场经济体制的逐步完善，农资领域流通开放张力加大。

例句中"张力"不能与"流通开放"搭配成偏正结构短语。

张力，力学名词，指物体所承受的拉拽的力，也即物体受到拉力作用时存在于其内部而垂直于两侧相邻部分接触面上的相互牵引、相互作用的力。"张力"与具象名词搭配，不能与抽象名词（如"流通"、"开放"）搭配，可改为"力度"。

整齐×错落

例句：如今，走进县城，映入你的眼帘的是，东西大街两旁，整齐的楼房错落有致。

例句中的"整齐"与"错落有致"不搭配。

"整齐"是外形规则完整，大小、长短相差不多的意思。而"错落"则是交错纷杂、交错参差的意思，即不整齐，"错落有致"就是指因交错参差而呈现出的不规则美、有情趣。例句将"整齐"与"错落"合在一起形容同一物体就产生矛盾了，可将"错落有致"改为"鳞次栉比"，比喻楼房像鱼鳞和梳子的齿一样一座挨一座地排列着，形容楼房的密集。

正确×教训

例句：这些措施把事办砸了，如果连个正确的教训都捞不到，这不是最可悲的事吗？

例句中的"正确的教训"概念不明确，限制不当。

"教训"虽是从错误和挫折中总结的经验和认识，但是，"教训"作为概念，其本身并没有"正确"与"错误"之分，只有总结得深刻与否，明白应当怎么做或不应当怎么做。"正确的教训"可改为"可吸取的教训"。

治理×禁毒

例句：要利用多种手段解决治理禁毒问题。

例句中的“治理”与“禁毒”搭配不当。

“禁毒”就是禁止和惩治贩毒吸毒违法犯罪行为，“治理禁毒”就成了“治理‘禁止贩毒和吸毒’”，把“禁”当作“治理”的宾语，意思就反了。例句应将“治理禁毒问题”改为“治理贩毒吸毒问题”或“治理毒品问题”。

制作×标准

例句：在制作月饼标准时，他们考虑的首要因素就是“卫生”。

例句中“制作”与“标准”搭配不当。

例句的意思要把“卫生作为月饼标准的首要因素”，“制作”一词就应改为“制订”。“制作”是制造的意思，一般用于具体物品的制作；而标准是制度性的概念，是衡量事物的标准，属抽象事物名词，不能与“制作”搭配。

重要×负担

例句：环境污染对农民健康的损害，已经成为农民当前一项重要的负担。

例句中的“重要”作定语修饰“负担”搭配不当。

“重要”是形容词，用以修饰具有重大意义和深远影响的事物；而“负担”作为名词时，不是“具有重大意义和深远影响的事物”，不能用“重要”来形容修饰。宜将“重要”改为“沉重”，“沉重”指分量重而承受不了。

四

注重×意识

例句：该县十分注重生态环境和旅游意识，保护明清古建筑。

例句中的“注重”与“意识”不搭配。

注重，动词，即重视，把注意力集中在某个问题上，表明考虑和处理问题时主观上的重视。“注重”的对象是一种行为和行为连带的宾语。“注重”与被关注的事物之间还应当有一个行为动词，而不能直接带名词。直接带名词，即缺少了起联系作用动词，就使句子表达的意思不完整。比如“注重提高企业的核心竞争力”，这里的“提高”就是起联系宾语“竞争力”作用的动词，而不能直接说“注重竞争力”。

这个例句中，应该在“注重”一词后面加上“增强”起联系“意识”的作用，即改为“该县发展旅游的同时十分注重增强生态环境保护意识，加强对明清古建筑的保护”。

着×标志

例句：县农机安全监理人员在执勤时，统一着新式农机监理标志。

例句中的“着”与“标志”不搭配。

“着”是动词，当“穿”、“穿戴”解，如《木兰辞》：“脱我战时袍，着我旧时裳。”对于“标志”，则不能说“穿”或“穿戴”，“标志”是一种记号，是不能穿戴的，只可以说佩戴标志。《现代汉语词典》：佩戴，把（徽章、符号等）挂在胸前、臂上、肩上等部位。例句中的“着”应当改为“佩戴”。

最好×水平

例句：去年，我国大中型拖拉机生产达到了近几年的最好水平，各项经济指标也创出了历史最好水平。

例句用形容词“好”修饰“水平”，不妥，“最好”与“水平”不能搭配。

好，作为形容词主要指优点，“好”的十多个义项，也多由“优点”而引申出来的。水平，是一些事物发展所达到的高度、程度，没有“好”、“坏”之分，应当用“高”或“低”或具体的数字来表示水平所达到的程度，例句应从“较高”、“最高”、“较低”、“最低”等词中选择合适的来修饰“水平”。

遵循×优势

例句：××公司总经理表示，他们企业成功的经验就是，“在不同的发展阶段，企业要遵循自己的比较优势”。

例句中的“遵循”与“优势”不搭配。

“遵循”是遵照的意思，如“遵循原则”、“遵循规律”。而“优势”则是指能超过、胜过别人的有利的态势，引申为自己所特有的专长、独有的有利条件或特有的技能。与“优势”搭配的词是“发挥”、“利用”，如“要进一步发挥和利用沿江沿海城市水路交通运输的优势，实施沿江沿海突破战略，延伸特色产业链。”例句可将“遵循……优势”改为“发挥（利用）……优势”。

作出×微薄之力

例句：“××工地的农民工表示，也要为首都建设和发展作出自己的微薄之力。”

例句中的“作出”与“微薄之力”不搭配。

“力”在句子中是“力量”的意思，“作出”可以和“贡献”搭配，而与“力量”不搭配。与“作出”搭配（后缀）的词有“贡献”、“努力”等，而与“力量”、“力”搭配（前缀）的词有“贡献”，如“贡献力量”、“贡献绵薄之力”以及“贡献青春”等。例句可将“作出自己的微薄之力”改为“贡献自己的微薄之力”或“作出自己的贡献”。

第五部分　成语、熟语错用指误

A

爱民如子

例句：这位县委书记从不摆官架子，而且爱民如子，深受当地老百姓的爱戴。

例句中的“爱民如子”用得不妥。

爱民如子，语出汉代刘向《新序·杂事一》：“良君将赏善而除民患，爱民如子，盖之如天，容之若地。”意思是，贤明的君王将会奖赏善良的行为，铲除百姓的祸害，爱护老百姓就好像对待自己的子女一样，保护他们就像浩渺的天空，容纳他们就像宽广的大地。“爱民如子”是封建帝王的统治观念。在共产党的历史上，把干部称为“人民的勤务员”、“人民的公仆”等，党的各级干部也曾把自己称作为“人民的儿子”；我们又把人民军队称为“人民子弟兵”，这是由共产党及其领导下的人民军队的根本宗旨所决定的。而把人民群众称为“子女”，把党的干部称作人民的“父母官”，表面看起来似乎很“亲切”，实际是把党的干部与人民群众的位子摆错了。

安步当车

五

例句：他当了县里的主要领导以后，依然是安步当车，每天早晨疾步走在县城的大街上，或是与群众聊一聊，或视察看县城的环境。

“安步当车”的意思是把慢慢地走当作坐车。典出《战国策·齐策四·齐宣王见颜斶》：“晚食以当肉，安步以当车，无罪以当贵，清静贞正以自虞。”意思是，吃得晚一点就权当吃肉；从容而慢慢地走路，权当乘坐车子；没有罪过，就当作富贵；清静而正直地生活而当作欢乐吧。把“安步当车”与表示快步走意思的“疾步”联在一起，就自相矛盾了。而且，“疾步”与后面的“与群众聊一聊”、“察看县城环境”等语，也不协调，在“疾步”的情况下，无法与群众聊天、察看环境。例句把“疾步”删去即可。

B

不耻下问

例句：大学生志愿者到了西部农村，不齿下问，虚心向当地群众学习。

例句中的“不齿下问”应改为“不耻下问”。

齿，本义为门牙，泛指牙齿。由于马牛幼小时每年只长出一颗牙齿，就用牙齿的数目来计算牛马的岁数，后来也引申指人的年龄，“龄”字即从此而来。“齿”有又并列、排列的意思，如《庄子·天下》：“百官以此相齿。”意思是百官按这个原则相互排序。“不齿”，就是不与一齐排列，不与为伍，表示极端的鄙视之义。如唐代韩愈《师说》：“巫医、乐师、百工之人，君子不齿。”是说巫医、音乐师和各种体力劳动者，他们是君子不愿与之为伍的人群。“不齿”还有不愿提起的意思，如《聊斋志异·湘裙》：“生为荡妇，死为贱鬼，不齿群众久矣。”

“不耻”与“不齿”不同。耻，原写作“恥”，即羞愧之心，引申为不光彩、耻辱、羞辱，也指感到耻辱、以为耻辱。《后汉书·杜林传》：“盖伯夷、叔齐耻食周粟。”商朝灭亡后，伯夷、叔齐逃到首阳山不吃周朝的粟而饥饿死去。“耻食周粟”典出于此，意即以食周粟为耻辱。“不耻”是不以为耻的意思。成语“不耻下问”，就是不把向比自己地位低、学问不如自己的人请教当作耻辱，形容人的虚心好学的品格。

不二法门、不二

例句：现在，这个企业已经具备了不二的竞争优势。

例句中的“不二”用得不妥。

不二，作为佛教用语（不二法门），指不是两极端，观察事物要离开相对的两个极端，而用“处中”的看法，才能得其实在。不二法门，比喻独一无二的门径、门路。禅宗把“不二法门”作为作为一种处世的态度和发挥禅机的方法，坚持对论题两方面皆不执著，“出语尽双，皆取对法”。在古汉语中，“不二”引申为专一、不变的意思。《管子·权修》：“人情不二，故民情可得而御也。”意思是，人的情绪专一而不发生变化，所以百姓的情绪就可以得到控制。“不二”，还有“一样”、“相同”的意思。

例句可能是想说企业具备的竞争手段，是别的企业没有具备，即独一无二的意思，改为“企业具备了别的企业无法拥有的独特的竞争优势”，意思就明确了。

不尽如人意

例句：①机关档案室的编研工作起点较低深度、广度不够，质量不尽人意。②但是经济作物和农产品加工业等乡村工业仍不尽人意。

五

例句中的“不尽人意”，是一个错词。

正确的表述是“不如人意”或“不尽如人意”。这是一个文言熟语词。熟语和成语有固定的词素结构，不能随意改动或随意加字减字，否则意思就变了或者不明确了。“如”，是遵从、依照、适合、符合的意思。“不如人意”就是不符合人的意愿，“不尽如人意”就是没有完全符合人的意愿。少了这个“如”字意思就不明白了。季羡林先生曾经说：“现在常听人说‘不尽人意’，实际上应该是‘不尽如人意’，去掉‘如’字，是不通的。”（季羡林《耄耋新作·成语和典故》）

不名一文、不值一文

例句：1 400 元的钱，根本不够花销，很快他身上就变得不值一文。

例句中的“不值一文”应当改为“不名一文”或“身无分文”。

名，是占有的意思。不名一文，即一个钱也没有，极其贫穷。不名一文典出《史记·佞幸列传·邓通传》：“长公主赐邓通，吏则随没入之，一簪不得著身，于是长公主乃令假衣食。竟不得名一钱，寄死人家。”佞臣邓通深得汉文帝的喜欢，有一次，太子刘启（即后来的汉景帝）看望汉文帝，正巧文帝长有疮痈，文帝就让刘启吮吸疮痈，刘启面有难色。后来刘启听说邓通为文帝吮痈的事，就恨死了邓通。刘启即帝位后，有人告发邓通盗铸钱币（史称“邓氏钱”），刘启派人查处，将邓通的财产全部没收，还下令邓通不得占有一钱。刘启的姐姐馆陶公主给邓通的钱、衣服和食物，官吏也尽予没收。最后邓通竟然一文钱都没有，死在别人家里。后来就称人贫穷至一无所有为“不名一钱”或“不名一文”、“一文不名”。

不值一文，也称不值一钱，是毫无价值的意思，形容人的无能或品格卑污；也是对人的极端鄙薄之辞。不值一文典出《史记·魏其武安侯传》：“（灌夫）乃骂临汝侯曰：‘生平毁程不识不直一钱。’”灌夫责骂临汝侯（灌贤）说，你历来毁坏程不识将军的名声，把他（的战法）说得一点价值都没有。不直一钱就是不值一钱、不值一文。

例句说“他”钱不够花销，身上没有钱了，是“不名一文”，而不是“不值一文”。

五

不偏不倚

例句：在土地、信贷等政策扶持上，我们始终坚持不偏不正的态度。

例句中的“不偏不正”是个生造词，可改为“不偏不倚”。

不偏不倚，语出《礼记·中庸》，宋代朱熹题解：“中者，不偏不倚，无过不及之名。”原指中庸之道适得其中而没有偏颇，后常用于指不偏袒任何一方。如鲁迅《华盖集续编·送灶日漫笔》：“在现今的世上，要有不偏不倚的公论，本来是一种梦想；即使是饭后的公评，酒后的宏议，也何尝不可姑妄听之呢。”“不偏”就是“正”，“不正”就是“偏”。既要不偏又要不正，或者既要正又要偏，怎么能做到呢？例句表示的意思是要“公平”、“公正”，不能有偏颇，就应当将“不偏不正”改为“不偏不倚”或者直接说“始终坚持公平公正的态度”。

不屑一顾

例句：他对此不屑一故。

例句中的"不屑一故"应改为"不屑一顾"。

故，有多重义项：①缘故，指事物变化的起因，如《吕氏春秋·审己》："凡物之然也，必有故。"②本来、依旧，宋代王安石《观明州图》："投老心情非复旧，当时山水故依然。"③事情。《国语·晋语八》："诸侯之故，必治之。""诸侯之故"即诸侯的事情。④变化。《国语·郑语》："王室多故，余惧及焉……""多故"即变化多。⑤以往、过去的。如故城、故都、故态等。⑥"故"还有死亡、故意、因此等义。

顾，原义是回头看。三国时期，周瑜"精意于音乐，虽三爵之后，其阙误瑜必知之，直至辟谷。故时人谣曰：'曲有误，周郎顾。'"意思是，周瑜精通音乐，虽然喝了酒，但对曲子演奏中的错误依然会察觉，必定回头看（顾）弹错曲子的人。后来，"顾"就引申为"欣赏"音乐，"顾曲之所"就是欣赏音乐的地方。"顾"，还指看望、访问、关照、顾念、照应，"三顾茅庐"中的"顾"就是访问的意思。

"不屑一顾"，意思是不值得一看，表示非常轻视，看不起，所以不能写成"不屑一故"，"故"没有"看"的义项。

不厌其烦

例句：汉元帝刘奭说："平都公主前一阵寻死觅活，如今又装疯弄傻，我真是不厌其烦。"

例句中的"不厌其烦"意思用反了。

不厌，文言词语，一是不满足的意思，如《论语》："学而不厌，诲人不倦。"二是不嫌、不厌烦，不讨厌其烦人（的言行）。"不厌其烦"就是不嫌麻烦。如孙犁《秀露集·欧阳修的散文》："他是认真观察，反复思考，融合于心，然后执笔写成文章，又不厌其烦地推敲修改。"又郭沫若《洪波曲》："有抑扬顿挫、低回往复的韵文，多读也不厌其烦。"

例句是想说刘奭对平都公主任性不懂事的行为非常生气和厌烦。但是话语中的"不厌其烦"一词却把意思说反了，可改为"不胜其烦"。"不胜"就是承受不起、受不了，"不胜其烦"就是麻烦、啰嗦得使人忍受不了。

C

参差不齐

例句：①殷人祭其先公先王，其祭祀对象往往参差不定。②集美区针对村里富余劳动力文化低、年龄参叉不齐且大都不懂技术的实际情况，采取了分类培训的办法。

例句①中的“参差不定”和例句②中的“参叉不齐”均应当改为“参差不齐”，音cēncībùqí，不能读成cānchā(chà)bùqí。

参差，音cēncī，王力《同源词典》说，原为嵾嵳，指山峰高低不一，并引文说，“嵾嵳者，或虚或实，不一其言也”。汉代司马相如《上林赋》：“深林巨木，崭岩嵾嵳”。意为高耸竣峭的山峰高低不齐。参差由形容山峰不齐，引申形容其他一些物体和人的才能、品行等的不整齐、不一致。《汉书·扬雄传》：“仲尼以来，国君将相卿士明臣参差不齐，一概诸圣。”参差还引申为上上下下的意思。如晋代左思《吴都赋》：“鹳鸥鹢鸧，泛滥乎其上；湛淡羽仪，随波参差。”参差不齐为叠义、联绵词，就是长短、高低不一致的意思，形容水平不一或很不整齐。

曾经沧海

例句：你能当好村干部，表明已经具备了当乡党委书记的才能和心理素质。曾经沧海难为水，除却巫山不是云，展现在你面前的将是一番新天地。

例句把“曾经沧海难为水，除却巫山不是云”理解错了。

“曾经沧海难为水”，语出《孟子·尽心》：“观于海者难为水，游于圣人之门者难为言。”意思是，对于看过海的人来说，别处的水便难以吸引他了，对于曾经在圣人门下学习过的人来说，别的言论就不能吸引他了。“除却巫山不是云”，语出战国时期宋玉的《高唐赋》，“巫山云雨”，说巫山的云是神女所化，上属于天，下入于渊，相形之下，别处的云就黯然失色了。唐代元稹化用了这两个典故，作悼念亡妻韦丛的诗《离思(五)》：“曾经沧海难为水，除却巫山不是云。取次花丛懒回顾，半缘修道半缘君。”表达了对韦丛的忠贞和思念之情。“沧海”、“巫山之云”喻世间至大至美的形象，后比喻为见多识广、阅历深、经验丰富、干过大事的人，干小事已经不是他的志向了；也指见过大世面的人，对小范围内的事物更熟悉。而例句说由“村干部”而“乡党委书记”就有了“曾经沧海难为水，除却巫山不是云”之感，显然用典比喻不恰当了。

五

差强人意

例句：目前市场上的家用电器质量很成问题，差强人意。

“差强人意”是经常被理解错和用错的一个词。例句是想说，家用电器质量不好，消费者不满意但用了“差强人意”一词，就把意思弄反了。

“差强人意”的“差”(音chā)，是稍微、尚可和比较的意思。“强”是振奋的意思。“差强人意”就是大体上还能使人满意，典出《后汉书·吴汉传》：“诸将见战阵不利，或多惶惧，失其常度，(吴)汉意气自若，方整理器械，激扬士吏，(光武)帝遣人观大司马何为，还言方修战攻之具。乃叹曰：‘吴公差强人意，隐若一敌国矣’。”即吴公还比较使人满意、振奋。例句所要表示的是“不能令人满意”的意思，不可用“差强人意”这个成语。

蠢蠢欲动

例句：台上演员精彩的表演使台下的观众蠢蠢欲动。

例句中的“蠢蠢欲动”用得不妥，应改为“跃跃欲试”。

蠢蠢欲动，贬义词，原指伏莽思动，今多比喻邪恶势力伺机作恶破坏捣乱、坏人准备做坏事、策划破坏活动或敌人准备进攻，如叶君健《自由》：“各地不法之徒，一有机会，仍然想混水摸鱼，蠢蠢欲动，有的甚至拦路抢劫。”跃跃欲试，意思是形容急切地想试一试，如杨沫《青春之歌》(第二部)：“她高兴得又像去年决定去贴卢嘉川留下的传单一样，浑身是劲，跃跃欲试。”

例句说的是台上的表演和台下观众的激昂情绪融为一体，使观众也想上台表演一番，当然不能用“蠢蠢欲动”来形容受台上演员表演气氛感染而情绪激动的观众，应改为“跃跃欲试”。

D

当机立断

例句：该县当即立断，要求6家正在生产的煤矿全部停产。

例句中的“当即立断”是个杂糅词。

“当即”是个副词，表示行为决断在时间上的程度，即立刻、马上的意思；而成语“当机立断”(也写作“应机立断”)中的“当机”(应机)则是“抓住时机”的意思，这个成语的意思是把握时机，毫不迟疑地作出决断，如魏巍《东方》第五部：“他当机立断，马上命令其余三个战士把伤员的手榴弹解下来，然后背着他们迅速撤退。”“当机”(应机)是个动宾结构的词，“当即”、“当机”两个词不能通用。

当垆卖酒

例句：①卓文君与司马相如私奔后亲自当炉卖酒。②正好迎风送来茶香，他便信步走了进去。那当垆卖茶的女子闻声转过身来。

例句①中的“当炉”为“当垆”之误；例句②中“当垆卖茶”应当为“当垆卖酒”。

垆，原指黑而坚硬的土壤，也叫黑刚土，因其坚硬，在古代，一些店家就用其堆砌成放置杂物的土台。当垆，典出《史记 · 司马相如传》，司马相如是成都人，客居临邛时，与当地富豪卓氏新寡的女儿卓文君相爱，二人乘夜私奔成都，司马相如家徒四壁，两人于是又回到了临邛，卖掉了车骑，经营起了一家小酒店，卓文君“当垆”，即坐在土台子旁卖酒，司马相如则穿着短衣裤与酒保一起做杂活儿，在店中洗涮酒器。“当垆”就是坐在放置酒坛子的土台子旁卖酒，不能用作卖其他东西。

五

灯火阑珊

例句：①夕烟袅袅接云端，灯火初上正阑珊。②灯火阑珊处，可有人看见我跳舞。③国宝档案与你一起，灯火阑珊赏古灯。

这三个例句把"灯火阑珊"词义给理解反了。

阑，义为残尽，晚；阑珊，将尽，衰落的样子。例句①诗句所表达的意思就成了"灯火正慢慢熄灭"，与作者想要表达的"灯火初上"的意思正相反；例句②"灯火阑珊处，可有人看见我跳舞"的意思就成了"灯灭了，有人看着我跳舞吗？"例句③中的"灯火阑珊赏古灯"的意思就成了"灯火熄灭以后来欣赏古灯"。这显然说不通。

阑珊，在古诗词中用得比较多。唐代白居易《咏怀》："白发满头归得也，诗情酒兴渐阑珊。"人老了，作诗的情绪和品酒的兴致渐渐地淡了。五代十国李煜《浪淘沙》："帘外雨潺潺，春意阑珊。"门外的小雨潺潺不断，春意已经凋残了。李煜这首词的下阕还有一句："流水落花春去也"，说的正是春残。

诗词中用"阑珊"最有名的当属南宋的辛弃疾。他的词句被晚清文学大家王国维在《人间词话》中喻为做学问三个境界中的最高境界：第一，"昨夜西风凋碧树，独上高楼，望尽天涯路。"（宋代晏殊《蝶恋花》）第二，"衣带渐宽终不悔，为伊消得人憔悴。"（宋代欧阳修《凤栖梧》）第三，"众里寻他千百度，蓦然回首，那人却在，灯火阑珊处。"（宋代辛弃疾《青玉案·元夕》）"灯火阑珊"，不是说"灯火辉煌"，而是"灯火冷落"、"灯火稀疏"。

东床驸马

例句：汉武帝："朕封你（东方朔）为东床驸马。"（娶汉武帝的姐姐长公主为妻）

例句出自电视剧《东方朔》，句子中的"东床驸马"一词用得不妥。在汉武帝时期，还没有"东床"这个词语。

"东床"一词出自《晋书·王羲之传》："太尉郗鉴使门生求女婿于王导，导令就东厢遍观子弟。门生归，谓鉴曰：'王氏诸少并佳。然闻信至，咸自矜持，惟一人在东床坦腹食，独若无闻。'鉴曰：'此正佳婿耶！'访之，乃羲之也。乃以女妻之。"意思是，东晋太尉郗鉴派门生到丞相王导家，要从王导的几个儿子中给女儿选个丈夫。王导就让郗鉴的门生到东厢房任意挑选。这个门生回到太尉府对郗鉴说，王家的几个儿子都不错，听说要选女婿，都表现得很矜持，只有一个袒胸露腹坐在东边的椅子（东床）上吃东西，好像没有听说这件事似的。郗鉴说，这一位就是我的好女婿了。亲自访问了王导家，才知道这位东床坦腹而食的就是王羲之，于是就把女儿嫁给了他。此后，就把女婿称为"东床"、"东床娇婿"；选女婿就称"挑选东床"。

王羲之当"东床"，是发生在汉武帝之后几百年的事，汉武帝是不能说出"东床"这个后人发明的词语的。

东山再起

例句：淮剧《西楚霸王》中有一个情节：当西楚霸王项羽率残军二十八骑败退至乌江时，亚父范增准备了一条小船，让项羽渡江，说："只要霸王还在，就可以东山再起。"

范增说"东山再起"之语不当。

东山再起，典出《世说新语·排调》，说的是东晋时期，谢安隐居东山再出的事。谢安（字安石）原来隐居在浙江绍兴东山，优游山水、放情丘壑，后应征聘出山，担任了正西大将军桓温的司马，迁至尚书仆射领中书令。后用"东山再起"比喻弃隐出仕，也喻失败后再次得势。

谢安"东山再起"是项羽乌江自刎五百年以后的事，亚父范增不可能说出四五百年以后才发生的事情。

豆蔻年华

例句：一对处于豆蔻年华的姐弟，原本应该正在学校接受教育，却因从小患上了一种奇怪的"软体病"而与学校无缘。

例句中的"豆蔻年华"用来指姐弟二人的年龄不妥。

豆蔻，是一种多年生的常绿草本植物，产于南方，人们摘其含苞待放花蕾，称之为"含胎花"，常以"豆蔻花"比喻处女。杜牧《赠别》："娉娉袅袅十三余，豆蔻梢头二月初。春风十里扬州路，卷上珠帘总不如。"杜牧这首诗的第一句，是形容一个十三岁左右的小女孩体态轻盈美好；第二句是用盛开于南方二月天的"豆蔻"比喻女孩。所以，"豆蔻年华"是借指十三四岁的女孩的年龄，而不能借指男孩子或成年妇女的年龄。

断章取义

例句：这些商家的名称有的乱取谐音，有的夸大其词，有的断句歧义。

例句中的"断句歧义"是个生造、杂糅词。

断句，意思是在读没有标点符号的古书时，根据文义停顿或加上圈点。歧义，意思是对同一语言形式产生的不同理解。把"断句"和"歧义"合在一起就不知其义了。例句应当将"断句歧义"改为"断章取义"。章，指诗歌的段落，"断章取义"本指孤立地截取《诗经》中某篇诗的某一章节，用来表达自己的意思，后指引证书籍及他人的文章话语，只取对自己有利的一句或数句，而不顾及全文与其本义。

对簿公堂

例句：因为没有证据，即使到法庭对薄公堂，也难以得到公正的判决。

例句中的"对薄公堂"应改为"对簿公堂"。

五

薄,原义是草木丛生的地方,用作形容词是弱小(如"薄物细故")、浅薄、不厚道(如"轻薄")、厚度小(如"如履薄冰")、淡薄(如"寡情薄义")等义;用作动词是迫近、接近等义,如"义薄云天"。

对簿公堂,语出《史记·李将军列传》:"大将军使长史急责广之幕府对簿。"意思是,大将军派长史火速责令李广到幕府接受审问和对责。簿,原义是登记账目和物品的册子,引申为文书、起诉的状子。"对簿"就是根据起诉文书当面核对事实(对,即核实),所以不能写作"对薄"。例句中的"到法庭"三字可以删去,因为"对簿公堂"一定是在"法庭"。

E

额手相庆、弹冠相庆

例句:①村中的几个为非作歹、危害一方的歹徒被司法机关法办以后,乡亲们额首欢颂,说,这下可有太平日子过了。②香港回归祖国怀抱,全国人民以首加额,弹冠相庆。

例句①中的"额首欢颂"为"额手相庆"、"额手相颂"之误。成语有"额手相庆"、"额手称庆"、"额手称颂"、"以手加额"等,这是我国古代对表示庆幸动作的形象描写词,即把手放在额头上,以表示庆幸、崇敬和感激之情。鲁迅《伪自由书·"有名无实"的反驳》:"他额手称庆,实在高兴得太快了。"《水浒传》第四十二回:"宋江以手加额称谢道:'惭愧!原来是九天玄女娘娘传我三卷天书,又救了我的性命。'"如果写成"额首欢颂"、"以首加额"就不知所云了。

例句②中的"弹冠相庆"与"额手相庆"都有"庆贺"的意思,但是"弹冠相庆"是个贬义词。这个典故出自《汉书·王吉传》:"吉与贡禹为友,世称'王阳在位,贡公弹冠',言其取舍同也。"这个典故是说,王吉和贡禹友善,王吉做了官,贡禹弹着帽子,知道自己也将会被举荐做官。"弹冠相庆"即指一人为官,其同伙也将为官而相互庆贺,而用这个词来形容全国人民为香港回归而庆贺显然不妥。

五

F

发祥地、发源地

例句:兰考县是焦裕禄精神的发源地。

例句似乎没有什么错,但是细分析"发源地"的词义,就不妥了。

"发祥"指显示吉利的征象,也指帝王的出生、创业;"发祥地"就是帝王出生、创业的地方,现在指某事某物或事业起源的地方。"发源"原来指江河从源头流出,比喻事物的起源、产生的原因。"发源地"指江河流出的地方,如"三江源是长江、黄河和澜沧江的发源地。”后比喻为事物的起源、发端的地方。如：“井冈山是中国革命红色武装割据的发源地”。

“发源地”侧重于事物（包括正面事物和负面事物）的开始、来源、源头；“发祥地”侧重于（正面事物的）兴起、起源和产生。

焦裕禄精神是在河南省兰考县形成诞生的，或者说，兰考县是焦裕禄精神起源的地方，所以，例句中的“发源地”宜改为“发祥地”。

丰富多彩

例句：城里人有丰富多采的生活。

例句中的“丰富多采”应当改为“丰富多彩”。

采，是动词，即采用、摘取、收集的意思，原作“扌”字旁的“采”，表示这是与手的动作有关的词，如采撷（“愿君多采撷，此物最相思”）；“采摭”即采访、搜集，《三国志·吴书·韦曜传》“采摭耳目所及，以作《洞记》”，意为收集耳听到的、眼见到的材料，以写作《洞记》；“采薇”就是采集野菜。“采”作名词，指文艺方面的才华，如“文采”。

彩，是名词，即色彩、光彩、花样，“丰富多彩”就是内容丰富、形式多样（花样多）。如峻青《秋色赋》：“一个不久前才由机关、工厂的业余戏剧爱好者所组织进来的吕剧团，演出了丰富多彩的节目，非常令人兴奋。”

G

哥德巴赫猜想

例句：红斑狼疮是一种对人类健康危害极大的疾病，被公认为医学上的“哥德巴赫猜想”。

哥德巴赫猜想，是数论中的著名论题之一，由德国数学家哥德巴赫于1742年6月7日在给欧拉的信中提出的。它包括两个命题：(1)每个大于2的偶数都是两个素数之和；(2)每个大于5的奇数都是三个素数之和。如果把命题“每一个大偶数可以表示成为一个素因子不超a个的数与另一个素因子不超过b个的数的之和”即为“a+b”，那么，哥德巴赫猜想就是要证明命题“1+1”。1966年，我国著名数学家陈景润证明了“1+2”，即“任何一个充分大的偶数，都可以表示成为一个素数与另一个素因子不超过2个的数之和”。

“哥德巴赫猜想”是数学科学研究中的一道难题，被喻为“摘取数学研究王冠”。而“红斑狼疮”则只是一种疾病，疾病本身无论如何是不能等同于或比喻为一项科学研究活动的，可改为“对红斑狼疮治疗的研究，被公认为医学上的哥德巴赫猜想”，以说明治疗红斑狼疮这种疾病的难度。

五

H

沆瀣一气

例句：电视剧《神探狄仁杰》(第二部)中左卫大将军、代崇州(当为虚拟之地名)刺史王孝杰指责原契丹族降将、右威卫营将军李楷固和原崇州刺史丘静两人沆瀣一气；狄仁杰斥责叛逆肖清芳与契丹李尽忠沆瀣一气背叛朝廷，并在此后多次指责奸人之间沆瀣一气。另一部电视剧《贞观长歌》中太子李承乾说"迟立德和蜀王李恪已经沆瀣一气"；突厥可汗颉利说："突利已经和唐皇李世民沆瀣一气了。"

这两部电视剧中说"沆瀣一气"，都是典型的前人叙说后人事。

沆、瀣，本为夜间的雾气和朝露，"沆瀣"一词古已有之。如《楚辞·远游》："餐六气而饮沆瀣兮，漱正阳而含朝霞。"而"沆瀣一气"成为成语，则是在唐僖宗李儇时(乾符二年，874年)的事。"沆瀣一气"典出北宋王谠所编《唐语林》和钱易《南部新书》：唐僖宗李儇时，崔沆主持了科举考试，录取了门生"崔瀣"。时人以榜中"崔瀣"与"崔沆"同姓，称"座主门生，沆瀣一气"。此后，"沆瀣一气"就成了气味相投的贬义词。

狄仁杰(公元607—700年)在武则天称帝时两度任宰相。武则天在位时间自天授元年(公元690年)至长安四年(公元704年)。唐僖宗李儇是在武则天之后的唐代第十五位皇帝，在位时间为公元873—888年，距武则天和狄仁杰及王孝杰身后一百七十余年，而距李承乾身后二百余年，李承乾、狄仁杰、王孝杰等不能说出一二百年后才发生的事。

鸿鹄之志、鸿雁佳书

例句：抱有鸿雁之志的王丰海，开始了他个体创业生涯。

例句杂糅了"鸿雁传书"与"鸿鹄之志"这两个成语词。

五

"鸿雁"即大雁。"鸿雁传书"典出《汉书·苏武传》：汉代苏武出使匈奴被拘北海达十九年之久，汉、匈和好以后，匈奴人谎称苏武已死；汉使常惠买通匈奴看守道出了苏武被囚的实情，对匈奴单于说汉帝在皇苑中射中一只大雁，雁足上系有帛书，说苏武被囚于北海，单于无奈才放回了苏武。而"鸿鹄之志"中的"鸿鹄"是指天鹅。天鹅飞得很高，所以常用来比喻志向远大的人。"鸿鹄之志"典出《史记·陈涉世家》："陈涉少时，尝与人耕佣，辍耕之垄上，怅恨之久，曰：'苟富贵，无相忘！'佣者笑而应曰：'若为佣耕，何富贵也?'陈涉太息曰：'嗟乎！燕雀安知鸿鹄之志哉！'"这段话说出了陈涉有像鸿鹄高飞那样的远大志向。

焕然一新

例句：两分钟不用，准保油光锃亮，涣然一新。

例句中的"涣然一新"应当为"焕然一新"。

涣，原义是形容水流盛大。"涣散"引申为松弛散漫的意思。焕，是鲜明、光亮的意思，"焕"也指人的精神振奋、振作，如"焕发斗志"。"焕然一新"是形容人或事物呈现出全新的面貌。写成"涣然一新"就不知其义了。

J

饥渴难耐

例句：由于地方发展经济资金短缺，地方领导急渴难耐，往往饥不择食，只要是商，对环境保护无论有利与否，一概招来。

例句中的"急渴难耐"是个杂糅词，应当改为"饥渴难耐"。

饥渴难耐，意思是饥饿和口渴已经到了难以忍耐、不能忍受的程度，比喻对某事物的急切盼望。例句说的是"地方发展经济资金短缺"，正是因为"饥渴难耐"而迫不及待、不顾后果地"招商"。

集思广益

例句：大家集思广议，一致认为终端市场价格平稳是市场调控的基本目标。

例句中的"集思广议"应当改为"集思广益"。

集思广益，典出三国时期诸葛亮《教与军师长史参军掾属》："夫参署者，集众思，广忠益也。"凡是参与谋划的，就要集中众人的智慧，以扩大大家尽心竭力办事获得更好的效果。"集思广益"现在指集中众人的智慧、广泛吸收有益的意见，以获得更多、更好的效果（即"益"）；而不是"集中各种思想、广泛地议论"的意思。

戛然而止

例句："村长手臂一挥，威风锣鼓队的锣声、鼓声和口号声嘎然而止。"

例句中的"嘎然而止"应改为"戛然而止"。

嘎作为象声词，原指鸟叫的声音，也用来模拟短促而响亮的声音，如"嘎吱"、"嘎巴"。戛，音 jiá（不读 gā），也是象声词，形容嘹亮的鸟鸣声，宋代苏轼《后赤壁赋》："适有孤鹤，横江东来……戛然长鸣。"戛，又形容声音突然停止，如"汽车声戛然而止"、"争吵之声戛然而止"。作为象声词，"嘎"与"戛"的根本区别："嘎"指物体在响声中停下；"戛"指声音自身突然停止。

剑拔弩张

例句：当矛盾已趋向激化、冲突已起，聚集的群体情绪达到剑拔弩张的地步，必须有

效地控制事态。

例句中“剑拔驽张”应当改为“剑拔弩张”。

驽，音 nú，义为跑不快的劣马，如“驽马十驾，功在不舍”，意思就是劣马十天能跑千里，就在于坚持不懈。弩，音 nǔ，是古代利用机械力量发射剑矢的兵器，是弓的一种。成语“剑拔弩张”的意思就是拔出剑、拉开弓，形容形势紧张，一触即发。

金龟婿

例句：尹芳说，农村姑娘怎么可能找到称心如意的对象？能在北京找个金龟婿则是她目前的打算。

金龟，原为汉代丞相、三公、列侯和将军官职的印制，用金制作龟纽，故称“金龟”。唐代，“金龟”成了三品以上官员的佩饰。“金龟”也指有才学、当官的夫婿，唐代李商隐《为有》诗：“无端嫁得金龟婿，辜负香衾事早朝。”“金龟婿”就是佩有“金龟袋”而且是要“上朝”的夫婿。

农村姑娘尹芳一面担心“怎么可能找到称心如意的对象”，一面又把择偶标准定在“金龟”上，就矛盾了。

尽善尽美、十全十美

例句：“在结构调整的初期，县政府还不可能拿出一个尽善尽美的发展农村经济的方案，但是，我们应当使这个方案十全十美。”

例句中的“尽善尽美”、“十全十美”是两个近义词，单独使用时，意思基本上接近，但是用在同一个句子中位子应该互换一下。

尽善尽美，是形容事物达到完美无缺的境地，侧重于强调使事物的某个方面尽可能完美。十全十美，是形容事物各个方面都已非常完美，它侧重于事物的范围上的完美。而两个词互换以后，就表达了“目前还不能使方案完美无缺，但要努力使方案朝完美的方向发展”的意思。

五

举步维艰

例句：但企业发展到一定的规模以后，因资金短缺而举步为坚。

例句中的“举步为坚”应当为“举步维艰”。

“举步维艰”就是迈步、行走艰难，比喻每办一件事情、每进展一步都非常艰难。

维，在古汉语中，作为实词，指系物的大绳子，如《论衡·谈天》：“(共工)怒触不周之山，使天柱折，地维绝。”“地维绝”就是系住大地的绳子断了。引申为“联结”或“连接”、“维持”、“法度”等意思，如孙中山《兴中会宣言》：“盖中国今日政治日非，纲维日坏。”“纲维日坏”就是“法度”一天一天地崩溃。而在“举步维艰”中，“维”无实际意义，只是一个语气词,但属于固定结构,“维”不能错作“为”;而“艰”是艰难的意思,不能错为坚强的“坚”。

K

宽宏大量

例句:妻子的理解支持和宽容大量让他非常感动。

例句中的“宽容大量”是个杂糅词。

“宽容”为“宽大、厚道、有气量、不计较”之义,已经含有“大量”(“有气量、气度”)的意思,所以,“宽容”与“大量”就不能再组成合成词“宽容大量”。由“大量”组成的合成词是“宽宏大量”,形容人的度量大;由“宽容”组成的合成词是“宽容大度”表示不计较、不追究。例句中的“宽容大量”应当可改为“宽宏大量”或“宽容大度”。

L

琳琅满目

例句:车站附近的摊位上,仿真武器中小到“手枪”、“匕首”,大到“剑”、“刀”,琳琅满目,在这里,禁售的商品几乎应有尽有。

例句中的“琳琅满目”一词用得不妥。

琳琅满目,褒义词,意思是满眼都是琳琅珠玉,用以形容美好的东西、出色的人才、优秀诗文或珍稀之物,如郁达夫《迟桂花》:“琳琅满目挂在那里的东西,果是件件精致。”碧野《江汉行 · 纪南故城》:“大量出土的钟、鼎、乐器等等,真是琳琅满目,美不胜收。”而各类仿真武器是政府明令的禁售品,不是珍贵之物,所以不能用“琳琅满目”来形容,可改为各种仿真武器“杂陈于柜台”或“品种杂陈”。

五

流光溢彩

例句:几位贵宾站在台上是那么的流光异彩。

例句中的“流光异彩”是个生造词、杂糅词,应当改为“流光溢彩”。

“异”是有分别、不同于的意思,引申为奇特,“异彩”即奇异的光彩,是个规范词。汉语词汇里就有“大放异彩”、“异彩纷呈”、“异彩竞放”等语词,意思是强烈地放出奇异的光彩。

流光溢彩,则是指某些物体流动和放出的光彩。“溢”本义为充满了而溢出来,在“流光溢彩”中,流和溢、光和彩同义。“溢”和“流”由流动、流淌义引申为(光芒、光彩)放射和闪耀的意思。在例句中用“流光溢彩”形容贵宾意气风发的精神风貌和光彩照人的形象，而不是“大放异彩”的意思。

流连忘返

例句：令读懂它的人流连往返。

例句中的“流连往返”应为“流连忘返”。

“流连忘返”本义为乐而忘返，难舍难分。典出《孟子·梁惠王下》：“流连荒亡，为诸侯忧；从流下而忘反谓之流，从流上而忘反谓之连……先王无流连之乐、荒亡之行。”“荒亡”是沉迷于畋猎酒色，纵欲无度的意思。《孟子》这句话的意思是，流连忘返、沉迷于畋猎酒色，纵欲无度，使诸侯都为此而忧，由上游向下游游玩乐而忘归叫“流”；由下游向上游游玩乐而忘归，叫“连”，以前有作为的君王没有这种流连于荒亡的行为。

“往”即“去”，“返”即“回来”，往返，是来回、反复的意思；忘返，则是忘记了回归、返回。“流连忘返”不能写成“流连往返”，也不能写成“留连忘返”。

络绎不绝

例句：镇西村成为广州乡村旅游一景点，游客骆驿不绝。

例句中的“骆驿不绝”应当改为“络绎不绝”。

“络绎”中的“络”，作为名词的意思即像网一样的东西；作为动词就是缠绕、用网兜住、罩住；“绎”只有动词一种词性，即抽丝、理出头绪或线索、连续不断的意思。“络绎”和“络绎不绝”就是前后相接、连接不断，形容车马、行人来往频繁。《红楼梦》第五十三回：“一夜人声嘈杂，语笑喧阗，爆竹起火，络绎不绝。”

骆，指骆驼；驿，是驿站的意思，即古代设置在驿道上攻传递公文和来往官员中途休息、住宿的地方，相当于现在的机关招待所。“骆”和“驿”不能组词。

五

M

每况愈下

例句：2006 年春节前，他的身体每日愈下，再一次放弃了就医治疗的机会。

例句中的“每日愈下”是个生造词，“每日”即每一天，“愈下”原义是更卑下的意思，这两个词不能组合成新词，应当改为“每况愈下”或“每下愈况”。

“况”是“更加”和“比况”、“比照”的意思。每况愈下（原作“每下愈况”），本义是“愈下愈甚”，义即越往下情况越明显，语出《庄子·知北游》东郭子与庄子关于“道”的对话。大意是，“道”无所不在，包括微小的事物中，越从低微的事物上推究越能发现真实的情况，就像估量猪的肥瘦，越往猪的脚胫踩越能知道猪的肥瘦。庄子说：这就是“每下愈况”。后来引申指每一次的情况愈发不如前次好，比喻一直在走下坡路，形容情况越来越糟。

明日黄花

例句：①但这一切都已经成了昨日黄花，原来的文化活动站现在已经成了杂物间。②萨达姆已经是'昨日黄花'，对伊拉克人民已经不是很重要了。

例句中的"昨日黄花"为"明日黄花"之误。

黄花，即菊花。宋代女词人李清照《醉花阴》："莫道不销魂，帘卷西风，人比黄花瘦"和毛泽东"岁岁重阳，今又重阳，战地黄花分外香"中的"黄花"，均指菊花。

明日，即指重阳节的后一天。古代文人雅士都要在重阳节这一天赏菊，把菊花当作重阳节的时令花。"明日黄花"即重阳节后的菊花，比喻过时的事物，典出宋代苏轼《九日次韵王巩》："相逢不用忙归去，明日黄花蝶也愁"和《南乡子·重九涵辉楼呈徐君猷》词："万事到头都是梦。休休，明日黄花蝶也愁"，表达了词人的一种浓郁的迟暮不遇的感叹，就是说自己如同过了时令的菊花已经没有人会关注他了。后人就用"明日黄花"比喻过时的人或事物。鲁迅《两地书(七)》："拟先呈先生批阅，则恐久稽时日，将成明日黄花。"

将"明日黄花"错为"昨日黄花"，是不了解这个典故的由来，以为"昨日"是"过去的日子"，就把"昨日黄花"比喻为"过时的事物"。

墨守成规

例句：在农村，不少老人保守陈规，其子孙必须为老人们备"寿棺"。

例句中的"保守陈规"是个生造词。

保守，既是动词也是形容词，作为动词，是守住、不失去的意思。在这个句子中作为形容词用，即守旧、跟不上形势的意思。与其搭配组成四字结构的词也应当是形容词，如"保守落后"；而"陈规"是个偏正结构名词，不能与"保守"组成四字固定结构词。例句中的"保守陈规"可改为"比较守旧"或"迷信守旧"；也可改为"墨守成规"，意思是拘泥于成见而不善于机变，如李六如《六十年的变迁》："如果破格把他介绍进来做同志，就会更加有利，不能墨守成规。"

五

N

难得一见

例句：终于找到了几块以前吃剩下的饼干，大家却你望着我，我望着你，谁也不忍心吃下这在平时难得一见的食品。

例句中的"难得一见"用得不妥。

“难得一见”是难以得到、看到和不常有的意思，表示可贵，用于比较珍贵的东西或人才。如“青海湖二郎剑景区附近出现了难得一见的气象奇观——海市蜃楼。”而用“难得一见”形容平时吃剩下的“饼干”就不妥了，饼干在平时是很普通、很常见的食品，并不是“难得一见”的东西。例句中的“难得一见”宜改为“不屑一顾”。“不屑一顾”，形容对某事物异常鄙视，认为不值得一看、不会关注的意思。

难能可贵

例句：演唱如果超过时间就会被扣 2 分，这 2 分在这么重要的比赛中也是十分难能可贵的。

例句中的“难能可贵”用得不妥。

“难能可贵”的意思是不容易做到的事情竟然做到了，是非常可贵的。在比赛时演唱不要超过时间，则是稍加注意和控制就很容易就做到的，而不是“难能”的。例句中的“难能可贵”一词可改为“非常宝贵”，其语义重点应当是 2 分对于比赛成绩是非常重要的，值得珍惜，不要因为超时而轻易地丢失。

O

呕心沥血

例句：在我看来，也很少有人像鲁迅这样为中国文化的建设和积累沤心沥血。

例句中的“沤心沥血”应当为“呕心沥血”。

呕，音 ǒu，动词，即“吐”的意思，如“呕血”、“呕吐”。“呕心”是用尽了心力，“沥血”即滴血。成语“呕心沥血”是绞尽了脑汁、耗尽了心血的意思。唐代韩愈《归彭城》：“刳肝以为纸，沥血以书辞。”意思是。挖出肝来当纸，滴血为墨来书写文章，比喻穷思苦索、费尽心血。叶圣陶《抗争》：“我的舞台，几年来在这里演呕心沥血的戏，现在被撵下来了。”

五

呕，在古汉语中还发“xū”音，为抚养、培育、养育的意思，如“呕咐”、“呕煦”。《淮南子・本经训》：“斟酌万殊，旁薄众宜，以相呕咐酝酿而成育群生。”呕，发 xū 音时，还作为形容词，是和悦可亲的意思，如“呕呕”、“呕煦”、“呕喻”等。《史记・淮阴侯传》：“项王见人，恭敬慈爱，言语呕呕”，是说项羽见人的时候和悦可亲。

P

迫在眉睫

例句：强化售后服务迫在眉捷。

例句中的“迫在眉捷”应当改为“迫在眉睫”。

捷，原义是“成功”、“胜利”、“战胜”，《左传·庄公八年》：“连称有从妹……使间公，曰：‘捷，吾以女为夫人。’”，意思是，公孙无知让连称的从妹刺杀齐襄公，说成功了就封她为夫人。这里的“捷”就是“成功”的意思。《诗经·小雅·采薇》：“岂敢定居，一月三捷”，这里的“捷”是胜利的意思。古代打了胜仗，就要以最快的速度（八百里加急）向朝廷汇报胜利的消息，即“报捷”、“告捷”，所以“捷”又引申为快、迅速、敏捷。如“捷足先登”就是比喻行动迅速，抢先到达目的地。“捷”又引申为思路敏捷，“捷才”就是才思敏捷的人才。

睫，意思就是睫毛，迫在眉睫，是形容情势非常紧迫，到了十分紧急的关口。《庄子·庚桑楚》：“向吾见若眉睫之间，吾因以得汝矣”，意思是，刚才见你急迫得很，就知道你的苦恼了。“迫在眉睫”与“火烧眉毛”同义。“迫在眉睫”不能写作“迫在眉捷”。

Q

七月流火

例句：盛暑，七月流火，在新疆福海就可以见到丰收在望的一望无际的棉田。

例句把“七月流火”误解为“盛暑”。

“七月流火”经常被引用，但也常常被理解错和用错。这个词出自《诗经·豳风·七月》。“流火”，又叫“大火”，是一个星宿的名称，即二十八星宿中的“心宿”，而不是太阳系九大行星中的火星。“火”下即为“流”，即“大火”在天空中的位置已经从最高处往下走了。“大火”于夏历五月处于东北方向，以后逐渐向南方向移动，每月约移动三十度，六月底在正南方，自秋季（农历七月）开始，“大火”由正南向西倾而下，称为“流火”。“七月流火”实际上讲的是天象，而不是气候。《诗经》中“七月流火，九月授衣”的句子，与天气也有关系，但不是天气炎热的意思。唐代的语言学家孔颖达解释“七月流火”说：“于七月之中，有西流者是火之行也，知是将寒之渐。”明代朱有敦《元宫词》：“玉京凉早是初秋，银汉斜分大火流。”初秋，银河倾斜，“大火”开始自西而向下流了，就是天气开始慢慢变凉了，即秋天开始了。

五

其貌不扬

例句：雅罗斯拉夫州有个其貌不扬的小村子，远远望去，家家户户挂满洋葱辫，像花一样，煞是好看。

例句中的“其貌不扬”用得不妥。

“其貌不扬”语出《左传·昭公二十八年》：“今子少不飏。”杜预注：不飏，“颜貌不扬显”，是说人的相貌不好看，如马铁丁《勇气从何而来》：“从年龄上说，孩提刚过，还留着若干稚气。初看起来，真是其貌不扬。”“其貌不扬”不宜形容物体的外观，再说例句的后文又说“煞是好看”，与“其貌不扬”也是矛盾的。例句实际是想说村子不大、不出名，但很漂亮，可将“其貌不扬”改为“默默无闻”。

千难万险

例句：他们克服千难险阻，与不法分子周旋。

例句中的“千难险阻”是个杂糅词。

成语中有“千难万险”、“艰难险阻”，均形容经历的困难多且路途危险，“千难险阻”就是这两个成语的杂糅。成语的构成尤其是有数字、山、水、器物等情形时，往往前二字与后二字对仗（词内自对），如“千难”对“万水”，“千奇”对“百怪”，“千山”对“万壑”，“身远”对“心近”，“艰难”对“险阻”等，把握这个特点可以避免一些成语杂糅现象的出现。例句中的“千难险阻”可改为“千难万险”或“艰难险阻”。

千人一面

例句：为避免城镇建设中的千面一孔，特别是要防止开发与保护不能有机统一等问题的出现。

例句中的“千面一孔”是个生造词。

文学批评理论中有一个词叫“千人一面”，形象地批评、讥讽文学创作中对人物的创作描写的雷同化，众多的文学人物是同一个脸谱、同一个性格，没有个性。如王愿坚《新一点，深一点》：“用一个模式去套，去填充，去模拟，这样……自然就只能千人一面、千语一腔、千篇一律了。”千人一面，是规范的主谓结构词组，而“千面一孔”就没有明确的意思了，宜改为“千镇一面”（套用“千人一面”），即表示城镇建设没有特点而雷同化。

潜移默化

五

例句：为国家工作的责任感潜移默化在他的信念中。

例句中的“潜移默化”用得不妥。

“潜移默化”语出北齐颜之推《颜氏家训·慕贤》：“潜移暗化，自然似之”，意思是，（人的思想、性格受到别人或环境的影响，）不知不觉地发生了变化。如叶圣陶《给少年儿童写东西》：“如果作者写的语言是正确的，健康的，美的，就能使少年儿童受到熏陶，潜移默化，养成良好的语言习惯。”例句强调的不是“不知不觉”的变化，而说的是对某种观念、意识的确认，可将“潜移默化”改为“铭刻”或“融化”。

琴瑟之和

例句：琴瑟和鸣——历代婚礼

“琴瑟”指音调和谐，自古以来就比喻为夫妻和美，如《诗经·小雅·常棣》中“妻子好合，如鼓琴瑟”和《诗经·周南·关雎》中“窈窕淑女，琴瑟友之。”又如《玉台新咏·曹植〈种葛〉》：“欢爱在枕席，宿昔同衣衾；窃慕棠棣篇，好乐和瑟琴。”其中的“瑟琴”即为押韵“琴瑟”的颠倒词。但“琴瑟和鸣”是个杂糅词，“琴瑟”不能“鸣”，能“鸣”的是“鸾”和“凤”。元代徐琰《青楼十咏·言盟》：“结同心尽了今生，琴瑟和谐，鸾凤和鸣。”表示夫妻和美的词有“琴瑟和好”、“琴瑟和谐”、“琴瑟调和”、“琴瑟协调”、“琴瑟相谐”等，均因琴和瑟奏出的音调非常和谐而比喻夫妻关系和美。例句可选其中一个替换“琴瑟和鸣”。

青红皂白

例句：他总以为自己是乡镇长，就可以不分清红皂白地处理所有的事情。

例句中的“清红皂白”应改为“青红皂白”。

青红皂白，是四种颜色，“不分青红皂白”即分不清颜色，比喻处理问题不管是非曲直和情由底细。如清代刘鹗《老残游记》：“进得门来，听见一片哭声，也不晓得青红皂白，只好号啕大哭。”“青红皂白”还指水落石出，把事情的原委弄清楚，如郭沫若《虎符》：“我要来当面对质，问他一个青红皂白”。清，不是表示颜色的词，不能组成“清红皂白”。

求贤若渴

例句：这些都体现了他对知识、智慧的求贤若渴。

例句中的“求贤若渴”用得不妥，应当改为“若饥似渴”。

求贤若渴，意思就是像渴了想喝水一样寻求有才能的人，形容求才的心情十分迫切。如《明史·锺同传》：“陛下求贤若渴，而大臣之排抑尤甚，所举者率多亲旧富厚之家。”意思是，皇帝迫切地寻求能治理天下的贤能之才，而大臣们却对贤能之才排斥贬抑，所举荐的大多是自己的亲属旧友和富豪之家。

若饥似渴，是像又饿又渴的人急切地盼望得到饭吃和水喝一样，比喻迫切追求某事物的意思。例句所要表达正是迫切希望获取知识的心理，而不是急切寻求人才的意思，所以不能用“求贤若渴”。

五

权力寻租（参见“权力—权利”词条）

例句：县乡干部要谨防“项目依赖症”下的权利寻租。

例句中的“权利寻租”应当改为“权力寻租”。

“权力寻租”原是西方经济学的一个概念，意思是人们为了凭借政府准许的特权而取得垄断地位并获得垄断收益而所作的努力。权力是特定机构拥有的政治上的控制力和支配力量，也指职责范围内的管理和指挥权。权力是由地位和职位带来的控制和支配力量。“权力寻租”、“以权谋私”中的“权”即是法律或组织授予的“权”即控制和支配力量。这个权，也称“公权力”。“权利”是自然人及法人的一种主体利益，而不是对客体的支配力，所以不应当用作“权力寻租”的词素。

R

忍俊不禁

例句：一粒粒果实在阳光底下逐渐成熟，让路过的人们忍俊不禁地想摘尝几颗。

例句中的“忍俊不禁”一词用得不妥。

“忍俊不禁”典出唐代赵璘《因话录》：“柜初成，周戎时为吏部郎中，大书其上，戏作考词状：‘当有千有万，忍俊不禁，考上下。’”意思是，（放官印的）柜子刚做成，周戎当时是吏部郎中，以考词的语气戏谑地在柜子上写道：“将会有成千上万的人忍不住来看，并孜孜于天上地下般地探究。”“忍俊不禁”，原义是热衷于某事而不能自制，如唐代崔致远《桂苑笔耕·答徐州时溥书》：“足下去年，忍俊不禁，求荣颇切。”就是指“徐州时溥”热衷于追求荣华心切而不能自制。“忍俊不禁”后指忍不住发笑，如《孽海花》：“一会竖蜻蜓，一会翻筋斗……把个大小姐看得忍俊不禁。”

例句实际是指不能自制的意思，用“忍俊不禁”来表示就不恰当了。因为在“不能自制”这个意义上用“忍俊不禁”，前提是对某事“热衷”，而要摘路边果树上的几颗果子，也不存在“热衷”和“不能自制”的问题；如果是在“忍不住发笑”意义上用“忍俊不禁”，则文不对题了。例句可将“不忍俊禁”直接改为“忍不住”。

S

三驾马车

例句：工业化是发展县域经济的三架马车之一。

例句中的“三架马车”应改为“三驾马车”。

五

驾，本义为套马，也就是把车辕加在马的身上。《说文解字》：“驾，马在轭中。”《诗经·小雅·采微》：“戎车既驾，四牡业业。”意思是，兵车已经套在马上了，四匹雄马非常壮观。“三驾马车”的意思是三匹马驾一辆马车，也叫“三套车”，驾车的马分为辕马、里套马和外套马，而不是说有“三架（挂）”马车。架，是量词，即辆、挂（一辆马车也叫一挂马车、一架马车）的意思，如果写成“三架马车”，则成三辆（挂）马车了。

“三驾马车”一词，由俄语 ТРОЙКА 转化而来，即并驾拉车的三匹马，引申为紧密联系的三个人或紧密相关的三件事。它曾经专指上世纪 60 年代苏联的“三巨头”的政治格局；苏联解体后，对俄罗斯来讲，指 20 世纪 8 0 年代后半期和 90 年代初的“改革”要同时做的紧密相关的三件事：市场化、大规模私有化和民主化。当今，欧盟施行联合外长制，称为“三驾马车外长”。欧盟“三驾马车外长”即由三名外长共同主持欧盟的对外关系，而不是设立了三个外交机构。“三驾马车”是一个整体，说“三驾马车”之一，自然也不妥了。

山清水秀

例句：我一直随爷爷奶奶和姑婆生活在山青水秀的乡下。

例句中的"山青水秀"应改为"山清水秀"。

"山清水秀"即"山水清秀"。清秀的"清"是清澈的意思，与"浊"相对，后引申为洁净、清越、鲜明秀美；"秀"即秀美的意思。组成合成词"清秀"，意思就是明丽、俊明秀丽、不俗气。"山清水秀"是形容山水风景优美。

青，则是颜色的一种，原指蓝色，如"青，取之于蓝，而青于蓝"中的"青"，即指深蓝色。青山绿水，说的是山是绿色的，水也是绿色的。例句如果强调山水的颜色，可以用"山青水绿"，如果强调山水的秀美，则应用"山清水秀"。

深孚众望

例句：在任期内，他并没有实现上任之初的许诺，当地的经济并没有得到发展，他自己也觉得深孚重望。

"深孚重望"规范的词形应当为"深孚众望"，但是这个词在例句中用错了，应当改为"有负众望"。

孚，本义为禽鸟孵卵，因禽鸟孵卵都是有期限的，从不失信，因而引申为"信用"，使人信服。《国语・周语上》："昭明物则以训之，制义庶孚以行之"意思是把实物的性质表现出来，以开导人民；建立合适的制度，使人民相信，从而去推行它。句中的"孚"即"使……相信"。"深孚众望"，即非常令人信服，深得众望之义。路遥《平凡的世界》："深孚众望的金老先生精通孔孟学说。"

负，本义是借而不还，引申为亏欠，又引申为失败、辜负、背弃等。"负"与"孚"，词义正相反，如《战国策・齐策四》："孟尝君笑曰：'客果有能也，吾负之'。"意思是，这些客人果然有才能，是我辜负亏待了他们。常用的词"不负众望"即不辜负大家的期望。"有负众望"，即辜负了大家的期望，而不说"深负众望"。例句说的是"他"没有践诺，就不是"深孚众望"，而是"有负众望"了。

莘莘学子

例句：不过，与众多专家学者纷纷提出质疑不同的是，长沙高校许多年轻的莘莘学子则对余秋雨抱有浓厚兴趣。

例句中的"莘莘"与"许多"为重复词语。

莘莘，音 shēnshēn，是文言词语，即众多的样子。《国语・晋语四》："公子曰：'吾不动矣，必死于此。'姜曰：'不然。周诗曰：莘莘征夫，每怀靡及……人不求及，其能及

五

乎?'""莘莘征夫"就是众多的从征男子。"莘莘学子"就是"众多的学生"。"许多莘莘学子"就成了"许多众多的学生"而重复了,应当删去"许多"。

声名鹊起

例句:①现在腾冲翡翠的品牌知名度在同行业中重新声名鹤起。②这个村由于连续出了几个大学生在当地一下子声名雀起。

例句中的"声名鹤起"、"声名雀起"应当改为"声名鹊起"。

雀,是个会意字,从"隹",古书上指短尾巴鸟,上着一"小"字,即指小鸟"麻雀",麻雀的腿和翅膀都很短小,因而既飞不高也飞不远,而且麻雀在地上是用双腿跳跃前进的,即"雀跃",不能远行。"声名"如果借助"麻雀"就不能远扬了。

"鹊"和"雀"不同,"鹊"的尾巴长,善飞而敏捷,飞行速度极快,所以,形容一个人的知名度迅速提升时,便可以称之为"鹊起",如同喜鹊惊起一样,带有突然性,比喻乘时崛起。"声名鹊起"就是名声突然被传扬、兴起而远扬。

"声名鹊起"是个固定结构词语,如果错成"声名鹤起"就不知其义了。

事倍功半、事半功倍

例句:①由于他们找准了技术创新这个切入点,选准能够带动农村经济实现新突破的关键技术,所以收到了事倍功半的效果,而没有事半功倍。②工作中分不清主次,理不清头绪,"以其昏昏,使人昭昭",结果事半功倍。

这两个例句把"事倍功半"和"事半功倍"两个词用反了。

"事倍功半"也称"力倍功半,"意思是费力大而收效少,用的措施多,而收效少。例句①说的是"找到了技术创新切入点"、"选准了实现经济突破的关键技术",应当是"事半功倍"。

"事半功倍",形容花的精力少而收效大,或者说,只用了一半的措施就收到加倍的功效。例句②说"工作中分不清主次,理不清头绪,'以其昏昏,使人昭昭'",应当是做事的功效不高,"事半功倍"应该改为"事倍功半",即费力大而收效小。

世外桃源

例句:跨入隆中古牌坊,感觉走进了 1800 年前那兵荒马乱、战火横飞中的世外桃源。

例句用"兵荒马乱、战火横飞"作定语修饰"世外桃源",非常不妥当。

"世外桃源"典出东晋陶渊明《桃花源记》,描写的一处与世隔绝的,民众乃不知有汉、无论魏晋的安居乐业的好地方,后用来比喻不受外界影响的地方或理想中的美好地方。既然"兵荒马乱、战火横飞",就不能称得上是"世外桃源"。例句可改为"跨入隆中古牌坊，就像走进了那与兵荒马乱、战火横飞相隔绝的世外桃源”。

首善之区

例句：①县委、县政府决定，争取在本世纪头十年内，把本县建成首善之区。②一定要高水平地把北京建成首善之区。③1952年以后，天津历年查处的腐败案中，连正局级以上干部都鲜见。当地一位老记者说，天津堪称“首善之区”。

这几个例句中的“首善之区”都用错了。

首善，源于《汉书·儒林传序》：“胡教化之行也，建首善自京师始。”意思是，实施教化从京城开始，京城应当成为四方的模范。后来就称呼京城（首都）为“首善之区”。《现代汉语词典》：首善之区，最好的地方，指首都。北京就是首都，再要说“把北京建成首善之区”，就错了。首都之外的任何地方以及首都的一个区也都不能称作“首善之区”。

死心塌地

例句：只有你和农民工真诚相待，他才会死心踏地跟你干。

例句中的“死心踏地”应当改为“死心塌地”。

踏，发 tā 音时，为踏实、安定的意思，即切实、不浮躁；发 tà 音时，为踩踏的意思，如“践踏”、“踏步”、“踏花归来马蹄香”等；也指现场，“踏查”、“踏勘”中的“踏”即指“到现场”。塌，是坍塌、下垂、下陷、洼陷、凹陷的意思，如“塌方”、“塌落”、“塌陷”等。温庭筠有诗句：“败荷塌如泥，死竹森如枪。”杜甫有诗曰：“忽忆雨时秋井塌，古人白骨生青苔，如今不饮令心哀。”塌还形容人的精神委顿、失意的样子。

死心塌地，形容主意已定、下定决心不再改变，即“确定”、“不变”，如《西游记》：“那呆子纵身跳起，口里絮絮叨叨的，挑着担子只得死心塌地，跟着前来。”

T

探赜索隐

例句：领跑者要有敢于在未知领域探颐索引的气魄。

例句中“探颐索引”为成语“探赜索隐”之误。

探赜索隐，是探索深奥的道理，搜寻隐秘事迹、求取高深学问的意思。《周易·系辞上》：“探赜索隐，钩深致远，以定天下之吉凶”，意思是能够探索深奥的道理，有广博精深的治国之学，能够取深处之物，招致远处的东西，就能够确定治理天下的好坏。“赜”音 zé，是幽深玄妙的意思，所以，“探赜索隐”也作“探奥索隐”。“探赜索隐”简化为“探赜”，为动宾结构的不及物动词，后面不能再带宾语。

醍醐灌顶

例句：我是如醍醐灌顶一般，愈来愈摸不着头脑。

例句把“醍醐灌顶”的意思理解反了。

醍醐灌顶，佛教用语，喻为最高的佛法和智慧。《佛教大辞典》解释：“醍醐”制自牛乳，为味中第一、药中第一，善治众生热脑乱心。醍醐灌顶，是一种佛教仪式，就是把奶酪浇到头顶上，比喻给人以智慧，使人醒悟，也比喻使人清凉舒畅。唐代顾况诗《行路难之二》：“君不见少年头上如云发，少壮如云老如雪，岂知灌顶有醍醐，能使清凉头不热。”又《红楼梦》第六十三回：“宝玉听了，如醍醐灌顶，‘哎哟’了一声，方笑道：‘怪道我们家庙说是铁槛寺’呢！”这是宝玉听了岫烟解说“槛外之人”、“槛内人”后突然明白了贾家的家庙为何称为“铁槛寺”。

题中应有之义

例句：提高农民工的劳动技能、组织农民工学习市民行为规范和劳动权益保障知识等，是构建和谐社会的题中应有之意。

例句中的“题中应有之意”应当改为“题中应有之义”。

意，本义是意图、意思、想法等，如《战国策·西周策》：“今秦者，虎狼之国也，兼有吞周之意。”意思是，如今秦国是像虎狼一样凶暴的国家，已经有了吞并周天下的意图。

义，本义是公正、合于正义，引申为道理、道义和内容，如“大义灭亲”、“义不容辞”“义愤填膺”等词。“题中（应有）之义”的意思就是题目中应有的道理或内容，“义”就是“道理”、“内容”。

投桃报李

例句：先有了洋马的“投桃”，时风马上报之以礼。

五

例句中的“报之以礼”应当为“报之以李”。

“投桃报李”，典出《诗经·大雅·抑》：“投我以桃，报之以李。”意思是，友人赠送我鲜桃，我就回赠他上等的好李子，其中的“投”是赠送的意思，“报”是回赠。这个成语后来就表示朋友间的赠答往来，如周而复《上海的早晨》：“唐仲笙对于徐义德的恭维不再谦辞，用投桃报李的方法把它接了下来。”例句是说两个企业间的技术合作，用“投桃报李”来比喻协作往来，是不错的，但是，将“投桃报李”写成了“投桃报礼”，就错了。

突飞猛进

例句：苗木种植面积以每年1万亩的数字突飞猛进。

例句中的“突飞猛进”用在这个句子中不妥，可改为“快速增长”。

突飞猛进，是形容事物发展十分迅速、进步飞快，变化巨大。如“随着科学技术突飞猛进的发展，各行业的划分越来越精细，行业特点越来越独特。”又如邹韬奋《患难余生记》：“进步文化的突飞猛进，虽有利于国家民族，虽有利于人民大众，但却是顽固派反动派的莫大的障碍物。”数字的变化一般用“（迅速）增长”或“（急速）减少”，如“新中国60年特别是改革开放以来，粮食产量进入快速增长时期”。

徒有虚名

例句：就连挂着“农业”两字的一些银行也越来越途有虚名。

例句中的“途有虚名”应当改为“徒有虚名”。

“徒有虚名”即空有某种好名声，实际上名不副实。其中的“徒”，是“白白的”、“不起作用的”意思，如《明史·西域列传二》：“但当循分守职，保境睦邻，自无外患。何必东迁西徙，徒取劳瘁。”途，则是道路的意思，如“通途”、“途径”、“途遥知马力”等。“徒”不能写作“途”。

W

望洋兴叹

例句：王明录望着病倒在炕上的老伴李勤芳，办“民俗游”成了他望而兴叹的梦。

例句中的“望而兴叹”为“望洋兴叹”之误，且在这个句子中用得不妥。

望洋兴叹，语出《庄子·秋水》，原文是“望洋向若而叹”。“望洋兴叹”中的“望洋”也作“望羊”，《释名·释姿容》：“羊，阳也。言阳气在上，望之然也”，即抬头向上远望。“望洋兴叹”指在伟大的事物面前感叹自己的微小，后多比喻为对做某件事感到力量不够、无可奈何的感叹，如孙犁《秀露集》：“致使后来者得不到正确途径，望洋兴叹，视为畏途。”“望洋兴叹”是动词性结构，用作谓语，而不作定语用，而在这个例句中，用作了“梦”的定语，不恰当。“成了他望而兴叹的梦”可改为“成了他难以实现的梦想”。

未雨绸缪

例句：防重于治，未雨稠缪，这些都是我应该和能做的。

例句中的“未雨稠缪”应当改为“未雨绸缪”。

绸缪，原义是像带子一样缠绕。《诗经·唐风·绸缪》：“绸缪束薪，三星在天。”意思是，柴火被带子捆扎得很紧，参星已经出现在东方。“绸缪”由束得很紧引申为修缮，“未雨绸缪”就是天还未下雨，就要把屋子漏雨的地方修补好。《诗经·豳风·鸱鸮》：“迨天之未阴雨，彻彼桑土，绸缪牖户”。意思是鸱鸮鸟趁着天还没有下雨，去啄些桑根桑皮修好窝巢的门和窗。后“未雨绸缪”就引申为事情还未发生，就做好应对的准备。“绸”不能写作“稠”,“稠”是树枝多而密的意思,如唐代杜甫《涪城县香积寺官阁》:“含风翠壁孤云细,背日丹枫万木稠。”

无出其右

例句:在小城镇建设的理论探索上,至今无出其(费孝通)左右者。

例句把“无出其右”误为“无出其左右”,使句子的意思不明白。

我国古代,以左为下。如“江左”,即指长江下游地区。《史记·孝文本纪》:“右贤左戚”,意思是,把高级职位让贤能的人担任,把较低的职位让贵戚担任。“左衽”,古代原是少数民族的上衣前襟向左掩(中原汉民族的衣襟向右掩),引申为落后的意思,如《论语·宪问》:“子曰:微管仲,吾其被发左衽矣。”意思是,如果没有管仲,我们都会披着头发,衣襟向左边开,沦为落后民族了。左,也指卑下之义,《聊斋·锦瑟》:“君设想何左也”,意思是,你的想法太不高明。

颜师古:“古者以右为尊”、“右,上也。”如《史记·廉颇蔺相如列传》:“既罢,归国,以相如功大,拜为上卿,位在廉颇之右。”意思是,蔺相如因为功劳大,拜为上卿,职位在廉颇之上。《资治通鉴·汉纪十七》:“在人之右,众必害之。”意思是,在众人之上,众人必定会伤害他。“出其右”,就是“超过他”。《汉书·高帝纪》:“贤赵臣田叔、孟舒等十人,召见与语,汉廷臣无能出其右者。”《古今笔记精华录·王右丞逸事》:“此生(即王维)非止音律,至于词学,无出其右……因令更衣,升至客右。”这几个句子中的“无能出其右者”、“无出其右”,即没有能超过他的,“升至客右”即让他坐到客座的上座。

左右,一是概词,表示大约之数;二是名词,指身边之人;“左右”还有“反正”的意思,如“左右是个死”;“左右”还有支配的意思,如李大钊《物质变动与道德变动》:“一切宗教没有不受生产技术进步的左右的,没有不随着他变迁的。”

例句要说的意思是,到今天为止,还没有人能超过他,所以应当说“无出其右”。

五

无冕之王

例句:我们的企业一定要更新设备,使产品升级,而不做无冕之王。

例句中的“无冕之王”用得不妥。

冕,原为古代帝王、诸侯、卿、大夫举行朝仪或祭礼时所戴的礼帽,如《孟子·告子下》:“孔子为鲁司寇,不用,从而祭,燔肉不至,不税冕而行。”意思是,孔子当鲁国司寇时,却不被信任,跟着去祭祀,祭祀用的肉也不给送来,孔子连祭祀的的帽子也没有脱就匆忙地走开了(句中的“税”音 tuō,同“脱”)。后来“冕”特指王(皇)冠。近现代,“无冕之王”一词用来比喻虽然没有显赫的地位、身份,但是其影响和作用却非常大的人,现在一般用来特指新闻记者。例句用了“无冕之王”,就使句子的意思无法理解。

X

细枝末节

例句：问题不仅涉及税费、电费等细微枝节，也涉及国际贸易规则。

例句中的“细微枝节”是个杂糅词，句子是要用这个词指代一些“小问题”，而汉语中表示问题细小而无关紧要的词有成语“细枝末节”。

细枝末节，在构成形式上前一个词“细枝”与后一个词“末节”形成对仗，而对仗的两个词的构词形式也一致，即都是偏正结构；而“细微枝节”则不符合这个的构词规则。细微，形容词，为细小、微小之义，与末节的“末”同义重复；末节，则是偏正结构，因而“细微”不能与“末节”合成一个并列结构的新词。

遐迩闻名

例句：现在，他已经成为遐尔闻名的“菇菜大王”。

例句中“遐尔闻名”应当改为“遐迩闻名”。“尔”、“迩”同音而不同义。

“尔”在文言文中是第二人称代词“你”的意思，如唐代白居易《重赋》诗：“夺我身上衣，买尔眼前恩。”“尔”又有“如此”、“这样”之义，晋代陶渊明《饮酒》诗（五）：“问君何能尔，心远地自偏。”“尔”又作语气助词，表示“而已”、“罢了”等，如宋代欧阳修《归田录》卷一：“无他，但手熟尔。”

迩，是“距离近”、“接近”的意思，“遐”是“远”的意思。《孟子·离娄上》：“道在迩而求诸远，事在易而求诸难。”孟子说，道（路）就在近处，却往远处去寻找；事情本来很容易，却硬从难处去做。“遐迩”是一个反义结构词，“遐迩闻名”的意思是远近闻名。所以，不能把“遐迩”写成“遐尔”。

五

相辅相成

例句：从实践来看，新农村建设和推进城镇化这二者应当是相互促进、相辅相乘的。

例句中的“相辅相乘”应改为“相辅相成”。

相辅相成，就是两件事物互相配合、互相辅助、互相促成。这里的“成”就是“促成”“成功”的意思。吕叔湘《〈中国文法要略〉重印题记》：“这两种写法各有短长，相辅相成，很难说哪一种写法准比另一种写法好。”意思是两种写作方法各有优点和不足，不好说哪一种方法更好，而只是互为辅助和促成。

相依为命

例句：这一老一小相依维命，艰难度日。

例句中的“相依维命”应当改为“相依为命”。

为，在这里是“充当”、“当作”的意思；命，在这里是动词，即活下去的意思。“相依为命”语出西晋李密《陈情表》：“母、孙二人，更相为命”，是互相依靠着生活，泛指相互依靠、谁也离不开谁的意思（即相互当作活下去的依靠、依赖），如郭沫若《棠棣之花》：“死而复生的只有这些杂乱的败草。永逝不返的却是我们相依为命的慈母。”

像煞有介事

例句：一名 40 岁左右的男子走过来，煞有介事地称自己愿加 100 元钱买这尊佛像。

例句中的“煞有介事”应当为“像煞有介事”。

“像煞有介事”原是吴方言中的一种习语，用普通话来说，就是“好像真的有那么一回事儿似的”，多指装模作样、好像有什么了不起似的。“像”即好像，“煞”是“极”、“很”和“真”的意思。元代马致远《汉宫秋》：“这个煞容易。”就是“这个很容易”。

之所以产生“煞有介事”的错误，关键是把这个词语的核心部分——“像”、“煞”给割裂了。“像煞”不能分开，这是一个“谓补”结构或“偏正”结构的倒装式，是“像真的”、“极相像”的意思。“介”（吴方言发 gā 音）是“这个”、“那个”的意思。舍掉了“像”字，就成了意思不明确的词语了。有的工具书将“煞有介事”解释为“像真有这么回事似的”，按这种解释，“像”在“煞有介事”中并没有“着落处”。另外，在吴方言中，“像煞有介事”的语言节奏是“像煞—有—介事”，而不是“像—煞—有介事”。“像煞有介事”是“真像有那么回事”的意思，表示的意思是否定的，即实际上“没有那回事”。而按“煞有介事”的字面理解，则成了肯定的意思：“真的有那么回事”，是与原词义相悖的。

心旌摇曳

例句：代表团赴江西考察，一路新风扑面，令人心旌激荡，尤以瞻仰革命圣地井冈山感触良多。

五

例句中的“心旌激荡”为生造词。

“旌”即旗帜，旗帜不能“激荡”而只能“飘扬”、“摇曳”。有成语“心旌摇曳”，语出《战国策·楚策一》：“寡人卧不安席，食不甘味，心摇摇如悬旌，而无所终薄。”但是，这个例句中也不能用“心旌摇曳”，因为“心旌摇曳”的意思是心神惴惴不安，情绪起伏，就像旌旗随风飘荡不定，与句子所表达的内容和环境不搭配，可改为“心情激荡”。

雄关漫道

例句：①××集团在一度困难的军工史上创造了连续 29 年赢利的辉煌业绩，当我们站在新的高度时发现，是一种“漫道雄风”的感动。②电视连续剧剧名《雄关漫道》

例句①中的“漫道雄风”把“漫道”一词理解和用错了，说“在军工史上连续 29 年赢利”，自然就是将“漫道”理解为“漫长的历史过程”了；例句②电视连续剧剧名《雄关漫道》，则错把“漫道”作为与“雄关”的对偶词了。“漫道雄风”、“《雄关漫道》”错误地套用毛泽东《娄山关》的诗句“雄关漫道真如铁，而今迈步从头越”。

毛诗中“漫道”的意思不是“漫长道路”。漫，是文言词语，即“不要”、“别”、“莫”的意思；“道”即“说”。“雄关漫道真如铁”是倒装句，即“不要说雄关像铁一样坚固”。把“雄关漫道”作为剧名，把企业长时间取得成绩称为“漫道雄风”（漫长道路上的雄风），是望文生义。

学而优则仕

例句：孔夫子说，学而优则仕，学问高了，当然出来当官为天下人做事。这在古今中外都是规律。

例句把“学而优则仕”错误地理解为“读书学习‘优秀’就可以有条件当官”，并说成是“规律”，把这句“名言”归在孔子的名下也是错讹的。

学而优则仕，出自《论语・子张》。原文是“子夏曰：‘仕而优则学，学而优则仕。”（这句话是孔子的学生子夏说的）这里的“优”不作“优秀”解，而作“悠闲”解。《说文解字》把“优”训解为“饶”，在古汉语中，“饶”也作“宽松”讲。《诗经・尔雅》：“优哉游哉，亦是戾矣。”这里的“优”是悠然自得、宽松的意思。宋代朱熹在《四书集注》中也把“优”解释为“有余力也”。所以，“仕而优则学”的“优”是“宽裕”、“精力有余”的意思；“学而优则仕”的“优”是“知识充分”的意思。子夏是先说“仕而优则学”，后说“学而优则仕”，意思就是，当官后有精力和闲暇就学习，学习得充分了就可以更好地当官。

Y

压轴戏

例句：这几日，相声大腕集体出动，为纪念郭启儒诞辰 105 周年献演压轴好戏，观众爆满，满场是笑声与喝彩。

例句有几处不妥：一是例句把“大腕”、“满场”演（献演）的戏都叫做“压轴好戏”不妥，“大腕儿”演的戏，可以是“好戏”，但是并不都是“压轴戏”；二是在“压轴戏”一词中嵌了一个“好”字，就重复了，“压轴戏”就是好戏。

压轴戏，也叫“压轴儿”，原指一场演出中安排在“大轴戏”（即最后一出戏）之前的一出戏，即倒数第二个节目。“大轴戏”也叫“大轴儿”、“大轴子”，出场的角色较多，也较精彩。现在“压轴戏”词义已经有所变化，一般指一场演出安排在最后出场的较为精彩的节目，引申为精彩的令人瞩目的结尾。

一筹莫展

例句：许多农民在为歉收一愁莫展之时，600 多农民不约而同地收到了一条短信。

例句中的“一愁莫展”应改为“一筹莫展”。

筹，原义为计算、计数用的竹码、筹码，如《汉书·五行志下》：“筹，所以纪数。”引申为名词“计策”。筹，也作动词用，就是计划、谋略、筹算、筹略、筹措。“一筹莫展”是没有一点儿计策能施展的意思，形容想不出一点儿办法，而“一愁莫展”就没有明确的词义了。

一蹴而就

例句：应当让农民认识到掌握科学知识不是一学而就的。

例句中的“一学而就”是个生造词，很明显是仿造于“一蹴而就”这一成语。“蹴”是踩、踏、踢的意思，“一蹴”即一举足、一跳、一步。“一蹴而就”出自宋代苏洵《上田枢密书》：“天下之学者，孰不欲一蹴而造圣人之域。”意思是，天下的读书人，谁不想一步就达到圣人的境地呢？后来就以“一蹴而就”形容做事一步就能成功，比喻做事情轻而易举。例句要说的是做任何事情不是一下子就能成功的，特指学科学知识不容易，但不可将“一蹴而就”改为“一学而就”，“一蹴而就”是个固定结构词语。

一厢情愿

例句：以上只是我们的一相情愿，有些人是会发动利益保卫战的。

例句中的“一相情愿”应该改为“一厢情愿”。

厢，名词，原义是侧面、旁边。如侧面的房子就叫“厢房”。“厢”后引申为“方面”，“一厢”就是单方面、一侧。

五

相，则是副词，是相互、相向的意思。如“相互帮助”、“相亲相爱”。“相”也有动词性质，是“看”的意思，如“相中”、“相亲”。

“一厢情愿”就是处理彼此相关的事情时，只管自己的意愿而不顾对方的意愿的意思，泛指办事、处理问题只从自己的主观愿望出发和单方面的意见而不考虑客观情况和条件。因为“相”是副词、动词，不能表示“方面”的意思，而“厢”才表示“方面”的意思，所以不能写成“一相情愿”。

一语中的

例句：刘总经理真是一语中地。

例句中的“一语中地”应该改为“一语中的”。

一语中的，即一句话说中了事情的要害、关键。“的”，是箭靶的意思，引申指事情的关键、要害。如马南邨《燕山夜话·交友待客之道》:“这是把虚心看做交友待客的根本态度,真可谓一语中的,抓住了要害。”而“地”是大地、土地的意思,“一语中地”是个生造词。

异口同声

例句:在清华大学的饭堂里,莘莘学子围着“英语神厨”小张,你一言我一语、异口同声地齐声说:“你是好样的!”

例句中的“异口同声”、“齐声”(这两个词词义重复)与“你一言我一语”不能用在同一场合。“你一言我一语”属于说话嘈杂的状态,而“异口同声”“齐声”即不同的人一齐说同样的话,形容意见一致。例句将这几个词形容同一场合的说话,犯了相互矛盾的毛病。

义乌反哺

例句:周口市坚持发展循环经济,不但在粮食加工上“吃尽榨干”,还反哺了种植业和养殖业。

反哺,也称“义乌反哺”、“乌鸟之情”、“乌鸟私情”、“慈乌反哺”。典出晋朝成公绥《乌赋》:“雏既壮而能飞兮,乃衔食而反哺。”说的是雏乌长成、能衔食哺母乌,后世用此典比喻子女孝养父母,报答父母的养育之恩。唐代白居易诗《阿崔》:“何时能反哺,供养白头乌。”意思是,盼望儿子阿崔早日成人,能够尽孝亲之义。“白头乌”喻指年老的父母。

但“反哺”在例句中用得不妥。“反哺”能否成立,关键是反哺者应当曾经被反哺对象哺育过,正像雏乌曾经被母乌哺育过一样。如果没有这层关系,则不能形成“反哺”关系。新中国工业经济和城市的发展,是建立在农业的积累和贡献支撑的基础上的,这也是造成工业和农业、城市和乡村差距持续的根本原因。现今我国工业经济、城市建设已经积累了雄厚的基础,有必要也有能力“反哺”即支持农业和农村的发展。而“种植业和养殖业”并没有“哺育”过“循环经济”,所以说循环经济“反哺”种植业和养殖业就不准确了。例句宜改为“还促进了种植业和养殖业”,即形成了“循环”的经济关系。

抑扬顿挫

例句:黄河流域的民歌处理细腻,昂扬顿挫。

例句中的“昂扬顿挫”是个杂糅词。

“昂扬”一是指情绪饱满高涨,表示斗志旺盛;二是形容声音高而响亮。这个句子是说民歌旋律的节奏,所以应当用“抑扬顿挫”。“抑扬顿挫”即指音乐或诗词的音调、语调或说话时声调的下降、上升、停顿和转折,节奏分明,富有变化,起伏跌宕。“抑扬顿挫”是固定语,不能改为“昂扬顿挫”。

因地制宜

例句：高级农艺师指导农民因地自宜地科学施肥。

例句中的“因地自宜”应当改为“因地制宜”，“因地自宜”为生造词。

制，繁体字为“製”，原义是制作、加工衣裳，“刂”表示在制作时要用刀裁剪安排原料，使之合适，因此“制”也就有了“安排”的意思。因地制宜、因时制宜、因人制宜，就是根据不同地区、不同时期、不同人群进行适当的安排、采取适当的办法、制定相应妥善的措施。

饮鸩止渴

例句：①建议不要扬汤止沸甚至饮鸠止渴，而是要拿出壮士断腕的勇气。②因此，引入外资，不单单是暂时的饮鸩止渴、解决眼前资金短缺的问题，更重要的是促进盘活当地现有资金。

例句①中的“饮鸠止渴”应当改为“饮鸩止渴”。这是媒体上常见的别字差错。

鸠，音 jiū，即斑鸠，是一种像鸽子的鸟，如成语“鹊巢鸠占”、“鸠形鹄面”等。鸩，音 zhèn，是传说中的一种毒鸟，其羽毛有毒。“饮鸩止渴”就是用鸩的羽毛浸泡的毒酒来解渴，比喻只图解决眼前困难而不顾后患，是贬义词。

例句②用“饮鸩止渴”比喻引进外部资金，不妥，因为引外资并不是坏事。句子中又用了“不单单”，表示不限于某个范围，在句子中就是表示了引进外资是“只图眼前，不顾后患”，但又不限于此。句子要说的显然不是这个意思，而是要“促进盘活当地现有资金”，所以可将“不单单是暂时的饮鸩止渴的问题”改为“不是权宜之计”。

迎刃而解

例句：由于广泛地发动了群众，这些问题很快就迎韧而解。

例句中的“迎韧而解”应当改为“迎刃而解”。

五

刃，名词，从“刀”，为刀口之义，如“兵不血刃”、“好钢用在刀刃上”。“迎刃而解”这个成语见于《晋书·杜预传》，意思是，用刀劈竹子，劈开了口子，下面的一段就会迎着刃口自己裂开。比喻主要的问题解决了，其他的问题就会很容易地得到解决。

韧，形容词，从“韦”，“韦”是熟牛皮的意思，“韧”是像牛皮一样柔韧而坚固、不易折断和不易变形的意思。“坚韧不拔”，是指人的意志坚定而不可动摇。

优哉游哉

例句：牛马、毛驴、骡子等牲畜，散布在广袤的原野上，好不悠哉游哉。

例句中的“悠哉游哉”宜改为“优哉游哉”。

优哉游哉，典出《诗经·小雅·采菽》：“优哉游哉，亦是戾矣。”意思是“悠然自得，就是要这样的美。”《中国成语大辞典》：“优哉游哉：形容从容不迫，悠闲自得的样子。”“优哉游哉”可简化为“优游”，即悠然自得、从容不迫的样子。如西晋潘岳《闲居赋》：“仰众妙而绝思，终优游以养拙。”意思是，遵循道家的众妙玄虚学说，断绝官场念头，闲居游乐度过平静而不为人知的一生。“优游”可以与其他词组成新的词，如“优游恬适”。

悠游，意思是悠闲自得地游动、移动；也指悠闲自在，与“优游”义相近。而“悠”有变化无常、随意、不定的意思，“悠游”侧重于自由自在、随意；“优游”侧重于宽松、从容不迫。

与人方便，自己方便

例句：服务行业无小事，予人方便，予己方便。

例句中的“予人方便，予己方便”应当改为“与人方便，自己方便”。这是一句成语，意思是给别人方便，最后对自己也有好处。如《西游记》第十八回：“施主莫恼。‘与人方便，自己方便。’你就与我说说地名如何？我也可解得你的烦恼。”“与”是给的意思，例句中写成“予人方便，予己方便”，按字面解释，就成了“给予别人方便，给予自己方便”，与这句成语的意思就相去甚远了。

越俎代庖

例句：村干部全部由村民民主直选，乡政府不再越俎代疱。

例句中“越俎代疱”应改为“越俎代庖”。

疱，音 pào，原义为小疙瘩，也指皮肤上因虫咬、灼烫或感染所起的水泡或脓包，如“疱疹”。《淮南子·说林训》：“治鼠穴而坏里闾，溃小疱而发痤疽，若珠之有颣，玉之有瑕，置之而全，去之而亏。”意思是，为治鼠穴而弄坏居所，为了去掉脸上的疱疹而引发痈疽，这就类似珍珠上常有疙瘩（颣），美玉上常有瑕疵，让瑕疵存在，珠玉就会完整，挖去了瑕疵，珠玉就会遭到损伤。“疱”是与发病相联系的一种症状。

庖，音 páo，为厨房、厨师。如“庖厨”、“庖丁”、“庖人”、“庖正”等。《楚辞·九章》：“闻百里之为虏兮，伊尹烹于庖厨”，这个句子中“庖厨”为厨房；《庄子·养生主》：“庖丁为文惠君解牛”，“庖丁”即为厨师（“丁”为职业的意思，如“园丁”）。古汉语中又有“庖鼎”一词，指的是贤能的大臣，原指古代著名贤臣伊尹。伊尹曾做过有莘氏的厨师，助商汤灭夏桀。后来就用“庖鼎”比喻贤臣。成语“越俎代庖”出自《庄子·逍遥游》：“庖人虽不治庖，尸祝不越樽俎而代之矣。”意思是，即使厨师不在厨房做饭，司祭也不能放下祭品去替厨师做饭。“越俎代庖”比喻超越了职务范围，处理别人所管的事。

Z

赞许有加

例句：许多媒体对香港中文大学在内地招生取消面试环节赞许有嘉。

五

例句中的"赞许有嘉"应当改为"赞许有加"。

加，是在原有的基础上增多、扩大和提高，把一个东西放在另一个东西的上面。"有"则是指达到了某种程度或一定的数量。"有加"，形容程度不断增加，越发展程度越高，如清冒襄《影梅庵忆语》："姬之侍左右，服劳承旨，较婢妇有加无已。""有加无已"的意思就是不断地增加而没有减少。"赞许有加"的意思就是对某人或某事的称赞、嘉许不断地增加。

嘉，原义为"美好"，《说文解字》："嘉，美也。""嘉"作为形容词用时的意思是"美好"，如"嘉宾"、"嘉言懿行"等。《左传·昭公二十一年》："物和则嘉成。"意思是事物和谐，美好的状态就形成了。"嘉"作为动词，就是称赞、嘉许的意思，《论语·子张》："君子尊贤而容众；嘉善而矜不能。""嘉善"就是赞美奖励善良的品行。而"赞许"中已经有"嘉许"的意思，写成"赞许有嘉"就没有明确的意思了。

枕石漱流

例句：喙长三尺，则"枕流嗽石"，语自不错。

例句中的"枕流嗽石"应改为"枕流漱石"。

枕石漱流，即以石为枕，用流水漱口。漱，音 shù，从水，"束"音，即含水荡口，如"洗漱"。"枕石漱流"反映了三国魏晋时期隐士的一种生活志趣和生活状态，以不闻世事、隐居深山躬耕陇亩为高尚。三国时期曹操《秋胡行》："名山历观，遨游北极，枕石漱流饮泉。"

嗽，音 sòu，即咳嗽，如"嗽嗽嗓子"。将"漱"错为"嗽"，即"枕流嗽石"就不知其义了。

炙手可热

例句：普洱茶由历史名茶而沉寂无名，又转而成为深受消费者喜爱的健康时尚饮品和炙手可热的投资收藏品，绝非一日之功。

五

例句中的"炙手可热"这个成语用得不妥。

把"炙手可热"比喻行时、走红、抢手，就误解了"炙手"的含义。炙，从火，从肉，本义是在火上烤肉。"炙手可热"的意思是手一挨近就感到热，引申指权势极大、气焰极盛的意思，语出唐代杜甫《丽人行》："炙手可热势绝伦，慎莫近前丞相嗔。"杜诗形容丞相杨国忠权大势盛，意在告诫人们远离杨国忠。"炙手可热"也比喻无法接近，如沙汀《淘金记》："亲眼看见他成了这镇上炙手可热的红人，而且目空一切。"

例句的意思是说普洱茶现在成了很受欢迎的饮料和收藏品，而用了"炙手可热"这个成语，即成了人们"不敢接触"的东西了，可将"炙手可热"改为"分外抢手"。

中流砥柱

例句：在世界社会主义发生严重曲折、国内外风云急剧变幻的局面中，我们党砥柱中流、岿然不动，社会主义在中国展现出蓬勃的生机和活力。

例句中的“砥柱中流”是名词性偏正结构，不能充当谓语。

“砥柱中流”即“中流砥柱”的倒装。《水经注》：“砥柱，山名也。昔禹治洪水，山陵当水者，凿之，故破山以通河。河水分流，包山而过。山见水中若柱然，故曰砥柱也。”“中流砥柱”或“砥柱中流”比喻在危难中能像屹立在黄河激流中的砥柱山一样，起支柱作用的人或集体；也用于比喻意志坚定不移。

“中流砥柱”一般充当谓语的表语或充当宾语。但充当宾语，前面必须有动词充当谓语，如毛泽东《论联合政府》：“没有中国共产党的努力，没有中国共产党人做中国人民的中流砥柱，中国的独立和解放是不可能的，中国的工业化和农业近代化也是不可能的。”这句话中的动词“做”充当“中流砥柱”的谓语，是不能省略的。

“我们党砥柱中流、岿然不动”存在语法错误，即“砥柱中流、岿然不动”不能充当并列谓语，应当在“我们党”和“砥柱中流”之间加一动词“（依然）如”或“就像”。

自行其是

例句：因为缺乏统一的部署，各部门自行其事。

例句中的“自行其事”应该改为“自行其是”，同义词为“各行其是”。

这里的“是”为“想法”、“原则”的意思。“自行其是”就是各自按照“自己以为正确”的想法（即“是”）去做，表示思想、行动不一致，所以不能写作“自行其事”。成语“自以为是”中的“是”，指自己以为对的、正确的而不接受别人的意见。《孟子·尽心下》：“自以为是，而不可与入尧舜之道，故曰德之贼也。”意思是，主观、自大、不虚心的人，是不可以加入圣人尧舜之列的，这种人在道德上是渺小的。所以例句中的“自行其事”应当改为“自行其是”。

五

走麦城

例句：①虞城县撤乡并镇为啥走了“麦城”？②虞城县乡镇改革缘何走“麦城”？

两个例句都是问虞城县的乡镇机构改革为什么会陷入困境、没有取得成功，但在使用比喻修辞手法时，喻体词使用不正确。例句中充当喻体词的“走‘麦城’”和“走了‘麦城’”准确的表达应当为“走麦城”。

“走麦城”说的是蜀将关羽在同吴国军队作战时，由于刚愎自用、骄傲自负，中了吴军的计谋，丧失了战略要地荆州，败走麦城，并被吴军俘获处斩。后世即以“走麦城”或“关羽走麦城”比喻为陷入困境或泛指因自大自负而遭到失败。“走麦城”作为典故词语，已经成为一个固定结构的词语。罗瑞卿《党的三大作风的楷模——回忆周总理》："有的人老虎屁股摸不得，只讲自己'过五关、斩六将'，不讲自己'走麦城'。"

"走麦城"三字不能拆开用。例句把"麦城"用引号标出，在文字上强调和突出了"麦城"这一地名，而使"走麦城"的典故义——陷入困境、失败等义消失了。"麦城"即如今湖北省的当阳县。东汉王粲曾在当阳登楼作《麦城赋》、《登楼赋》。后来"麦城"加引号，一般指王粲的《麦城赋》、《登楼赋》，也称"麦城新赋"。

"走麦城"中的"麦城"已经不是本义上的县城的名称了，而是"走麦城"典故中的词素或语素，所以不能拆成"走'麦城'"或"走了'麦城'"。

第六部分 数量词表达纠枉

1. 概数无法确定

例句:①设计院档案处共存科技档案近十万余卷(册),其他各门类档案两千余卷。②仓库里共有 800 余箱假冒农药……货值近 5 万余元。

例句中的的两个数量词“近十万余卷”、“近 5 万余元”均表示大概的数字,即概数。“概数”是不精确的、大概的数目,但只要写入文章,就要让读者明白这个数词所要表示的数目确定在哪一个“数域”。

例句应当删去“近十万余卷”、“近 5 万余元”中的“近”或“余”。“近”是不足,“余”是超过。所以,例句所要表达的“货值”是无法确定的数。“近十万余卷”中的“近”、“余”是相矛盾的,应当明确是“不到”十万卷,还是“超过”十万卷。

例句:全省开办自营点近 200 多家。

例句中的“近……”和“……多”都是表示概数的词。“近……”表示不及、不到;“……多”表示超过。表达一个确定的基数“200”的不确定数域,在这个句子中同时用了表示不及的“近”和表示超过的“多”,就无法确定这个概数的数域了。

例句:这个村人均收入超过了 8 600 多元,率先走上了小康之路。

例句的数字“超过了 8 600 多元”表达不准确。“超过”与“多”是一种重复。“8 600 多元”即是“超过 8 600 元”。例句可删去“超过”;用“超过”还是用“……多”要根据表达的意图而定,如果强调“超过”某个数值,则可删去“多”;如果强调“8 600 元至8 700元”,则宜用“8 600 多元”。

例句:华北地区玉米(价格)上涨幅度加大,在 40~100 元/吨左右。

例句在对数值的表述方式上不妥:“40~100 元”已经是个概数,就是高于“40 元”而低于“100 元”,不能再用表示概数的词“左右”;而如果这个数值接近“100 元”,用了“100 元/吨左右”表示,也不必再说“40~100 元”了,否则就重复了。例句可删去“左右”。

例句:6—8 月以后,是我国的用肥旺季。

例句中的“6—8 月以后”是一个无法确定时段的时间概念。如果是 6 月以后,则不必再说“8 月以后”,因为“6 月以后”包括“8 月以后”;如果是“8 月以后”则又不包括“6 月以后”的 6 月和 7 月,就不必说“6 月至 8 月”。准确的说法应当是“6—8 月,是我国的用肥旺季”。

例句:厂家生产规模较小,年生产能力低于 2 000~3 000 台。

例句中的"低于 2 000～3 000 台"的数域概念模糊，到底是低于"2 000 台"还是低于"3 000 台"无法确定。如果是低于"2 000 台"，则不必再说"～3 000 台"，如果说是低于"3 000 台"而又要强调高于"2 000 台"，则应该说成"年生产能力在 2 000～3 000 台之间"；如果不强调"高于 2 000 台"则应该说成"低于 3 000 台"，表示不到 3 000 台而又接近 3 000 台。

例句：20～30 多岁的青年人外出务工，40～50 岁的人就地创业，50～60 岁左右的人在家中。

例句中的两个概数："20～30 多岁"和"50～60 岁左右"表述不准确。"20～30 岁"就是年龄在 20 岁至 30 岁之间，不低于 20 岁，不超过 30 岁，而"30 多岁"就超过"30 岁"了；"50～60 岁"就是年龄在 50 岁至 60 岁之间，不低于 50 岁，不超过 60 岁，而"60 岁左右"就是或低于 60 岁，或高于 60 岁。所以这两个数字表示的年龄段无法确定。

例句：今年平均每亩能收 3 000～5 000 元。

平均数只能是一个确定的数值，而例句中的所谓"平均数"即"3 000～5 000"并不是平均数，实际上却是一个数域。所以这个句子传递的数字信息不准确。

如果句子侧重于表达估计的数字，可删去"平均"一词，如果已经是确定的数字，则应当明确是 3 000 元 还是 5 000 元，并删去句子中的"能"。

2. 表示概数的词重复

例句：政府回复的日期一般在来信后两三天到十天左右。

例句中的"两三天到十天左右"是个无法确定的数字。"两三天"是个概数，"十天左右"也是个概数，而"三至十天"还是概数。句子可将"两三天到十天左右"改为"二至十天"，即政府回复的时间最快不会少于两天，最慢也不会超过十天。（改为"二至十天"，"左右"一次即可删去）。"回复的日期"应当改为"回复的时间"。"日期"指事情或行为发生的日子，"时间"指的是时间量或时间的某一点，这是两个不同的概念。

例句：该公司的产品，占全行业同类产品的三至四成左右。

例句中的"三至四成"已经是一个表示概数的概念，而"左右"也是表示概数的概念，用这两个概念连用表示一个数字（概数），就重复了。应删去"左右"。

例句：今年每个大棚收入在七八千元左右。

例句中的"七八千元"是个概数，"左右"也是表示概数的词，在一起连用就重复了。可删去"左右"。"七八千元"即超过七千元，而不到八千元；如果已经接近"八千元"，为使统计更接近精确，则可以写作"八千元左右"。

3. 增长、减少或百分比表述错误

例句：同比增长 44.65%，增长了近 45 个百分点。

例句中"增长 45 个百分点"与"同比增长 44.65%"不是同一个概念。"同比增长"

是指跟上一年同一时期相比的增长数，文中用的是“%”即百分比；而“百分点”则是指百分之一，常用于两个不同量的百分比之间比较，如去年与前年相比增长 40%，今年比去年增长 45%，两个增幅相比，就是今年的增幅比去年的增幅增长了 5 个百分点。例句没有给出去年的增长幅度，“百分点”没有可比性，可删去“增长了近 45 个百分点”。

例句：这种产品明示的总养分含量为≥25%，经测定，实际总养分仅为 15.6%，低于标示值 9.4%。

例句中的“低于标示值 9.4%”的百分比数用错了，“9.4”应当是百分点的数值。如果用百分比表示，应当是“实际总养分”低于标示值 37.6%。（总养分 15.6%是标示总养分含量 25%的 62.4%。）

“低于标示值 9.4%”应当改为“低于标示值 9.4 个百分点”，即“25%”与“15.6%”这两个百分数的差数。

例句：目前全省农村低保月人均补差为 79 元，同期全省城市低保月人均 186 元，二者相差一半以上。

例句把 79 元与 186 元的差数计算为“二者相差一半以上”不正确。用 186 元比 79 元，186 元是 79 元的“2 倍多”；用 79 元比 186 元，也只能得出“79 元不到 186 元的一半”。无论怎么计算，两个数字相差应当是“一倍多”，而不是相差“一半以上”。

4. 数字概念模糊

例句：结婚 45 年来，她精心照料着身患癌症的婆婆，使大夫认为只能活半年的婆婆奇迹般地活了两年。

例句中的时间概念表述得不明确：“结婚 45 年来，她精心照料着身患癌症的婆婆”，给人以“婆婆”得癌症已经有 45 年的错觉，而又说婆婆“奇迹般地活了两年”。这就使时间概念模糊了——婆婆到底病了多长时间？她照料婆婆多少年？

例句：农业机械购置补贴资金也由 2004 年的 7 000 万元增加到 2007 年的 12 亿元，补贴资金连续四年翻了四番。

例句说 7 000 万元增加到 12 亿元是“连续四年翻了四番”，不正确。“连续四年翻了四番”就是每年都翻四番，但实际上不是，只是每年只翻了一番，四年共翻了四番。以“7 000 万元”为基数，若每年都翻四番，那么补贴资金就是近 4.6 万亿元，事实上也是不可能的，应当删去“连续”一词，即 4 年共翻了 4 番。

六

5. 数字概念表述形式不规范

例句：①销售额比现在增长了 3～5 成。②大学毕业生近 6 成找不到工作。

例句中的“3～5 成”、“近 6 成”应当规范为用汉字表示“三至五成”和“近六成”。

把一个整体分为十份，每份叫“一成”。《出版物上数字用法的规定》：表示“成”的数字，应当用汉字，而不可用阿拉伯数字表示。

例句：大的棉花企业经营能力在4、5万吨左右。

例句中的“4、5万吨”应当规范为“四五万吨”，并删去“左右”一词。“四五万吨”是概数，“左右”也是表示概数的词。《出版物上数字用法的规定》：表示概述和约数，即相邻的两个数字并列连用表示概数，必须使用汉字，连用的两个数字之间不得用顿号隔开。

例句：①全村每年都将新产生6～8万吨残膜。②未来十五年内，为农村公路建设需要购买机械约600～700亿元。

例句①中的“6～8万吨”应当改为“6万～8万吨”，例句②中的“600～700亿元”应当改为“600亿～700亿元”。“6”和“8万”、“600”和“700亿”都是一个独立的数量词，“6”、“600”的后面如果不加“万”或“亿”，则“6～8万吨”、“600～700亿元”就可能被理解为“6吨至8万吨”、“600元至700亿元”，而产生歧义，如果出现在合同中，就会发生法律纠纷。例句主观上不会用“6”至“8万”和“600”和“700亿”悬殊特别大的两个数之间的数域作为一个概数表述客观事物。用一个数域表示一个概数，这个数域的下限数和上限数一定是比较接近的两个数。

例句：①职工花了6千余元就将机车开回家。②投资3千万赚回2个亿。

例句中的“6千余元”应当改为“6 000余元”；“3千万”应当改为“3 000万”。《出版物数字用法的规定》：非科技出版物中的数值一般可以“万”、“亿”作单位，但是“拾”“百”、“千”、“十万”、“百万”、“千万”等量词不得作阿拉伯数字的计数单位词（数的量词）。

例句：等转到他们手中，一斤瓜也就赚个3～5分钱。

例句中的“3～5分钱”应改为“三五分钱”。《出版物数字用法的规定》：“相邻的两个数字并列连用表示概数，必须使用汉字”，并举例“三五天”。“3～5分钱”既是口语化的句子，又是相邻的两个数字并列连用的概数，因而不用起止形式表示，而应该用汉语形式表示“概数”即“三五分钱”。

例句：①定做的“寿棺”全都要求在农历7月完工。②隋文帝开皇18年（公元589年）更光城为光山。

例句中的“农历7月”应当改为“农历七月”，“开皇18年”应当改为“开皇十八年（公元589年）”。《出版物数字用法的规定》：凡是我国的历法年月用汉字数词表示，清代和清代以前的历史纪元、各民族的非公历纪年中的数字均应用汉字数词表示，应在括弧中用阿拉伯数字附注相应的公元纪年。如：丙寅年十月十五日、腊月二十三日、八月初五、乾隆二十八年（公元1764年）。这类纪年不应与公历月日混用。

六

例句：①王万进已经为全村瓜农联系了10多份订单。②农民发展蛋鸡养殖，户均增收1.8多万元。

例句①中的“10多份订单”的数字表述不准确，应改为“十多份”。《出版物数字用法的规定》：带有“几”、“余”、“多”字的数字表示约数、概述，必须使用汉字。超过十不足二十的概数应当写作“十几(个)”、“十余(个)”、“十多(个)”、“十来(个)”等，不能用阿拉伯式字表示。

例句②中的“1.8”不是超过十不足二十的数，而是带小数余数的个位数，数字后不能直接带“多”，“1.8多万元”应当用汉字表示为“一万八千多元”，或略去“千”的余数写作“1.8万元”。

例句：三大件(冰箱、洗衣机、电视机)**在农村的普及率分别是56台、74台和89台。**

例句用“普及率”的表述实际数字不正确。这里的“率”即“比率”，是两个相关的数在一定条件下的比值，在这个例句中就是拥有“三大件”的户数与农村总户数的比值。比值应当用百分比表示，而不是用实数表示。如全村有500户人家，已经安装电话的有100户(每家有一台电话)，那么，在这个村电话的“普及率”就是20%。56台、74台和89台不是普及率，而是拥有的实数。这个例句可改为“每百户分别拥有56台、74台和89台”。

6.量词不准确

例句：看到一个个奶牛在宽敞的养殖场内吃草饮水。

例句中的数量词“一个个”修饰奶牛不妥。一般修饰或统计牛、马、驴、骡、羊、等大家畜的量词用“头”、“匹”、“只”等。例句应将“一个个”改为“一头头”。

例句：一盏烧沸的水热气直冒。

例句中量词“盏”不能用来修饰开水，“盏”作为量词可以用来修饰灯，而水一般以“一壶”、“一碗”、“一杯”等数量词来修饰，这个句子中应以“一壶”来修饰。

例句：甚至专门为农民拍了一场电影。

例句“拍一场电影”中的数量词“一场”用得不妥。放映电影可以用“一场电影”，看电影或看戏多少也是用“场”来表示的。而“拍电影”的数量就不能用“一场”或“几场”来表示其数量了。拍多少电影，应当用“一部”或“几部”来表示。

例句：我们还申报了全国唯一一家县级单位主办的大专院校。

例句中的“一家院校”宜改为“一所院校”。《现代汉语词典》：“所”作为量词，用于房屋，用于学校、医院等；“家”作为量词用来计数商店和企业，而不用于学校。另外，例句中的“申报”应改为“申办”。“申报”是向上级或有关部门提出申请或报告，不带宾语；“申办”即申请办理或举办，可带宾语表明目的。

例句：首届“绿博会”为湖南省绿色食品发展打开了一扇窗口。

例句中的“一扇”与“窗口”不搭配。“扇”作为量词使用时，用于计量门、窗等片状器物。而“窗口”则不是“片状物”，不能用“一扇”来计量。“窗口”的词义重心是“口”，即“口子”。“口子”可以用“一个”、“一道”来计量。例句中的“一扇‘窗口’”宜改为“一个窗口”。

例句：小氮肥企业向复合肥行业发展，不失为一计良策。

“一计”不能修饰“良策”。“计”作为动词，是计算、计较、考虑、谋划的意思，如“不计其数”、“不计名利”、“斤斤计较”、“计议”、“设计”等；作为名词，“计”的本义就是“策”，是策略、计策、主意的意思，如“计谋”、“心计”、“言听计从”等词，“计”没有量词的词性，所以“一计良策”不能成立。句子可删去“一计”，或将“一计”改为“一条”，也可改为“一剂良药”、“一副良方”。

例句：①鲶鱼如果保持在30度水温中也应该能喂养。②11月份平均气温为10～15度。

例句中的“30度”、“10～15度”应当改为“30摄氏度”、“10～15摄氏度”或“30℃”、“10～15℃”。因为以“度”表示量的概念很多，如经纬度、角度、湿度等。即使表示气温，也有以华氏温度或了摄氏温度表示的，所以为使“度”的概念准确，必须加限制词。